Die Romanows, dreihundert Jahre lang die russische Zarenfamilie, galten zum Zeitpunkt ihres Sturzes als die bei weitem reichste Dynastie Europas. Ihr Vermögen betrug 1917 – nach heutigem Geldwert – schätzungsweise 72 Milliarden DM. Über den Verbleib dieses ungeheuren Vermögens herrschte von Anfang an Rätselraten. Gerüchten zufolge haben britische Banken einen erheblichen Teil der Reichtümer in Verwahrung genommen.
Der englische Wirtschaftsjournalist und Banker William Clarke hat jetzt dank seiner exzellenten Verbindungen als erster Einblick nehmen können in die Papiere, die Auskunft geben über den Verbleib von Geld, Gold und Juwelen der Romanows.
Ein weiteres Rätsel umgab stets die potentiellen Anwärter auf das sagenhafte Vermögen. Im Rahmen seiner Nachforschungen beantwortet William Clarke auch die Frage, die seit 1918 die Welt beschäftigt: Wurden seinerzeit wirklich alle Mitglieder der Zarenfamilie ermordet, oder gibt es Erben?
Die wahre Geschichte um den Zarenschatz ist viel spannender als ein Kriminalroman. William Clarke hat sie gründlich recherchiert und fesselnd aufgeschrieben.

William Clarke war als Banker und Wirtschaftsjournalist tätig und vor seiner Pensionierung zehn Jahre lang Ressortleiter Wirtschaftspolitik bei der *Times* in London. Er ist Autor zahlreicher populärer Bücher.

William Clarke

Der verschollene Zarenschatz

Auf den Spuren
des Romanow-Vermögens

Aus dem Englischen von
Walter Brumm

Fischer
Taschenbuch
Verlag

Veröffentlicht im Fischer Taschenbuch Verlag GmbH,
Frankfurt am Main, Dezember 1998

Lizenzausgabe mit freundlicher Genehmigung des S. Fischer Verlags GmbH,
Frankfurt am Main.
Die englische Originalausgabe erschien 1994
unter dem Titel »The Lost Fortune of the Tsars«
im Verlag Weidenfeld & Nicolson, London

Gesamtherstellung: Clausen & Bosse, Leck
Printed in Germany 1998
ISBN 3-596-14239-3

2. Auflage: Juni 1999

Für Faith

Inhalt

ANHANG

Vorbemerkung

Mitte der 50er Jahre, ich war damals Finanzredakteur bei der *Times*, begann ich mich für das Geld der Zaren zu interessieren. Ich erhielt einen Anruf von Sir Edward Reid, dem Vorsitzenden von Baring Brothers, der mich um Hilfe bat. Er war beunruhigt über Zeitungsberichte, die behaupteten, daß sich russische Gelder aus der Zarenzeit und sogar persönliche Vermögenswerte der Zarenfamilie in seiner Bank befänden. Diese Berichte waren zum Teil von sowjetischen Stellen lanciert worden, die gerade in einer neuen Verhandlungsrunde über ein Schuldenabkommen mit der britischen Regierung standen und den Staatsbesuch von Chruschtschow und Bulganin vorbereiteten. Ich suchte Reid in seinem Büro in Bishopsgate auf und versprach zu helfen, wenn er mich über den Sachverhalt unterrichten würde. Dies tat er auch – bis zu einem gewissen Punkt.

Dann erschienen mehrere Bücher, die sich mit der Möglichkeit beschäftigten, daß 1918 in Jekaterinburg nicht die ganze Zarenfamilie ermordet worden sei – Guy Richards' *The Hunt for the Tsar* (Die Suche nach dem Zaren), Gary Nulls *The Conspirator Who Saved the Romanovs* (Der Verschwörer, der die Romanows rettete), Anthony Summers' und Tom Mangolds *The File on the Tsar* (Die Akte »Zar«) und schließlich Peter Kurths *Anastasia*. All diese Bücher schienen die Behauptungen Anna Andersons zu bestätigen, daß nicht alle Mitglieder der Zarenfamilie umgekommen seien, und die meisten dieser Bücher schienen überdies, jedes auf seine Weise, ihre Behauptung zu stützen, sie sei die jüngste Tochter des Zaren, Anastasia. Das persönliche Schicksal der Romanows fand auch danach große Aufmerksamkeit, aber ich machte mir auch Gedanken darüber, was aus ihrem Vermögen geworden sein mochte, und zog auf meinen Reisen gelegentlich Erkundigungen ein. Die folgenden Nachforschungen erstreckten sich über mehrere Kontinente und Jahre. In dieser Zeit erhielt ich die Unterstützung zahlreicher Menschen, die alle Dank verdienen. Zuerst die hilfreichen Enthusiasten, von Gretchen Haskin in San Francisco (deren Ehemann David als erster die Spiegelschrift an der Wand des Hauses Ipatjew in Jekaterinburg entzifferte) bis zu Fürst Michel Romanow in Paris, von Makgorzata Stapinska in Krakau zu Dr. Idris Traylor jr. in Texas, und von Edward Kasinac und Norman Ross in New York, und von Anja Urnowa in Moskau bis zu Fürst Rostislaw Romanow, Arthur Addington und Kyril Fitzlyon in England.

Mehr formellen, aber darum nicht weniger tief empfundenen Dank schulde ich Dr. Hugh Richards in London; Richard Davies an der Universität Leeds; den Professoren Alexander Fursenko und Boris Ananitsch in St. Petersburg; Mrs. Barbara Peters, der Archivarin von Coutts & Co.; Nicholas Bark in London und Pierre Semenoff-Tian-Chansky in Paris, den Enkeln von Sir Peter Bark; Fürst David Chavchavadse in Washington; dem verstorbenen Robert Roosa und seiner Frau Ruth in New York; Pierre de Villemarest und Jacques Ferrand in Paris; Mrs. Molly Chalk in Broadlands; und Olga Kulikowsky-Romanow in Toronto.

Die Verwendung von Archivmaterial ist, wo dies zweckmäßig erscheint, in den Anmerkungen zu den einzelnen Kapiteln angegeben. Folgenden Institutionen will ich ganz besonders für ihre Unterstützung danken: Archivio Segreto Vaticano, Vatikanstadt, Rom; Archiv der Bank von England; Bodleian Library, Oxford; Broadlands Archives; Brotherton Collection, University of Leeds; Butler Library, Columbia University, New York; Cambridge University Library; Central Intelligence Agency; Dänisches Nationalarchiv; Forensic Science Service des Innenministeriums, London; Hoover Institution Archives, Palo Alto, Kalifornien; Houghton Library, Harvard University; House of Lords Library; Library of Congress, Washington; Nationalarchiv, Washington; Nottingham University Library; Public Records Office, London und Kew; Rhodes House Library, Oxford; Rothschild Archives, London und Paris; Southampton University Library; Staatsarchive der Russischen Föderation, Moskau; und die Sammlungen Wernher und Gibbes, Luton Hoo.

Ihre Majestät die Königin hat freundlicherweise die Veröffentlichung von Auszügen aus den Tagebüchern von Georg V. im Königlichen Archiv von Windsor genehmigt.

Von den Mitgliedern der Familie Romanow außerhalb von London und Paris habe ich besonders Fürst Nikolai in Rom und Fürst Dimitri in Kopenhagen für ihre hilfreichen Antworten auf meine Nachfragen zu danken, ebenso dem verstorbenen Tichon Kulikowsky, dem Sohn Olgas, der jüngeren Schwester des Zaren, in Toronto, einem wahren Romanow in allem bis auf den Namen. Wie ihre anderen Vettern mußten sie ein Interesse am Ausgang der Nachforschungen haben, ließen es sich aber kaum anmerken. Und das anerkannte gegenwärtige Familienoberhaupt, Fürst Nikolai Romanow, hat darüber hinaus sein eigenes, umfassenderes Desinteresse an einer Wiederherstellung der alten Verhältnisse signalisiert, indem er sich im St. Petersburger Fernsehen als »Republikaner« bekannte, allenfalls bereit, ein demokratisch gewählter Monarch zu sein, sollte es dazu kommen.

Auch meine eigene Familie hat mir geholfen. In Kopenhagen öffnete meine jüngere Tochter Pamela mir wichtige Türen im dänischen Außenministerium und am Hof, übersetzte dänische Texte, die sich auf Kaiserin Marie und andere Romanows bezogen, und blieb in enger Verbindung mit der örtlichen russischen Gemeinde. Meine ältere Tochter, Deborah, übernahm den größten Teil der Nachforschungen, Übersetzungen und Bankkontakte in Europa, als sie in der Schweiz, in Portugal oder in Frankreich lebte. Faith, meine Frau, hat mir wieder mit beständiger Unterstützung und detaillierter Hilfe bei Recherchen daheim und im Ausland beigestanden, einschließlich und insbesondere bei der Bewältigung des kurzen, doch brutalen Schocks eines St. Petersburger Winters.

William Clarke

Hinweise

Der russische Kalender

Im Februar 1918 wechselte Rußland vom alten Julianischen zum Gregorianischen Kalender, der bereits im übrigen Europa verwendet wurde. Die Lücke zwischen den beiden hatte sich von zehn Tagen im 17. Jahrhundert auf zwölf im 19. und dreizehn im 20. vergrößert. So wurde der 1. Februar 1918 (alter Rechnung) der 14. Februar (neuer Rechnung). Infolgedessen wurde die Bolschewistische Revolution von da an am 7. November (neuer Rechnung) statt am 25. Oktober (alter Rechnung) gefeiert, an dem sie nach dem Julianischen Kalender tatsächlich ausbrach. In diesem Buch werden die Daten vom 1. Februar 1918 an nach der neuen Rechnung des Gregorianischen Kalenders angegeben.

Währungen

Der Umrechnungskurs betrug 1897, als der Rubel sich dem Goldstandard anschloß, zehn Rubel für ein Pfund Sterling. Dieser Kurs hatte bis zum Ersten Weltkrieg 1914–18 mehr oder weniger Bestand. Für die Zwecke dieses Buches wird der Umrechnungskurs von zehn Rubel auf ein Pfund bis 1917 verwendet, als ein neuer Kurs von fünfzehn Rubel für ein Pfund eingeführt wurde. Danach werden wegen des Einsetzens einer galoppierenden Inflation die einzelnen Jahre gesondert behandelt.

Inflation

Um historische Geldwerte zum heutigen Geldwert in Beziehung zu setzen, war es erforderlich, inflationäre (gelegentlich auch deflationäre) Entwicklungen zwischen damals und heute zu berücksichtigen. In diesem Buch wird der Geldwert der jeweiligen Zeit angegeben. Wo es nötig erscheint, den heutigen Geldwert anzugeben, wird der folgende Maßstab zugrundegelegt:

Ein Pfund Sterling von 1914 würde 1993 39,17 Pfund wert sein

1918	18,80
1920	15,62
1929	23,90
1939	24,74
1946	19,05

Vorwort

Der Mord an der Zarenfamilie in Jekaterinburg hat die Welt stets zugleich entsetzt und fasziniert. Geboren aus den Wirren der Revolution, die der Abdankung folgte, war er von soviel zusätzlicher Brutalität und von Blutvergießen, Geheimhaltung und Rätseln geprägt, daß er eine regelrechte Industrie ins Leben rief: Unmengen von Artikeln, Büchern und Filmen haben zu klären versucht, was dem Zaren und seiner Familie widerfuhr, und eine Reihe von Anwärtern erhob Ansprüche auf den sagenhaften Reichtum, der in den Tresoren westlicher Banken liegen sollte. Erst jetzt, im Zeitalter von *Glasnost* und einem neuen Rußland, ist es möglich, der Wahrheit nahezukommen.

Die Umstände des Massakers sind immer noch nicht vollständig aufgeklärt. Nachdem Zar Nikolaus II. unter dem Eindruck der ausbrechenden Revolution abgedankt hatte, wurden die kaiserliche Familie und die zusammengeschmolzene Schar der Höflinge und Bediensteten aus dem Alexander-Palais in Zarskoje Selo nach Sibirien verschleppt, zuerst nach Tobolsk und schließlich nach Jekaterinburg. Und dort wurden sie im Juli 1918 inmitten des hin und her wogenden Bürgerkriegs zwischen Weißen und Roten zuletzt gesehen.

Nikolai Sokolow, von der Weißen Armee in einer Periode ihrer Vorherrschaft im Uralgebiet mit der Untersuchung beauftragt, stellte fest, daß alle Mitglieder der Herrscherfamilie auf Anweisung des örtlichen Sowjet ermordet worden waren. Seine Ermittlungen ergaben, daß die Toten in ein Waldgebiet außerhalb der Stadt gebracht, ihrer Kleidung beraubt, verbrannt und eilig in einen Schacht des alten Bergwerks »Vier Brüder« geworfen worden waren. Es ist heute bekannt, daß die Gebeine der Opfer in der Folgezeit anderswo begraben wurden, aber das Bergwerk lieferte hinreichende Beweise in Form von Überresten menschlicher Körper, verbrannten Kleidern und anderen verkohlten Habseligkeiten der Zarenfamilie.

Teilweise ist das Geheimnis um das Schicksal der Zarenfamilie in jüngster Zeit gelüftet worden, als man Überreste der meisten bis dahin vermißten Toten in den Außenbezirken von Jekaterinburg fand – aber es blieben weiterhin einige Rätsel. Die DNS-Analyse der entdeckten Gebeine beim kriminaltechnischen Dienst des britischen Innenministeriums in Aldermaston ergab, daß fünf der aufgefundenen Skelette vom Zaren, von der Zarin und von drei weiteren Mitgliedern der kaiserlichen Familie stammten.

Das publizistische Aufsehen im Zusammenhang mit dieser Untersuchung zeigt im übrigen, daß das Thema auch ein Dreivierteljahrhundert nach dem Mord noch enorme Zugkraft besitzt und die Titelseiten der Zeitungen nach wie vor zu erobern vermag. Und die Berichte über ein Entkommen einzelner Familienmitglieder vom Ort des Massakers werden wohl nicht verstummen, bis nicht auch das Schicksal der beiden letzten Mitglieder der Familie, deren Überreste noch vermißt werden – vermutlich handelt es sich um Alexej und Anastasia oder um Alexej und Maria –, endgültig und zweifelsfrei geklärt ist.

Die Asche und die sonstigen Überreste aus Jekaterinburg gelangten nach und nach in den Westen. Die wichtigsten Wertgegenstände waren bald identifiziert. Zwei kleine, mit Brillanten besetzte Schuhschnallen gehörten zwei der Großfürstinnen, Messingknöpfe mit Wappen von Militärmänteln und zwei Gürtelschnallen hingegen Nikolaus II. und seinem Sohn Alexej. Ein Brillant im Gewicht von 12 Karat, in Grüngold und Platin gefaßt, stammte aus dem Besitz von Alexandra und war vor der Revolution auf 20 000 Rubel taxiert worden. Ein smaragdenes Kulmer Kreuz mit Perlenanhängern war von einem der Mädchen getragen worden.

Bis zu ihrem Ende war die Zarenfamilie also von den Resten ihres einst sagenhaften Reichtums umgeben. Der größte Teil des Romanow-Vermögens, um den später juristische Schlachten geschlagen wurden und auf den phantastische Visionen und Hoffnungen gründeten, blieb zurück im Alexander-Palais, ihrem letzten Wohnsitz, und in ihren anderen Palästen, war in Rußland oder im Ausland angelegt oder wurde unmittelbar nach der Revolution gestohlen. Zu dieser Zeit wurde das Gesamtvermögen der Familie auf 9 Milliarden Dollar geschätzt, was nach heutiger Rechnung nicht weniger als 30 Milliarden Pfund Sterling entspricht. Obwohl die Zahlen nicht direkt vergleichbar sind, läßt sich diese Schätzung des Zarenvermögens zu Vermögensschätzungen für Königin Elisabeth II. in Beziehung setzen, die sich 1991 auf 7 Milliarden und 1994 auf 5 Milliarden Pfund Sterling beliefen.

Wo immer die Wahrheit liegen mag: Solchen Schätzungen wurde bereitwillig geglaubt, und sei es nur, um dadurch die schockierenden Umwälzungen in Rußland zu verstehen. Geschichten von einem privaten Romanow-Vermögen, das heimlich in London, Paris, Berlin und New York deponiert sei, wurden »bestätigt« durch Berichte über gewaltige Mengen von Goldbarren, die in den letzten Tagen der Zarenherrschaft von St. Petersburg nach London verschifft worden seien. Schwierig zu widerlegen, wirkten diese Berichte als natürliche Köder für die zahlreichen Prätendenten, die sich beeilten, das ihnen angeblich zustehende Erbe zu beanspruchen. So wurde ein »Jackpot« aus Gold, Juwelen und Bargeld, der den richtigen Erbberechtigten zur richtigen Zeit und am richtigen Ort erwartete, die letzte Zutat zur Verlängerung eines der bittersten Geheimnisse des Jahrhunderts.

Beide Rätsel – wer in Jekaterinburg starb und was mit dem Zarenvermögen geschah – wurden durch die Anwärter, die Erbansprüche erhoben, unlösbar miteinander verbunden. Die meisten von ihnen behaupteten, eines der Kinder des Zaren zu sein. Die erste Anwärterin, eine angebliche Großfürstin Tatjana, trat bereits auf, als die Zarenfamilie noch in Sibirien gefangen war. Sie soll im Sommer 1917 in Amerika eingetroffen sein. Sydney Gibbes, der Englischlehrer des Zarewitsch, las den in der *Daily Graphic* veröffentlichten Bericht über die Anwärterin Tatjana vor, während die Zarenfamilie im Salon des Gouverneurshauses in Tobolsk versammelt war.

Andere Anwärter folgten, besonders solche, die sich für Anastasia ausgaben. Anna Anderson, deren Ansprüche inzwischen durch DNS-Analysen endgültig widerlegt sind, war nur die bekannteste unter jenen, die das Geheimnis in den folgenden Jahrzehnten am Leben erhielten. Verschiedene Gerichtsverfahren, die während dieser Zeit in den Vereinigten Staaten, Deutschland, Großbritannien und Frankreich angestrengt wurden, verhalfen der Wahrheit nicht zum Durchbruch. Die von diesen Anwärtern gestreuten Hinweise waren im Gegenteil nur geeignet, das Geheimnis zu vergrößern und die Verwirrung all jener zu mehren, die das verlorene Vermögen der Romanows zu entdecken suchten.

Meine eigenen Nachforschungen betrafen kleine und große Dinge, wichtige und unwichtige, offen zutage liegende und verborgene: die Bücher, welche die Familie las, die Briefmarken, die Nikolaus II. sammelte, die Juwelen, die sie trugen, das Gold, das sie zu besitzen glaubten, das Land, das sie geerbt hatten, die Paläste, in denen sie lebten, das Geld, das sie selten brauchten, und die Auslandsguthaben, die sie besessen haben sollen.

In den wichtigsten Finanzmetropolen, London, Paris und New York, habe ich neue monetäre Beweise entdeckt. Frühere zaristische Konten und ihre Eigentümer sind von zwei kontinental-europäischen Zentralbanken, einer Londoner Handelsbank und zwei New Yorker Banken bestätigt worden. Der größte Teil des Geheimnisses um das zaristische Gold konnte aus privaten Papieren aufgeklärt werden, die ursprünglich von der US-Botschaft in Paris gesammelt wurden, mit der heimlichen Hilfe des letzten weißrussischen Finanzattachés in Omsk. Ich konnte Einzelheiten über sowjetische Verkäufe von Romanow-Juwelen in Hatton Garden aufdecken, dem Zentrum des Londoner Diamantenhandels. Wie aus einem Geheimdienstbericht – bestimmt für einen früheren britischen Premierminister und aufbewahrt im Archiv des House of Lords – sowie aus einer Meldung des militärischen Geheimdienstes der USA hervorgeht, wollten die Sowjets mit dem Erlös aus diesen Verkäufen in den frühen 20er Jahren die Londoner Tageszeitung *Daily Herald* subventionieren. Und der Wahrheit darüber, wie Queen Mary mehrere kostbare Romanow-Juwelen erwarb, die heute von der Königin und anderen Mitgliedern der britischen Königsfamilie getragen werden, kam ich schließlich in der New Bond Street auf die Spur.

New Yorker Zeitungsberichte über eine gewaltige Explosion russischer Munition im New Yorker Hafen am Ende des Ersten Weltkriegs und daraus folgende Versicherungsansprüche, die durch die Gerichte verfolgt wurden, führten direkt zu Einzelheiten über zaristische Gelder in New Yorker Banken. Und Erkundigungen bei Coutts & Co., der Privatbank der britischen Königsfamilie, erbrachten keine monetären Hinweise, aber einen in den Tresoren lagernden Blechkasten mit einem weiteren Manuskript, das die letzten Stunden der Romanows beschrieb. Es war dort nach Lord Northcliffes Tod im Jahre 1922 von seinem Sekretär hinterlassen worden und siebzig Jahre ungeöffnet geblieben. Northcliffe hatte das angeblich von einer russischen Prinzessin stammende Manuskript 1920 auf dem Umweg über Japan und New York erhalten.

Diese über die ganze Welt verstreuten Hinweise waren annähernd fünfundsiebzig Jahre lang das einzige Forschern und Antragstellern zugängliche Material. Es erwies sich als reichhaltig genug, um als Grundlage einer der Wahrheit nahekommenden Deutung zu dienen, aber auch als Basis für ungezählte Gerüchte und Phantasien. Der Kern der Romanow-Geschichte lag jedoch unberührt, wo sie abgelegt und weitgehend in Vergessenheit geraten war – im Zentralen Staatsarchiv der Oktoberrevolution in Moskau. Und zu dieser wichtigen Quelle, die ausländischen Forschern nun endlich zugänglich ist, führten mich im Frühjahr 1994 meine Nachforschungen. Endlich konnte geklärt werden, welcher private Reichtum seinerzeit in den Händen der Familie Romanow verblieb.

Solch eine weltweite Suche konnte an den Romanow-Nachkommen schwerlich vorbeigehen. Beim Ausbruch der Februarrevolution 1917 gab es noch fünfzehn Großfürsten und zehn Großfürstinnen. Ein Großfürst hatte seinen Wohnsitz in England genommen, sieben von ihnen entkamen, die übrigen wurden im Zusammenhang mit der Revolution und ihren Folgen ermordet. Entgegen den Ansprüchen des Großfürsten Kyrill, der sich 1924 zum Nachfolger des Zaren proklamierte, und insbesondere seines Sohnes, des inzwischen verstorbenen, selbsternannten Großfürsten Wladimir, gibt es seit einiger Zeit keine Großfürsten mehr, nur noch Prinzen. Zar Alexander III. hatte 1886 dekretiert, daß der Titel eines Großfürsten nur den Söhnen und Enkeln des Zaren zustehe.

Die verbleibenden neunundzwanzig Romanow-Prinzen leben in verschiedenen Weltgegenden, in Melbourne und in New York, in San Francisco und in Rom, in Biarritz und in London, in Madrid und in Kopenhagen. Im Exil haben sie verschiedene Nationalitäten angenommen, aber alle weisen einige der seit jeher kennzeichnenden Romanow-Merkmale auf. Zwar sind sie nicht alle »hochgewachsen wie eine Birke oder rund wie ein Bär«, wie oft behauptet wird; aber sie haben Stil und Auftreten; es ist ihnen noch bewußt, wer sie sind, und die meisten von ihnen sind in ihren Herzen Romantiker. Einer von ihnen drehte Filme in Hollywood; zwei sind Bankiers gewesen (einer verwaltete sogar ein geheimes Devisenkonto für den Adjutanten eines führenden Kommunisten); einer hat ein Fachbuch über montenegrinische Medaillen und Auszeichnungen geschrieben; ein anderer verfaßte ein Buch über Iwan den Schrecklichen; ein weiterer wird als der Historiker der Familie betrachtet und kann einem noch immer sagen, welcher Großfürst Anfang dieses Jahrhunderts mit welcher Mätresse in welchem Zimmer eines Genfer Hotels abgestiegen war (ich überprüfte eine solche Geschichte und fand sie durch das Hotelregister bestätigt); und einer arbeitete während des Zweiten Weltkriegs für den Britischen Geheimdienst und traf Ende der 40er Jahre auf einer seiner Zechtouren in Kairo den russischen Spion Donald MacLean.

Nur diese weithin verstreuten Romanow-Enkel sind heute von der Familie übriggeblieben, die einst als die reichste der Welt galt. Wie der Reichtum, der einst diese Familie umgab – die berühmten Kronjuwelen, die kunstvollen Ostereier von Fabergé, die Paläste in und um St. Petersburg und auf der Krim, die kaiserlichen Yachten und Sonderzüge –, verlorenging, von wem er in der folgenden Zeit beansprucht wurde und wo er jetzt sein mag, ist Gegenstand dieses Buches.

»Es ist notwendig, daß der König Schätze hat, um nach seinem Willen neue Gebäude zu seiner Erbauung und zur Entfaltung seiner Pracht zu errichten; und um reiche Kleider und Pelze zu kaufen, kostbare Steine und andere Juwelen und Zierat, wie es seinem königlichen Stande zukommt ... denn wenn ein König es nicht täte oder nicht wollte, so würde er dann nicht seinem Stande gemäß leben, sondern vielmehr in Elend und in mehr Abhängigkeit als eine Privatperson.«

Sir John Fortescue in *The Governance of England (1471)*, worin er Prachtentfaltung zum obersten Gesetz des Königtums erhebt.

DIE FAMILIEN DES ZAREN NIKOLAUS II. UND SEINER GEMAHLIN ALEXANDRA

Königin Victoria 1819–1901 = **Albert von Sachsen-Coburg** 1819–61

- Viktoria 1840–1901 = Kaiser Friedrich III. 1831–88
  - Kaiser Wilhelm II.[1] 1859–1941
- Alice 1843–78 = Ludwig IV. von Hessen 1837–92
  - Victoria 1863–1956 = Louis von Battenberg (Marquess von Milford Haven) 1854–1921
    - Alice 1885–1969 = Andreas von Griechenland 1882–1944 (Sohn von Olga von Rußland[4])
      - Philip von Griechenland (Herzog von Edinburgh) geboren 1921 = Königin Elizabeth II. geboren 1926 (Enkelin von König Georg V.[5])
  - Elisabeth[3] (»Ella«) 1864–1918 = Sergej 1857–1905 (Sohn von Zar Alexander II.[8])
  - Irene 1866–1953 = Heinrich von Preußen 1862–1929 (Bruder von Kaiser Wilhelm II.[1])
    - Waldemar 1889–1945
    - Sigismund 1896–1978
    - Heinrich 1900–04
  - Ernst 1868–1937 = Viktoria Melitta von Sachsen-Coburg 1876–1936 (Tochter von Alfred, Herzog von Edinburgh[7] geschieden 1901; sie heiratete Großfürst Kyrill)[2]
  - Friedrich 1870–73
  - Marie 1874–78
  - ALEXANDRA 1872–1918
- Alfred, Herzog von Edinburgh[7] 1844–1900 = Marie von Rußland 1853–1920
- Beatrice 1857–1944 = Heinrich von Battenberg 1858–96
- Leopold 1853–84
- König Eduard VII. 1841–1910 = Alexandra von Dänemark 1844–1925

König Christian IX. von Dänemark 1818–1906 = **Louise von Hessen-Kassel** 1817–98

- Alexandra von Dänemark 1844–1925 = König Eduard VII. 1841–1910
  - König Georg V. 1865–1936 = Mary von Teck 1867–1953
- Frederik VIII. König von Dänemark 1843–1912
- Wilhelm von Dänemark (Georg I. von Griechenland) 1845–1913 = Olga von Rußland[4] 1851–1926
- Dagmar von Dänemark (»Marie«)[9] 1847–1928

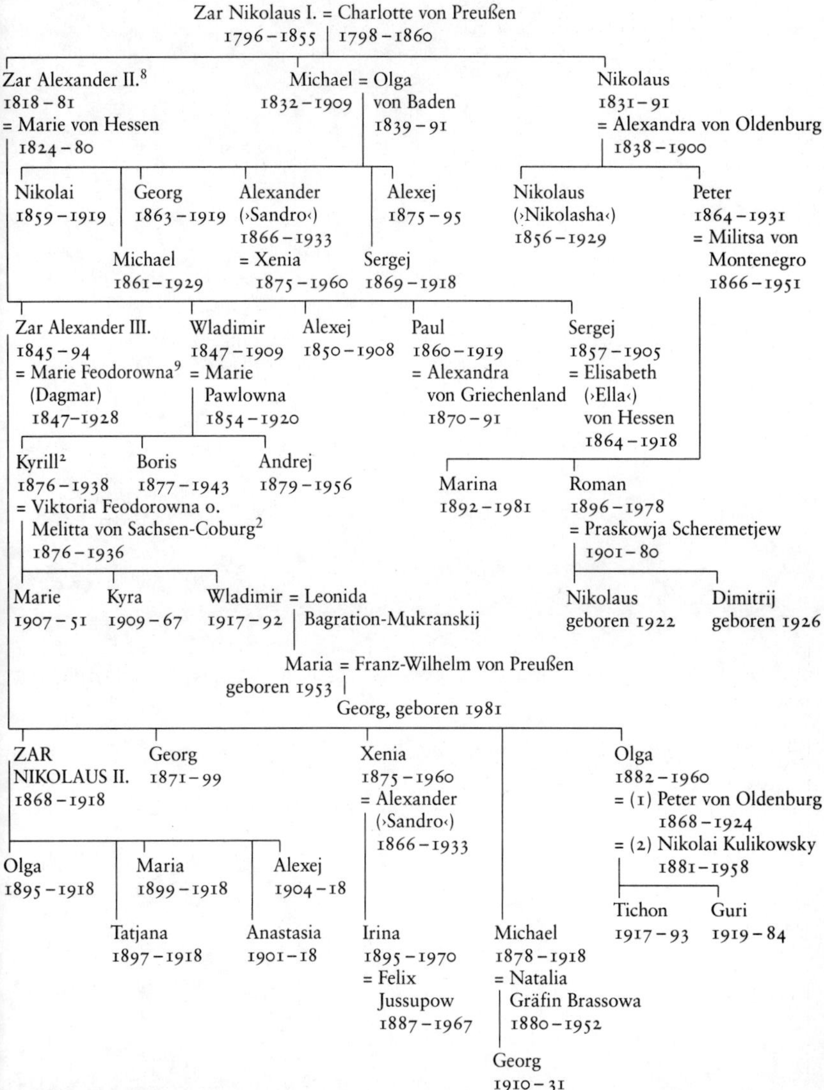

=: verheiratet mit
(Hochgestellte Zahlen zeigen zweifaches Auftreten an)

ERSTER TEIL

VERLUST

1 St. Petersburg

Kristall und Bronze der massiven Kronleuchter funkelten in der Fülle des Lichts, das von den verspiegelten Wänden des Winterpalais viele Male reflektiert wurde. Die Klänge des Hoforchesters begrüßten die Gäste, als sie die teppichbelegten Stufen der Jordantreppe erstiegen, die mit frischen Blumen von der Krim und der französischen Riviera geschmückt war. Der verschwenderische Reichtum der Romanows wurde wieder einmal zur Schau gestellt.

Die Newa war von einem Ufer zum anderen und bis zur Peter-Pauls-Festung zugefroren, die Kälte beißend. Aber die drei Blocks des Winterpalais und seine schneebedeckten Portale schimmerten im Licht offener Kohlenbecken um die Alexandersäule.

Die Kutschen und sogar die offenen Schlitten, in denen abgehärtete Offiziere saßen, trafen noch immer in einer endlosen Reihe ein. Paare stiegen langsam die Treppen empor; man sah Damen in eleganten, tief dekolletierten Ballkleidern, die bloßen Schultern und Hälse mit kostbaren Juwelen geschmückt; Würdenträger des Hofes in schwarzen, goldbestickten Uniformröcken und weißen Hosen; Offiziere in farbenprächtigen Paradeuniformen und golddurchwirkten Achselschnüren.

Jeder kannte seinen Platz. Die Großfürsten begaben sich zum Saltykow-Eingang, Höflinge zum Eingang Ihrer Majestäten, die Ministerialbeamten zum Jordan-Eingang und Offiziere zum Kommandeurseingang. Nach der Ankunft dauerten die Formalitäten an, denn den Damen war es nicht erlaubt, ihre eigenen Lakaien mit ins Schloß zu bringen. Ihre Umhänge mußten mit eingenähten Visitenkarten den Palastbediensteten übergeben werden, die den Eigentümerinnen diskret zuflüsterten, wo sie sie nach dem Ball wiederfinden würden.

Man schrieb das Jahr 1913. Die Romanows regierten Rußland seit dreihundert Jahren, und Zar Nikolaus II. und seine in Deutschland geborene Gemahlin, Zarin Alexandra, feierten dieses Jubiläum mit angemessenem Pomp, wenn auch kaum mit Begeisterung. Selbst nach neunzehn Jahren Regierungszeit war der Zar noch immer ausgesprochen schüchtern, und Alexandra blieb trotz ihrer blassen Schönheit unglücklich in der St. Petersburger Gesellschaft, da sie weder völlig akzeptiert wurde, noch allem Anschein nach bereit war, ihren Untertanen auf halbem Weg entgegenzukommen. Beide schienen resignativ entschlossen, das Jahr so gut wie möglich durchzustehen.[1]

Die Dreihundertjahrfeiern hatten am vorausgegangenen Tag mit einem Te Deum in der Kasan-Kathedrale begonnen, auf das am selben Abend eine Galavorstellung im Marjinska-Theater gefolgt war, bei der Mathilde Kschessinska, die frühere Mätresse des Zaren, die Mazurka aus dem zweiten Akt von Glinkas Oper *Ein Leben für den Zaren* getanzt hatte. Nikolaus II. und Alexandra hatten die Vorstellung aus ihren vergoldeten Armsesseln in der großen Loge verfolgt, während der Rest der Familie die kaiserlichen Logen näher der Bühne besetzt hatte. Es war das erste Mal seit Jahren, daß Alexandra das Marjinska-Theater besucht hatte. Offensichtlich verlegen, schien sie unfähig, sich zu entspannen, auch nur zu lächeln, und als die Vorstellung ihren Fortgang nahm, beobachtete die Tochter des britischen Botschafters in der Nachbarloge, daß der Fächer aus weißen Adlerfedern, den die Kaiserin in der Hand hielt, heftig zu zittern begann, während sich eine Röte über Alexandras Gesicht breitete. Sie glaubte ihr angestrengtes Atmen zu hören, als die Brillanten an ihrem Mieder in heftig wogende Bewegung gerieten. Mit einem raschen Wort zu ihrem Mann erhob sich die Zarin plötzlich und zog sich in den rückwärtigen Teil der Loge zurück. Nikolaus II. sah den Rest der Vorstellung allein.

Ein mitfühlendes Publikum hätte eine tief beunruhigte Frau gesehen; die St. Petersburger Gesellschaft aber war voller Groll. Alexandra hatte von Anfang an Schwierigkeiten gehabt, ihrer Schwiegermutter, der Kaiserinwitwe Marie, an Wärme und Stil gleichzukommen. Es war ihr schwergefallen, russische Gewohnheiten anzunehmen, und sie war unfähig, die Gesellschaft in einer entspannten Art und Weise zu führen. Ihre scheinbare Kälte, die nichts anderes war als Scheu, wurde zunehmend als unausgesprochener Vorwurf an ihre Umgebung wahrgenommen. In dem Maße, wie ihre familiären Bürden und die Sorge wegen der Bluterkrankheit ihres Sohnes zunahmen, schränkten Nikolaus und sie öffentliche Verpflichtungen und das mit ihnen verbundene aktive gesellschaftliche Leben ein. So gelang es Alexandra nicht, öffentliche Unterstützung oder auch nur Sympathie zu gewinnen, als sie beides am dringendsten gebraucht hätte.

Schon am nächsten Abend erwartete Alexandra eine weitere Prüfung. Große Hofbälle, zu denen die kaiserliche Familie annähernd dreitausend Gäste lud, fanden nur noch einmal in der Saison statt. Alexandra hätte sie gern noch seltener veranstaltet, aber aus Anlaß der Dreihundertjahrfeier war ein Hofball nicht zu vermeiden, ebensowenig wie die erste Polonaise, die der Kaiser und die Kaiserin zur Eröffnung anführten. Das Protokoll stand vor den Vergnügungen des Abends. Und wieder haben wir die Augenzeugin aus der britischen Botschaft.

Meriel Buchanan, Sir George Buchanans Tochter, war während der letzten zwei oder drei Saisons in St. Petersburg ziemlich stark in Anspruch genommen. Ihr blondes Haar und ihr gutes Aussehen waren von Alexander, Herzog von Leuchtenberg, nicht unbemerkt geblieben. Auch sie war gegen die stattliche Erscheinung des jungen Mannes in seiner blauen und goldenen Uniform mit dem scharlachroten, pelzbesetzten Dolman und den goldenen Epauletten eines kaiserlichen Adjutanten nicht unempfindlich geblieben. Die Bälle der St. Petersburger Gesellschaft waren für sie eine verzauberte Welt geworden.

An diesem Abend erwartete sie, eingedenk ihrer Beobachtung am Vorabend im Marjinska-Theater, mit einiger Besorgnis die Ankunft des Zaren und der Zarin. Ihre Befürchtungen waren nicht unbegründet. Später erinnerte sie sich:

> An der Spitze der langen Prozession von Großfürsten und Adligen schritten der Kaiser und seine Gemahlin langsam um den großen Saal, hielten Schritt mit dem wundervollen Rhythmus von Chopins Musik und wechselten am Ende jeder Runde die Partner. Die Kaiserin war eine schöne und majestätische Erscheinung in einem langen, ganz in Weiß und Silber gehaltenen Ballkleid. Eine prachtvolle, brillantenbesetzte Tiara krönte ihr blondes Haar, und Kaskaden von Brillanten glitzerten um ihre Schultern, aber auch an diesem Abend blieb ihr Gesicht ernst und ohne ein Lächeln, und wieder zog sie sich vor dem Ende des Abends zurück und ließ den Kaiser mit der Großfürstin Olga allein, die zu diesem Anlaß ihr erstes öffentliches Debüt in der (St. Pe-

tersburger) Gesellschaft gab. In einem schlichten blaßrosa Chiffonkleid, das blonde Haar schimmernd wie poliertes Gold, die blauen Augen lebhaft und leuchtend, die Wangen leicht gerötet, ließ sie keinen Tanz aus und hatte so einfach und aus vollem Herzen ihr Vergnügen wie jedes Mädchen auf seinem ersten Ball.[2]

Das kaiserliche Paar näherte sich einem Wendepunkt: Sowohl ihr privates Verhältnis als auch ihre Stellung innerhalb der Gesellschaft, die sie repräsentierten, begann sich zu verändern. Ihre persönlichen Unstimmigkeiten, verursacht durch die tragische Erbkrankheit ihres Sohnes und die wachsende Abhängigkeit der Kaiserin von Grigorij Rasputin, dem heiligen Mann, dessen einzigartige Heilkräfte Alexej bereits viel Leid erspart hatten, setzten ihre echte Zuneigung zueinander einer langsam wachsenden Belastung aus. Und sie begannen mit der umfassenderen Tragödie zu verschmelzen, der das russische Volk sich gegenübersah.

Alexej Nikolajewitsch, der Thronfolger und Erbe des Zarenreiches, wurde 1904 geboren, nachdem vier Töchter das Licht der Welt erblickt hatten, und war für Nikolaus und besonders für Alexandra ein doppelter Anlaß zur Freude. Doch wurden schon innerhalb weniger Wochen nach seiner Geburt die ersten Zeichen seiner Bluterkrankheit sichtbar, anfangs kleine Blutungen, dann die hinlänglich bekannten Blutergüsse und Schwellungen unter der Haut. Seine Eltern behielten das Wissen um seine Krankheit für sich, und mehrere Jahre lang waren nur wenige Mitglieder des Hofes eingeweiht, bis Alexej einen Hauslehrer benötigte und Pierre Gilliard ernannt wurde, um ihn im Französischen zu unterrichten. In dem Bemühen, Alexej von übertriebener Fürsorge zu befreien, überredete der Hauslehrer Alexandra, zu erlauben, daß er wie jedes normale Kind behandelt werde. Es war ein vernünftiger Vorschlag, doch als Alexej einmal im Unterrichtszimmer vom Stuhl fiel und mehrere Tage unter Blutergüssen, Anschwellungen und anhaltenden Schmerzen zu leiden hatte, wurde die Belastung der Zarin so deutlich, daß Gilliard später schrieb: »Nun verstand ich die heimliche Tragödie ihres Lebens.«[3]

Es war eine Tragödie, deren nächster Schritt unweigerlich folgte: Nicht viel später, als die Familie in ihrem Jagdhaus bei Spala in Russisch-Polen Urlaub machte, stürzte Alexej beim Sprung in ein Boot. Ernste Blutungen waren die Folge, und er lag tagelang halb bewußtlos, während die Ärzte sich um ihn bemühten und seine Mutter nicht von seiner Seite wich. Im ganzen Land wurden Gebetsstunden und Bittgottesdienste abgehalten. Als dem Jungen die Sterbesakramente gespendet worden waren und die Nation das Schlimmste befürchtete, suchte Alexandra Hilfe bei Rasputin. Seine Antwort ließ nicht lange auf sich warten. Er kabelte aus Sibirien: »Gott hat Eure Tränen gesehen und Eure Gebete erhört. Grämt Euch nicht. Der Kleine wird nicht sterben. Gestattet nicht, daß die Ärzte ihn zu sehr behelligen.« Zwei Tage später hörten die Blutungen auf. Was immer die Genesung des Zarewitsch bewirkt haben mochte (die Gründe können vom Medizinischen bis zum Mystischen reichen), es war vor allem diese Episode, die Rasputins zukünftigen Einfluß auf die Zarin und durch sie auf den Zaren sicherte. Das Bedürfnis Alexandras, ihre Verzweiflung mitzuteilen und ihr Herz auszuschütten, drängte sie unweigerlich in die Nähe des einzigen Mannes, der die Macht zu besitzen schien, die Leiden ihres Jungen zu lindern: des geheimnisvollen *Starez* aus Sibirien. Und aus dieser wachsenden gegenseitigen Abhängigkeit Rasputins und der Kaiserin erwuchs eine weitere Bedrohung der Zarenherrschaft.

Am Vorabend der Katastrophe sah sich Nikolaus II., ein wohlmeinender Zar, dem es freilich am geistigen Rüstzeug mangelte, hin und her gerissen zwischen den widersprüchlichen Ratschlägen seiner Minister und gleichzeitig bedrängt vom zunehmenden Druck von innen und außen, der auf seinem Land und dessen verrotteten Institutionen lastete. Als unumschränkter Herrscher über den Staat und eine üppige Hofhaltung mag er zweifelnd in die Zukunft geblickt haben, sogar mit einem Vorgefühl kommenden Unheils, aber er zeigte es nicht. Und als das schicksalhafte Jahr 1914 anbrach, schienen seine wohlhabenderen Untertanen in St. Petersburg entschlossen, die Umwälzungen der jüngsten Vergangenheit zu vergessen – die verhängnisvolle und demütigende Niederlage gegen Japan in der Seeschlacht von Tsushima und die noch beunruhigenderen revolutionären Zusammenstöße zwischen aufrührerischen Arbeitern und Truppeneinheiten im Jahre 1905 –, als wollten sie sich ihres eigenen Wohlstands vergewissern. So gingen die Dreihundertjahrfeiern des ausgehenden Jahres 1913 über in die letzte gesellschaftliche Saison des Kaiserlichen Hofes in Friedenszeiten.

Die Jahre vor 1914 waren für die dünne Schicht der Privilegierten Westeuropas ein goldenes Zeitalter. Das Reisen war bequem geworden, Grandhotels begannen endlich eine akzeptable Alternative zu Landhäusern, sogar Palästen zu bieten, und Südfrankreich, die Schweiz und Italien waren alljährlich Ziel der aristokratischen und begüterten Schichten. Die vornehme Gesellschaft Rußlands nahm bereits teil an dieser wachsenden Wohlhabenheit des Westens. Das Leben eines Großfürsten war ein Spiegel solcher Gewohnheiten. »Unsere Reisen führten uns durch ganz Europa«, erinnerte sich Großfürst Alexander später an seinen Lebensstil der Vorkriegszeit. »Im Frühjahr gab es das traditionelle Wiedersehen mit Königin Alexandra von England in Dänemark; dann die Frühsommersaison in London, Xenias Kur in Bad Kissingen oder Vittel und die Nachkur in Biarritz; Ausflüge der Kinder in die Schweiz, die Wintersaison in Cannes ... Wir kamen viel herum.«[4]

Es war nicht bloß die Pracht der St. Petersburger Saison, die mit dem übrigen Europa konkurrierte. Reichtum wurde ohne Bedenken zur Schau gestellt, die äußeren Zeichen herrscherlicher Prachtentfaltung der Romanows nicht versteckt. Alexander Mossolow, der während des größten Teils der Regierungszeit Nikolaus' II. Leiter der Hofkanzlei war, bemerkte freimütig, es sei die wichtigste Funktion der Hofhaltung eines Souveräns, sein Prestige zu mehren; und der russische Hof sei »mit Sicherheit der prächtigste« in Europa. »In dreihundert Jahren hatte sich großer Reichtum in den Händen derjenigen angesammelt, die für seine sichere Aufbewahrung verantwortlich waren. In seiner Prachtentfaltung kam der russische Hof dem französischen unter Ludwig XIV. und Ludwig XV. am nächsten. In seiner Etikette ähnelte er dem österreichischen Hof.«[5] Mit den kaiserlichen Palästen in St. Petersburg, Zarskoje Selo, Peterhof und Livadia auf der Krim, mit der kaiserlichen Yacht *Standart*, dem kaiserlichen Zug und den kaiserlichen Juwelen, die zum Teil ererbt, zum Teil von Fabergé angefertigt worden waren, konnte die russische Zarenfamilie es mit allen anderen gekrönten Häuptern Europas aufnehmen.

Das Winterpalais am Ufer der Newa begleitet die Geschichte der Romanows als Glücksgöttin und Racheengel zugleich. Es war Schauplatz von Triumphen und blutigen Katastrophen. Es beherbergte die bedeutendsten Kunstschätze des Landes in der Eremitage und die Kronjuwelen im Weißen Salon und stand im Brennpunkt aller offiziellen Anlässe und Bälle. Aber es war nicht nach dem Geschmack des letzten Herrscherpaares. Nikolaus II. und Alexandra hielten sich während ihrer ganzen Regierungszeit am liebsten in Zarskoje Selo auf (wörtlich das »Dorf des Zaren«), 24 Kilometer südlich von St. Petersburg. Dort waren sie die meiste Zeit des Jahres und gaben dem kleineren Alexanderpalais den Vorzug gegenüber dem riesigen, prächtigeren Katharinenpalast. Für sie war es in seiner Parklandschaft eine friedliche Oase und Schauplatz der glücklichsten, aber auch tragischsten Erfahrungen der Familie. Hierher brachte Nikolaus II. seine Gemahlin als Braut; hier wurden ihre Kinder geboren, und hier begrüßte Alexandra bei ihrer ersten Begegnung nach seiner formellen Abdankung unter Tränen ihren all seiner Macht entkleideten Mann.

Wenn der Sommer kam, hatte die kaiserliche Familie in normalen Zeiten die angenehme Wahl zwischen Schloß Peterhof am Ufer des Finnischen Meerbusens, das von einem prächtigen Park mit Wasserfällen, Springbrunnen, Kanälen und Seen umgeben war, und dem lieblichen Gegenstück Livadia nahe Jalta an der Südküste der Krim, mit seinem griechischen Marmor, dem italianisierenden Stil und herrlichen Ausblicken auf See und Berge. Für Nikolaus II. und seine Familie wurde Livadia als Alternative zum Alexanderpalais ein beliebter Herbstaufenthalt, ein klimatisch begünstigter Zufluchtsort vor den Sorgen der Regierungsgeschäfte, einige 1900 Kilometer und sechs Tagereisen von St. Petersburg entfernt. Einmal verbrachten sie Weihnachten dort, und nach dem vollständigen Umbau des Schlosses im Herbst 1911 debütierte hier die älteste Zarentochter Olga bei einem formellen Hofball.

Auch in der Bequemlichkeit und dem Luxus ihrer Reisen ließ die Zarenfamilie sich nicht von anderen Herrscherhäusern übertreffen. Der kaiserliche Zug (tatsächlich waren es Züge, denn oft wurde ein zweiter, identischer Hofzug eingesetzt, um die Sicherheit des Zaren zu gewährleisten) prunkte mit einem kleinen goldenen Monogramm N II auf tiefblauem Grund. In den acht Waggons beförderte er eine Abteilung Kosaken für den Wachdienst vor dem Waggon des Zaren auf dem Bahnsteig jeder Station, eine Küche mit Personal, ein

Schlafzimmer, ein Bad und ein Boudoir in Grau und Lila, einen kleinen Salon mit einem Klavier, das Arbeitszimmer des Zaren, einen Speisewagen für sechzehn Personen und ausreichend Raum für die Kinder des Zaren, Kammerfrauen, einen Empfangsraum für lokale Würdenträger, die ihre Besuche abstatteten, eine Arztpraxis und Räume für Hofbeamte.

Auf See verfügte man über die kaiserliche Yacht *Standart*, ein 4500-Tonnen-Schiff, in Dänemark gebaut und eindrucksvoll genug, um 1911 beim Besuch in Cowes den geübten Blick des englischen Königs Edward VII. auf sich zu ziehen. Für den Fall, daß er selbst eine neue Staatsyacht brauchte, bat er sofort um die Baupläne.

Im Hintergrund dieser äußeren Zeichen herrscherlicher Prachtentfaltung standen die Kronjuwelen der Romanows, eine Sammlung, an deren Reichtum vielleicht nur diejenige der gegenwärtigen britischen Königsfamilie und jene des früheren Schahs von Persien heranreichten. Nikolaus II. hatte – nicht persönlich, sondern als Staatsoberhaupt, eine von Peter dem Großen eingeführte Unterscheidung – drei berühmte Symbole kaiserlicher Macht geerbt: die große Kaiserliche Krone Katharinas der Großen, das Kaiserliche Zepter und den Kaiserlichen Reichsapfel. Die Krone allein war mit 4936 Brillanten im Gewicht von 2858 Karat besetzt und für Katharinas Krönung angefertigt worden. Das Zepter enthielt den berühmten Orlow-Diamanten, der angeblich aus dem Auge eines Hinduidols in Südindien herausgebrochen worden war. Und der Kaiserliche Reichsapfel war ganz aus Gold gefertigt, mit einer Umhüllung von Brillanten und gekrönt von einem besonders großen, in Brillanten gebetteten Saphir.[6] Nikolaus II. hatte die Krone, das Zepter und den Reichsapfel bei seiner Krönung im Mai 1896 getragen.[7]

Der Rest der kaiserlichen Juwelensammlung bestand aus den seltensten Brillanten, Perlen, Smaragden, Rubinen und anderen Juwelen, die in mehr als dreihundert Jahren Romanow-Herrschaft angesammelt wurden. Und ganz abgesehen von früheren Erwerbungen, ermutigte Nikolaus II., wie zuvor sein Vater Alexander III., den kaiserlichen Hofjuwelier Peter Carl Fabergé, sein Genie zur Anfertigung weiterer exquisiter Schmuckgegenstände für Angehörige und Freunde des Zaren zu verwenden: Broschen, Zigarettenetuis, Halsketten, Miniaturen aller Art und natürlich die berühmten Fabergé-

Ostereier. Das erste wurde 1884 angefertigt, ursprünglich als ein besonderes Geschenk des Zaren Alexander III. an seine Gemahlin. Später führte Nikolaus II. diesen Brauch fort und schenkte seiner Gemahlin und seiner Mutter alljährlich Fabergé-Ostereier. Sechsundfünfzig Stück wurden für die beiden Zaren gefertigt, die beiden letzten allerdings wegen der Revolution nicht mehr ausgeliefert.

Nikolaus II. mag in seinen persönlichen Lebensgewohnheiten bescheiden gewesen sein, doch in einer Zeit, als viele europäische Monarchen zu konstitutionellen Galionsfiguren demokratischer Regierungen geworden waren, blieb er ein strikter Autokrat. Trotz der Zugeständnisse, die er nach der Revolution von 1905 hatte machen müssen, konnte er mit größerer Berechtigung als die meisten anderen noch immer mit Ludwig XIV. sagen: »L'Etat c'est Moi.« Und wie wir sehen werden, enthält dieser – dem Sonnenkönig im übrigen wahrscheinlich nur zugeschriebene – Ausspruch den Schlüssel zum wirklichen Maßstab monarchischen Reichtums.

In der Woche vor dem Neujahrstag 1914, der gewöhnlich den Beginn der Gesellschaftssaison markierte, schien St. Petersburg so wohlhabend wie irgendeine Stadt im westlichen Europa. Den Kauflustigen, welche die eleganten Geschäfte in der Morskaja und am Newskij Prospekt bevölkerten, saß das Geld locker in der Tasche. »Conradi verkaufte erlesene Süßwaren; Denisow-Uralski war auf Juwelen und aus Jade, Amethyst, Chalzedon und Topas geschnittene Tiere spezialisiert; und Fabergé war die Quelle einiger der kostbarsten und exquisitesten Juwelen der Welt, ein Ort mit einer Atmosphäre atemberaubenden Reichtums«[8] – in diesen und anderen Luxusgeschäften drängten sich der Adel und die wohlhabende großbürgerliche Schicht der Stadt.

Wie ein zeitgenössischer Beobachter es ausdrückte, war jeder Fremde im St. Petersburg dieser Zeit

> von einem unwiderstehlichen Verlangen beseelt, sich ganz in der glänzenden Hauptstadt niederzulassen, welche die klassische Schönheit schnurgerader Prachtstraßen mit dem leidenschaftlichen Unterton eines pulsierenden Lebens verband, das kosmopolitisch in seiner Bildung, aber durch und durch russisch in seiner Unbesonnenheit war. Der farbige Barmann im Hôtel d'Europe stammte aus Kentucky; die Schauspielerinnen im Theatre Michel schnurrten ihre Dialoge auf Französisch herunter; und die majestätischen Säulen der kaiserlichen Paläste zeugten vom Genius italienischer Architekten.[9]

Auch die Geschäfte spiegelten diese kosmopolitische Note wider, von Watkins, der britischen Buchhandlung, und Druce, der Harris Tweed und englische Seife feilbot, bis zu Cabassue, bei dem es französische Handschuhe zu kaufen gab.

Wegen der fortdauernden Abwesenheit der Zarin in diesem letzten Friedenswinter veranstalteten andere Gastgeberinnen die Festlichkeiten der Saison: Großfürstin Marie Pawlowna, die Witwe des Onkels von Nikolaus II., und als Präsidentin der Akademie der Schönen Künste ein natürlicher Mittelpunkt führender Künstler und kunstinteressierter Mitglieder der Gesellschaft; die kosmopolitische und weitgereiste Gräfin Kleinmichel; und vor allem die Mutter des Zaren, die verwitwete Kaiserin Marie Feodorowna. Tatsächlich war es die Kaiserinwitwe, die die Einführung ihrer Enkelinnen, der vier Großfürstinnen, in die Gesellschaft übernahm, die sie selbst einst mit Begeisterung und Stil geführt hatte.

Die Zarentöchter waren herangewachsen und begannen eine nach der anderen ihre kindlichen Gewohnheiten abzulegen. Olga, die Älteste, war mit achtzehn bereits im vergangenen Jahr in die vornehme Gesellschaft eingeführt worden. Tatjana, jetzt sechzehn, konnte es kaum erwarten, sich im fröhlichen Trubel der St. Petersburger Feste ihrer älteren Schwester anzuschließen. Vierzehn und zwölf Jahre alt, mußten Maria und Anastasia sich noch eine Weile gedulden. Um Tatjana Gelegenheit zum Kennenlernen des gesellschaftlichen Lebens zu geben, beschloß ihre Großmutter, die beiden älteren Schwestern als Anstandsdame zu einer kleinen Tanzgesellschaft zu begleiten, die von der Großfürstin Marie Pawlowna gegeben wurde.

Es wurde ein großer Erfolg, aber nicht viel mehr als ein *hors d'œuvre* zu einem viel großartigeren Ball, den sie bald darauf selbst für die beiden Mädchen in ihrem Anitschkow-Palast am vornehmen Newskij Prospekt veranstaltete. Beide Mädchen waren, jede in ihrer Art, höchst attraktiv: Olga, blond und blauäugig, zeichnete sich vielleicht durch mehr Haltung und Selbstbeherrschung aus, während Tatjana dunkler war, mit charakteristisch geformten, hellbraunen Augen. Sie fiel mehr auf als ihre Schwester, und es fehlte ihr nicht an Selbstsicherheit. Beide waren entschlossen, ihre neugewonnene Freiheit nach Kräften zu nutzen, und neckten die zwei

»Daheimbleiber«, Maria, die mit vierzehn bereits ihre Bewunderung für einen der Tanzpartner des Abends erklärt hatte, und Anastasia, den jungen und von allen geliebten Wildfang der Familie. Die beiden älteren Schwestern ließen keinen Tanz aus, bis ihr Vater sie schließlich um halb fünf Uhr früh nach Haus brachte.

Es sollte der erste und letzte gemeinsame Gesellschaftsball der Schwestern sein. Innerhalb von sechs Monaten würde Rußland im Krieg stehen. Innerhalb von drei Jahren würde ihr Vater zur Abdankung gezwungen, und innerhalb von wenig mehr als viereinhalb Jahren würden sie und ihre Eltern und Geschwister in Jekaterinburg ermordet werden oder spurlos verschwinden, um nie mehr gesehen zu werden. Und das Schicksal der »reichsten Familie der Welt« und ihres Vermögens würde für mehr als ein Dreivierteljahrhundert im Mittelpunkt von Spekulationen und Intrigen stehen.

Doch es sind die kleinen Dinge, die im Gedächtnis haftenbleiben. Die spontane Begeisterung der heranwachsenden jungen Zarentöchter über ihre erste (und letzte) Gesellschaftssaison in Friedenszeiten einerseits und die in ihre Unterwäsche eingenähten Schmuckstücke und Edelsteine inmitten der Asche, des Schmutzes und der angekohlten Überreste im Bergwerksschacht außerhalb von Jekaterinburg nur vier Jahre später andererseits machen wie nichts anderes den erschreckenden Abgrund bewußt, der sich in solch kurzer Zeit aufgetan hatte. Binnen vier Jahren waren die Romanows verschwunden, und es blieben nur Erinnerungen an ihren Reichtum und an das St. Petersburg der Vorkriegszeit.

2 *Revolution*

Weniger als vier schicksalsschwere Jahre waren vonnöten, um Nikolaus II. und seine Familie vom Gipfel der Macht und des Glanzes der St. Petersburger Gesellschaftssaison in den Abgrund von Thronverzicht, Revolution und Lebensbedrohung zu stoßen. In dieser kurzen Zeit stürzte der autokratischste Monarch Europas von der Höhe unvergleichlichen Reichtums zu vollkommener Demütigung und Schicksalsergebenheit herab, verbrachte die ersten

Wochen in seinem neuen Status mit der Pflege seiner fünf an Masern erkrankten Kinder, schaufelte Schnee, sägte Brennholz und erwartete sein Geschick. Wie weit solch ein Machtverlust sich in einem entsprechenden Vermögensverlust widerspiegelte, ist eine Frage, die Erbaspiranten und Beobachter in gleicher Weise beschäftigt hat.

Die Antworten führen zu der weitergehenden Frage, was der abgesetzte Autokrat getan hatte, als er an der Macht war, warum er es tat und unter welchen Umständen er die Herrschaft verlor. Der »verlorene« Reichtum des letzten Zaren unterschied sich nur in der Höhe der Sachwerte von dem Haile Selassies von Äthiopien, des letzten Schahs des Iran oder dem, was Präsident Marcos von den Philippinen im Laufe seiner Amtszeit angehäuft hatte. Wie Elizabeth II. verfügten sie alle einerseits über persönlichen Reichtum und hatten andererseits Zugang zum Staatsvermögen; je stärker aber der Autokrat, desto mehr verschwamm der Unterschied zwischen den beiden Quellen. Erst wenn die eine durch den Verlust politischer Macht von der anderen geschieden wurde, konnte das Rätselraten beginnen. Die Situation Nikolaus' II. war jedoch eine andere. Die Anhaltspunkte für seinen hinterlassenen Reichtum liegen tief in der Vergangenheit des Hauses Romanow, und dort müssen unsere Nachforschungen beginnen.

Nikolaus verkannte nicht die Gefahren, die ihn bedrohten. Seine Hauptsorge betraf die eigene Fähigkeit, mit ihnen fertig zu werden. Eines war ihm klar: Rußland mußte um beinahe jeden Preis einen Krieg vermeiden, bis es dafür gerüstet wäre, und selbst dann mußte es abwägen, wie sich ein Krieg auf Wohlstand und Stabilität auswirken würde. 1911 erklärte er einem seiner Botschafter:

> Ein Krieg würde für uns in den nächsten fünf oder sechs Jahren nicht in Frage kommen – genauer gesagt, bis 1917 –, doch wenn lebenswichtige Interessen und die Ehre Rußlands auf dem Spiel stünden, könnten wir, sollte es absolut notwendig werden, schon 1915 eine Herausforderung annehmen; aber unter keinen Umständen und unter keinem irgendwie gearteten Vorwand einen Augenblick früher.[10]

Am Sonntag dem 28. Juni 1914 ereignete sich in Sarajewo, der Hauptstadt Bosniens, die erste der Katastrophen, die Nikolaus befürchtet hatte. Erzherzog Franz Ferdinand, Neffe des österreichisch-ungarischen Kaisers Franz Joseph und designierter Thronfolger, wurde zusammen mit seiner Gemahlin von einem bosnischen Serben ermordet. Das reichte aus, um die gärenden Rivalitäten und Feindseligkeiten im westlichen Europa zum Überkochen zu bringen. Innerhalb einer Woche bedrohte Österreich-Ungarn das Königreich Serbien, dessen militärischer Geheimdienst Drahtzieher des Attentats gewesen war. Deutschland unterstützte Österreich, und Rußland erwog die Mobilmachung zugunsten Serbiens. Fünf Wochen später hatte sich die Lage weiter verschärft: Österreich-Ungarn hatte Serbien ein unannehmbares Ultimatum gestellt und nach dessen Ablauf den Krieg erklärt; Rußland hatte die Mobilmachung befohlen; darauf hatte das Deutsche Reich Rußland ein Ultimatum gestellt und seinerseits mit Mobilmachung gedroht, falls nicht die russische Mobilmachung gegen das Deutsche Reich und Österreich-Ungarn eingestellt werde. Gleichzeitig hatte es an Frankreich die Frage gerichtet, ob das Land bei einem Krieg zwischen Deutschland und Rußland neutral bleiben werde. Aber auch Frankreich hatte schon die Mobilmachung angeordnet. Deutschlands Kriegserklärung an beide war die Folge gewesen, und die Verletzung der belgischen Neutralität hatte Großbritannien den äußeren Anlaß gegeben, Deutschland den Krieg zu erklären.

Die Ereignisfolge, die schließlich zur Vernichtung der drei wichtigsten konservativ-autoritären Monarchien Kontinentaleuropas – des Deutschen Kaiserreiches, der Habsburger Monarchie und des zaristischen Rußlands – führen sollte, hatte ihren Anfang genommen. Jeder der drei Herrscher hatte eine herausragende Rolle in diesem endgültigen Debakel gespielt, das keiner von ihnen gewollt hatte. Nikolaus II. versuchte am Tag der russischen Mobilmachung die Herausforderung zu mildern, indem er sich persönlich an Kaiser Wilhelm II. wandte: »Ich hoffe von ganzem Herzen, daß diese Maßnahmen nicht Deine Rolle als Vermittler beeinträchtigen werden, der ich großen Wert beimesse. Wir brauchen Deinen starken Druck auf Österreich, um zu einer Verständigung mit ihm zu kommen.« Aber sein älterer Vetter, der Kaiser, interpretierte dieses Signal als Schwäche und war nicht dazu bereit, den Kurs zu ändern und seinen habsburgischen Bundesgenossen im Stich zu lassen. Er verlangte die Einstellung der russischen Mobilmachung.

Als er mit seinem Außenminister Sergej Sasonow in Zarskoje Selo über die Antwort des Kaisers beriet, rang Nikolaus II. mit seinem Gewissen. »Sie wissen, daß ich bereits ein Mobilmachungsdekret unterdrückt und dann nur einer Teilmobilmachung zugestimmt habe«, sagte er zu Sasonow. »Wenn ich der deutschen Forderung nachkäme, würden wir uns unvorbereitet der österreichisch-ungarischen Armee gegenübersehen, die bereits mobilisiert ist. Es wäre Wahnsinn.« Sasonow, der dem Zaren gegenübersaß, beobachtete ihn aufmerksam. Der Monarch war bleich, sein Gesichtsausdruck verriet den inneren Kampf. Nach einigem Zögern sagte Nikolaus II.: »Aber Sie haben recht. Es bleibt uns nichts übrig, als uns kampfbereit zu machen. Geben Sie dem Generalstabschef meinen Mobilmachungsbefehl.«*

Angesichts der russischen Entscheidung für die Generalmobilmachung, von der das Land nicht abrückte, wies die deutsche Reichsregierung ihren Botschafter in St. Petersburg am 1. August 1914 an, die deutsche Kriegserklärung an Rußland zu übergeben. Am folgenden Tag erließ der Zar in der St. Georgs-Galerie des Winterpalais in Anwesenheit des gesamten Hofes ein Manifest an sein Volk. Vor einem Altar, auf dem die wundertätige Ikone der Gottesmutter von Kasan stand, nahm Nikolaus II. mit Alexandra an einem Gottesdienst teil und gelobte seinem Volk: »Ich schwöre feierlich, daß ich niemals Frieden schließen werde, solange ein Feind auf dem Boden des Vaterlandes steht.« Es war der gleiche Schwur, den Alexander I. 1812 abgelegt hatte, als Napoleon in Rußland eingedrungen war.

Das Rußland, welches der Zar am 2. August 1914 auf den Krieg verpflichtete, war ein Land, das auf Messers Schneide zwischen Fortschritt und Katastrophe stand. Beide waren bereits im Keim angelegt. Wie andere Teile Europas stand Rußland an der Schwelle der Industrialisierung und hatte auf den Kapitalmärkten in Paris und London umfangreiche Eisenbahnanleihen gezeichnet. Der Ru-

* In ihrem Memoiren berichtet die Fürstin Lydia Wassiltschikow (1886–1919), Sasonow habe ihr später erzählt, daß er, als er schließlich die Einwilligung des Zaren zur Generalmobilmachung erhalten hatte, die Telefonverbindungen zwischen seinem Büro in St. Petersburg und Zarskoje Selo unterbrochen habe, weil er befürchtete, der Zar könnte in letzter Minute seinen Entschluß doch noch ändern. (A.d.Ü.)

bel war stabil und die Inlandswährung zu 98 Prozent durch Gold gedeckt. Die Budgets waren seit einigen Jahren ausgeglichen. Und Rußland verfügte über die größte Goldreserve der Welt.

Seit der Jahrhundertwende hatte sich das Wirtschaftswachstum des Landes dem anderer führender Staaten Westeuropas angeglichen und lag bei einem Jahresdurchschnitt von 3 1/4 Prozent. In dieser Zeit hatten sich die Ein- und Ausfuhren verdoppelt. 1914 stand Rußland als Wirtschaftsmacht an vierter Stelle auf der Erde und reichte in der Gesamtleistung der Warenproduktion beinahe an das Vereinigte Königreich heran. In einem 1914 veröffentlichten Buch prophezeite ein führender französischer Wirtschaftswissenschaftler, daß Rußland, wenn es dieses Tempo als Entwicklung beibehielte, um die Jahrhundertmitte Europa politisch, wirtschaftlich und finanziell beherrschen würde.

Es sollte nicht sein. Der Krieg enthüllte allmählich die bedenklichen Schwächen des starren Verwaltungssystems. Die Finanzierung des Krieges durch eine Kombination von Auslandsanleihen und der übermäßigen Ausgabe neuer Banknoten schwächte allmählich die Währung. Auch wurden die Kriegsanstrengungen unterminiert durch das Fehlen einer zusammenhängenden Kommandostruktur, eklatante Transportmängel und vor allem durch das Ausbleiben verbindlicher politischer Entscheidungen zur Bewältigung der normalen Spannungen der Kriegszeit und der wachsenden sozialen Unruhe an der Heimatfront. Schon als nach 1905 ein parlamentarischer Zusammenstoß auf den anderen folgte, brachte die fortdauernde Unfähigkeit des Zaren, mit den politischen Bestrebungen der aufeinanderfolgenden Dumas ins reine zu kommen, notwendige Beschlußfassungen in eine gefährliche Sackgasse. Schließlich wurden kriegswichtige Angelegenheiten verschleppt und vereitelt durch ungeklärte Zuständigkeiten, Unsicherheit, Gerüchtemacherei und Hofintrigen. Nur in einer solchen Atmosphäre konnte Grigorij Rasputin überhaupt gedeihen.

Rasputins Rolle am Hof und sein Anteil am Sturz der Romanows hat beinahe soviel Aufmerksamkeit gefunden wie die Familie selbst. Er war von bäuerlicher Herkunft und stammte aus dem Dorf Pokrowskoje, nicht weit von Tobolsk in Westsibirien, dem Ort, den die Zarenfamilie später in der Verbannung kennenlenen sollte. Es heißt, daß er nach einer in Trunksucht, Unehrlichkeit und Ausschweifung verbrachten Jugend durch eine zufällige Begegnung mit dem Bischof von Kasan, die seinen latenten religiösen Glauben wiedererweckte, auf den Pfad der Tugend zurückgeführt und in einen frommen Pilger verwandelt wurde, der durch das Land zog, Heiligtümer aufsuchte, predigte und betete, angewiesen auf die Gastfreundschaft der Bauern und Handwerker. Mit einem Wort, er wurde ein *Starez,* ein heiliger Mann, der in den Dörfern Rußlands weithin bekannt war.

Rasputins Aufstieg von der Empfehlung durch den Bischof von Kasan über die orthodoxe Kirchengemeinde St. Petersburgs und besonders die Theologische Akademie bis zu einem größeren Kreis von Theologiestudenten verlief schnell. Bald stand er an der Spitze der *Khlysty,* einer der zahlreichen orthodoxen Sekten, die damals in der Hauptstadt blühten. Diese widmete sich der Aufgabe, die Sünden des Fleisches durch Fasten und religiöse Übungen zu überwinden. Bischof Theophanos unterstützte die Bewegung und war offensichtlich das Bindeglied zwischen Rasputin und führenden Mitgliedern der St. Petersburger Gesellschaft. Anna Vyrubowa, lange Zeit Alexandras einzige enge Vertraute, war unter denen, die vom *Starez* beeinflußt und beeindruckt waren, und machte ihn mit der Kaiserin bekannt. Und in solch einer geschlossenen Gesellschaft dauerte es nicht lange, bis Gerüchte aufkamen und von Skandal gemunkelt wurde. Das Wissen um Rasputins mystische Kräfte wurde Allgemeingut, desgleichen die damit einhergehenden Geschichten von Schwelgereien und Ausschweifungen, und nach einigen sechs Jahren in der Hauptstadt ließ Bischof Theophanos Rasputin nach Sibirien zurückschicken.

Seine 1911 in die Wege geleitete Verbannung war nicht von Dauer. Seine Verbindungen am Hof und besonders sein Vertrauensverhältnis zur Zarin, das durch seine unbezweifelte Fähigkeit, die tragische Krankheit ihres Sohnes zu behandeln, noch enger geworden war, bewirkten seine Rückkehr in die Hauptstadt vor Ausbruch des Krieges. Nicht lange, und Offiziere, Hofbeamte und sogar Minister wurden sich seines Einflusses auf Alexandra und durch sie indirekt auf den Zaren bewußt. Man begann für beinahe jede zweifelhafte Intrige seine Hilfe zu suchen. Während Nikolaus II. Gerüchten und Intrigen mehr oder weniger unzugänglich blieb, behielt Rasputin das Ohr der Kaiserin. Er wurde sowohl verabscheut als auch gefürchtet. Als der Krieg seinen Fortgang nahm und Rußlands Schicksal sich schließlich – zuerst an der Front und später in der Heimat – entschied, lag Rasputins Schatten schwer und düster über dem Hof.

Anfänglich erzielten russische Truppen beträchtliche Geländegewinne gegen die Österreicher und für ein paar Wochen sogar gegen die deutschen Truppen in Ostpreußen. Aber als das Jahr 1914 sich dem Ende zuneigte, waren die in Ostpreußen eingedrungenen russischen Narew- und Njemen-Armeen vernichtet, und die russischen Gesamtverluste an Toten, Verwundeten, Vermißten und Gefangenen überstiegen eine Million. Das folgende Jahr brachte weitere Katastrophen mit dem Verlust ganz Russisch-Polens und der größten Teile Litauens und Lettlands. Deutschlands enorme Anstengungen an der Ostfront mögen der langfristigen Strategie des Kaisers abträglich gewesen sein, vor allem an der Westfront, aber die Wirkung solcher Niederlagen auf die russische Bevölkerung und die Möglichkeit, daß Kiew, Riga und sogar Petrograd (St. Petersburgs neuer Kriegsname) evakuiert werden müßten, wirkte verheerend auf die Moral.

Den Unzufriedenen bot sich ein natürliches Ziel in der autokratischen Herrschaft des Zaren. Im Laufe der folgenden Monate stellte er mehrere Sündenböcke bereit: Der Kriegsminister, der Innenminister und der Justizminister mußten ihre Posten aufgeben und wurden ersetzt. Aber der Druck zur Wiedereinberufung der Duma ließ sich durch solche Maßnahmen nicht beseitigen, und in den Monaten Juni und Juli 1915 spiegelte sich die Stärke liberaler Empörung in den angespannten Beratungen des Reichsrates.

Etwas mußte geschehen, um dem Land neuen Mut zu geben. Zwei Entscheidungen, die Nikolaus II. im August und September traf, beruhten mehr auf Instinkt als auf Planung und führten, jede auf ihre Weise, letztendlich zu weiterem Unheil. Als erstes beschloß er, seinen Onkel, den Großfürsten Nikolai Nikolajewitsch, als Oberkommandierenden zu suspendieren und selbst den Oberbefehl über das Heer zu übernehmen; und als zweite Maßnahme löste er die Duma auf.

Von diesem Augenblick an wurde unweigerlich der Zar selbst für alle Rückschläge an der Front und alle Versorgungsmängel und sozialen Unruhen in der Heimat verantwortlich gemacht. Nicht weniger verhängnisvoll war, daß er, indem er sein persönliches Feldhauptquartier bei der Truppe bezog, oft monatelang von der Hauptstadt abwesend war und andere das Machtvakuum ausfüllen ließ, soweit die Umstände und Gelegenheiten es gestatteten. Das Ergebnis war, daß Alexandra sich ermutigt fühlte, ihm in der Hauptstadt Aug' und Ohr zu sein; und jede Verzerrung in ihrer Wahrnehmung des Hofes und des Staates fand augenblicklich ihren Niederschlag in den Briefen, die Alexandra ihrem Mann beinahe täglich ins Feld schrieb und deren Skala von den warmherzigsten Gefühlen bis zu aufgeregten Appellen reichte, Nikolaus möge doch diesen oder jenen Minister entlassen oder ernennen. Rasputin hätte sich kaum eine bereitwilligere und einflußreichere Zuhörerin wünschen können.

Unter dem persönlichen Oberbefehl des Zaren gewann das russische Heer etwas von seiner Kampfmoral zurück, unterstützt auch durch Angriffsvorbereitungen der Alliierten an der Westfront und die daraus sich entwickelnde Offensive an der Somme, durch die der deutsche Generalstab gezwungen wurde, mehrere Divisionen aus dem Osten abzuziehen. Eine russische Offensive gegen die Österreicher führte zu einem Durchbruch und brachte Hunderttausende von Gefangenen. Sie erzwang eine kritische Neubewertung der österreichisch-ungarischen Kampfkraft und verschaffte Rußland nach den vorausgegangenen Katastrophen eine dringend benötigte Ruhepause. Doch im weiteren Verlauf des Jahres 1916 begann sich, von der Heimat ausgehend, eine neue und womöglich noch ernstere Gefahr auszubreiten, die schließlich auch die Front erreichte. Sie hatte ihren Ursprung in den Auswirkungen der Regierungspolitik auf die Lebenshaltung der Bevölkerung. Die Kriegsanstrengungen wurden durch die ständige Neuausgabe von Banknoten finanziert, wodurch die Inflation angeheizt wurde und die Preise den Löhnen davonliefen. Zur gleichen Zeit verschlimmerten Mängel in der Versorgung mit Grundnahrungsmitteln und Brennstoff die Situation. Die Unzufriedenheit der Bevölkerung wuchs, besonders in den Städten. Ein Historiker malte dieses deprimierende Bild von den Aussichten, denen sich Petrograd im dritten Kriegswinter gegenübersah:

> Im Spätherbst 1916 wurde die Versorgungslage in den großen Städten kritisch. Petrograd und Moskau erhielten nur ein Drittel ihres Lebensmittelbedarfs und standen vor dem Hunger: die Lebensmittelreserven deckten nur noch den Verbrauch weniger Tage. Brennstoffknappheit verschärfte die Schwierigkeiten. Petrograd konnte nur die Hälfte der benötigten Brennstoffe bekommen, was bedeutete, daß die Bäckereien, selbst wenn sie Mehl bekamen, nicht backen konnten ... Petrograd, das durch seine Abgelegenheit von den Gebieten landwirtschaftlicher Erzeugung am meisten litt, ging mit verzweifelten Schwierigkeiten in den Winter 1916–17. Fabriken mußten wiederholt schließen, weil Brennstoff fehlte oder weil sie ihren Arbeitern Gelegenheit geben mußten, das umliegende Land nach Lebensmitteln zu durchkämmen.[11]

Eine politische Lähmung schien in Nikolaus' II. Abwesenheit von der Hauptstadt Besitz zu ergreifen. Vereinzelte Streiks wegen kleinerer Beschwernisse hatten im Herbst begonnen. Manche Arbeiter nahmen sich einfach frei, um sich auf die Suche nach Lebensmitteln und Brennholz zu machen. Zusammenstöße zwischen städtischen Arbeitern und den Kleinbauern im Umland wurden häufiger. Es kann kaum überraschen, daß die Unzufriedenheit sich allmählich auch unter den Fronttruppen ausbreitete, wo steigende Verluste und zunehmender Munitionsmangel die Moral zu untergraben begannen. Das Ausbleiben planmäßiger administrativer Reaktionen auf die sozialen Schwierigkeiten war im Rückblick eines der entscheidenden Elemente für die folgende Tragödie.

Vom Herbst 1916 an nahm die politische Unruhe, verursacht durch die Unfähigkeit der Regierung, auf die wachsenden sozialen Krisenerscheinungen angemessen zu reagieren, ständig zu. Willkürliche Wechsel in nationalen und regionalen Regierungsämtern kennzeichneten nur die Hilflosigkeit der Staatsführung und bewirkten nichts. Als Anfang November die Duma wieder einberufen wurde, angeblich, um das Budget zu verabschieden, war die Stimmung bereits von Feindseligkeit gegenüber der Regierung und sogar dem Zaren selbst geprägt. Nicht nur liberale Politiker sprachen sich gegen Nikolaus II. aus; auch Mitglieder seiner eigenen Familie machten keine Ausnahme. Ministerpräsident Stürmer, der in der Duma der vollen Wucht des politischen Orkans ausgesetzt war, bat um seine sofortige Entlassung. Nikolaus II. hatte ein ähnliches Ersuchen schon einmal abgelehnt, aber inzwischen war seine Entschlossenheit ins Wanken geraten, und er entließ Stürmer.

Es war ein Signal, das wenige Menschen mit politischem Verstand ignoriern konnten. Zug und Gegenzug folgten rasch aufeinander und gipfelten in einem erbitterten Ringen um die Zukunft des Innenministers und sogar des neuen Ministerpräsidenten, verbunden mit den unvermeidlichen Appellen an Alexandra und natürlich an Rasputin. Die politische Unruhe bildete jetzt eine explosive Mischung mit der gravierenden sozialen Unzufriedenheit. Für einige wurde die augenblickliche Entfernung Rasputins zur offensichtlichen und logischen Lösung, wenn die Regierung gerettet werden sollte. Sein verderblicher Einfluß auf die Geschicke des Landes während der Abwesenheit des Zaren, ob real oder eingebildet, galt allgemein als Haupthindernis für den Fortschritt. Daß Mord die bevorzugte Methode zur Lösung dieses Problems war, verdeutlicht die Krise, die mittlerweile das ganze Land erfaßt hatte.

Der Plan zur Ermordung Rasputins scheint im Laufe des November gereift zu sein. Inspiriert von einer feurigen Rede, die Anfang Dezember in der Duma gehalten worden war, begannen Fürst Jussupow, der Sohn einer der reichsten Familien Rußlands, und vier andere Verschwörer, darunter ein Großfürst und Vetter des Zaren, die Einzelheiten auszuarbeiten. Rasch einigte man sich auf Zeitpunkt, Ort und Vorgehensweise. Sie beschlossen, Rasputin durch eine Einladung in Jussupows Haus zu locken, wo er am Abend des 16. Dezember mit Fürstin Irina, seiner Frau, bekannt gemacht werden sollte. Dies erwies sich als der einfachste Teil des Komplotts. Rasputins unverwüstliche Widerstandskraft gegen Vergiftung, Erschießen und Ertränken bleibt bis heute ein Rätsel und hat zu den Legenden beigetragen, die sich um seine Person ranken.

Nachdem es nicht gelungen war, ihn mit Feingebäck und Madeira zu vergiften, die angeblich mit Zyankali präpariert waren, schoß Jussupow Rasputin in den Rücken und ließ den Totgeglaubten liegen. Kurze Zeit später erhob sich der »Leichnam« wankend, packte Jussupow bei der Gurgel und stürzte dann aus dem Haus. Als er zum Tor hinaus wollte, schoß ein anderer Verschwörer dreimal auf ihn (und traf ihn vermutlich tödlich). Außerdem schlug man mit Knüppeln auf ihn ein, fesselte ihn mit Ketten und warf ihn in die Malaja-Newa. Dieses absurd dramatische Ende eines turbulenten

Jahres war, im Rückblick gesehen, nur der Auftakt noch dramatischerer Wochen, die folgen sollten.

Nikolaus II. verbrachte diese Weihnachten ruhig mit seiner Familie in Zarskoje Selo, abgeschirmt gegen die Regungen von Unzufriedenheit draußen, die durch einen der kältesten Winter, die Petrograd je erlebt hatte, noch verstärkt wurden. Er blieb lange genug in der Hauptstadt, um ein weiteres und letztes Mal den Ministerpräsidenten auszutauschen und die Verhaftung von Rädelsführern aufrührerischer Arbeiter zu billigen, die zum Sturz des Zarenregimes aufgerufen hatten. Aber es kam alles zu spät. Zusätzlich aufgebracht durch die sich rapide verschlechternden Lebensbedingungen brach Mitte Februar, kurz nach der Abreise des Zaren zu seinem Feldhauptquartier in Mogilew, in Petrograd eine neue Welle gefährlicher Unruhen aus.

Gerüchte über eine bevorstehende Brotrationierung verstärkten die Mißstimmung unter der hungernden und frierenden Bevölkerung. Arbeiter wurden wegen Brennstoffmangels in den Betrieben entlassen, und Bäckereien konnten vorrätiges Mehl nicht verbacken. Die Straßen der Hauptstadt waren voll von müßigen, bisweilen hungrigen Arbeitern. Manche streikten, andere machten einfach ihrer Empörung darüber Luft, daß es den Behörden nicht gelang, die Grundbedürfnisse der Bevölkerung zu decken und dem rapiden Preisanstieg Einhalt zu gebieten. Der internationale Tag der Frauen mit seinen organisierten Demonstrationen schürte den Aufruhr in den Straßen, während die politischen Töne in der Duma zusehends schriller wurden. Übergriffe und Tätlichkeiten begleiteten die wachsenden Proteste. In einigen Vierteln wurde die Polizei angegriffen.

In krasser Fehleinschätzung sowohl des Ernstes der Situation als auch der aufrührerischen Stimmung der Protestierenden telegraphierte Nikolaus II. in die Hauptstadt und verlangte ein Eingreifen des Militärs zur Wiederherstellung von Ruhe und Ordnung. Sofort wurde über Petrograd eine nächtliche Ausgangssperre verhängt. Als die Menschenmengen sich abermals in allen Teilen der Hauptstadt zu versammeln begannen, kam es zu ersten Zusammenstößen zwischen Arbeitern und Truppenabteilungen. Ein Garderegiment versuchte, die auf einem Platz zusammengeströmte Menge zu zerstreuen, eröffnete das Feuer und tötete vierzig Demonstranten.

Ähnliches ereignete sich in anderen Teilen der Hauptstadt. Obwohl damit einstweilen die Ruhe wiederhergestellt schien, sollte sich die verheerende Wirkung der Zusammenstöße auf die Truppe als entscheidend erweisen. Innerhalb von vierundzwanzig Stunden brachen in mehreren Kasernen Meutereien aus, und bald waren Arbeiter und Soldaten zusammen auf den Straßen. Die Gewalttätigkeiten nahmen zu. Offiziere wurden tätlich angegriffen, Geschäfte und Privathäuser geplündert, Regierungsgebäude aufgebrochen und in Brand gesetzt.

Gesetz und Ordnung waren zusammengebrochen. Drei ganz verschiedene Augenzeugenberichte über diese Woche vermitteln ein lebendiges Bild vom um sich greifenden Chaos. Zuerst die Eindrücke der Frau des britischen Botschafters, Lady Georgina Buchanan, in einem privaten Brief an ihre Schwägerin in England:

> Wir haben eine furchtbare Zeit durchlebt ... Am Sonntag kamen wir nichtsahnend hier an. Unterwegs hatten wir Gerüchte von Streiks bei der Straßenbahn etc. gehört, die wir nicht ernst nahmen, doch als wir eintrafen, fanden wir alles in einem Zustand offenen Aufruhrs. Montag und Dienstag waren schrecklich, überall wurde geschossen, und man fragte sich, wie dies alles ausgehen würde. Das Militär ging beinahe sofort zum Volk über, aber die Polizei hatte Maschinengewehre und feuerte auf die Soldaten und das Volk. Es scheint, daß das Militär am Sonntag Befehl erhalten hatte, auf die Leute zu schießen, die ganz ruhig umhergingen. Das brachte das Faß zum Überlaufen, und die Soldaten weigerten sich, weiterzumachen und gingen ein Regiment nach dem anderen zum Volk über.[12]

Als nächstes eine ziemlich lakonische Beschreibung von einem Mann aus Yorkshire, der mit seinem Vater in einer Textilfirma arbeitete und über den Aussichtspunkt eines Fensters am Newskij Prospekt verfügte, an seinen Bruder in Leeds:

> Wir haben diese letzte Woche eine sehr, sehr interessante Zeit durchlebt, denn es hat in Petrograd eine Revolution gegeben! Inzwischen ist sie mehr oder weniger vorbei, und wir arbeiten wieder im Büro ... Munitionsarbeiter mußten vor der Arbeit stundenlang in langen Schlangen um ihr Brot anstehen ... Sie traten in den Streik ... Die Straße war vollgestopft von Menschen, Kosaken mit Lanzen, Gewehren und bleibeschwerten Peitschen ritten in die Menge hinein ... Am Montag kam es zu einer erschreckenden Veränderung. 25 000 Soldaten gingen auf die Seite des Volkes über. Während der ganzen Woche verkehrten keine Straßenbahnen, die Telefonverbindungen

waren unterbrochen etc. Niemand scheint etwas über den Zaren zu wissen, oder wo er ist, aber das hat nichts zu bedeuten, denn er wird dem Volk zustimmen müssen.[13]

Und schließlich eine ausführlichere Schilderung eines Vierzehnjährigen an seinen auf dem Land lebenden Onkel:

Schreckliche Dinge geschehen in Petrograd. Es ist ein richtiges Schlachtfeld geworden. Fünf Regimenter haben sich dem Aufstand angeschlossen. In unserem Stadtteil – Liteinij – gehen die Schießereien unaufhörlich weiter. Die Offiziere können nicht auf die Straßen gehen, weil die Menge sie entwaffnet, belästigt und sogar umbringt. Es gibt keine Polizei. Zwei Polizeipräfekten wurden getötet. Das Schlimmste von allem ist, daß die Soldaten den Wodka an sich gebracht haben und betrunken sind. Es muß furchtbare Plünderungen von Geschäften, Banken und Privathäusern geben ... Wir, die Schüler des Lyzeums, haben schulfrei, bis die Ordnung wiederhergestellt werden kann, aber wann wird das sein?[14]

Vor diesem turbulenten Hintergrund vertagte das Kabinett seine eigenen Sitzungen und übertrug der Duma, anstatt sie, dem Wunsch des abwesenden Zaren entsprechend, aufzulösen, die Verantwortung für Ruhe und Sicherheit. Aus diesem administrativen Chaos erwuchsen zwei Zentren zukünftiger Macht. Die Duma setzte einen Provisorischen Exekutivausschuß ein, aus dem die Provisorische Regierung des Fürsten Lwow und später Alexander Kerenskijs hervorging; der Petrograder Sowjet, der ursprünglich Arbeiter und Soldaten vertrat, wurde bald das ausführende Organ der wichtigsten sozialistischen Parteien. Beide Machtzentren schwankten in den nächsten neun Monaten zwischen Zusammenarbeit und Zusammenstößen, bis Lenins Staatsstreich im November die Herrschaft der Bolschewisten festschrieb.

So war die Macht des Zaren kurzerhand usurpiert worden. Seine fortdauernde Abwesenheit hatte auch für seine eigene Zukunft fatale Folgen. Über seine verfassungsmäßige Stellung wurde noch gestritten, als er seine Rückkehr nach Petrograd plante, und seine Reise war symptomatisch für die sich rasch verschlechternden Verhältnisse im ganzen Land. Er hätte vom Hauptquartier innerhalb von eineinhalb Tagen nach Petrograd zurückkehren können; statt dessen nahm er mit Bedacht eine längere Route, um keine wichtigen Militärtransporte zu blockieren, und geriet so in ein Gebiet, das von meuternden Truppen beherrscht wurde. Die Strecke wurde vorsätzlich blockiert, er wurde zu einem neuerlichen Umweg gezwungen und übernachtete schließlich in Pleskau, wo das Hauptquartier der Nordfront war. Es sollte ein verhängnisvoller Aufenthalt werden, der die erste und wohl tiefste Demütigung für ihn bereithielt.

Während seiner Reise hatten sich die Ereignisse in Petrograd überstürzt. Gewalt und Ausschreitungen hatten seinem Kabinett Entscheidungen aufgezwungen, und die Macht war bereits auf die Duma und den Petrograder Sowjet übergegangen. Die Frage war nun nicht mehr, ob Nikolaus II. der Duma Zugeständnisse machen sollte oder könnte; jetzt ging es um die Frage, ob die bereits erzwungenen Zugeständnisse sich überhaupt mit einer Fortdauer der Zarenherrschaft vertrugen und ob Nikolaus II. selbst an der Spitze des Staates bleiben konnte. Die Führer der Duma und der Armee kamen überein, daß der Zar vor diese Frage gestellt werden sollte. In Pleskau war Nikolaus gezwungen, sich allein den Tatsachen zu stellen, zu denen auch freimütige, über Nacht eingeholte Ansichten der Militärbefehlshaber gehörten. Als er ihre Antworten las, in denen fast einhellig die Notwendigkeit seiner Abdankung hervorgehoben wurde, und hörte, wie die im Salonwagen anwesenden Armeekommandeure, Männer, die ihm als ihrem Oberkommandierenden den Treueid geleistet hatten, die gleichen Ansichten vertraten, erkannte Nikolaus, daß er keine Wahl hatte. Einer der Anwesenden schilderte die schicksalsschweren Augenblicke:

> Er ging hinüber zum Tisch und spähte mehrmals geistesabwesend durch das heruntergelassene Rollo; sein Gesicht, normalerweise ausdruckslos, war durch eine seltsame Bewegung der Lippen, die ich bis dahin nie beobachtet hatte, zu einer Seite verzogen. Es war klar, daß er mit einer schmerzlichen Entscheidung rang. Kein Geräusch baute die Spannung ab ... plötzlich wandte sich Kaiser Nikolaus II. mit einem heftigen Ruck zu uns um und erklärte mit fester Stimme: »Ich habe mich entschieden ... Ich werde den Thron zugunsten meines Sohnes Alexej aufgeben.« Damit bekreuzigte er sich, und wir taten desgleichen.[15]

Dies war seine erste Reaktion. Später, als er den Rat des Hofarztes eingeholt und sich überzeugt hatte, daß eine Heilung der Bluterkrankheit seines Sohnes unwahrscheinlich sei, beschloß er, zugunsten seines jüngeren Bruders, des Großfürsten Michael, abzudanken.

So blieb Nikolaus II. allein, um darüber zu grübeln, was hätte sein können, sich zu fragen, was aus der persönlichen Treue geworden war (»Um mich herum«, schrieb er in dieser Nacht, »sehe ich Verrat, Feigheit und Täuschung«), seine Abdankungserklärung aufzusetzen und sich auf die traurige Rückkehr zu seiner Familie in Zarskoje Selo vorzubereiten. Sein Nachfolger Michael, den Nikolaus ohne hinlängliche Vorwarnung in eine unverschuldete Krise gestürzt hatte, bekam die Folgen der Entscheidung seines Bruders bald zu spüren.

Während der Abwesenheit des Zaren war Michael persönlich Zeuge von Aufruhr und Gewalt in den Straßen von Petrograd geworden. Am Tag der ersten Truppenmeutereien war er, seinem Tagebuch zufolge, nicht weit vom Kriegsministerium auf »schweres Maschinengewehrfeuer« gestoßen und hatte »explodierende Handgranaten« gesehen. Sein Wagen und die Eskorte waren nahe der Nikolausbrücke von revolutionären Militärabteilungen zum Halten aufgefordert worden. Sie riskierten die Weiterfahrt und fanden Zuflucht im Winterpalais, das noch von tausend Soldaten unter zwei loyalen Generälen gehalten wurde. »Es gelang mir, die Generäle zu überreden, daß sie das Palais nicht verteidigten, wie sie beabsichtigt hatten«, schrieb Michael in sein Tagebuch, »und ihre Männer vor Tagesanbruch aus dem Winterpalais zu führen. So konnte die unvermeidliche Zerstörung des Palastes durch die revolutionären Streitkräfte verhütet werden.«[16]

Diese Erfahrung stand frisch in Michaels Erinnerung, als er unmittelbar nach der Abdankung seines Bruders mit Angehörigen des Provisorischen Exekutivausschusses zusammentraf. Die meisten von ihnen ließen keinen Zweifel daran, was sie von ihm erwarteten. Mehrere Mitglieder des Ausschusses erklärten ihm, daß es, wenn er die Nachfolge seines Bruders anträte, einen heftigen öffentlichen Aufschrei oder sogar Bürgerkrieg geben würde. Obwohl andere diese Meinung nicht teilten und einer die Möglichkeit einer Regentschaft andeutete, war der Druck auf ihn enorm. Michael bestand auf einem abschließenden Gespräch mit dem Vorsitzenden der Duma unter vier Augen, um zu klären, auf welche Unterstützung er sich wirklich verlassen konnte. Eingedenk seiner jüngsten Erfahrungen auf den Straßen der Stadt, und in voller Kenntnis der heftigen

Erregung, die seine Familie bereits ausgelöst hatte, beschäftigte Michael zu diesem Zeitpunkt nur eine große Sorge: Konnte die Duma wirklich seine Sicherheit garantieren? Als sich zeigte, daß eine Zusicherung dieser Art unmöglich war, machte er deutlich, daß er den Thron nicht annehmen könne, solange die Verfassunggebende Versammlung ihn ihm nicht anbieten würde. Mit einem Wort, er würde den Thron nur als konstitutioneller Monarch mit der Unterstützung eines nationalen Volksentscheids besteigen. Später an diesem Abend unterzeichnete auch er seine Abdankung. Sie und die formelle Abdankung seines Bruders wurden am nächsten Morgen gleichzeitig veröffentlicht.

Mehr als dreihundert Jahre Herrschaft der Romanows waren so zu Ende gegangen. Für Nikolaus aber sollten die Demütigungen und das Elend erst beginnen. Er mußte im Hauptquartier zu Mogilew seinen traurigen Abschied von den Truppenkommandeuren und Helfern im Generalstab nehmen, bevor er die lange Rückreise zu seiner Familie antreten konnte. Zuvor hatte er noch eine ergreifende, tränenreiche Zusammenkunft mit seiner Mutter, der Kaiserinwitwe Marie, die in ihrem privaten Sonderzug von Kiew nach Mogilew gekommen war.

Wer weiß, was bei dieser ersten Zusammenkunft nach seiner folgenschweren Entscheidung zwischen ihnen gesagt wurde? Als sie unmittelbar danach gesehen wurden, »schluchzte sie bitterlich«, und Nikolaus »war schweigsam, rauchte und hielt den Blick niedergeschlagen – wie er es bei beunruhigenden Anlässen immer tat«. Vier Tage später, am Tag ihrer gleichzeitigen Abreise, der ihren nach Kiew, der seinen nach Zarskoje Selo, aßen sie ein letztes Mal zusammen in ihrem Speisewagen. Dann, um ungefähr vier Uhr nachmittags, trafen zwei Vertreter der Duma und sein Generaladjutant ein, um ihn nach Petrograd zu eskortieren. Im Grunde stand er unter Arrest:

> Es kam der Augenblick der Trennung – für immer, wie sich herausstellte, obwohl sie einander bald wiederzusehen hofften, sei es auf der Krim oder in England. Die letzten Sekunden verstrichen. Einen Augenblick verlor der Zar die Selbstbeherrschung, konnte sich nicht von seiner Mutter lösen, weinte ... Dann wurde sein Gesicht wieder maskenhaft, und mit seinem gewohnten gemessenen Schritt ging er hinüber zu seinem eigenen Zug, ohne sich umzuse-

hen. Nachdem er eingestiegen war, kam er ans Fenster seines Salonwagens. Auf der anderen Seite des Bahnsteiges stand seine Mutter auch am Fenster und machte das Kreuzzeichen, wie um ihn zu segnen.[17]

Die Abdankungserklärung des Zaren war genau auf Tag und Stunde datiert: 15.05 Uhr am 2. März 1917. Aber erst allmählich, zwischen seiner Abreise aus Pleskau, seinem kurzen Aufenthalt in Mogilew und seiner endgültigen Rückkehr nach Zarskoje Selo zu seiner Familie wurden die Implikationen seiner Entscheidung in aller Deutlichkeit sichtbar. Er kehrte in seinem persönlichen Salonwagen zurück, in seinem eigenen Hofzug, umgeben von vertrauten Adjutanten, Dienern und Höflingen. Es fehlte nicht an der gewohnten Ehrerbietung. Aber schon gab es subtile Unterschiede. Kerenskij berichtete später von den Eindrücken eines Generals, der Nikolaus II. auf dieser Rückreise begleitet hatte: »Es gab noch immer die alten Verbeugungen, das Lächeln und die vertrauten Worte, aber die Worte enthielten andere Bedeutungen, die Augen blickten beiseite, während die Lippen lächelten, und die Köpfe beugten sich weniger leicht und weniger eifrig.« Bald folgten Taten, die meisten zum Selbstschutz. Die Initialen des Zaren verschwanden von den Epauletten der Höflinge, und ihre goldenen Achselbänder, einst ein Emblem, auf das sie stolz gewesen waren, wurden nun verborgen.

Schlimmeres sollte folgen. Die Abgesandten der Duma, die ihn zur Hauptstadt eskortierten, übernahmen demonstrativ die Kontrolle über die ganze Rückreise, zensierten alle Botschaften an den Zug, überwachten jegliche Kommunikation und alle Kontakte auf den Bahnhöfen entlang der Strecke. Nach der Ankunft in Zarskoje Selo soll der Zar »sehr schnell, ohne einen Blick für jemanden« zu einem wartenden Wagen gegangen sein. Seine Begleitung war bereits bestrebt, sich von dem entthronten Monarchen zu distanzieren. »Viele andere Leute waren mit dem kaiserlichen Zug gekommen«, bekundete später ein loyaler Offizier, »doch sobald er den Waggon verlassen hatte, schwärmten diese Leute auf den Bahnsteig hinaus, eilten in alle Richtungen davon und warfen verstohlene Blicke zurück – anscheinend aus Furcht, man könnte sie erkennen.«

Nikolaus hatte ein tränenreiches Wiedersehen mit Alexandra vor sich, doch sogar als er vor dem Tor des Palastes anlangte, ließen die

Wachen es sich nicht nehmen, ihre Geringschätzung zu zeigen. Sie hatten es nicht eilig, die Tore aufzusperren. Er und Alexandra kamen schließlich in den Wohnräumen der Kinder zusammen und waren noch immer nicht allein. »Sie umarmten und küßten einander mit einem Lächeln«, erzählte ihr Kammerdiener, »und gingen, die Kinder zu begrüßen. Erst später, als sie allein waren, ließen sie ihren Gefühlen freien Lauf und weinten still eine lange Zeit.«

Nikolaus hatte sie als Zar und Oberkommandierender der Streitkräfte verlassen; jetzt standen er und Alexandra beide unter Hausarrest, vorgeblich (und wahrscheinlich tatsächlich) zu ihrer eigenen Sicherheit. Bei seiner Rückkehr fand er, daß seine Frau, noch in der Tracht einer Lazarettschwester, ihre fünf Kinder pflegte, die alle an Masern erkrankt waren. Anastasia war als letzte erkrankt, Olga und Tatjana befanden sich auf dem Wege der Besserung, während Alexej und Maria noch sehr krank waren, zumal letztere sich auch eine Lungenentzündung zugezogen hatte.

Der entthronte Zar wurde bald von allen Seiten an seinen neuen Status erinnert. Die Desertionen vom Hof dauerten an. Sie hatten schon bei Nikolaus' Ankunft am Bahnhof von Zarskoje Selo begonnen, wo ein Generalmajor und mehrere Armeekommandeure die Gelegenheit wahrnahmen, das Weite zu suchen. Und als die Auflösungserscheinungen der alten Ordnung im und um den Palast ihren Fortgang nahmen, wurden bald mehrere vertraute Gesichter vermißt: der Leiter der Hofkanzlei Narischkin, Graf Grabbe, der Herzog von Leuchtenberg, Graf Apraksin, General Racine und die Adjutanten Sablin und Oberst Mordinow.

Der Exodus ging weiter, bis der Haushalt auf eine Handvoll treuer Höflinge, Beamter, Ärzte, Hauslehrer und Diener reduziert war. Und selbst dieser loyale Kern erhielt genaue Anweisungen, wie die kaiserliche Familie nun zu behandeln war. Es war symptomatisch für die Veränderungen, daß Kerenskij, der Justizminister in der neuen Provisorischen Regierung, der bald ihr Führer sein sollte, in einem der Privatwagen des Zaren, der von einem Chauffeur des kaiserlichen Fuhrparks gelenkt wurde, in Zarskoje Selo vorfuhr. Unterdessen war die Familie in ihrer Bewegungsfreiheit auf bestimmte Räume innerhalb des Palastes eingeschränkt. Als entgegenkommende Geste gestattete man ihr außerdem, innerhalb eines eingezäunten Abschnitts des Parks spazierenzugehen. Überall stieß Nikolaus auf vorsätzliche Unverschämtheiten der Wachen und Gleichgültigkeit gegen sein Los. Manche nannten ihn »Oberst«, andere ignorierten ihn. Bei seinem ersten Spaziergang ins Freie mußte er zwanzig Minuten auf den Schlüssel warten, der ihn aus dem Salon ließ. Er und einer seiner Adjutanten räumten Schnee von den Wegen und brachen das Eis auf einem der Teiche, um sich Bewegung zu verschaffen.

Obwohl sich bald eine gewisse Routine des Tagesablaufs herausbildete – das verringerte Personal teilte sich sogar in die Aufgabe, den jüngeren Kindern Unterricht zu erteilen, wobei Nikolaus Arithmetik, Russisch und Geschichte und Alexandra den Religionsunterricht übernahm –, gab es doch einschneidende Veränderungen in der Lebensführung, denen ein noch drastischerer Einschnitt in das persönliche Vermögen der Zarenfamilie entsprach. Nicht nur die Macht hatte sich verlagert, auch die Mittel, aus denen sie gespeist wurde, waren davon nicht unberührt geblieben. Und wenn Nikolaus einstweilen auch vom treuen Pflichteifer und der Geschicklichkeit seiner verbliebenen Höflinge, insbesondere des Hofmarschalls Graf Paul Benckendorff, geschützt wurde, trat die Wirklichkeit von Tag zu Tag unverhüllter hervor.

Die ehemalige kaiserliche Familie blieb vom März bis Ende Juli 1917 im Alexanderpalais von Zarskoje Selo. Durch seine Abdankung und nachfolgende Arretierung hatten Nikolaus' Beziehungen zur Regierung eine tiefgreifende Änderung erfahren. Er war nicht länger Staatsoberhaupt und darum nicht länger Herr seiner finanziellen Mittel. Die Vermögenswerte des Staates, über die er bisher hatte verfügen können, waren ihm über Nacht entzogen worden. Die Kronländereien, die kaiserlichen Paläste, die kaiserlichen Sonderzüge und die kaiserliche Yacht standen ihm nicht mehr ohne Erlaubnis der Provisorischen Regierung zur Verfügung. Auch war ihm die Verfügungsgewalt über Staatsschatz und Kronjuwelen entzogen. Er kontrollierte nicht mehr das Budget des Palastes. In diesem verengten Bereich des täglichen Lebens und der Überlegungen, wer für die steigenden Kosten der gefangenen Zarenfamilie und ihres Gefolges aufkommen sollte, wurde Nikolaus' finanzielle Lage erstmals kritisch.

Mitte Mai, nach zwei Monaten in Gefangenschaft, waren die Kosten für den Lebensunterhalt der Zarenfamilie um 50 Prozent gestiegen, für anderen Bedarf sogar um 75 bis 100 Prozent. Der von der Provisorischen Regierung eingesetzte Kommissar für den Hof, Golowin, der die inflatorischen Ursachen der hohen Kostensteigerungen durchaus verstand, befürchtete gleichwohl, daß die Nachricht davon weitere Verbreitung finden und die feindselige Stimmung unter den revolutionären Soldaten und Arbeitern weiter anheizen würde. So wandte er sich an den Grafen Rostowzew, der als früherer Privatsekretär der Kaiserin (Nikolaus selbst hatte absichtlich keinen eigenen Privatsekretär ernannt) das Privatvermögen der Zarenfamilie verwaltete.

Trotz starken Widerstands der Grafen Rostowzew und Benckendorff wurde rasch ein Kompromiß erreicht, nach dem Nikolaus, seine Frau und die Kinder sich einverstanden erklärten, die Kosten ihrer Lebenshaltung mit der Provisorischen Regierung zu teilen, indem »jeder einen Anteil aus seinem oder ihrem persönlichen Vermögen zahlte«. Nach Benckendorffs späteren Erinnerungen wurde das in Rußland verfügbare private Kapital des Exzaren bei dieser Gelegenheit zum ersten Mal bekannt und mit knapp einer Million Rubel (66 000 Pfund nach dem Umrechnungskurs von 1917) beziffert. Das Vermögen der Exzarin betrug 1 500 000 Rubel (100 000 Pfund), und das in der Heimat und im Ausland angelegte Vermögen der fünf Kinder variierte zwischen jeweils 2 und 3 Millionen Rubel (133 000 und 200 000 Pfund).[18] Von nun an wurde ein Teil der Kosten ihrer Gefangenschaft von ihren Konten bei der Staatsbank abgezogen.

3 *Exil?*

Schon bald nach der Rückkehr des unter Arrest stehenden Nikolaus nach Zarskoje Selo zirkulierten im Inland wie im Ausland Berichte über seinen immensen Reichtum. In der Petrograder Presse wurde die kaiserliche Familie zum Opfer ständiger Angriffe von seiten der beiden neuen Machtzentren: des Sowjets der Arbeiter- und Soldatendeputierten und des Provisorischen Exekutivkomitees.

Klatschgeschichten und Gerüchte konzentrierten sich bald auf die deutschen Verbindungen der kaiserlichen Familie und die Möglichkeit, daß die Kaiserin durch Informationsaustausch mit ihren deutschen Verwandten Landesverrat begangen habe. Solche Anschuldigungen, von den Zeitungen begierig aufgegriffen und groß herausgestellt, bildeten einen bedeutenden Teil der Fragen, die Kerenskij als Justizminister offiziell aufzuklären hatte. Aber hinter solchen Anschuldigungen stand wohl nur der verständliche Versuch einer einfachen Erklärung für die Lebensmittelknappheiten, Entbehrungen und Teuerungen der vergangenen Monate: der übermäßige Luxus des Zaren und seiner zahlreichen Verwandtschaft. Der Lebensstil der kaiserlichen Familie und seine äußerlichen Manifestationen wurden plötzlich zur Wurzel allen Übels und damit zur Zielscheibe der Öffentlichkeit.

Die ausländische Presse beeilte sich, die Petrograder Stimmungsmache unbesehen zu übernehmen. Ein paar Tage nach Nikolaus' Abdankung hob die *New York Times* in einem Bericht hervor, daß der Zar ein enormes Einkommen aus den 70 Prozent des russischen Landes beziehe, die ihm persönlich gehörten, und die, wie die Redakteure flink berechneten, ein Zehntel der Erdoberfläche ausmachten. Sein persönliches Jahreseinkommen wurde mit 42 Millionen Dollar beziffert. Als Kronzeuge fungierte dabei ein russischer Autor und früherer Herausgeber eines anglo-russischen Magazins in London. Obwohl die Angaben am nächsten Tag von der Rechtsabteilung des russischen Semstwo und der Bürgerunion dementiert und mit Hilfe offiziellen Zahlenmaterials widerlegt wurden, aus dem hervorging, daß der Bericht wenig mit der Wahrheit zu tun hatte, war der Ton von jetzt an vorgegeben. Die Zarenfamilie, so wurde weithin angenommen, war unermeßlich reich.

Nicht lange, und es erschienen russische Zeitungsartikel über das Auslandsvermögen des Zaren: *Russki Colos* behauptete, Nikolaus halte amerikanische Eisenbahnaktien der New York Central und Pennsylvania Railroad im Wert von mehreren Millionen Dollar. Einige Wochen später brachte die *New York Times* wieder eine Meldung über den Reichtum des Zaren: Diesmal war die Rede von nicht weniger als neun Milliarden Dollar. Die Zeitung fügte hinzu, es seien solche Enthüllungen gewesen, die den Sowjet der Arbeiter- und Soldatendeputierten in Petrograd bewogen hätten, die Zarenfamilie an der Suche nach einem Asyl im Ausland zu hindern.[19] Es war jedoch nicht der einzige Grund, warum sie festgehalten wurden.

Kerenskij war hin und her gerissen zwischen seiner Verpflichtung, die kaiserliche Familie zu schützen, bis er verläßlicheres Beweismaterial gegen sie hätte, und der Notwendigkeit, auf die emotionalen Forderungen des Arbeitersowjets zu reagiern. In jenen frühen Tagen schien er alles andere als überzeugt, daß Nikolaus und Alexandra der landesverräterischen Verbindungsaufnahmen mit ihren deutschen Verwandten völlig unschuldig waren. So schien er zunächst die Aufklärung dieser Anschuldigungen durch eine persönliche und sogar gerichtliche Untersuchung zu betreiben und gleichzeitig ein mögliches Exil der Zarenfamilie auf der Krim oder im Ausland zu planen. Außerdem hatte er kurzfristig die finanziellen Verpflichtungen des kaiserlichen Hofes zu klären. An der unübersichtlichen Situation in Petrograd scheiterten schließlich Großbritanniens konfuse und halbherzige Bemühungen um einen zusammenhängenden Plan zur Rettung von König Georgs russischen Verwandten. Kein Wunder, daß die Vorwürfe bis zum heutigen Tag nachhallen.

Kerenskij sollte später sagen, daß ursprünglich beabsichtigt gewesen sei, die kaiserliche Familie nur kurze Zeit festzuhalten, bis die Anschuldigungen gegen sie aus dem Wege geräumt wären. Die Erkrankung der Kinder an Masern habe die Abreise der Familie um einige Wochen verzögert. Und in dieser Zeit habe der Arbeitersowjet Verdacht geschöpft, der Hauptgegenstand seines Hasses könne entkommen, und Kerenskij klargemacht, daß die Ausreise der kaiserlichen Familie nach einem Freispruch vom Vorwurf des Verrats oder anderer Verbrechen gegen den Staat einfach nicht zugelassen werden könne. Rache lag in der Luft.

Die ersten Andeutungen über ein mögliches Exil in Übersee gab es schon vor Nikolaus' Rückkehr nach Zarskoje Selo. Als General Kornilow, der Oberkommandierende des russischen Heeres, Graf Benckendorff die Gründe für den »Arrest« der Zarenfamilie erläuterte, sagte er ihm, daß es sich lediglich um eine Vorsichtsmaßnahme handele. Sobald der Gesundheitszustand der Kinder es erlaube, werde die kaiserliche Familie nach Murmansk geschickt, wo ein britischer Kreuzer sie erwarten und nach England bringen werde. Noch am selben Tag überbrachte der General diese Nachricht der Kaiserin persönlich und bekräftigte sie mit dem Hinweis, daß der Kreuzer in Murmansk »bereits warte«. Benckendorff wußte, daß dies nicht der Wahrheit entsprach, riet der Kaiserin aber trotzdem zu Reisevorbereitungen, und wie er später berichtete, »wurde mit dem Packen begonnen«. Offensichtlich auf der Grundlage dieser Information entstand etwas später die folgende Eintragung in Nikolaus' Tagebuch:

> Nach zwei Uhr klarte es auf und taute. Ging am Vormittag kurze Zeit spazieren. Sortierte meine Habseligkeiten und Bücher und sonderte Dinge aus, die ich mitnehmen will, falls ich nach England gehe. Nach dem Mittagessen unternahm ich einen Spaziergang mit Olga und Tatjana und arbeitete im Garten.

Diese Hoffnungen zerstoben innerhalb weniger Wochen, aber es sollte annähernd siebzig Jahre dauern, um genau zu klären, was die Ausreise der Zarenfamilie nach England verhinderte. Und noch heute ist es eine Sache von Mutmaßungen, welcher Sinneswandel zuerst kam: der von Kerenskij, angestachelt vom Sowjet der Arbeiter- und Soldatendeputierten, oder jener der britischen Regierung, veranlaßt von Georg V.

Bis zu Kenneth Roses vor zehn Jahren erschienener Biographie König Georgs V. schienen die Rollen der Hauptakteure in England hinreichend klar. Die britische Regierung, so wurde angenommen, hatte unter dem liberalen Einfluß Lloyd Georges und des Außenministeriums mit Erfolg die natürliche Sorge Georgs um seine russischen Verwandten zerstreut. Meriel Buchanan, die Tochter des britischen Botschafters in Petrograd, wußte zu berichten, daß ihr Vater vom Außenministerium unter der Androhung einer Pensionskürzung daran gehindert worden sei, die ganze Wahrheit zu sagen. Angenommen wurde jedenfalls stets, daß die grundsätzliche Opposition gegen jegliche britische Aktion zur Rettung des Zaren von der gewählten Regierung und Whitehall ausgegangen sei.

In dem Maße, wie Archive geöffnet und Erinnerungen veröffentlicht wurden, erscheinen die Ereignisse und ihre Abfolge jedoch in einem anderen Licht. In Wirklichkeit begann die Geschichte, ein paar Tage nach Nikolaus' Abdankung, in der britischen Botschaft. Als sie im Ballsaal der Botschaft Kleider für das Krankenhaus der britischen Kolonie in Petrograd aussortierte, erhielt Meriel Buchanan unerwarteten Besuch von ihrem früheren Verehrer, dem stattlichen Alexander Herzog von Leuchtenberg. Sie bemerkte, daß er zerstreut und irgendwie verändert schien. »Ich sah ihn neugierig an und fragte mich, was ich an ihm vermißte, und plötzlich bemerkte ich, daß er all seine Auszeichnungen und die goldenen Achselschnüre abgelegt hatte. Und mir fiel ein, daß Rußland jetzt keinen Kaiser mehr hatte.«[20]

Rasch erklärte er ihr den Zweck seines Besuches. Er sei gekommen, um ihren Vater, Sir George, zu bitten, sofort Schritte einzuleiten, um den Kaiser und seine Familie außer Landes zu bringen. Sie befänden sich in der größten Gefahr, und wenn sie nicht bald nach England ausreisen könnten, würde es zu spät sein, um sie außer Landes zu bringen, zu spät, um sie vor einer möglichen Katastrophe zu retten. Sofort rief sie ihren Vater zu sich ins Wohnzimmer. Als sie die beiden Männer zusammenkommen sah, dachte sie daran, wieviel sich in den vergangenen drei Jahren verändert hatte.

> Das Haar meines Vaters war jetzt beinahe weiß, sein Gesicht war müde, er hatte seine frühere aufrechte Haltung eingebüßt und ließ erschöpft die Schultern hängen. Und Alexander war nicht mehr der unbekümmerte, vielleicht etwas unbeständige junge Mann, den ich an jenem lieblichen Frühlingstag im Wald kennengelernt hatte, der Mann, der dem Vergnügen gelebt hatte, der so viele Frauen geliebt und mit verschwenderischer Großzügigkeit Geld ausgegeben hatte. Die Welt, die wir gekannt hatten, in der wir glücklich gewesen waren und getanzt und so viele Fehler gemacht hatten, veränderte sich auch, zerfiel um uns herum und wurde von Gewalt und Haß fortgerissen.

Sie hörte ihren Vater das Versprechen abgeben, er wolle alles in seiner Macht Stehende tun, und erklären, daß er bereits mehrere Botschaften nach London gesandt und vor den Gefahren gewarnt habe. Er werde, versicherte er Alexander, noch einmal schreiben und Miljukow aufsuchen, den neuen Außenminister, um ihn zu drängen, Vorbereitungen für die Ausreise der kaiserlichen Familie zu treffen. Das Gespräch mit Miljukow kam sofort zustande, und es folgte ein Hin und Her von Telegrammen nach und von Whitehall.

Der Botschafter erfuhr von Miljukow, daß dieser sehr daran interessiert sei, den Kaiser außer Landes zu bringen, da Extremisten bereits gegen ihn agitierten. Als das britische Außenministerium am 22. März davon benachrichtigt wurde, antwortete man Buchanan sofort:

> Der König und die Regierung Seiner Majestät bieten dem Kaiser und der Kaiserin bereitwillig Asyl in England, von dem sie, wie gehofft wird, während des Krieges Gebrauch machen werden. Sie sollten gleichzeitig der Russischen Regierung die Notwendigkeit angemessener Vorsorge für ihren Unterhalt in diesem Land vor Augen führen.

Das war unmißverständlich und brachte erstmals die finanzielle Frage zur Sprache: Wer würde bezahlen, und über welche Mittel könnte der Zar verfügen? Am nächsten Tag erhielt der Botschafter ein noch dringenderes Telegramm vom Außenministerium: »Sie sollten«, wurde ihm mitgeteilt, »die Russische Regierung unverzüglich drängen, der ganzen kaiserlichen Familie so bald wie möglich sicheres Geleit nach Port Romanow und England zu geben.«

Georg V. war durch seinen Sekretär, Lord Stamfordham, über diesen Austausch von Telegrammen informiert worden und hatte Nikolaus einige Tage zuvor sogar ein persönliches Telegramm geschickt. »Die Ereignisse der letzten Woche«, kabelte er seinem Vetter, »haben mich zutiefst beunruhigt. Meine Gedanken sind ständig bei Euch, und ich werde immer Dein wahrer und ergebener Freund sein, wie ich es in der Vergangenheit gewesen bin.« Eine mitfühlende Botschaft, aber in Petrograd war die Lage zu der Zeit so unübersichtlich, daß das Telegramm nicht zugestellt wurde:

Es war von Lord Stamfordham über das Außenministerium an General Hanbury Williams geschickt worden, von welchem angenommen wurde, daß er sich mit dem Kaiser im russischen Hauptquartier aufhalte. Der General war außerstande, das Telegramm zu übergeben, da Nikolaus bereits unter Arrest gestellt und nach Zarskoje Selo gebracht worden war. So übergab er es dem britischen Botschafter, der es seinerseits Miljukow brachte, damit es Nikolaus direkt übergeben werde. Der Außenminister sagte dies zu, war letzten Endes aber so ängstlich, die Extremisten könnten solch eine Botschaft von einem Monarchen zum – wenn auch abgesetzten – anderen mißverstehen, daß er das Telegramm zurückhielt.

Georg V. war anfangs irritiert, daß seine einfache private Geste so viele Diskussionen in diplomatischen Kreisen Londons und Petrograds ausgelöst haben sollte. Aber wie wir heute wissen,[21] begann seine Besorgnis über die weiteren Implikationen einer Anwesenheit des Zaren – und insbesondere seiner deutschen Frau – während des Krieges in London bald die Oberhand zu gewinnen. Kaum zehn Tage nach dem offiziellen Asylangebot brachte der König gegenüber dem Außenministerium ernste Zweifel zum Ausdruck und überlegte sogar, ob die Einladung zurückgezogen werden könnte. Das Außenministerium sah sofort die Peinlichkeit eines derartigen Schrittes und widerstand zunächst dem Ansinnen.

Ein paar Wochen später aber hatte die britische Regierung nicht nur ihre Meinung darüber geändert, ob ein Asyl der Zarenfamilie in England wünschenswert sei, sondern sie hatte Buchanan auch die Gründe dafür genannt, nämlich die Besorgnis des Königs und die Notwendigkeit, daß das ursprünglich ergangene Angebot zurückgezogen werde. Lord Hardinge, der Chef des Außenministeriums und frühere Vizekönig von Indien, erläuterte dem Botschafter die Kehrtwendung persönlich:

> Obwohl der König dem Zaren in aufrichtiger Freundschaft zugetan ist, ist er sehr darauf bedacht, daß er nicht hierher kommen sollte, denn es würde seine Position äußerst schwierig machen. Die Radikalen und Sozialisten im Land sind hitzige Gegner jedes Planes, die kaiserliche Familie nach England kommen zu lassen, und obwohl der König dem Vorschlag von Anfang an ablehnend gegenübergestanden hat, würde es unzweifelhaft ihm zugeschrieben werden, wenn sie hierher kommen sollte. Vor allem seine verwandtschaftliche Verbindung mit dem Kaiser, dem er aufrichtig zugetan ist, macht es dem König, wie er mir selbst sagte, zur Pflicht, sich besondere Mühe zu geben, um höflich zu ihm zu sein. Ich kann es dem König nicht zum Vorwurf machen, aber es ist sehr wünschenswert, daß die kaiserliche Familie nicht nach England kommen sollte.

Er sei dabei, fügte er hinzu, die Haltung der französischen Regierung zu erkunden, habe aber wenig Hoffnung.

Mitte Mai konnte Buchanan Hardinge von einer später als tränenreich dargestellten Begegnung mit dem neuen russischen Außenminister berichten, in deren Verlauf er es endlich über sich brachte, den Stimmungsumschwung der britischen Regierung zu erläutern.[22] Offensichtlich hatte er sich durch das entsprechende Geständnis des Außenministers, daß die Provisorische Regierung ihrerseits zum gegenwärtigen Zeitpunkt nicht beabsichtigte, der kaiserlichen Familie die Ausreise zu gestatten, dazu ermutigt gefühlt. Also hatten sich jetzt beide Regierungen gegen jeden Plan gewandt, der Zarenfamilie sofort Asyl in England zu gewähren, die eine unter dem Druck des regierenden Monarchen, die andere unter dem Druck linker Extremisten. Die noch immer in Zarskoje Selo festgehaltene Zarenfamilie hätte eine solche Ironie wohl kaum zu schätzen gewußt.

Während sich das Netz um Nikolaus und seine Familie zusammengezogen hatte, war ihre finanzielle Lage in London wie in Petrograd zum Gegenstand der Diskussionen geworden. Die britische Regierung hatte schon in den Vorgesprächen die Frage ihrer Unterhaltskosten für den Fall berührt, daß sie nach England kämen. Vom Außenministerium dazu aufgefordert, hatte Buchanan sich erkundigt, ob die Provisorische Regierung geeignete Vorsorge für den Aufenthalt der kaiserlichen Familie in England treffen würde. Man hatte ihm versichert, daß die Provisorische Regierung dies ganz gewiß tun würde, ihn aber auch gebeten, die Zusicherung vertraulich zu behandeln, damit die Linksextremisten in Petrograd nicht davon erführen.

Buchanan war noch weitergegangen und hatte sich nach den Eigenmitteln des Zaren erkundigt. Nachdem der Außenminister Nachforschungen angestellt hatte, unterrichtete er den Botschafter dahingehend, daß die Geldfrage »in liberalem Geist behandelt« würde, und daß er jedenfalls glaube, Seine Majestät »habe ein großes Privatvermögen«. Einzelheiten wurden nicht genannt.[23] Aber aus viel späteren Hinweisen, die in dem französischen Bericht über Sokolows Untersuchung des Mordes an der kaiserlichen Familie veröffentlicht wurden, geht klar hervor, daß sowohl Fürst Lwow, der erste Ministerpräsident der Provisorischen Regierung, als auch Alexander Kerenskij, sein unmittelbarer Nachfolger, sich ebenfalls Einblick in die Vermögenswerte des Zaren verschafft hatten. Sie schätzten sein persönliches Auslandsvermögen in England und

Deutschland auf ungefähr 14 Millionen Rubel (etwa 1 400 000 Pfund).[24] Wir werden uns diese Zahlen später genauer ansehen, denn sie sind Grundlage verschiedener Ansprüche gewesen.

Inmitten dieser Pattsituation, als London und Petrograd beide von ihrer ursprünglichen Hilfsbereitschaft abgerückt waren und die Kostenfrage diskutierten, und während die Kinder des Zaren sich in Zarskoje Selo allmählich von ihrer Erkrankung erholten, beschloß der Bruder des Zaren, Großfürst Michael, eine persönliche Initiative für sich selbst und den Großfürsten Georg einzuleiten. Er suchte Sir George Buchanan in der Britischen Botschaft auf und fragte ihn, ob sie nach England kommen könnten, wenn die russische Regierung ihre Zustimmung gebe. Und er wollte wissen, ob er Geld nach London transferieren könne.

Erneut wurde also die Sicherheit eines Teils der russischen Zarenfamilie mit finanziellen Fragen verknüpft, ein Thema, das in den folgenden beiden Jahren wieder und wieder zur Sprache kommen sollte. Es überrascht nicht, daß dies der Anfang einer detaillierten und bisweilen unwirklich anmutenden Finanzkorrespondenz zwischen dem britischen Außenministerium und Hofbeamten in London auf der einen und dem Botschaftspersonal in Petrograd auf der anderen Seite wurde. Diese war symptomatisch für die trivialen Details, die wichtige Themen sogar in Kriegszeiten hervorbringen konnten.

Die Anfrage des Großfürsten Michael wurde in Whitehall natürlich sehr zögernd behandelt, war doch das Schicksal des Zaren und seiner unmittelbaren Angehörigen noch immer ungeklärt. Mehrere Monate später stellte Großfürst Georg erneut einen Antrag zum Besuch von Verwandten in England und schlug sogar vor, inkognito unter den Namen Mikhailow zu reisen. Er erkundigte sich außerdem, ob die Kaiserinwitwe Marie – Schwester der Königin Alexandra, der britischen Königinmutter – die Erlaubnis erhalten könnte, ihre Schwester in London zu besuchen. Buchanan fühlte sich verpflichtet, deswegen sowohl an Whitehall als auch an die Provisorische Regierung in Petrograd heranzutreten. London gab rasch zu verstehen, daß Großfürst Georg abschlägig beschieden werden sollte, daß es aber keinen Grund gebe, Kaiserinwitwe Marie nicht nach England kommen zu lassen .

In Petrograd erhielt Buchanan Anfang September Bescheid, daß das russische Kabinett in geheimer Sitzung entschieden habe, »bestimmten Mitgliedern« der russischen kaiserlichen Familie solle die Ausreise erlaubt werden.[25] Die Kaiserinwitwe Marie sollte die erste sein, und es stehe ihr frei, zu gehen, wohin sie wolle. Großfürst Michael werde der nächste sein, und nach ihm werde wahrscheinlich Großfürst Georg Erlaubnis erhalten, seine Familie in Schweden oder Norwegen zu besuchen. Als der russische Außenminister Buchanan davon unterrichtete, bat er ihn, diese Entscheidung geheimzuhalten. Er fragte auch, ob Großfürstin Xenia, die älteste Schwester des Zaren, ihre Mutter begleiten dürfe. Das Foreign Office stimmte rasch zu.

Unterdessen entfaltete die vom Großfürsten Michael angeschnittene Frage Wirkung in Whitehall. Er hatte um die Erlaubnis gebeten, Gelder nach London zu transferieren: eine einfache Frage, die bald aber nicht nur das Außenministerium und die britische Botschaft in Petrograd beschäftigte, sondern auch den Kammerherrn der Königinmutter Alexandra und sogar den Kutscher, der sich um die Pferde des Großfürsten kümmerte.

Michael hatte Buchanan gesagt, daß es seit 1914 seine Gewohnheit gewesen sei, der Prinzessin Victoria von Battenberg (Schwester der Zarin und Mutter des künftigen Grafen Mountbatten) von Zeit zu Zeit bestimmte Geldsummen zu schicken, um die Miete seines Landhauses in England und andere Ausgaben zu bezahlen. Jetzt wollte er eine größere Summe transferieren, gab aber nicht an, wieviel. Nach einigen Diskussionen in Whitehall und einer Nachfrage beim Berater der Königinmutter Alexandra im Marlborough House, Sir Davidson, verlangte Buchanan schließlich genaue Auskunft über die zu überweisende Summe. Es handelte sich um 100 000 Rubel (ungefähr 10 000 Pfund).

Das Landhaus des Großfürsten Michael war vor dem Krieg unter ganz besonderen Umständen erworben worden. »Mischa«, wie Michael genannt wurde, hatte Natascha Wulfert, die schöne Frau eines seiner Offiziere bei den Blauen Kürassieren, kennengelernt, sich in sie verliebt und sie schließlich geheiratet. Es war eine stürmische Affäre gewesen, die sich in Rußland und in verschiedenen Hauptstädten Vorkriegseuropas abgespielt hatte. Als Großfürst Michael einmal im Schloß Amalienborg in Kopenhagen eingetroffen war, hatte ihn dort bereits ein Telegramm von Natascha erwartet, die in einem Hotel in Gehweite des Schlosses abgestiegen war: »Eingetroffen Hotel d'Angleterre. Zimmer 102. Erwarte Dich den ganzen Tag ungeduldig.«

Selbst wenn sie getrennt waren und separat durch Europa reisten, blieben sie telegraphisch miteinander in Verbindung. Während einer solchen Periode frustrierter Leidenschaft, während sie sich in Österreich beziehungsweise in der Schweiz aufhielten, schickte sie Michael einmal 377 Telegramme.[26] Schließlich bekam sie ein Kind von ihm, ließ sich von ihrem Mann scheiden, heiratete Michael und zog den verständlichen Zorn von Michaels Bruder, dem Zaren, auf sich. Die Geschichte endete damit, daß Natascha den Titel einer Gräfin Brassowa erhielt und beide ins Ausland verbannt wurden. Das war 1912.

Das Paar ließ sich schließlich in Großbritannien nieder, wo es zuerst Knebworth House in Hertfordshire mietete, ein herrschaftliches Landhaus, das Lord Lytton gehörte. 1914 ließen sie sich dann auf Lord Cowdrays Besitz in Paddockhurst in Sussex nieder. Unmittelbar darauf brach der Krieg aus. Großfürst Michaels Mietvertrag mit Lord Cowdray datierte vom 4. August und sollte fürs erste vom 1. September 1914 bis 1. September 1916 gelten. Die Rechnungsbücher des Besitzes[27] zeigen, daß der Mietpreis nicht gering war. Das Anwesen umfaßte ca. dreitausend Acres nahe den South Downs, und Michael wurden für das erste Jahr seiner Miete einschließlich der laufenden Ausgaben annähernd 3400 Pfund berechnet. Er war allerdings berechtigt, alle Landprodukte wie etwa Eier, die auf dem Besitz erzeugt und frei verkauft wurden, vom Mietpreis abzuziehen. Andererseits mußte er auch für die Unterhaltung des Herrenhauses, der Gartenanlagen und des dazugehörigen Waldes einschließlich aller Personalkosten aufkommen.

Michael hatte seine eigenen Pferde auf dem Landgut untergebracht, bevor der Krieg ausbrach und sein Bruder ihn nach Rußland zurückrief. Erinnerungen an diese Pferde leben noch im Gedächtnis eines der Bediensteten fort, der sich entsinnt, russische Inschriften auf Steinen gesehen zu haben, die offensichtlich die Grabsteine der Pferde auf dem Gutsgelände waren. Der ganze Besitz wurde später an Benediktinermönche verkauft, und während des anschließenden

Umbaus wurden die Pferdegrabsteine untergepflügt. Mit dem Hinweis, es handele sich um geweihten Boden, verweigerte der Abt beharrlich die Bergung der Grabsteine. So bleiben heute nur persönliche Erinnerungen. Diejenigen von Großfürst Michaels Pferden, die 1916 noch lebten – und damals auf einen anderen Besitz in Ely Grange in Sussex überführt wurden –, sollten für das britische Außenministerium von hinreichendem Interesse sein, um einen geheimen Telegrammwechsel mit Petrograd zu rechtfertigen.

Der Kriegsausbruch brachte Michael nicht nur die Verzeihung seines Bruders, sondern sozusagen in letzter Minute eine diskrete Ermahnung von König Georg V., die offensichtlich vom Außenministerium lanciert war.[28] Lord Stamfordham, Georgs Privatsekretär, schrieb dem russischen Botschafter, Graf Benckendorff, wegen des deutschen Butlers von Großfürst Michael. In einem als »geheim« gekennzeichneten Brief wurde darauf hingewiesen, daß der Butler »immer bei den Mahlzeiten anwesend« sei, »wo viele Gespräche über die militärische Lage, die Position und Bewegung von Truppen etc. stattfinden«. Der König fragte Benckendorff durch Stamfordham, ob er dem Großfürsten Michael einen Hinweis geben könnte, daß Vorsicht geübt werden sollte, was vor seinem Butler gesagt wurde. Der Brief betonte auch »Fähigkeiten« des Butlers »zur Aneignung von Nachrichten« und deutete an, daß verschiedene Quellen dies bestätigten. Der Brief wurde am 8. August abgesandt, vier Tage nach Großbritanniens Kriegserklärung an Deutschland, und zählte vermutlich zu den letzten Mitteilungen, die Michael vor seiner Abreise von seinem Vetter im Buckingham-Palast erhielt.

Als Großfürst Michael 1917 um die Möglichkeit eines Geldtransfers einkam, wurden viele dieser Erinnerungen an seinen Vorkriegsaufenthalt in England wach und warfen ein Licht auf die komplizierte Art und Weise, in der Mitglieder königlicher Familien ihr ausländisches Eigentum selbst in Kriegszeiten erhalten konnten. »Mischa« wollte das russische Finanzministerium offensichtlich nicht in den Transfer seiner Gelder einschalten, sondern sich weiterhin der Methode von vor 1914 bedienen. Dies bedurfte einer Erklärung, und die britische Regierung fand bald einen Teil der Antwort im Marlborough House und den Rest bei Prinzessin Victoria von Battenberg.

Bei Kriegsausbruch hatte der Zar seinem Bruder und dessen Frau einen sofortigen Pardon gewährt und sie aufgefordert, in die Heimat zurückzukehren. Die beiden verließen Paddockhurst, um nach Rußland zu reisen, nachdem sie die Frage der Unterhaltskosten für den Landsitz geregelt hatten: Großfürst Michael ließ Geld für die Miete und andere Ausgaben über Prinzessin Victoria transferieren. Die Vereinbarung war am 22. September 1914 in Kraft getreten. Sir Davidson erläuterte den Beamten des Außenministeriums das System folgendermaßen:

> Das Bankhaus Baring schreibt an Prinzessin Victoria und sagt, es habe vom russischen Finanzministerium, Abteilung Ausland, Petrograd, Anweisung erhalten, Ihrer Königlichen Hoheit die Summe von soundsoviel Pfund auszuzahlen, und fügt einen Scheck über den Betrag bei. Der Scheck wird von Prinzessin Victoria gegengezeichnet und an das Comptoir National d'Escomte de Paris, Threadneedle Street 52, geschickt, um dem Konto von Madame Johnson-Misjewitsch gutgeschrieben zu werden. Ich habe alle Briefe des Bankhauses Baring und die Empfangsbestätigungen der entsprechenden Beträge vom Comptoir National. Das ganze Verfahren ist ebenso umständlich wie sinnlos, da es offensichtlich praktischer sein würde, wenn das Finanzministerium Baring instruieren würde, die Summe direkt auf Madame Johnson-Misjewitschs Konto zu überweisen; der Umweg über Prinzessin Victoria ist völlig überflüssig.[29]

Es überrascht nicht, daß man sich im Außenministerium Gedanken über diese komplizierte Prozedur machte und weitere Nachforschungen im Marlborough House anstellte. Die gewählte Methode – und auch das war nicht überraschend – erwies sich als sinnvoll: Ob durch Zufall oder Planung, die gewählte Zahlungsweise hatte für den Großfürsten Michael einen klaren Vorteil. Sie ermöglichte es ihm, seine Rubel al pari von Petrograd nach London zu transferieren, obwohl der Rubel im Verlauf des Krieges allmählich 15 Prozent seines Wertes eingebüßt hatte. Als jedoch Fragen gestellt wurden, hörte die Umleitung der Gelder über Prinzessin Victoria sofort auf.

Es war nicht das letzte Mal in diesem Frühjahr und Sommer, daß die britische Regierung sich mit Großfürst Michael beschäftigte. Nicht nur mußte sie entscheiden, ob seine Anwesenheit im Land geduldet werden könne; die Revolution in Petrograd hatte Michaels letztem Vermieter in England auch Anlaß gegeben, über Michaels weitere Kreditwürdigkeit nachzudenken. Und wieder suchte das

Außenministerium den Rat Sir Arthur Davidsons. Dieser hielt es nur für recht und billig, zu erwähnen, was Michael getan hatte, bevor er 1914 nach Rußland abgereist war: Der begeisterte Sportwagenfahrer hatte seinen nagelneuen, 120 km/h schnellen Opel-Tourenwagen dem Kriegsministerium geschenkt, das damals dringend Motorfahrzeuge gesucht hatte. Ferner, so hob Sir Arthur hervor, habe Michael dem Kriegsministerium Herrenhaus und Park von Paddockhurst zur Nutzung für Ausbildungs- oder andere Zwecke angeboten, auch wenn Sir Arthur Davidson sich damals gegen die Annahme des Angebots ausgesprochen hatte, weil der Mietvertrag Klauseln für den Schadensfall enthielt; nur die Stallungen und Nebengebäude waren vom Kriegsministerium genutzt worden.

Großfürst Michael bezahlte während der ersten zwei Kriegsjahre die Miete für Paddockhurst in Höhe von geschätzten 7000 bis 8000 Pfund weiter, fand jedoch selbst die Kosten überhöht und mietete schließlich Ely Grange, einen kleineren Besitz bei Frant in Sussex. Madame Johnson-Misjewitsch, die russische Mutter seines Privatsekretärs, war angewiesen worden, den verwundeten Soldaten des örtlichen Lazaretts Gastfreundschaft zu gewähren. Diese Lösung reduzierte seine Jahresmiete auf ungefähr 900 Pfund. Bald aber verhinderte die Revolution auch diese kleineren Zahlungen, und verständliche Fragen nach seiner Zahlungsfähigkeit wurden laut.

Mitte Juni begann der Eigentümer von Ely Grange, Mr. Waddington aus Brighton, bei der britischen Regierung auf finanzielle Garantien zu drängen; andernfalls werde er gezwungen sein, gegen den Großfürsten ein Mahnverfahren wegen Nichtzahlung einzuleiten. Sir Arthur Davidson war bemüht, jede Peinlichkeit für die königliche Familie und insbesondere Königin Alexandra zu vermeiden, und unterrichtete das Außenministerium in diesem Sinne:

> Es herrscht soviel Unklarheit über die Position der Kaiserlich Russischen Familie – besonders im Hinblick auf Finanzen –, daß ich Ihnen dankbar wäre, wenn Sie von Sir George (Buchanan) direkt die finanzielle Stellung des Großfürsten Michael in Erfahrung bringen oder ihn bitten könnten, den Großfürsten so rücksichtsvoll wie möglich danach zu fragen ... Wenn Sir George in allgemeinen Begriffen die finanzielle Situation des Großfürsten telegraphisch darstellen könnte, ließe sie sich Mr. Waddington erklären.

Gleichzeitig bemühte sich Sir Arthur, dem Außenministerium eine naheliegende Lösung auszureden.

> Es wäre nicht sinnvoll, daß Mitglieder der englischen königlichen Familie Zahlungsgarantien übernähmen, da dies von der Provisorischen Regierung Rußlands natürlich zum Vorwand genommen würde, etwa beabsichtigte Unterhaltszahlungen für den Großfürsten entweder zu reduzieren oder ganz zu streichen, um die Verantwortung für Ausgaben in England ganz auf seine englischen Verwandten abzuwälzen.

Das Ergebnis war, daß Großfürst Michael Sir George Buchanan sagte, der Vermieter solle sich nicht wegen der Mietzahlungen sorgen, da er sich um die Erlaubnis bemühe, inoffiziell genug Geld zu transferieren, um die laufende Miete zu bezahlen.

Es ist noch immer etwas schwierig, zu glauben, daß dies alles mitten in einem Weltkrieg stattfand, drei Monate nach der Februarrevolution 1917 und während Michaels Bruder, der Zar, mit seiner Familie unter Arrest stand. Aber es ist nicht der einzige verwirrende Aspekt der Periode zwischen dem Beginn der Februarrevolution und dem bolschewistischen Staatsstreich im November. In diesem Zeitraum verfolgte die Provisorische Regierung, gedrängt vom Petrograder Sowjet der Arbeiter- und Soldatendeputierten, revolutionäre Ziele und bemühte sich zugleich verzweifelt um die Aufrechterhaltung eines Anscheins von Normalität, sowohl bei der Fortführung des Krieges als auch in ihrem finanziellen Gebaren.

Rußlands Verbündete waren natürlich stark an einer Verständigung mit der neuen Regierung interessiert, und sei es nur, um die Ostfront gegen Deutschland aufrechtzuerhalten. Auch die Träger westlicher Geschäftsinteressen wünschten die Beziehungen mit ihren russischen Partnern weiterzuführen. So schien es nur natürlich, daß in New York und London über weitere Anleihen für den russischen »Verbündeten« diskutiert wurde, von welcher Art seine neue Regierung auch sein mochte. Einer amerikanischen Anleihe über 75 Millionen folgte bald eine weitere über 100 Millionen. Und die russische Inlandsanleihe, die unter dem Namen »Freiheitsanleihe« propagiert wurde, behandelte man in den westlichen Hauptstädten mit Verständnis. Was einigermaßen erstaunlich erscheint, wenn man auf diese revolutionäre Interimszeit zurückblickt und die Dokumente des Außenministeriums betrachtet, ist die Tatsache, daß Mitglieder

der Familie Romanow tatsächlich erhebliche Beträge für die »Freiheitsanleihe« zeichneten. Großfürst Sergej Mikhailowitsch zum Beispiel zeichnete 514 650 Rubel (ungefähr 50 000 Pfund). Noch überraschender erscheint die Tatsache, daß Nikolaus II. noch Mitte Juli, fünf Monate nach seiner Abdankung, angeboten haben soll, sich durch Zeichnung einer größeren Summe an der Anleihe zu beteiligen. Unzweifelhaft spielte Druck in verschiedener Form eine Rolle: Das Angebot des Exzaren wird Teil der Zugeständnisse gewesen sein, zu denen er gezwungen war, um seinen eigenen Unterhalt in der Gefangenschaft zu bezahlen.

Während man sich in St. Petersburg mit diesen etwas unwirklich erscheinenden finanziellen Fragen beschäftigte, setzte Kerenskij die Nachforschungen über den angeblichen Landesverrat der Romanows beinahe im Alleingang fort. Dies war die Anfangszeit seines Aufstiegs, in der es ihm gelang, die verschiedenen Sowjets in Schach zu halten und gleichzeitig seine neu gefundene Macht auszubauen. Er verbrachte mehr als drei Wochen mit regelmäßigen Besuchen im Alexanderpalais, arbeitete Papiere durch, sprach mit einzelnen Höflingen, verhörte Nikolaus und Alexandra und hielt sie bisweilen ganze Tage lang voneinander getrennt, um Absprachen zu verhindern.

Als das Jahr 1917 sich dem Sommer zuneigte, schien er endlich überzeugt, daß Nikolaus und Alexandra, was immer ihre Fehler gewesen sein mochten, patriotisch geblieben waren. Es lag daher nahe, ihr unmittelbares Geschick für den Rest des Krieges zu überdenken. Da ein Exil im Ausland jetzt nicht in Frage kam, wurde wieder die Möglichkeit einer Verbannung auf die Halbinsel Krim zur Sprache gebracht. Auch Nikolaus begann von ihrem früheren Palast in Livadia als einer Alternative zu Gatschina zu sprechen, dem Landsitz seines Bruders.

Was schließlich den Ausschlag gab und die Weichen in eine ganz andere Richtung stellte, waren das Wiederaufflammen innenpolitischer Gewalt und ein versuchter Staatsstreich der Bolschewisten mit all seinen Gefahren für die Romanows Anfang Juli. Leo Trotzki, der schon in der Revolution von 1905 hervorgetreten war, leitete persönlich die aufrührerische Agitation unter den Soldaten, während Lenin, der vorübergehend nach Finnland geflohen war, sich noch dort aufhielt. Der Putsch, ausgehend vom Taurischen Palais, führte am 4. Juli zum Ausbruch schwerer Unruhen. Strategische Punkte in ganz Petrograd wurden von Truppen besetzt, die mit den Bolschewisten sympathisierten, und sogar die Garnison der Peter-und-Pauls-Festung ging zu ihnen über. Der Putsch schien beinahe geglückt, als die Bolschewisten und insbesondere Lenin, der gerade zu dieser Zeit beschuldigt wurde, mit dem feindlichen Deutschland zusammengearbeitet zu haben, zurückzuckten, weil sie noch immer nicht recht an ihren Erfolg glauben mochten. Das erwies sich als fatal für ihre Pläne, und innerhalb von vierundzwanzig Stunden schlugen loyale Truppen der Provisorischen Regierung die Revolte nieder. Die Episode jagte Kerenskij einen beträchtlichen Schrecken ein und bestärkte ihn in der Suche nach einem sichereren Zufluchtsort für die kaiserliche Familie.

Sechs Tage später wurde Kerenskij Ministerpräsident der Provisorischen Regierung, bezog das Winterpalais, wo er die Räume des verstorbenen Zaren Alexander III. übernahm; und schon am nächsten Tag suchte er Nikolaus auf, um ihm unverblümt mitzuteilen, daß die Bolschewisten es jetzt auf ihn als Ministerpräsidenten abgesehen hätten »und dann hinter Ihnen her sein werden«. Er forderte die Familie auf, ihre Sachen zu packen und sich für eine Abreise innerhalb weniger Tage bereitzuhalten. Am 25. Juli traf der neue Befehlshaber der Eskorte, Oberst Kobylinskij, ein, um Nikolaus davon zu unterrichten, daß ihre Abreise am Abend des 31. Juli stattfinden und die Reise selbst drei bis vier Tage dauern werde.

Verschiedenen Andeutungen und Hinweisen im Laufe der nächsten Tage war zu entnehmen, daß das Ziel der Reise Sibirien sein sollte, nicht die Krim. Drei Tage vor der Abreise erfuhr Graf Benckendorff, daß der Zielort Tobolsk war. Er erkannte auch, daß die kaiserliche Familie an einem Wendepunkt angelangt war: Mit der Entscheidung, was zu packen und was in Zarskoje Selo zurückzulassen sei, war sie tatsächlich zu der viel grundsätzlicheren Klärung der Frage gezwungen, welche Besitztümer wirklich ihr persönliches Eigentum waren und welche dem Staat gehörten.

Die erste praktische Frage war die Länge ihres möglichen Aufenthalts in Tobolsk: Sollten sie einfach ausreichend Kleidung und andere persönliche Dinge für ein paar Wochen oder ein paar Monate oder auch länger mitnehmen? Darauf angesprochen, vermittelte Kerenskij den Eindruck, daß die kaiserliche Familie nur »ein paar Monate« abwesend sein würde und sagte Benckendorff sogar, daß sie im November, sobald die Session der verfassungsgebenden Versammlung abgeschlossen sei, durch nichts daran gehindert sein werde, nach Zarskoje Selo zurückzukehren oder anderswohin zu gehen, sollte sie dies vorziehen.

Ob Kerenskij selbst wirklich daran glaubte oder nicht, ist schwer zu beurteilen. Benckendorff glaubte gewiß nicht daran, war aber gleichwohl entschlossen, das Einpacken der kaiserlichen Besitztümer unter der Annahme einer solchen späteren Rückkehr in Angriff zu nehmen. So hatte er die Familie bereits vor der Abreise überredet, das, was sie als ihre Besitztümer betrachtete, aufzuteilen in Dinge, die in ihrem Reisegepäck verstaut werden sollten, und solche, die für ihre spätere Rückkehr in den Räumen ihrer Privatwohnung verschlossen werden sollten. Das Reisegepäck war nicht unbeträchtlich, denn zusätzlich zu den Kleidern, dem Schmuck, den Büchern und anderen persönlichen Gegenständen der sieben Mitglieder der Zarenfamilie, einschließlich der Briefmarkensammlung des Zaren, gab es das Reisegepäck ihrer Begleiter, Berater und Diener, ganz abgesehen von Küchenutensilien, Geschirr, Besteck und sogar mehreren Kisten Wein aus dem Keller des Palastes, auf deren Mitnahme Benckendorff bestanden hatte, nicht nur, um die Reisetage aufzulockern, sondern auch für einen möglichen Vorratskeller in Tobolsk. Schließlich waren fünfzig Männer mehr als drei Stunden lang damit beschäftigt, das Reisegepäck aus den einzelnen Räumen zu den wartenden Wagen zu schaffen, die es zu den zwei Zügen im Bahnhof Alexandrowskaja bringen sollten.

Das allgemeine Abschiednehmen im Vorzimmer und die Abfahrt vom Palast zogen sich endlos hin, von der ursprünglich vorgesehenen Abfahrtszeit um ein Uhr früh bis um 7.30 Uhr. In dieser Zeit stattete Kerenskij ihnen zwei Besuche ab. Beim ersten brachte er den Großfürsten Michael zu einem ebenso ergreifenden wie peinlichen Abschied mit, der sich halböffentlich, vor Kerenskij und dem diensthabenden Offizier, abspielte. Dabei brach Michael schließlich in Tränen aus, obwohl er, wie er später sagte, kaum bemerkt hatte, ob sein Bruder gut aussah oder nicht. Sie sollten einander nie wiedersehen. Andere Peinlichkeiten folgten. Da an Schlaf oder auch nur Ruhe nicht zu denken war, während sie auf die verspäteten Wagen warteten, servierte Benckendorffs Frau Tee für alle, aber als der Zar Anstalten machte, sich hinzuzugesellen, standen sofort mehrere Offiziere auf und weigerten sich, mit ihm an einem Tisch zu sitzen. Benckendorff selbst, der sich schon am Vortag formell vom früheren Zaren und der Zarin verabschiedet hatte, verließ sie um 4 Uhr früh und ein letztes Mal um 6.30 Uhr früh.

Als sie endlich den Bahnhof erreichten, um einen der beiden Züge zu besteigen, die aus *wagons-lits* der Internationalen Schlafwagengesellschaft bestanden, mußten Nikolaus und Alexandra ungefähr fünfzig Schritte gehen, weil der Zug auf einem Nebengleis abgestellt war; und da keine Stufen vorhanden waren, mußte die Kaiserin auf das Trittbrett gehoben werden, und selbst die Großfürstinnen hatten Mühe, den Zug zu besteigen. So kennzeichnete eine Kombination vermeidbarer Unachtsamkeit und vorsätzlicher, provokativer Aktionen ihre letzten traurigen Stunden in Zarskoje Selo, das immer ihr Lieblingsaufenthalt gewesen war.

4 *Gefangenschaft*

Allen Berichten zufolge war die dreitägige Bahnreise der Zarenfamilie nach Tjumen, wo sie für weitere zwei Tage an Bord eines Flußschiffes nach Tobolsk gehen mußten, nicht allzu unbequem. Sie waren im ersten der beiden Züge in Schlafwagen untergebracht und hatten einen Speisewagen für sich und ihre engere Begleitung. Der zweite Zug beförderte ihre restlichen Diener und die Militäreskorte, die sie nach der Ankunft in Tobolsk auch bewachen sollte. Die meiste Zeit reisten sie mit zugezogenen Vorhängen; es gab regelmäßige, etwa einstündige Aufenthalte auf freier Strecke, so daß sie sich die Beine vertreten konnten.

Mit Ausnahme der früheren Kaiserin, die sich etwas abseits hielt, gingen alle neben der Eisenbahnstrecke spazieren. Bei diesen Aufenthalten kam es zu den unvermeidlichen Vermischungen der Passagiere und einem Gefühl »gemeinsamen Abenteuers«. Ein Angehöriger der Eskorte bemerkte später, daß die Romanow-Kinder, die zu seiner Überraschung übrigens nichts von den Werken Shakespeares kannten, fröhlich und reizend gewesen seien. Sie und Nikolaus fanden sich leicht in die neue Situation, und man ging alltäglichen Beschäftigungen und Spielen nach. Alexej überstand die Reise gut, stürzte aber bei der Ankunft in Tjumen und mußte an Bord des wartenden Flußdampfers getragen werden. Während der Schiffsreise verschlechterte sich das Wetter, und ihr letzter Tag auf dem recht bevölkerten Dampfer war regnerisch und melancholisch.

In Tobolsk war wenig oder nichts vorbereitet. Benckendorffs Stiefsohn, Fürst Basil Dolgorukow, der die Familie begleitete und diese frühen Unannehmlichkeiten teilte, blieb mit Benckendorff in Petrograd in Verbindung und beschrieb die Szene anschaulich:

> Was wir vorfanden, hinterließ bei uns einen furchtbaren Eindruck und stand in völligem Widerspruch zu Kerenskijs wundervollen Versprechungen. Er hatte von einem eleganten Haus mit eigener Bäckerei und Konditorei, Weinkeller etc. gesprochen. Nichts dergleichen. Wir fanden ein schmutziges, muffig riechendes Haus vor, das lange unbewohnt gestanden hatte und dreizehn Räume mit ein paar Möbelstücken und abscheulichen Bädern und Toiletten enthielt. Außerdem gab es fünf Dachkammern für das Dienstpersonal … Ich bin empört über die kriminelle Nachlässigkeit der Behörden.[30]

Das Haus des Gouverneurs in Tobolsk hatte zuletzt als Kaserne gedient und war seitdem offensichtlich nicht gesäubert worden. Acht Tage wurden mit dem Erwerb von Mobiliar sowie mit Reinigungs- und Malerarbeiten zugebracht, bis das Haus wieder in einem halbwegs ordentlichen Zustand war. Währenddessen blieb die Familie an Bord des Flußschiffes in den sehr kleinen Kabinen und ertrug die Unannehmlichkeiten gefaßt. Wenigstens die Lebensmittelversorgung schien durch ausreichende Lieferungen von Eiern, Butter, Milch und Fisch gesichert. Es gab in der Stadt keine erwähnenswerten Geschäfte, aber immerhin einen guten Arzt.

Auf Tobolsk war die Wahl angeblich gefallen, weil die Provisorische Regierung hier die Sicherheit der Familie am besten gewährleistet sah. Sibirien sei viel sicherer zu erreichen als die Krim, weil der Weg nach Tobolsk kaum durch Regionen führte, die von den Sowjets beherrscht wurden; überdies lag die frühere Hauptstadt Sibiriens mit ihren zwanzigtausend Einwohnern zweihundert Meilen von der nächsten Eisenbahn entfernt und war ein verschlafenes Provinznest. Einer der Begleiter drückte es so aus: »Wären nicht mehrere große, weißgetünchte Kirchen und ein paar Regierungsgebäude gewesen, so hätte man Tobolsk ohne weiteres für ein gewöhnliches Dorf mit Holzhäusern, ungepflasterten schlammigen Straßen und ein paar hier und dort achtlos hingeworfenen Holzplanken als Ersatz für Gehsteige halten können.«

Die Reise nach Sibirien hatte das verbliebene Personal des Hofes weiter reduziert. Unmittelbar nach der Abdankung waren Höflinge und Bedienstete mit der Frage konfrontiert gewesen, ob sie in Diensten des Exzaren bleiben wollten oder nicht. Graf Benckendorff als Hofmarschall hatte Anweisung erhalten, die Personalstärke des Hofes im Interesse der Wirtschaftlichkeit – und zweifellos auch wegen der revolutionären Bewußtseinsbildung der kaiserlichen Bediensteten – drastisch zu verringern. Das war Anfang März gewesen. Drei Monate später hatte man wegen der inflationär steigenden Kosten für Versorgung und Lebensunterhalt ein weiteres Engerschnallen des Gürtels angeordnet. Und auf der Reise nach Sibirien forderte der Gegensatz von Treue und Wirtschaftlichkeit abermals seinen Tribut zu Lasten der ersteren.

Das engere Gefolge der Familie verringerte sich auf diese Weise bis zur Ankunft in Tobolsk auf Gräfin Anastasia Hendrikow, die Hofdame der früheren Kaiserin; Catherine Schneider und Pierre Gilliard, zwei Hauslehrer der Kinder (Sydney Gibbes, Alexejs Englischlehrer, traf später ein); Eugene Botkin, den kaiserlichen Leibarzt; Fürst Dolgorukow; und General Tatischew, der Benckendorffs Platz als Chef des Haushalts eingenommen hatte. Der Kommandeur der Militäreskorte war Oberst Kobylinskij; er war auch für alle finanziellen Angelegenheiten zuständig. Baronesse Sophie Buxhoeveden, eine weitere Hofdame der Exkaiserin, war eingeladen worden, bei der Familie zu bleiben, doch hatten Krankheit und eine nachfolgende Operation sie an der Reise gehindert, und sie erreichte Tobolsk erst drei Monate später.

Graf Benckendorff war in Zarskoje Selo zurückgeblieben, um noch offene Fragen zu klären und um sich um seine Frau zu kümmern, die an Bronchitis erkrankt war. Die Lösung der anstehenden Probleme war entscheidend für Nikolaus, insbesondere wenn er, wie er noch immer gehofft zu haben scheint, eines Tages nach Zarskoje Selo zurückkehren wollte. Vor seiner Abreise hatte er Benckendorff »mehrere Aufträge im Hinblick auf seine privaten Interessen« gegeben. Es ist nicht schwer zu erraten, von welcher Art sie waren.

Das Dilemma der kaiserlichen Familie, entscheiden zu müssen, was sie auf die Reise mitnehmen und was sie zurücklassen sollte, war wie gesagt nur ein erster Schritt auf dem Weg zu einer viel umfassenderen Entscheidung, vor die sie und die Provisorische Regierung sich nun gestellt sahen. Benckendorff hatte das Problem bereits Fedor Golowin vorgetragen, dem Mann, der zum Kommissar für das Hofministerium ernannt worden war, als man mit den steigenden Kosten des kaiserlichen Haushaltes hatte fertig werden müssen. Nun ging es um die Bestimmung von Nikolaus' persönlichem Vermögen.

Mitte August, als Benckendorff von der sicheren Ankunft der kaiserlichen Familie in Tobolsk erfahren hatte, suchte er Golowin im Winterpalais auf, wo dieser, wie so viele andere Funktionäre der Provisorischen Regierung, sein Büro eingerichtet hatte. Golowins Räume lagen im Erdgeschoß am Ufer der Newa. Über ihm und im zweiten Stock, in der Suite Alexanders III., hatte Kerenskij seine neuen Büros eingerichtet.

Golowin war ein vernünftiger, ausgeglichener Mann. Durch seine Arbeit im Semstwo, dem System provinzieller und lokaler Selbstverwaltung, und als früherer Präsident der zweiten Duma hatte er Anerkennung und Ansehen erworben. In den Augen eines der von ihm ernannten Männer war er »wohlwollend, hochkultiviert, von vollkommenen Umgangsformen und ein aufgeklärter Mann der Öffentlichkeit«. Jetzt war er nicht nur unmittelbar verantwortlich für die Finanzen des Hofes unter den neuen und veränderten Umständen, sondern auch für die neuen Kunstausschüsse, die eingerichtet worden waren, um alle Kunstwerke in den kaiserlichen Palästen zu überwachen, zu katalogisieren und dadurch indirekt zu schützen.[31] Paul Benckendorff fand in ihm einen Mann, mit dem er verhandeln konnte; und er hatte vieles auf dem Herzen.

Bei seiner Ankunft war Benckendorff schockiert über den Zustand des Winterpalais. In seiner Sorge um die eigene Sicherheit hatte Kerenskij sich mit einer Menge Soldaten umgeben, die in allen

Korridoren und Räumen dessen stationiert waren, was einmal ein Prunkstück des zaristischen Rußlands gewesen war. »Der Schmutz«, berichtete Benckendorff, »war erschreckend.« Seine Einschätzung ist nicht die einzige, die wir haben. Ein Angehöriger von Golowins Stab hat uns die folgende Schilderung hinterlassen:

> Wenn Kerenskij im Winterpalais war, glich es einem bewaffneten und wachsamen Feldlager. Militäreinheiten aller Waffengattungen – Infanterie, Artillerie, Marine – lösten einander periodisch ab und füllten mehr als die Hälfte der Korridore und einige der Ballsäle, z.B. den Nikolaus- und den Weißen Saal, die Gemäldegalerie und andere. Es waren ständig mehrere hundert Mann da, mit Gewehren in Ständern und Revolvern in den Taschen. Eine reichliche Hälfte dieser Streitmacht pflegte den ganzen Tag lang zu schlafen, lag überall unbekümmert auf den Böden hingestreckt, blockierte Türen und Eingänge ... vulgäre Harmonikamusik hallte zum ersten Mal durch den alten Palast ... Der prachtvolle Bau war nicht wiederzuerkennen ... Böden und Wände waren bedeckt mit Schmutz jeglicher Art, die Statuen im Weißen Saal geschmückt mit nassen Handtüchern, Mützen, Feldblusen, Jacken, Lederkoppeln, Mänteln ... So begann die allmähliche Zerstörung von Rastrellis genialer Arbeit.[32]

So sah sich Benckendorff bei seinem Besuch im Winterpalais von reichlich Beweisen dafür umgeben, daß die Provisorische Regierung die kaiserlichen Paläste als Staatseigentum und nicht als Eigentum des früheren Zaren betrachtete und sie auch entsprechend behandelte. Der Hauptzweck seines Besuches war natürlich die Klärung der Frage, was Nikolaus unter den veränderten Verhältnissen wirklich sein eigen nennen konnte. Obwohl er gewußt haben muß, wie die Antwort lauten würde, erinnerte er Golowin daran, daß die Familie Romanow die Besitzungen Livadia auf der Krim und Alexandria in Peterhof als Privateigentum ansah, da sie beide selbst gekauft hatte. Livadia war in den 1860er Jahren von Alexander II. dem Grafen Potocki abgekauft und aus seinen Privatmitteln eingerichtet worden; Alexandria war ein älterer Romanow-Besitz und in der Familie vererbt worden, bis Alexander III. es seiner Witwe, der Kaiserin Marie, vermacht hatte, Nikolaus' Mutter. Aber alles war vergebens. Wie Golowin jetzt erläuterte, betrachtete die Provisorische Regierung einfach alle Schlösser und anderen kaiserlichen Besitzungen als Staatseigentum.

Als die Ausstattung der Paläste angesprochen wurde, schien Golowin bereit, separat über einzelne Gegenstände zu verhandeln, ohne sich indes endgültig festzulegen. Er versicherte Benckendorff, daß persönliche Manuskripte und Dokumente ebenso geschützt würden wie die persönlichen Dinge, die gegenwärtig in den Privatquartieren der Familie in Zarskoje Selo sicher unter Verschluß seien. Die Juwelen der Kaiserin (außer jenen, die sie und ihre Töchter in ihrem Gepäck nach Tobolsk mitgenommen hätten) würden größtenteils in den Lagerräumen des Kaiserlichen Hofamtes verwahrt. Das gleiche gelte für Pelze, Staatsgewänder und andere Kleidung. Besondere Geschenke, die noch immer als ihr Eigentum betrachtet würden, wie etwa das große silberne Service, das Nikolaus als Hochzeitsgeschenk von seinem Vater Alexander III. erhalten hatte, befänden sich gleichfalls in dem einen oder anderen Palast. Zwar versprach Golowin, den Anspruch der früheren Herrscher auf diese Dinge zu unterstützen, aber ihr späteres Schicksal nach der Machtübernahme der Bolschewisten im Oktober sollte ein ganz anderes sein.

Bei seinen Instruktionen an Benckendorff hatte Nikolaus andere Leute, besonders seine Mutter und die kaiserlichen Bediensteten, nicht vergessen. Kaiserin Marie hatte kein Privatvermögen, auf das sie zurückgreifen konnte, und kein regelmäßiges Einkommen, nur ihren persönlichen Schmuck. Entweder war Benckendorff in diesem Fall besonders überzeugend, oder Golowin übermäßig mitfühlend, jedenfalls wurde rasch entschieden, daß Marie Erlaubnis erhalten würde, die ihr nach dem Ehevertrag zustehende Mitgift von 300 000 Rubel und ihre persönlichen Schmuckstücke, Kunstwerke und anderen Besitztümer zu behalten. Was die kaiserlichen Bediensteten betraf, so wurden die ihnen von Nikolaus früher versprochenen Pensionen und Familienhilfen, die nach seiner Überzeugung von der neuen Regierung bestätigt werden sollten, wenigstens nicht rundheraus abgelehnt.

Benckendorff wußte, daß Alexandra den Schmuck ihrer ältesten Schwester, Prinzessin Victoria von Battenberg, während des Krieges in persönlicher Verwahrung gehabt hatte. Victoria und ihre Tochter, Prinzessin Alice, waren 1914 bei Kriegsausbruch zu Besuch in St. Petersburg gewesen und hatten den Schmuck in ihrer Hast, nach London zurückzukehren, und in Sorge wegen der Gefahren, die ihnen auf der Rückreise durch Finnland und Schweden drohen mochten, bei Alexandra zurückgelassen. Der Schmuck war bei der Abreise der kaiserliche Familie nach Tobolsk nicht in Vergessenheit geraten, sondern sorgfältig verpackt und zum kaiserlichen Hofamt geschickt worden. Die Empfangsbestätigung befand sich jetzt in den Händen einer Frau Geringer. Auch hier versprach Golowin zu helfen.

All dies waren wichtige Angelegenheiten, aber sie waren nicht mehr als ein Vorspiel zu der sehr viel brisanteren Frage nach Nikolaus' Privatvermögen sowie dem Einkommen, das er bisher aus dem Staatsbudget und den Ländereien der Krone bezogen und von dem er nicht nur den Rest der Familie Romanow finanziert, sondern auch die laufenden Kosten der Paläste, der kaiserlichen Yacht, der Sonderzüge, Theater, Ballettschulen, Krankenhäuser und so weiter bestritten hatte. Golowin hatte die Antwort schon parat. Nicht nur gehörten die Ländereien der Krone und daher auch das aus ihnen erwirtschaftete Einkommen jetzt dem Staat, die kaiserliche Familie könne auch nicht länger erwarten, Geld aus diesen Einnahmen oder die Zivilliste zu erhalten. Der Staat werde lediglich die Kosten ihrer Lebenshaltung übernehmen, nicht mehr und nicht weniger. Golowin machte jedoch eine wichtige Zusage: Das Privatvermögen des früheren Zaren, genauer definiert als »jene Summen, die er tatsächlich besaß und die vom Grafen Rostowzew, dem Sekretär der Kaiserin, verwaltet wurden«, werde formell als sein Eigentum anerkannt.

Für den Zaren war dies eine Mischung von guten und schlechten Nachrichten. Tatsächlich hatte Nikolaus mit der Abdankung die persönliche Kontrolle über die Staatsausgaben eingebüßt und konnte weder auf den Staatshaushalt noch auf Regierungsentscheidungen über Vermögen und Geschicke der Familie Romanow Einfluß nehmen. Gleichzeitig aber war er von der Bürde befreit, Geld aus der Staatskasse unter den Romanows zu verteilen, mit allen Verdrießlichkeiten, die solche Familienangelegenheiten unvermeidlich mit sich brachten.

Kurzum, Nikolaus hatte so etwas wie eine finanzielle Atempause gewonnen, wenn Benckendorff die Bedingungen auch schwer annehmbar gefunden haben muß. Die Frage, ob der Zar unter dem Eindruck von Abdankung, Verhaftung und Zukunftsängsten auch tatsächlich überredet werden konnte, Golowins Bescheid in einem freundlicheren Licht zu sehen, steht auf einem anderen Blatt. Das Leben der Zarenfamilie, ihr Glaube und ihre Erwartungen waren erschüttert worden. Die Voraussetzungen ihrer bisherigen finanziellen Entscheidungen waren entfallen. Doch solange die Provisorische Regierung im Amt blieb, und vorausgesetzt, sie konnten sich auf Golowins finanzielle Zusicherungen verlassen, waren den Familienmitgliedern wenigstens die Reste ihrer privaten Mittel und, wo diese genauer bestimmt werden konnten, ihre persönlichen Besitztümer zugestanden worden. Aber auch dieses dünne Polster sollte bald weiter zusammengedrückt werden.

Der Bruch mit der Vergangenheit war fundamental. Mit einem Schlag war der dreihundert Jahre währende Zugriff der Romanows auf die Staatsfinanzen beendet worden. Trotz der Revolution von 1905, trotz der Versprechen demokratischer Reformen an die Adresse der Duma, und trotz der Übergabe von Ländereien der Krone an Bauern war die Höhe der Geldmittel, die der regierende Zar dem Staatshaushalt und den Ländereien der Krone entnehmen konnte, praktisch seinem Ermessen anheimgestellt gewesen. Noch im letzten Friedensbudget von 1913 bestanden die dem Ministerium für den Kaiserlichen Haushalt zugewiesenen Mittel aus »Bewilligungen, über die von den gesetzgebenden Körperschaften nicht zu diskutieren ist und die nicht Gegenstand einer Reduktion sind«: Kennzeichen eines autokratischen Herrschers.[33] Nun war all dies verloren.

Von fortdauerndem Interesse, besonders für einen Versuch, Nikolaus' wirklichen Reichtum zu ermessen, ist die Frage, was der letzte Zar mit dem Geld anzufangen sich verpflichtet fühlte, das er sich alljährlich selbst zuwies. Die Differenz zwischen den Summen, die ihm vom Staat ausbezahlt wurden, und jenen, die er als Staatsoberhaupt und Oberhaupt der Familie Romanow wieder verteilte, war nicht immer so groß wie allgemein angenommen. Seine Verpflichtungen waren nicht unbeträchtlich. Dies zeigten schon die Zuwendungen an seine engere Verwandtschaft. Jeder Großfürst hatte Anspruch auf 280 000 Rubel (ungefähr 28 000 Pfund) im Jahr, und jede Großfürstin erhielt bei ihrer Hochzeit eine individuelle Mitgift von 1 Million Rubel (100 000 Pfund). Diesen Titel erhielten nur die

Kinder und Enkel von Herrschern. Nachfolgende Generationen trugen die Titel Prinz oder Prinzessin und erhielten bei ihrer Geburt jeweils 1 Million Rubel als einmalige Apanage.[34] Die Zahl der Großfürsten variierte im Jahrhundert vor der Revolution erheblich. Um die Jahrhundertwende gab es dreiundzwanzig, 1917 waren es noch fünfzehn. So läßt sich durch einfache Arithmetik berechnen, daß es Nikolaus zwischen 4 200 000 Rubel (420 000 Pfund) und 6 440 000 Rubel (644 000 Pfund) im Jahr kostete, die Ansprüche der Großfürsten während dieser Zeit zu befriedigen.

Dies waren nicht seine einzigen Ausgaben für seine engeren Verwandten und ihren fürstlichen Lebensstil. Die jährlich dem sogenannten Ministerium für den Kaiserlichen Haushalt zugewiesenen Mittel aus dem Staatsbudget dienten auch zur Deckung der Ausgaben für die verschiedenen Paläste, die Haushalte der Großfürsten und ähnliche Institutionen, des weiteren für die Kosten der kaiserlichen Theater (drei in St. Petersburg und zwei in Moskau) und die ihnen angeschlossenen Ballettschulen, der Kaiserlichen Kunstakademie, der Archäologischen Kommission und des Museums von Alexander III. Allein das Winterpalais beschäftigte etwa zwölfhundert Bedienstete, alle mit Pensionsanspruch, und das Alexanderpalais in Zarskoje Selo weitere sechshundert. Darüber hinaus wurden Mittel für das Hofamt des Zaren mit seiner eigenen Güterverwaltung bewilligt, desgleichen für die Ausgaben aufgrund von individuellen, dem Zaren zugeleiteten Petitionen, sei es für die Fertigstellung eines Kirchendaches oder für eine unverschuldet in Not geratene Person.

Aus drei verschiedenen Quellen wurde dieser ständige Bedarf gedeckt.[35] Die ererbten Ländereien der Romanows, deren Kapitalwert ungefähr 100 Millionen Rubel (10 Millionen Pfund) betrug, erbrachten Jahreseinnahmen von etwa 2 500 000 Rubel (250 000 Pfund), eine Verzinsung, die man höher erwartet hätte. Zusätzliche 6 500 000 Rubel (650 000 Pfund) jährlich brachten Zinseinnahmen aus Bankguthaben im Ausland, auch wenn dieser Betrag Schwankungen unterlag. Der größte Teil von Nikolaus' Jahreseinkommen kam jedoch aus dem Staatshaushalt und lag in den Vorkriegsjahren bei durchschnittlich 11 Millionen Rubel (1 Million Pfund). Insgesamt konnte er aus diesen drei Quellen also mit bis zu 20 Millionen

Rubel (2 Millionen Pfund) im Jahr rechnen, um seine kaiserlichen Ausgaben zu bestreiten.

All diese Quellen waren jetzt versiegt. Paul Benckendorff verließ das Winterpalais nach den Gespräch mit Golowin mit einer realistischen Einschätzung dessen, was die kaiserliche Familie jetzt vom Staat erwarten konnte. Er hatte das Schlimmste erfahren, oder glaubte es wenigstens, und unter der Voraussetzung, daß er sich auf individuelle Zusicherungen – diejenige Kerenskijs über den künftigen Wohnsitz der kaiserlichen Familie und diejenige Golowins über Nikolaus' persönliche Vermögenswerte – verlassen konnte, war seine Hauptsorge jetzt, sicherzustellen, daß er mit seinem Stiefsohn Dolgorukow und der kaiserlichen Familie in Sibirien in Verbindung bleiben und sie beraten konnte.

Abgesehen von dem heruntergekommenen Zustand des vorgesehenen Quartiers in Tobolsk wußte er, daß Oberst Kobylinskij, der ernannte Kommandant, nicht nur ein gewissenhafter Offizier war, sondern auch 50 000 Rubel erhalten hatte, um die Reise- und Einrichtungskosten zu bestreiten. Er wußte auch, daß die Regierung sich bereit erklärt hatte, die Bediensteten und das kaiserliche Gefolge zu bezahlen, und daß Nikolaus ersucht werden würde, 140 Rubel pro Tag für sich selbst, seine Gemahlin und die Kinder zu zahlen. Dieser Betrag deckte die »Vollpension« – Frühstück, Mittag- und Abendessen – zu 20 Rubel pro Kopf für die sieben Mitglieder der kaiserlichen Familie. Einer der ersten Briefe, die Benckendorff von seinem Stiefsohn in Tobolsk in der zweiten Augusthälfte erhielt, brachte neue ermutigende Nachrichten.

Fürst Dolgorukow hatte über die Absichten der Provisorischen Regierung bezüglich der Zarenfamilie mit Makarow diskutiert, dem Regierungsbeauftragten und Mitarbeiter Golowins, der sie nach Tobolsk begleitet hatte. Man wußte zudem, daß er ein Vertrauter Kerenskijs war. In einem offen geführten Gespräch über die Geldprobleme der Zarenfamilie sagte Makarow, daß der Minister für die Angelegenheiten des Hofes einen Gesetzentwurf vorbereite, mit welchem die Verfassunggebende Versammlung »dem Zaren und seiner ganzen Familie Geldmittel bewilligen sollte, die sie in die Lage versetzten, in Würde und Bequemlichkeit im Ausland zu leben«. Makarow deutete ferner an, daß der Gatschina-Palast möglicherweise als Nikolaus' Privateigentum betrachtet werden könnte, und daß Kunstwerke und Juwelen im Werte von mehreren Millionen bereits aus dem Winterpalais und aus anderen Palästen zur sicheren Aufbewahrung nach Moskau gebracht worden seien. »All diese Dinge und anderer Reichtum, der noch Eigentum des Zaren ist, sind in sicherer Verwahrung.«[36]

Die Zusage staatlicher Mittel für den Lebensunterhalt der Zarenfamilie im Ausland war mehr, als Golowin ein paar Wochen zuvor in Aussicht gestellt hatte. Daß die Beteuerungen der Provisorischen Regierung auch im Spätsommer 1917 noch vertraulich mitgeteilt wurden, deutete allerdings mehr auf gute Absichten denn auf reale Aussichten hin.

Während der ersten Zeit in Tobolsk fanden die Romanows sowohl innerhalb wie auch außerhalb des Hauses eine viel entspanntere Atmosphäre vor als in Zarskoje Selo. Politische Agitation hatte die abgelegene Region noch kaum ereicht. Die Soldaten der Wachmannschaft, wenn auch nicht übermäßig mitfühlend, waren weniger aggressiv und launenhaft als ihre Kameraden im Alexanderpalais. Und die meisten der Einheimischen, die sich des öfteren aus Neugier vor dem Haus einfanden, verhielten sich zwar zurückhaltend, aber freundlich. Die Familie mußte sich freilich erst an die sehr viel beengteren Räumlichkeiten gewöhnen – nur das erste Stockwerk des Hauses stand zu ihrer Verfügung. Ihre Bewegungsfreiheit nach draußen war ähnlich eingeschränkt. Während ihres gesamten Aufenthalts in Tobolsk, von Anfang August bis zum Mai des folgenden Jahres, durfte kein Familienmitglied außerhalb des Hauses spazierengehen, abgesehen von einer kurzen Zeit in den frühen Wintermonaten, als sie einmal wöchentlich von einer Militäreskorte zum Gottesdienst geleitet wurden. Ansonsten waren sie auf ihre Räume und einen kleinen ungepflasterten Hof neben dem Haus beschränkt, der von einem hohen Bretterzaun umgeben war. Dieser Hof war »staubig, wenn es trocken war, ein Morast im Frühling und Sommer, und eine tief verschneite Fläche im Winter«, wie ein Mitglied des kaiserlichen Gefolges berichtete. Außerdem hatte das Haus keinen Garten, es sei denn, man wollte den winzigen, mit Kohl bepflanzten Flecken hinter dem Haus als Gemüsegarten bezeichnen. Für die Kinder war es jämmerlich. Immerhin konnten die in einem Haus gegenüber dem Gouverneursgebäude untergebrachten Höflinge unbegleitet in die Stadt gehen, zumindest in den ersten Monaten.

Nikolaus und Alexandra mußten sich nicht nur mit ihrer neuen Umgebung abfinden, sondern auch mit ihren veränderten Zukunftsaussichten. Sie taten es auf verschiedene Weise. Nikolaus trug die Bürde mit stoischem Gleichmut, versuchte sich so gut wie möglich über die Ereignisse im Land zu unterrichten, und verbrachte seine Stunden mit einer streng eingeteilten Mischung aus Übungen, Lektüre und körperlicher Arbeit. Alexandra ging selten hinaus und konzentrierte sich auf verschiedene Beschäftigungen, von der Stickerei bis zur Malerei und vom Briefeschreiben bis zum Klavierspiel. Die Kinder, obwohl einige von ihnen schon erwachsen waren, hatten jeden Vormittag von 9 bis 11 regelmäßigen Unterricht. Nur Olga war davon ausgenommen. Die Stunden in Russisch, Mathematik und Englisch wurden von den Hauslehrern gegeben. Wie in Zarskoje Selo unterrichtete Alexandra ihre Kinder in Religion, Geschichte und Deutsch.

Tagsüber und bevor der Winter einsetzte, gingen die meisten von ihnen den möglichen Tätigkeiten und Zerstreuungen im Freien nach. »Wir sägen und hacken Holz, und es ist schön, hinauszugehen«, schrieb Olga aus Tobolsk an eine Freundin. »Wir haben unsere Schaukel repariert und können sie jetzt wieder benutzen. Aber wahrscheinlich werden die Seile reißen, weil sie schlecht gemacht sind.« (Leider waren es nicht die Seile, die sie schließlich bewogen, die Schaukel nicht mehr zu benutzen, sondern unflätige Worte, die die Wachsoldaten daraufgeschrieben hatten.) Nach dem Abendessen versammelten sich alle in der Wohnung, um Patiencen zu legen, Bridge oder Mariage zu spielen. Bisweilen las Nikolaus aus einem Buch vor. Unter der Anleitung der Hauslehrer Gilliard und Gibbes führten die Kinder auch Theaterstücke auf, von russischen Klassikern bis zu zeitgenössischen Komödien. Besonders eine Aufführung blieb in Erinnerung, eine Posse von Edward Grattan, in der die sechzehnjährige Anastasia die männliche Hauptrolle spielte. Am Ende des Stückes mußte sie ihrem Publikum den Rücken zukehren, den Bademantel zurechtrücken und ihren letzten Satz sagen. Dabei blieb ihr der Saum des Bademantels in der Hand, und ohne zu merken, was sie tat, zog sie ihn hinten hoch und zeigte den Zuschauern ihre stämmigen Beine und das in der Jaeger-Unterwäsche ihres Vaters steckende Hinterteil. Das Publikum schüttete sich aus vor Lachen, und sie blieb fröhlich ahnungslos, was diesen Heiterkeitserfolg ausgelöst hatte.

»Ich werde diesen Abend immer im Gedächtnis behalten,« sagte Gibbes später. »Es war das letzte herzliche, unbekümmerte Lachen, dessen die Kaiserin sich erfreuen konnte.«[37] Er hatte wahrscheinlich recht, denn ihre Lage verschlechterte sich, zunächst, weil man sie vernachlässigte, im weiteren Verlauf, weil der bolschewistische Umsturz im Oktober und die danach in Petrograd und anderswo getroffenen Entscheidungen ihnen das Leben absichtlich schwer machten. Der Winter brachte dann die erste wirkliche Herausforderung. »Vor einer Temperatur von vierzig Grad unter Null gibt es kein Entkommen«, schrieb einer ihrer Begleiter später:

> Weder Wände noch Öfen können solche Kälte fernhalten. Man fröstelt im Augenblick des Erwachens, man fröstelt den ganzen Tag hindurch, man fröstelt beim Schlafengehen, und im Schlaf fröstelt man weiter... Man kann nicht arbeiten, man kann nicht einmal denken, man kann nur verzweifelt dasitzen und frösteln, überzeugt, daß man nie wieder imstande sein wird, frei zu atmen. Kurzum, während des sibirischen Winters lebt man nicht mehr; man vegetiert bloß in einer Art gefrorener Erstarrung.

Hinzu kam eine wachsende Sorge wegen der Lebensmittel und ihrer Kosten. Während der ersten Tobolsker Zeit aß die Familie einfach, aber gut. Das Mittagessen bestand aus Suppe, Fisch, Fleisch und Nachspeise, und anschließend wurde oben in den Wohnräumen Kaffee serviert. Das Abendessen war ähnlich, enthielt aber mehr Obst. Anfangs hatte Kobylinskij keine besonderen Schwierigkeiten, solche Mahlzeiten auf den Tisch zu bringen: Er verfügte über eine Geldreserve, und die örtlichen Läden und Bauern lieferten, was er brauchte. Selbst als er mehrere Wochen lang die Rechnungen zur Zahlung nach Petrograd schickte, nahm er weiterhin an, daß regelmäßig Gelder überwiesen würden. Allmählich zeigte sich jedoch, daß er irrte, und trotz dringender, an Golowin und andere im Winterpalais gerichteter Bitten erhielt er keine Antwort. Ende Oktober war das vorhandene Bargeld praktisch verbraucht, er schuldete den Ladenbesitzern bereits Geld, und die Bediensteten hatten seit Anfang August keine Löhne erhalten. Er rechnete aus, daß er sofort 100 000 Rubel benötigte.

Er überredete Dolgorukow, seinem Stiefvater Benckendorff einen Hilferuf nach Petrograd zu schicken, auf daß dieser entweder einen Kredit der Staatsbank vermittle oder einen Boten mit Bargeld schicke. Er berichtete, daß die bisher eingereichten, aber von der Provisorischen Regierung noch unbezahlten Rechnungen sich auf insgesamt 85 000 Rubel beliefen. Dolgorukow fügte seinem Brief ein verzweifeltes Postskriptum an: »Sie haben uns in Petrograd vergessen.« Und dabei blieb es. Die Folge war, daß Bedienstete und andere unbezahlt blieben und Kobylinskij, Tatischew und Dolgorukow gezwungen waren, einen Wechsel auf ihre eigenen Namen auszustellen, um 20 000 Rubel von der Staatsbank zu bekommen.[38] Es war der Anfang des Geldsammelns, des Zusammenkratzens der nötigsten Mittel aus verschiedenen Quellen, einschließlich der Privatkonten des Zaren.

Sicherlich spielte vorsätzliche Vernachlässigung eine Rolle, doch darf nicht übersehen werden, daß die Provisorische Regierung in dieser Zeit andere Sorgen hatte: die Kriegführung; die sozialen Probleme, die sie zwar geerbt, aber auch propagandistisch ausgebeutet hatte; und vor allem ihre andauernden Auseinandersetzungen mit den Bolschewisten. Die frühere kaiserliche Familie trat neben diesen dringenden Problemen in den Hintergrund. Insbesondere Kerenskij hatte sich zuerst mit den realen oder eingebildeten Gefahren einer Gegenrevolution des Generals Kornilow auseinanderzusetzen; dann mit dem Auftrieb, den solche Anstrengungen der Rechten den Sowjets geben mußten; und schließlich mit dem Vorrücken der deutschen Armeen gegen Petrograd.

Es wundert nicht, daß Kerenskij überall Feinde zu sehen begann, sogar unter den Generälen des militärischen Oberkommandos, deren Ziel eine patriotische Verteidigung des Vaterlandes war, die aber bei der Wiederherstellung der Disziplin unter den Truppen kaum vorankamen. Und die Bolschewisten unter Lenins Führung nutzten die gespannte Atmosphäre, um einen entscheidenden und von ihnen beherrschten Kongreß der Sowjets einzuberufen. Angesichts ihrer Entschlossenheit war es von da nur ein kleiner Schritt zur Bildung eines »Sowjets«, der den spezifischen Auftrag hatte, die Hauptstadt zu verteidigen, nicht nur gegen die Deutschen, sondern auch gegen innere Feinde.

Die Einzelheiten von Lenins Rückkehr nach Petrograd und den verschwörerischen Vorbereitungen zum bolschewistischen Umsturz, der dann am 25. Oktober zur Verhaftung von Kerenskijs Provisorischer Regierung und der geräuschvollen Intervention des Kreuzers *Aurora* führte, sind oft erzählt worden. Uns soll hier nur die dramatische Wendung beschäftigen, die diese Ereignisse für das Schicksal des früheren Zaren und seiner Familie brachten.

Im Rückblick scheint die Entwicklung unausweichlich gewesen zu sein, aber der Staatsstreich der Bolschewisten wurde von vielen informierten Zeitgenossen keineswegs so gesehen. Nirgendwo hielt man länger an den vertrauten Scheuklappen fest als in der Welt der Finanzen, und nirgends wurden die ersten Auswirkungen so rasch spürbar. Betrachten wir die Überlegungen und Handlungen der National City Bank, New Yorks führender Außenhandelsbank, während dieses schicksalhaften Jahres: Nachdem sie schon seit einigen Jahren einen Repräsentanten in Rußland gehabt hatte, eröffnete die Bank Mitte Januar 1917 ihre erste Zweigstelle in Petrograd. Einen Monat später wußte ihr amerikanischer Leiter der New Yorker Zentrale Günstiges zu melden. »Wir arbeiten angestrengt, und ich meine, die Position unserer Petrograder Zweigstelle wird bis Ende dieses Jahres eine höchst angenehme Überraschung sein, sogar für Sie.« Er war »eifrig bestrebt, so bald wie möglich eine weitere Zweigstelle in Moskau zu eröffnen«.[39] Selbst als ein paar Wochen später revolutionäre Unruhen ausbrachen, ließ er sich nicht beirren: »Die Russische Revolution, von der wir bis gestern abend keine Ahnung hatten, scheint von den Leuten, deren Appetit durch Sensationen abgestumpft ist, mit Apathie aufgenommen zu werden. Der Aktienmarkt bleibt bei alledem fest.« Während des ganzen Sommers und Herbstes fuhren die amerikanische Regierung und die National City Bank fort, die Provisorische Regierung mit umfangreichen Dollaranleihen zu unterstützen.

Dies war keine isolierte Verirrung amerikanischer Bankiers allein. Daß sie in Rußland Zweigstellen eröffneten, war in London nicht unbemerkt geblieben, wo die Bankiers sich bisher noch auf einzelne Repräsentanten und Partnerschaften mit russischen Banken verlassen hatten, bei denen eine in London ansässige Bank die dortigen Interessen der russischen Partnerbank wahrnahm und umgekehrt. Londoner und New Yorker Bankhäuser beobachteten einander während des ganzen Krieges wachsam, was zum Teil daran lag, daß das Zentrum des internationalen Finanzmarktes während der Feindseligkeiten vorübergehend nach New York verlagert worden war, in erster Linie aber darauf zurückzuführen war, daß beide Zentren ihre begehrlichen Blicke auf Gebiete geworfen hatten, die früher von Berlin dominiert oder beeinflußt gewesen waren. Rußland war ein solcher Markt und faszinierte britische und amerikanische Bankiers wegen seines vermuteten zukünftigen Potentials noch lange, als die Gefahrensignale bereits unübersehbar waren. Londoner Banken begannen Druck auf die britische Regierung auszuüben, die ihnen trotz der politischen Unruhen in Petrograd helfen sollte, dem Beispiel der National City Bank zu folgen. Anfang Juli wandte sich die britische Außenhandelsbank an das Foreign Office und bat um Unterstützung bei der Eröffnung einer russischen Filiale. Sie wies darauf hin, daß russische Banken in London unbehindert operieren könnten und daß vier Banken bereits Niederlassungen gegründet hätten. Überdies arbeite nicht nur die National City Bank in Petrograd, sondern seit einiger Zeit auch die in Paris ansässige Geschäftsbank Credit Lyonnais. Warum also keine britische Bank? Ein paar Wochen später unternahm die London City and Midland Bank ähnliche Vorstöße beim Außenministerium und dem russischen Finanzministerium in Petrograd. Einen Antrag zur Eröffnung einer Zweigstelle in Rußland stellte auch die Britische Handelsgesellschaft. Alle wurden nachdrücklich unterstützt von Sir George Buchanan in Petrograd und dem Londoner Außenministerium.

Schließlich erhielt die London City and Midland Bank wenige Tage vor dem Oktoberputsch von der Staatsbank die Erlaubnis zur Eröffnung einer Zweigstelle. Die US-amerikanische National City Bank eröffnete ihre Moskauer Filiale tatsächlich noch *nach* dem bolschewistischen Putsch und bot Einlegern, wie aus einem Telegramm des Foreign Office aus Petrograd hervorgeht, Garantien zur Rückzahlung in Rubeln in New York, »selbst wenn die Einlagen von den bolschewistischen Behörden beschlagnahmt werden sollten«.[40] Auf dieser Basis nahm die Filiale, wie verlautete, im Monat Dezember Einlagen von 300 Millionen Rubeln an. Dies alles ist schwer zu glauben, aber solche Blindheit war nicht auf New York beschränkt. Auf dem Telegramm, das der britischen Regierung diese amerikanischen Schachzüge nach London meldete und von 29. Dezember 1917 datiert, finden sich zwei anerkennende, wohl nicht ironisch gemeinte Randbemerkungen: »So macht man Geschäfte«, und »Ein sehr geschickter Schachzug«.

Wie geschickt er war, sollte sich bald erweisen. Das erste Warnzeichen hatte es schon am 23. November gegeben, als ein Artikel auf der Titelseite der *Prawda* erklärte, es sei »notwendig geworden, alle Kriegsanleihen zu annullieren, die früheren russischen Regierungen gewährt oder garantiert wurden«. Die Zeitung brachte Einzelheiten über die ersten, den Zahlungsverkehr betreffenden Dekrete. Ein paar Wochen später bekamen die Banken die ersten Auswirkungen zu spüren. Am 14. Dezember wurde das Bankgeschäft zum Staatsmonopol erklärt, und am 27. Dezember wurden alle Privatbanken in Petrograd ohne Vorwarnung geschlossen und per Dekret verstaatlicht. An diesem Tag marschierte eine Abteilung Roter Garden in die Niederlassung der National City Bank und verlangte die Herausgabe der Schlüssel. Der Direktor weigerte sich. Er wurde sofort festgenommen und zum Hauptquartier der revolutionären Regierung ins Smolny-Institut gebracht. Zwei Tage später wurden Guthaben, die »reichen« Einlegern gehörten, zu Staatseigentum erklärt. »Kleine« Einleger und »kleine« Guthaben in Bargeld oder Wertpapieren wurden einstweilen garantiert. Mitte Januar verlangten die Bolschewisten die Offenlegung aller Sparguthaben. Alle Bankschließfächer wurden geöffnet. Die Schikanen gegen die »Reichen« hatten begonnen.

Die finanziellen Auswirkungen wurden sofort spürbar. Noch vor Jahresende 1917 hatte der Direktor für internationale Bankgeschäfte bei der National City Bank seinen Hut genommen, und sobald das ganze Ausmaß der Verluste bekannt wurde, folgten weitere Rücktritte, darunter der des Präsidenten der Bank, Frank Vanderlip, der für ihre Expansion nach Übersee persönlich verantwortlich gewesen war. Am Ende des russischen Abenteuers blieben der Bank 5 Millionen Dollar in praktisch wertlosen russischen Wertpapieren, weitere 2 Millionen Dollar, die an russische Kreditoren ausgeliehen worden waren, und 26 Millionen Dollar Einlagen in den kurz zuvor eröffneten russischen Zweigstellen.[41] Andererseits hielt die National City Bank, was damals übersehen wurde, später aber von viel größerer Bedeutung sein sollte, kaiserliche Geldeinlagen in New York. Die Höhe dieser Einlagen und die Frage nach ihren wirklichen Eigentümern wird im weiteren Verlauf unsere Aufmerksamkeit finden.

Die Zarenfamilie war von Nachrichten über die folgenschweren Ereignisse in Petrograd nicht abgeschnitten; sie gelangten allerdings mit Verspätung nach Tobolsk. Am 24. November schrieb Nikolaus in sein Tagebuch: »Seit einiger Zeit sind keine Zeitungen oder Telegramme aus Petrograd gekommen. In einer so schweren Zeit ist das ein ernstes Zeichen.« Drei Tage später wußte er das Schlimmste: »Herzzerreißend, in den Zeitungen die Schilderungen dessen zu lesen, was vor zwei Wochen in Petrograd und Moskau geschah. Es ist viel schlimmer und unehrenhafter als vorher.« Und als der Winter kam, wurde die Ausbreitung des bolschewistischen Einflusses in Sibirien durch Veränderungen in ihrer Behandlung und die Ablösung der alten Wachmannschaften spürbar.

Die neue Wachmannschaft bestand aus jüngeren Soldaten, die frisch aus den Revolutionswirren in Petrograd kamen und vom Haß auf alles durchdrungen waren, was mit dem Zarismus zusammenhing. Sie erregten sich über alles, was sie als Privilegien ansahen. Sie erhoben Einwände dagegen, daß Mitglieder des kaiserlichen Gefolges unbewacht in die Stadt gingen. Also wurden bewaffnete Eskorten eingeführt und Besuche auf zweimal wöchentlich zwei Stunden beschränkt. Als aus Petrograd eine Lieferung einfachen Tischweines eintraf (ein kleines Glas Wein zum Mittagessen war den Kindern vom Arzt empfohlen worden), beschlagnahmten die Soldaten die Kisten, zerbrachen alle Flaschen und gossen den Inhalt in den Irtysch.

Diese Akte vorsätzlicher Kränkung blieben Nikolaus nicht verborgen. Einmal hatte er kaukasische Tracht angelegt, zu der auch ein Dolch gehörte. Das führte zu einer sofortigen Durchsuchung nach Waffen. Dann bemerkten sie, daß er gelegentlich *The Times* las, wenn Exemplare aus London eintrafen. Die ausländische Zeitung erregte augenblicklich ihren Verdacht, und der örtliche Sowjet bestand darauf, daß die Zeitung täglich ins Russische übersetzt und ihm zur Zensur vorgelegt werden müsse. Wie früher schon in Petrograd verlangten die Soldaten, daß alle Offiziere einschließlich Kobylinskijs ihre Rangabzeichen ablegten. Die revolutionären Soldaten verlangten, daß auch die Schulterklappen des Exzaren in ihrer Gegenwart entfernt werden sollten. Kobylinskij bemühte sich nach Kräften, sie von ihrer Forderung abzubringen, sah sich aber schließlich gezwungen, Nikolaus zu raten, einen schwarzen Schaffellmantel anzuziehen, um künftigen Ärger zu vermeiden.

Zunächst waren dies nur kleinliche Schikanen. Bald aber folgten offizielle Akte, welche die gleichen revolutionären Ressentiments widerspiegelten. Die Bolschewisten begnügten sich nicht damit, alle Banken zu übernehmen und die Einlagen aller wohlhabenden Bürger zu beschlagnahmen; nun schränkten sie auch die Bewilligung von Geld für den Lebensunterhalt der Zarenfamilie ein. Am 20. Februar erhielt Kobylinskij ein Telegramm aus Petrograd, das unverblümt erklärte: »Nikolaus Romanow und seine Familie müssen auf Soldatenrationen gesetzt werden, und jedes Familienmitglied wird ab sofort 600 Rubel im Monat erhalten, die von den Zinsen ihres persönlichen Vermögens abgezogen werden.« Das Minimum von 600 Rubeln im Monat war der Garantielohn, den die neue bolschewistische Regierung nicht nur für alle Bediensteten in Privathaushalten, sondern auch für alle im Staatsdienst Beschäftigten eingeführt hatte. Für die sieben Mitglieder der Zarenfamilie bedeutete dies eine Gesamtsumme von nicht mehr als 4200 Rubeln im Monat; und sie mußten das Geld von ihren eigenen Konten bei der Staatsbank abheben. Heizung und Beleuchtung sollten von der Regierung separat bezahlt werden.

Die neue Regelung trat am 1. März 1918 in Kraft. Sie brachte es mit sich, daß die für Lebensmittel verfügbare Summe einschneidend reduziert werden mußte und daß die Löhne für eine Anzahl der Bediensteten nicht mehr bezahlt werden konnten. Ein völlig neues Budget wurde benötigt. Pierre Gilliard, der französisch-schweizerische Hauslehrer, berichtete später, daß Nikolaus zu ihm gekommen sei und scherzhaft verkündet habe, daß er, da jeder Komitees oder Sowjets zu ernennen scheine, jetzt das gleiche tun und einen Rat ernennen werde, der sich um die Wohlfahrt seiner eigenen Gemeinde zu kümmern habe. Gilliard, Dolgorukow und Tatischew wurde die Aufgabe übertragen, auszuarbeiten, was man sich leisten könne.

»Die kaiserliche Tafel«, wie sie noch immer genannt wurde, wurde auf 5 Rubel pro Person und Tag gekürzt, von denen für das Mittag- und Abendessen jeweils Suppe und Hauptgericht bezahlt werden konnten, Süßigkeiten, Nachspeisen und Kaffee wurden sofort gestrichen. Auch Zucker und Butter wurden als Luxus betrachtet. Die wenigen verbliebenen Höflinge und Hauslehrer waren gezwungen, für ihre Mahlzeiten zu bezahlen. Aber der schwerste Schlag traf die Bediensteten. Es war klar, daß mindestens neun von ihnen aus dem neuen Budget nicht mehr bezahlt werden konnten. Diese Bediensteten waren Leute, die sich aus Treue entschieden hatten, freiwillig mit der kaiserlichen Familie nach Sibirien zu gehen, und die nun aller Mittel für den Lebensunterhalt beraubt waren. Es bereitete Nikolaus Kummer, daß er unfähig war, ihnen allen zu helfen, aber er tat, was er konnte, indem er ihnen Bargeld gab, das er hatte zurücklegen können. Während mehrere Bedienstete darauf bestanden, ohne Bezahlung bei der Familie zu bleiben, konnten drei mit ausreichend Geld versehen werden, um nach Petrograd zurückzukehren.

Obwohl es auch weiterhin Verzögerungen bei der Erstattung von Mitteln zum Lebensunterhalt der Familie und ihrer Wachmannschaft gab, die zu Haushaltskrisen führten, hatte die mißliche Lage der Familie schließlich zur Folge, daß von verschiedenen Seiten Geldspenden eingingen. Nikolaus, Alexandra und die Kinder korrespondierten alle mit Freunden und Bekannten, und im Laufe des Winters eröffneten sich neben dem Briefverkehr andere Kommunikationswege. Graf Benckendorff in Petrograd und sein Stiefsohn Fürst Dolgorukow in Tobolsk blieben gleichfalls in regelmäßigem Kontakt, und allmählich bildeten sich Verfahren zum Transfer größerer Summen heraus. Sympathisanten aller Art meldeten sich: Freunde und frühere Höflinge in Petrograd, ein Millionär in Moskau, ein ausländischer Botschafter, nahe gelegene Klöster und sogar Ladenbesitzer in Tobolsk, die der Familie mit Eiern, Fisch oder Fleisch aushalfen, wann immer sie dringend benötigt wurden. Anna Vyrubowa, lange Zeit Alexandras beinahe einzige Vertraute in Zarskoje

Selo, lebte jetzt in einem möblierten Zimmer in Petrograd und fungierte als Mittlerin für einige dieser wohlmeinenden Helfer. Einige Jahre später schrieb sie darüber:

> So arm die kleine Gruppe von Freunden war, die mit mir arbeitete, um mit der Kaiserlichen Familie in Verbindung zu bleiben – es gelang uns doch, ihnen zu verschaffen, woran es ihnen am dringendsten fehlte. Das Reisen war in jenen Tagen gefährlich und schwierig, weil jeder Reisende damit rechnen mußte, unterwegs mehrere Male durchsucht zu werden. Trotzdem gab es drei Personen, zwei Offiziere und ein junges Mädchen, die das Risiko von Einkerkerung und Tod durch die unbeschreiblichsten Foltern auf sich nahmen und unbeirrt und furchtlos als Boten zwischen Petrograd und dem fernen Tobolsk hin und her fuhren.

Anfangs ging der Verkehr nicht nur in eine Richtung. Alexandra schickte Kaffee, Mehl, Tee und Lapscha (eine Art Makkaroni) und sogar Weihnachtsgeschenke, die sie und ihre Töchter angefertigt hatten. Dafür erhielt Alexandra in den ersten Monaten der Verbannung einen Bademantel, rote Pantoffeln, etwas Parfüm, Broschen für die Mädchen, Bücher für alle und natürlich Nachrichten, die sie diskret verbreitete. Auch Nikolaus hielt Verbindung mit seiner Mutter und seinen Schwestern.

Als die Lebensbedingungen sich verschlechterten, wurden anstelle von Geschenken kleine Geldsummen überbracht. Obwohl Alexandra noch im Januar in einem Brief an Anna Vyrubowa bat, kein weiteres Geld zu schicken, hatten Kobylinskij und Dolgorukow in Tobolsk und Benckendorff in Petrograd seit einiger Zeit intensiv nach Geldmitteln gesucht, um den Lebensunterhalt der Familie und ihres gesamten Gefolges zu bestreiten. Ihre Bemühungen waren nicht enttäuscht worden.

Einer der größten Einzelbeträge wurde von Carol Jaruschinskij gespendet, einem reichen Finanzier und Industriellen, der in einem Zeitraum von annähernd sechs Monaten 175 000 Rubel zur Verfügung stellte. Jaruschinskij hatte früher ein Krankenhaus in Zarskoje Selo aufgebaut und finanziert. Später trat er an die britische Regierung heran und versuchte, sie für seinen Plan zu gewinnen, die Kontrolle über mehrere russische Banken zu übernehmen. Britische Beamte hatten eine gute Meinung von ihm.[42] Darüber hinaus gab ein ausländischer Botschafter (dessen Namen Benckendorff weder in seinem Buch noch in seinen privaten Papieren enthüllt) ihm »eine sehr hohe Summe, die ausreichte, um die Kosten für mehrere Monate zu decken«. Als der dänische Gesandte erfuhr, daß die frühere Kaiserin Marie auf der Krim, wohin sie aus Kiew geflohen war, gleichfalls unter Geldmangel zu leiden hatte, gab er Benckendorff 25 000 Rubel. Eine französische Gouvernante benötigte vier Wochen, um mit dem Bargeld die knapp 2000 Kilometer zur Krim zu reisen.

In dem Maße, wie die Nachricht von den finanziellen Schwierigkeiten der internierten Zarenfamilie Verbreitung fand, gingen weitere Hilfsangebote ein. Freunde in Moskau taten sich zusammen und sammelten mit Hilfe einer bestimmten Familie, welche die Hälfte der Gesamtsumme aufbrachte, 200 000 Rubel. Die Summe wurde direkt an Dolgorukow in Tobolsk geschickt und war, so Benckendorff, einer der Gründe, daß die Bolschewisten schließlich beschlossen, die Familie aus Tobolsk zu entfernen.

Es war nicht der einzige Grund. »Unglücklicherweise weckten das Kommen und Gehen und wahrscheinlich auch das Geld, das in den Händen des Gefolges war, den Verdacht der Bewacher, und um den April herum berichteten die Briefe meines Stiefsohnes Dolgorukow«, schrieb Benckendorff später, »vom Auftreten neuer Kommissare, von neuen Aufregungen und schließlich von Gerüchten, die sich um die wahrscheinliche Verlagerung des Wohnsitzes drehten.«[43] Die letzte, schicksalsschwere Etappe auf dem Weg der kaiserlichen Familie nach Jekaterinburg hatte begonnen.

5 *Massaker*

Nikolaus hatte stoisch alle Demütigungen hingenommen, mit denen man ihn von Beginn der Revolution an überhäuft hatte. Individuelle Beleidigungen – an denen es in der Frühzeit seiner Internierung in Zarskoje Selo nicht gefehlt hatte – hatte er ebenso gleichmütig ertragen wie Entbehrungen und Versuche, Beleidigungen des Zarentums durch vorsätzliche Unannehmlichkeiten zu personalisieren.

Seine Hauptsorge während dieser frühen Monate der Gefangenschaft galt dem Wohlergehen seiner Frau, seiner Kinder, der engen Freunde am Hof und der treuen Diener. Er verbrachte seine Zeit mit körperlicher Arbeit, sägte Holz, flickte Zäune und schaufelte Schnee, als wollte er durch die Konzentration auf diese einfachen Tätigkeiten seinen Geist von allen beunruhigenden Gedanken freihalten. Selbst die deprimierenden Nachrichten, die aus Petrograd zu ihnen gelangten und nach ihrer Internierung in Tobolsk nur noch mit Verspätung durchsickerten, schienen ihn nicht um seine äußere Ruhe bringen zu können. Doch im Vorfrühling 1918 begann er die ersten Zeichen einer tiefen Gemütsbewegung zu zeigen.

Mehrere Entwicklungen verbanden sich miteinander und führten die Veränderung in seiner Haltung herbei. In diesem Zeitabschnitt enthüllte der Kommunismus bolschewistischer Prägung sein wahres Gesicht. Unter dem Druck einzelner Sowjets außerhalb Petrograds lebten die Forderungen nach einem Gerichtsverfahren gegen Nikolaus und Alexandra wieder auf. Herrschaft bedeutete immer ausschließlicher: Diktat der Sowjets, sogar im Gouverneurshaus zu Tobolsk. Die Petrograder Regierung war nicht mehr nur antizaristisch; sie war zunehmend antikapitalistisch und antidemokratisch. Und sie war, in Nikolaus' Augen, antipatriotisch.

Seit Anfang Dezember hatte Lenins Regierung einen Waffenstillstand mit Deutschland zu beinahe jeder Bedingung gesucht. Obwohl Trotzki, der das Ministerium für Auswärtige Angelegenheiten übernommen hatte, im Februar die Waffenstillstandsverhandlungen verlassen hatte, angeblich aus Protest gegen die demütigenden Bedingungen, akzeptierte Lenin nur Wochen später in Brest-Litowsk beinahe die gleichen Konditionen. Er verzichtete nicht nur auf mehr als ein Viertel des früheren russischen Territoriums westlich des Urals, indem er Finnland, Estland, Lettland, Litauen und Polen aufgab und die Unabhängigkeit der Ukraine hinnahm, sondern er war darüber hinaus gezwungen, das Eigentum Deutschlands und deutscher Staatsangehöriger von seinen Verstaatlichungsdekreten auszunehmen, dem Deutschen Reich Kriegsentschädigung in Gold zu zahlen, Zinszahlungen für russische Schulden in Deutschland wieder aufzunehmen und das russische Heer zu demobilisieren.

In Nikolaus' Augen war die Demütigung vollkommen. Pierre Gilliard erinnerte sich später:

> Alle Anstrengungen, die der Kaiser unternahm, um sich seine Gefühle nicht anmerken zu lassen, konnten vor einem aufmerksamen Beobachter nicht sein wirkliches Leiden verbergen, und besonders nach dem Friedensvertrag von Brest-Litowsk war eine deutliche Veränderung an ihm zu bemerken, die auf einen Zustand tiefer Niedergeschlagenheit hindeutete. Ich kann aufrichtig sagen, daß Seine Majestät bei der Nachricht von diesem Friedensvertrag von Gram überwältigt war.

Was ihn niederschmetterte, war nicht zuletzt der Umstand, daß seine Abdankung, zustande gekommen unter dem Druck seiner Generäle und im vollen Bewußtsein des feierlichen Eides, den er nicht nur anläßlich seiner Krönung zum Zaren, sondern noch einmal bei Kriegsausbruch geleistet hatte, ganz vergeblich gewesen war. Seine Selbstaufopferung, die er im vermeintlichen Interesse des russischen Volkes auf sich genommen hatte, um andere zu befähigen, den Krieg mit mehr Kraft und Entschlossenheit fortzusetzen, hatte nichts bewirkt. Und zu der Niederlage auf dem Schlachtfeld sollte sich bald ein als weitere Demütigung empfundenes Rettungsangebot von seinem Vetter, dem deutschen Kaiser, gesellen, das allerdings an bestimmte Bedingungen geknüpft war.

Der Versuch, die Vorgänge zwischen der Unterzeichnung des Friedensvertrages von Brest-Litowsk mit Deutschland und der Abreise der Zarenfamilie aus Tobolsk etwa sechs Wochen später zu rekonstruieren, beschäftigt die Historiker seit nunmehr fünfundsiebzig Jahren. Jenseits der Ziele und verschiedenen Motive der beiden Signatarmächte des Vertrages muß man die Aktivitäten der Revolutionsregierung in Petrograd und der mächtigen lokalen Sowjets in Omsk und Jekaterinburg sowie die wahren Loyalitäten der Personen in Betracht ziehen, denen es beschieden war, im Schicksalsdrama der Zarenfamilie bedeutende Rollen zu spielen.[44]

Befreit von der Hauptsorge, gleichzeitig an zwei Fronten kämpfen zu müssen, gegen den deutschen Kriegsgegner und die inneren Feinde der Revolution (das Bürgertum und große Teile der Bauernschaft), konnten Lenin und seine Genossen ihre Aufmerksamkeit vom März 1918 an ausschließlich der inneren Front zuwenden. Während die vorausgegangene Provisorische Regierung sich den

Vorwurf hatte gefallen lassen müssen, die Zarenfamilie in Tobolsk zu vernachlässigen und sogar zu vergessen, beschäftigte sich das bolschewistische Regime bald mit einer an Besessenheit grenzenden Aufmerksamkeit mit ihr.

In den Monaten der Provisorischen Regierung hatten Nikolaus' Verwandte unterschiedlich auf die neue Herrschaft reagiert. Obwohl viele von ihnen Nikolaus II. und seiner Führung der Staatsgeschäfte in den letzten Monaten vor der Februarrevolution sehr kritisch gegenübergestanden hatten, waren nur ganz wenige wie sein Vetter, Großfürst Kyrill, so weit gegangen, ihre urplötzlich entdeckte Loyalität zur roten Fahne offen zur Schau zu tragen. Die Mehrzahl hatte sich ruhig verhalten und versucht, aus dem Debakel zu retten, was zu retten war. Einige waren eine Zeitlang im Gefängnis gewesen, andere hatten unter Hausarrest und alle unter argwöhnischer Überwachung gestanden.

Wer kann ihnen verdenken, daß sie versuchten, etwas von dem Reichtum festzuhalten und zurückzugewinnen, den sie erworben oder geerbt hatten? Aber wie in allen Familien gab es einige, die nicht zögerten, sich eilfertig mit dem neuen Regime zu arrangieren, um die eigene Haut oder Besitztümer zu retten. Großfürst Nikolai Mikhailowitsch, der Historiker der Familie, war sicherlich einer von Nikolaus' schärfsten Kritikern, der offen mit liberalem Gedankengut sympathisierte. Aber in einem Brief, der angeblich in Kerenskijs Akten gefunden wurde, verzichtete der Großfürst öffentlich auf seinen Anteil am Apanagevermögen »zugunsten des Volkes« und nahm es auf sich, seine Brüder in einer von diesen als kriecherisch empfundenen Form zu überreden, seinem Beispiel zu folgen. Und in der gleichen Zeit wurde Großfürst Michael gesehen, wie er unter anderen Bittstellern geduldig in Kerenskijs Vorzimmer wartete, um eine Vergünstigung zu erreichen. Er wartete zwei Stunden und wurde schließlich als »Monsieur Romanow« aufgerufen.[45]

Man kann das traurige Los der Romanows durchaus mit Verständnis für ihre Lage und sogar mit Mitgefühl betrachten. Einige hatten das Nahen der Sintflut frühzeitig erkannt und davor gewarnt, soweit es in ihren Kräften gestanden hatte. Ihre Behandlung seitens der Provisorischen Regierung spiegelte den instabilen Charakter des halb liberalen, halb sozialistischen Regimes wider. Die neue Regierung der Bolschewisten dachte und handelte von Anfang an anders. Angesichts wachsender Befürchtungen, daß die in Petersburg verbliebenen Romanows, insbesondere der Bruder des früheren Zaren, Großfürst Michael, rasch zum Sammelpunkt einer Opposition gegen das revolutionäre Regime werden könnten, wurden sie zusammengetrieben, zur Registrierung gezwungen und schließlich nach Perm verbannt, 1100 Kilometer südöstlich von Moskau. Zur gleichen Zeit wurde mit ersten Vorbereitungen für ein Verfahren gegen Nikolaus II. vor einem Revolutionstribunal begonnen, und in der Presse erschienen Gerüchte und Gegengerüchte. Einige Sowjets, die ihren revolutionären Eifer herausstellen wollten, vor allem jene in Omsk und Jekaterinburg, die Tobolsk am nächsten waren, zeigten ein zunehmendes Interesse an der Zarenfamilie und suchten sie für sich zu beanspruchen. Beide Städte schickten Gesandtschaften nach Tobolsk, um ihren Ansprüchen Geltung zu verschaffen.

Rufe nach Vergeltung wurden wieder laut, und zu ihnen gesellte sich die Befürchtung, daß sich mit dem Frühjahrstauwetter und dem Aufbrechen der Eisdecke von Ob und Irtysch nördlich von Tobolsk günstige Gelegenheiten bieten würden, die Familie zu retten und entweder nordwärts oder ostwärts aus dem Machtbereich der Sowjets zu bringen. Solche Befürchtungen waren nicht unbegründet. Während des ganzen Winters waren Tobolsk und vor allem Tjumen, die nächste Bahnstation, zu Magneten für monarchistische Sympathisanten geworden, die bestrebt waren, der kaiserlichen Familie Hilfe, Lebensmittel und Bargeld zukommen zu lassen. Manche von diesen Leuten waren töricht gewesen, andere außerordentlich unvorsichtig. Und wie es in solchen Fällen meistens zu sein pflegt, gab es verschiedene, denen mehr an Wichtigtuerei und müßigem Gerede gelegen war als an entschlossenem Handeln.

Eine frühe Besucherin in Tobolsk war Rita Khitrowo, eine ehemalige Hofdame, die für Anna Vyrubowa in Petrograd und die ehemalige Zarin Kurierdienste mit Briefen und anderem versah. Sie sprach mit zu vielen Einheimischen und wurde bald festgenommen und verhört. Auch andere redeten mehr als nötig, brüsteten sich sogar mit ihren Absichten. Es gab auch Geld zu verdienen. Ein Teil der baren Mittel, die hereinströmten, um den Lebensunterhalt der Zarenfamilie und ihres Gefolges zu sichern, war leicht in private Taschen umzuleiten.

Vor diesem Hintergrund lokaler Intrigen in und um Tobolsk müssen Anstrengungen wie die Boris Solowjews beurteilt werden: Er hatte sich während des Krieges mit Rasputin und Anna Vyrubowa angefreundet und war durch sie in den Umkreis der Romanows gelangt. Dies hatte ihn nicht daran gehindert, nach dem Ausbruch der Februarrevolution für eine Weile mit der Provisorischen Regierung zu sympathisieren und sie sogar zu unterstützen. Seine Freundschaft mit Anna blieb davon unberührt, und sobald die Zarenfamilie nach Tobolsk verbannt worden war, verwendete er seine Energien zunehmend darauf, sie – aus welchen Motiven auch immer – in jeder nur möglichen Weise zu unterstützen.

Inwieweit seine plötzliche Entscheidung, Rasputins Tochter Maria zu heiraten, mit ihrer gemeinsamen Entscheidung zusammenhing, nach Sibirien zu ziehen, um der kaiserlichen Familie nahe zu sein und als Sammelpunkt für monarchistische Helfer zu dienen, läßt sich schwer sagen. Sicherlich festigte es Alexandras Überzeugung, daß Solowjew ihr wichtigster potentieller Retter und der geeignete Verbindungsmann in Tjumen sei. Er kam rasch mit einer Bediensteten der Zarin in Verbindung und leitete der Familie bald Nachrichten und Geld zu. Einige der größeren Summen, die von Benckendorff aufgebracht wurden und die wir im letzten Kapitel betrachteten, wurden der Zarenfamilie schließlich durch Solowjew zugeleitet. Und Meldungen wie jene, daß dreihundert loyale Offiziere nur auf das Signal warteten, sie zu retten – Meldungen, die Alexandra in Tobolsk viel Auftrieb gaben –, können nur von Solowjew gekommen sein. Andere monarchistische Verschwörer wie Sergej Markow, ein ehemaliger Offizier im Kavallerieregiment der Kaiserin, der schon einmal dreißig Offiziere in der Nähe von Zarskoje Selo versammelt hatte, um einen – fehlgeschlagenen – Befreiungsversuch zu unternehmen, fühlten sich sogar verpflichtet, an Solowjew und Maria heranzutreten, bevor sie ihre Pläne machten. Die meisten wurden schroff abgewiesen. Ob in monarchistischer Loyalität, oder als geheimer Informant der Bolschewisten, oder einfach aus Geldgier – Solowjew war die eigentliche Schaltstelle für alles, was in und um Tobolsk geplant wurde.

Offizielle Berichte und persönliche Erinnerungen haben seither ernste Zweifel an der tatsächlichen Bedeutung geweckt, die Solowjew und andere sogenannte monarchistische Rettungsmannschaften in Tobolsk und der benachbarten Stadt Tjumen hatten. Übertreibungen und leere Prahlereien scheinen mehr die Regel als die Ausnahme gewesen zu sein. Beweismaterial, das von Sokolow in Paris für die amtliche Untersuchung des Mordes an der Zarenfamilie gesammelt wurde, deutete darauf hin, daß hohe Geldsummen, die für die kaiserliche Familie bestimmt gewesen waren, anderswohin abgezweigt wurden. Beispielsweise ließ Solowjew der Zarenfamilie 35 000 Rubel vom Bankier Jaruschinskij zukommen. In einer Zeugenaussage 1920 in Paris erklärte Jaruschinskij jedoch, tatsächlich 175 000 Rubel zur Verfügung gestellt zu haben, was auch Benckendorff bestätigte. Der Verbleib der fehlenden 140 000 Rubel ist ungeklärt.[46]

Sogar Oberst Kobylinskij, der Kommandant in Tobolsk, soll einmal Pläne zur Rettung seiner Schützlinge geschmiedet haben. Im Frühwinter habe er erwogen, mit der Zarenfamilie und einer Begleitmannschaft von rund dreißig loyalen Soldaten nordwärts zum Arktischen Ozean zu fliehen, wo sie mit einem der regelmäßig Obdorsk anlaufenden norwegischen Schoner rasch entkommen könnten. Hunderte von deutschen und österreichischen Kriegsgefangenen waren auf diesem Wege bereits geflohen. Was Kobylinskij dafür benötigte, war Geld, aber keine der monarchistischen Gruppen in Tobolsk oder Tjumen war bereit, zu helfen. Ob dahinter Zweifel an Kobylinskijs Loyalität standen oder eher die allgemeine Malaise oder sogar Habgier, die sich unter den zaristischen Helfern ausgebreitet hatte, ist schwer zu sagen. Gleb Botkin, der Sohn des Leibarztes der Zarenfamilie, der zur Zeit des Geschehens in Tobolsk war und später in den Westen entkam, war überzeugt, daß die Monarchisten einfach »beschlossen hatten, das in ihrem Besitz befindliche Geld zu ihrem eigenen persönlichen Vorteil zu verschwenden«.[47]

Während russische Monarchistengruppen in Tobolsk solchermaßen beschäftigt waren, zeigte die deutsche Seite unvermindertes Interesse an der Zarenfamilie. Kaiser Wilhelm II. konnte die engen Familienbande mit Nikolaus und die deutsche Herkunft Alexandras nicht gut ignorieren, selbst wenn er die Notwendigkeit, mit den Bolschewisten zu verhandeln, sogar als Sieger mit gemischten Gefühlen betrachtet haben dürfte. Nach der Unterzeichnung des Friedensvertrages im März gab es auch Kontakte zwischen loyalen Anhängern der Zarenfamilie und Vertretern der deutschen Seite. So soll Benckendorff in seinen fortgesetzten Bemühungen um die Sicherheit der Zarenfamilie dem deutschen Botschafter Graf Mirbach geschrieben haben, als die Verhältnisse in Tobolsk sich verschlechterten. Die Deutschen sahen ihrerseits einen Vorteil darin, sicherzustellen, daß die Zarenfamilie in ihrem Einflußbereich blieb, hatten ihre Streitkräfte doch weite Teile Rußlands bis zur Wolga besetzt. Was nicht angesprochen wurde, waren die Bedingungen einer tatsächlichen Rettung der Familie durch die Deutschen, und genau dies beunruhigte Nikolaus.

Es ist weitaus einfacher, die Motive der Beteiligten zu ermitteln, als alle geplanten und verwirklichten Aktionen bis ins einzelne nachzuzeichnen. Auf allen Seiten gab es Doppelagenten und Betrügereien. Die Folge war, daß die kaiserliche Familie, nunmehr weit davon entfernt, vernachlässigt zu werden, in den Mittelpunkt des Interesses der verschiedensten Gruppen rückte: monarchistischer Loyalisten, der Zentralbehörden in Moskau, zweier verschiedener Sowjets in Omsk und Jekaterinburg, und sogar Beauftragter der deutschen Regierung in Petrograd und Moskau. Alle waren aus verschiedenen Gründen versucht, die kaiserliche Karte zu spielen. Und allen zusammen gelang es auf verschiedene Art und Weise, die historischen Wasser für mindestens ein Dreivierteljahrhundert zu trüben.

Kein Wunder, daß die Nachricht von einem bevorstehenden Abtransport der Romanows aus Tobolsk für Aufsehen und Verwirrung sorgte. Am 22. April traf Wassilij Jakowlew aus Moskau ein. Er hatte Beglaubigungen vom Zentralen Exekutivkomitee, das damals aus Sicherheitsgründen von Petrograd nach Moskau verlegt worden war, und befehligte einhundertfünfzig Soldaten. Er stellte sich Kobylinskij vor und soll erklärt haben, daß er Anweisung habe, zumindest den Exzaren für ein Gerichtsverfahren nach Moskau zu bringen. Er soll ferner angedeutet haben, daß der endgültige Bestimmungsort der ganzen Familie irgendwo im Ausland sein und daß der Weg über Finnland, Schweden und Norwegen führen werde. Aber warum er wirklich kam, welches seine eigentlichen Motive waren und auf wessen Seite er tatsächlich stand, ist bis heute ein Rätsel geblieben.

Als Nikolaus und Alexandra ein paar Tage nach Jakowlews Ankunft mit seiner Forderung konfrontiert wurden, Nikolaus solle ihn zu einem unbekannten Bestimmungsort begleiten, scheinen beide hinter alledem sofort Kaiser Wilhelms Wirken geargwöhnt zu haben. »Sie wollen von mir, daß ich den Vertrag von Brest-Litowsk unterzeichne. Aber eher lasse ich mir die rechte Hand abhacken, bevor ich dies tue«, erklärte Nikolaus. Jakowlew aber war unnachgiebig, und angesichts seiner Beharrlichkeit, die anscheinend mit einer gewissen Ehrerbietung gepaart war, über die seither viel gerätselt wurde, war die einzig zu klärende Frage, wer Nikolaus begleiten würde. Alexej hatte sich kurz zuvor wieder eine schwere Prellung zugezogen, und die Ärzte erklärten ihn für reiseunfähig. Alexandra war ein weiteres Mal hin und her gerissen zwischen der Sorge um ihren Sohn und dem Wunsch, bei ihrem Mann zu bleiben. Schließlich entschied sie sich, Nikolaus zusammen mit ihrer Tochter Maria zu begleiten und Alexej in der Obhut seiner Schwestern Olga, Tatjana und Anastasia sowie der Ärzte zurückzulassen.

So begann eine der rätselhaftesten Episoden dieses Zeitabschnitts. Sie verließen Tobolsk am frühen Morgen des 26. April, vier Tage nach Jakowlews Ankunft. Nikolaus und Jakowlew fuhren in einem Tarantassij (einem langen, von zwei oder drei Pferden gezogenen Wagen), Alexandra und Maria in einem zweiten. Eine Leibwache von fünfunddreißig Soldaten begleitete die Reisenden. Zuvor aber gab es einen tränenreichen Abschied. Zum ersten Mal seit der Revolution wurde die Familie auseinandergerissen, und niemand von ihnen wußte, ob sie einander wiedersehen würden. In Tjumen bestiegen sie einen aus vier Waggons bestehenden Zug, der zuerst westwärts Richtung Jekaterinburg fuhr, dann nach nur einer Station hielt, die Lokomotive wechselte und in umgekehrter Richtung durch Tjumen ostwärts nach Omsk fuhr.

Die plötzliche Richtungsänderung entging weder der Aufmerksamkeit der Reisenden noch jener der interessierten Gruppen, die alle Bewegungen der kaiserlichen Familie beobachteten. Am ersten Morgen trug Nikolaus in sein Tagebuch ein, daß sie ostwärts fuhren, und fragte sich, ob sie nach Wladiwostok oder auf einem Umweg nach Moskau fuhren; am folgenden Morgen bemerkte er, daß sie wieder westwärts fuhren, was Moskau als Reiseziel zu bestätigen schien. Was er nicht wußte, war, daß auch andere Beobachter dies bemerkt hatten und bereits Schritte unternahmen, jede derartige Bewegung zu verhindern. Welche Aktionen und Verhandlungen dann stattfanden, ist noch immer umstritten, aber die Telegraphendrähte nach Moskau, Omsk und Jekaterinburg müssen in dieser Nacht geglüht haben.

Jakowlew bemerkte, daß sein Manöver nicht unentdeckt geblieben war und daß er wahrscheinlich angehalten würde, bevor er die Abzweigung nach Moskau nehmen konnte. Er hielt kurz vor Omsk und fuhr auf eigene Faust in die Stadt, um direkt mit Moskau Verbindung aufzunehmen. Welchen Rat er gab oder welche Anweisungen er erhielt, bleibt der Spekulation überlassen, doch bald darauf fuhr der Zug nach Jekaterinburg weiter. Vielleicht wollte Jakowlew den örtlichen Sowjet überreden, ihn nach Moskau weiterfahren zu lassen; vielleicht hatte Moskau bereits Anweisung gegeben, seine Schützlinge dem Jekaterinburger Sowjet zu übergeben. Der Empfang in Jekaterinburg war feindselig. Jakowlew schien nach wie vor entschlossen, die Kontrolle über seine Schützlinge zu behalten, doch mußte er sich nach stundenlangen Verhandlungen und wahrscheinlich einem weiteren Kontakt mit Moskau geschlagen geben. Er übergab seine Schützlinge dem regionalen Sowjet. Später am Nachmittag wurden Nikolaus, Alexandra und Maria in einem offenen Wagen zu einem recht stattlichen zweistöckigen Haus gebracht, das Nikolai Ipatjew gehörte, einem reichen Geschäftsmann, und das bezeichnenderweise offenbar für ihre Ankunft hergerichtet worden war.

Jakowlews Rolle war somit ausgespielt, und der eigentliche Zweck seiner geheimnisvollen Anstrengungen ist ungeklärt geblieben. Hatte er die ganze Zeit beabsichtigt, die Familie dem Jekaterinburger Sowjet auszuliefern, möglicherweise auf Anweisung aus Moskau, also wohl von Jakov Swerdlow, dem Vorsitzenden des Zentralen Exekutivkomitees in Moskau, nach dem Jekaterinburg später benannt wurde? Oder hatte er, worauf seine plötzliche Fahrtrichtungsänderung schließen ließe, ursprünglich vorgehabt, Nikolaus nach Moskau und vor ein bolschewistisches Untersuchungsgericht zu bringen? Eine dritte Möglichkeit wäre die von Nikolaus befürchtete und abgelehnte: Der Exzar sollte dem deutschen Kaiser übergeben werden und dafür den Vertrag von Brest-Litowsk unterzeichnen. Oder war Jakowlew sogar bestrebt, Nikolaus zu retten, indem er ihn den Weißen auslieferte, eine Möglichkeit, die nicht so weit hergeholt ist, wie es scheinen mag, wenn man an seine ehrerbietige Haltung gegenüber Nikolaus denkt, die sich in gelegentlichem Salutieren und verschiedenen Höflichkeitsgesten ausdrückte, und an die Tatsache, daß er sich noch im selben Jahr 1918 in seiner Heimatstadt Ufa der Weißen Armee anschloß.

Eine Zeitlang schien es, als hätte Jakowlews Karriere in einem Keller der Weißen Spionageabwehr geendet, wo er von Weißen Garden erschossen worden sei. Inzwischen ist – sowohl durch Aussagen ehemaliger Kameraden als auch durch Nachforschungen – belegt, daß er nicht erschossen wurde, sondern überlebte und nach China floh. 1927 kehrte er in die Sowjetunion zurück, kam wegen Verrats ins Arbeitslager, wurde aber bald wieder freigelassen. Zehn Jahre später ereilte ihn das gleiche Schicksal während einer der häufigen stalinistischen Säuberungen erneut; er wurde in ein anderes Arbeitslager verbannt, und diesmal verschwand er für immer. Edward Radzinsky, der alle neuen russischen Hinweise untersucht hat, ist zu der Überzeugung gelangt, daß Jakowlew mit dem Zaren sympathisierte; aber Richard Pipes, der das neue Material gleichfalls durchgearbeitet hat, bleibt der Überzeugung, Jakowlew habe Nikolaus nach Moskau und vor Gericht bringen wollen. Das ist auch meine Ansicht, aber Gewißheit werden wir wahrscheinlich niemals erhalten.[48]

Die in Tobolsk zurückgebliebenen Familienmitglieder litten unter der veränderten Atmosphäre. Als Baronesse Sophie Buxhoeveden die verbliebenen Großfürstinnen und ihren Bruder Alexej aufsuchte, war sie entsetzt, wie schlecht er aussah und wie sehr Olga, die Älteste, sich verändert hatte. »Die Anspannung und Sorge wegen der Abwesenheit ihrer Eltern und die Verantwortung, die sie als Haushaltsvorstand für ihren kranken Bruder tragen mußte, hatten das liebliche, fröhliche Mädchen von zweiundzwanzig Jahren in eine verblühte Frau mittleren Alters verwandelt.« Noch bevor

Alexej ganz wiederhergestellt war, erhielten die Geschwister Anweisung, zu packen und ihren Eltern nach Jekaterinburg zu folgen.

Die nun folgende Reise war ein Vorgeschmack der harten und gleichgültigen Behandlung, die sie alle in Jekaterinburg erwartete. An Bord des Flußdampfers durfte niemand die Kabinentür schließen; Wachtposten standen vor den Toiletten und Waschräumen, und die Militäreskorte schoß von Bord aus mit Maschinengewehren auf Enten, wann immer sich eine Gelegenheit bot. Für die anschließende Bahnreise wurden die Großfürstinnen und ihr Bruder in einen »unbeschreiblich schmutzigen« Waggon zweiter und dritter Klasse gesteckt, während die Hauslehrer und Bediensteten mit einem ebenso schmutzigen Viehwaggon vorliebnehmen mußten. Bewaffnete Posten bewachten jede Tür. Nach der Ankunft in Jekaterinburg spät am Abend durften sie den Zug nicht verlassen und mußten voll bekleidet in ihren Abteilen schlafen.

Der nächste Tag war grau und regnerisch. Während Alexej zu den wartenden Pferdedroschken getragen wurde, mußten die drei Großfürstinnen, beladen mit Koffern und allerhand persönlichen Habseligkeiten, selbst zusehen, wie sie zurechtkamen. Pierre Gilliard, ihr Hauslehrer, wurde daran gehindert, ihnen zu helfen, und beobachtete die Szene aus seiner Droschke:

> Tatjana kam als letzte. Sie trug ihren kleinen Hund und mühte sich mit einem schweren braunen Koffer ab. Es regnete, und ich sah ihre Füße bei jedem Schritt im Schlamm einsinken. Nagorny (der Seemann, der sich um Alexej gekümmert hatte) versuchte ihr zu Hilfe zu kommen; er wurde von einem der Kommissare grob zurückgestoßen.[49]

Es war das letzte Mal, daß Gilliard Angehörige der Zarenfamilie sah. Die Reihen der Höflinge hatten sich schon in Zarskoje Selo gelichtet, teils durch Desertion, teils durch den Zwang zu Einsparungen; nun wurde ihre Zahl durch das Diktat des Sowjets von Jekaterinburg weiter verringert. General Tatischew, Gräfin Hendrikow und Mademoiselle Schneider kamen ins Gefängnis, Fürst Dolgorukow gesellte sich bald darauf zu ihnen. Als Alexej und seine Schwestern Jekaterinburg erreichten, wurde entschieden, daß Dr. Botkin mit der zusammengeführten Zarenfamilie im Haus Ipatjews wohnen sollte. Dr. Derewenko, Baronesse Buxhoeveden (deren Krankheit ihre Ankunft in Tobolsk verzögert hatte) und die Hauslehrer Gibbes und Gilliard wurden entlassen und verbrachten die nächsten Wochen in Eisenbahnabteilen, bevor sie nach Tjumen zurückfuhren, wo sie schließlich durch die »weißen« Truppen befreit wurden.

Als das Zarenpaar vier Wochen zuvor in Jekaterinburg eingetroffen war, hatte man ihm einen ebenso unfreundlichen Empfang bereitet wie Alexej und seinen Schwestern. Nikolaus, Alexandra und Marie hatten auf einem Abstellgleis aussteigen und zu Fuß zu einem offenen Wagen gehen müssen, begleitet von drei mit Gewehren bewaffneten Soldaten und umringt von einer feindseligen und lärmenden Menge. Nikolaus hatte, wie später seine Töchter, sein Gepäck selbst tragen müssen. Sie wurden zum örtlichen Komitee gebracht, wo Nikolaus zwei Stunden in einem Korridor warten mußte, bevor sich alle im Haus Ipatjews wiedersahen.

Nach ihren Tagebüchern zu urteilen, paßten sie sich den neuen, noch belastenderen Verhältnissen in unterschiedlicher Weise an. Nikolaus schrieb:

> Das Haus ist gut, sauber. Man hat uns vier Räume zugewiesen: ein Eckzimmer als Schlafraum, ein Bad, daneben ein Eßzimmer mit Fenstern auf einen kleinen Garten und Blick auf einen tiefer liegenden Teil der Stadt, und schließlich ein großes Wohnzimmer mit Mauerbogen anstelle von Türen. Wir haben uns folgendermaßen arrangiert: Alix, Maria und ich zusammen im Schlafzimmer. Ein gemeinsames Badezimmer. Demidowa (das Dienstmädchen, das bis zuletzt bei ihnen blieb) im Speisezimmer, und im Wohnzimmer Botkin, Tschemodurow und Sednew... Ein sehr hoher Bretterzaun ist 2 Saschen (4,5 Meter) von den Fenstern um das Haus errichtet worden; er wird von Wachtposten kontrolliert, die auch im kleinen Garten stationiert sind.[50]

Nikolaus nahm all diese Beschränkungen mit Gleichmut hin, Alexandra hingegen reagierte zunehmend depressiv und litt beinahe ständig unter Migräne und Verdauungsstörungen. Ihr Mann verbrachte die bewilligten zwei Stunden draußen im kleinen Garten, wo er auf und ab ging; sie weigerte sich und verbrachte die Zeit auf der Couch, »den Kopf mit einer Kompresse umwickelt«.[51] Noch bevor Alexej und die Mädchen zu ihnen stießen, mußten sie eine weitere Schikane erdulden: Die Fenster wurden weißgetüncht, um ihnen die Aussicht zu nehmen.

Die vier Schwestern schliefen von nun an auf Feldbetten in einem der vier Zimmer, Alexej zog sehr bald von dort in das Zimmer seiner Eltern. Das Leben der Familie war eintönig und erfüllt von Angst. Sie waren auf engem Raum zusammengepfercht, mit sehr begrenzten Möglichkeiten, sich im Freien aufzuhalten, abgeschnitten von Nachrichten und umgeben von groben Wachsoldaten und wenig mitfühlenden »Beschützern«. Sie beschäftigten sich mit Lektüre und lasen einander bisweilen vor, so z.B. *Krieg und Frieden*. Näharbeiten, Stickerei und ein wenig Malerei verschafften Ablenkung. Auch Tagebücher wurden geführt. Sie spielten Mariage und Tricktrack. Die Zeit verstrich langsam, und es gab kaum Möglichkeiten, sich zurückzuziehen. Beim Essen wurden sie ständig gestört durch die groben Gewohnheiten ihrer Bewacher. Das gleiche galt für die Benutzung des ständig überwachten Waschraums. Eine Hilfe in dieser schweren Zeit war ihnen der geistliche Beistand eines Priesters, der sie einmal wöchentlich besuchen und in einer improvisierten Kapelle im Wohnzimmer den Gottesdienst abhalten konnte.

Unterdessen beschleunigten sich die Entwicklungen in der Außenwelt. Diese wären wohl geeignet gewesen, ihnen Mut zu machen, hätten sie davon erfahren, führten aber schließlich zu ihrem gewaltsamen Tod. Die »Weißen« widerstanden nicht nur dem Vormarsch der Bolschewiki im Uralgebiet, sondern warfen sie nach Westen zurück. Eine Kombination von alliierter Intervention und russischem nationalem Widerstand von Murmansk bis zur Ukraine und vom Pazifik bis zum Ural begann sich auszuwirken, und nirgends mit größerer Wirkung als zwischen Omsk und Jekaterinburg. Die Tschechische Legion aus früheren österreichisch-ungarischen Kriegsgefangenen, die bei ihrem Versuch, sich durch Sibirien in die Heimat durchzuschlagen, auf den Widerstand der Bolschewiki gestoßen waren und sich zur Wehr gesetzt hatten, hatte sich inzwischen mit Admiral Koltschaks sibirischen Streitkräften verbündet, die bereits gegen Omsk vorrückten.

Für das kommunistische Regime in Moskau hatten diese Nachrichten eine doppelte Bedeutung: Zum einen wurde der Bürgerkrieg zusehends zur gefährlichen Realität, welche die Revolution selbst gefährdete, zum anderen gewann das Schicksal der früheren Zarenfamilie nun eine neue Bedeutung. Mitte Juni ging Omsk an die

Tschechen verloren, und der Vormarsch der »Weißen« auf Jekaterinburg hatte offensichtlich begonnen. Moskau sah sich zu raschem Handeln genötigt, und eine Reihe von Entscheidungen, die die Romanows betrafen, läßt sich beinahe in Übereinstimmung mit der Entwicklung der militärischen Lage datieren. Am 12. Juni betraten fünf bewaffnete Männer das Hotel in Perm, wo Großfürst Michael, der Bruder des Zaren, mit seinem Sekretär Nicholas Johnson unter Hausarrest stand. Sie wurden kurzerhand in den Wald gebracht und erschossen. Anschließend verbreiteten die Bolschewisten, sie seien bei einem Fluchtversuch getötet worden.

Eine Woche später wurden weitere Romanows, die in Alapajewsk, ungefähr einhundertsechzig Kilometer nordöstlich von Jekaterinburg gleichfalls unter Hausarrest standen, plötzlich unter verschärfte Bewachung gestellt und von ihrem Personal getrennt. Großfürstin Elisabeth, Alexandras ältere Schwester und in der Familie als Ella bekannt, war dort zusammen mit Großfürst Sergej Mikhailowitsch, Fürst Wladimir Paley und drei Söhnen des Großfürsten Konstantin – Igor, Konstantin und Iwan – seit Mai festgehalten worden. Innerhalb eines Monats wurden auch sie verschleppt und in einen Bergwerksschacht geworfen, mehrere von ihnen anscheinend noch lebend. Eine Version berichtete, daß sie gesteinigt worden seien; Prinz Philip, Herzog von Edinburgh, hat das Entsetzen über die Tat vor kurzem wiederaufleben lassen, als er berichtete, daß eine Handgranate zu ihnen in den Schacht geworfen worden sei.[52]

Bei alledem hatte Moskau die frühere kaiserliche Familie nicht vergessen. Besonders ein angeblicher »Fluchtversuch« Mitte Juni, der Nikolaus und seine Familie einige Tage lang mit neu auflebender Hoffnung erfüllt haben muß, kann heute als von den Bolschewisten selbst inszeniert erkannt werden. Zu ihrer Erleichterung wurden der Familie plötzlich Eier, Butter, Milch und andere Landesprodukte von den Nonnen eines nahen Klosters zugänglich gemacht, und eines Tages fanden sie in einer Milchflasche den französisch geschriebenen Brief eines anscheinend loyalen Offiziers, der Hilfe versprach und um eine Skizze des Hauses bat. Nikolaus reagierte wie erbeten, erhielt weitere Instruktionen über einen möglichen Fluchtplan, und am 26. Juni blieben er und die Familie die ganze Nacht voll angekleidet wach und warteten auf die Befreier. »Das Warten und die Ungewißheit«, vertraute er seinem Tagebuch an, »waren äußerst quälend.« Dann hörten sie einen Wachtposten über mögliche Fluchtversuche und verschärfte Sicherheitsmaßnahmen sprechen. Nikolaus ließ den vermeintlichen Befreiern eine letzte Nachricht zukommen, in der er hervorhob, daß sie das Risiko eines Fluchtversuches nicht auf sich nehmen könnten, aber bereit sein würden, sich entführen zu lassen.

Viele Jahre lang wurde diese Episode als ein weiterer gescheiterter monarchistischer Fluchtplan betrachtet. Aber dann führte Richard Pipes gute Gründe an, welche die Authentizität des ersten, an Nikolaus gerichteten Briefes in Zweifel zogen, und die erneute Überprüfung späterer Hinweise von zeitgenössischen Teilnehmern überzeugte ihn endgültig davon, daß der Brief eine Fabrikation der Tscheka gewesen sei, der neu gebildeten bolschewistischen Geheimpolizei. Entscheidende Unterstützung erhielt diese Interpretation durch Edward Radzinsky, der den Verfasser des Briefes in der Milchflasche als Peter Woikow identifizierte, einen der bolschewistischen Führer in Jekaterinburg, der früher an der Genfer Universität studiert hatte und später sowjetischer Botschafter in Polen wurde.

Ursprünglich scheint geplant gewesen zu sein, die Familie während des Fluchtversuchs zu erschießen. Die zufällig mitgehörte Bemerkung eines Wachtpostens muß Nikolaus davon überzeugt haben, daß solch ein Versuch zu gefährlich sei. Aber die Fluchtabsicht und ebenso die in Moskau getroffene und vom Jekaterinburger Sowjet unterstützte Entscheidung über das Schicksal aller Romanows waren da. Daher war es nur eine Frage der Zeit – und des weiteren Vormarsches der Weißen –, bis ein alternativer Plan ausgearbeitet würde. Am 4. Juli wurde der Kommandant der Wache im Haus Ipatjews, Alexander Awdejew, durch Jakov Jurowskij von der Tscheka ersetzt. Es folgten weitere Veränderungen, die auch der Zarenfamilie nicht verborgen blieben. Beinahe alle Wachen im Haus wurden ausgetauscht. Ohne erkennbaren Grund brachte man vor ihrem Fenster ein Gitter an. Und Jurowskij begann seine kurze Dienstzeit am 4. Juli mit der Forderung, daß die Familie ihre gesamten Juwelen herausgebe. Artillerie, Infanterie und Kavallerie zogen verstärkt durch die Stadt, und einmal marschierten Truppenabteilungen mit Musik. Dann, ein paar Tage später, wurde der Küchenjunge des Kochs plötzlich fortgeschickt. Der Familie sagte man, er sei seinen Onkel besuchen gegangen, aber sie fragten sich, ob sie ihn jemals wiedersehen würden.

Im Rückblick wird deutlich, wie eng der Zusammenhang zwischen den militärischen Erfolgen der »Weißen« und dem letzten Kapitel der Romanow-Tragödie war. Es scheint, als hätten einige Mitglieder der Familie und des Gefolges diese Verknüpfung ihres Schicksals mit dem Verlauf des Bürgerkriegs schon damals zumindest geahnt. Nach dem enttäuschenden Scheitern der »Befreiung« und der durchwachten Nacht scheinen Nikolaus und Alexandra den Mut verloren zu haben; in ihren Tagebüchern wandten sie sich wieder den kleinen Unannehmlichkeiten und Ereignissen des Alltags zu. Dr. Botkin erwog in einem Brief, den er um diese Zeit schrieb, bereits das Ende:

> Meine freiwillige Haft hier ist weniger durch die Zeit als vielmehr durch meine irdische Existenz begrenzt. Im wesentlichen bin ich tot – tot für meine Kinder, für meine Arbeit ... Ich bin tot, aber noch nicht begraben, oder lebendig begraben – was immer: die Konsequenzen sind nahezu identisch ... Meine Kinder mögen die Hoffnung hegen, daß wir einander in diesem Leben wiedersehen werden ... aber ich persönlich gebe mich dieser Hoffnung nicht hin.

Am Sonntag, als sie im Haus einen Gottesdienst halten durften, bemerkte auch der Priester eine tiefgreifende Veränderung bei der Familie. Sie sahen erschöpft aus. Als der Priester zu dem Gebet kam: »Wer sich auf die Heiligen stützt«, bemerkte er zu seiner Überraschung, daß die ganze Familie Romanow hinter ihm plötzlich auf die Knie fiel. Und als die Großfürstinnen nach dem Gottesdienst gingen, flüsterte eine von ihnen ein stilles: »Ich danke Ihnen.« Hinterher sagte der Priester zu einem Amtsbruder: »Etwas ist mit ihnen geschehen; sie sind anders.« Zwei Monate später erinnerte er sich im Gespräch an den Umstand, daß keines der Familienmitglieder während dieses ganzen letzten Gottesdienstes gesungen hatte.[53]

Wie wir heute wissen, hatte das Exekutivkomitee des Ural-Sowjets zwei Tage zuvor mit Moskaus zuvor eingeholter Billigung und Kenntnis beschlossen, die ganze Familie zu exekutieren. Es besteht heute kein Zweifel mehr daran, wo die Entscheidung getroffen wurde, denn Boris Jelzin hat es in seiner 1990 veröffentlichten Autobiographie *Gegen den Strich* nach eingehender Forschung (»Ich ging in die Provinzialarchive und las die Dokumente der Zeit«) bestätigt.[54] Am Samstag hatte Nikolaus seine Tagebucheintragungen mit den Worten abgeschlossen: »Wetter ist warm und angenehm. Wir haben keine Nachrichten von der Außenwelt.« Dies war seine letzte Eintragung. Alexandra hingegen setzte ihr Tagebuch bis zum Ende fort. Verzweifelte Nikolaus bereits und hatte das Unausweichliche begriffen, vielleicht sogar davon erfahren?[55]

Am 16. Juli gingen die Großfürstinnen frühzeitig zu Bett. Alexandra spielte mit Nikolaus Mariage und zog sich um 10.30 Uhr zurück. Dr. Botkin beendete seinen Brief. Um Mitternacht wurden sie alle plötzlich von Jurowskij geweckt, der, laut seinen eigenen späteren Worten, erklärte, daß es »angesichts der Unruhe in der Stadt« notwendig sei, die Familie nach unten zu bringen. Botkin weckte die anderen und riet ihnen, sich anzukleiden. Eine gute halbe Stunde später wurden sie alle hinunter in den Keller geführt. Der diensthabende Kommandeur der Wache, Pawel Medwedew, hat die Szene beschrieben:

> Der Zar trug den Zarewitsch auf den Armen. Beide trugen Feldblusen und hatten Dienstmützen auf den Köpfen. Die Zarin und ihre Töchter trugen Kleider, ohne Überkleidung. Ihre Köpfe waren unbedeckt. Der Zar ging mit dem Zarewitsch nach vorn. Hinter ihm waren die Zarin, ihre Töchter und andere … Während ich anwesend war, stellte die kaiserliche Familie niemandem irgendwelche Fragen. Auch gab es keine Tränen, kein Schluchzen. Nachdem sie die Treppe vom Vorzimmer im zweiten Stock hinuntergegangen waren, gingen sie in den Hof und von dort durch die zweite Tür in die Räume des Kellergeschosses. Jurowskij zeigte ihnen den Weg. Sie gingen in die Ecke des unteren Raumes neben dem versiegelten Lagerraum. Jurowskij befahl, Stühle zu bringen. Sein Assistent brachte drei Stühle. Einer wurde der Zarin gegeben, ein zweiter dem Zaren, der dritte dem Zarewitsch. Die Zarin saß an der Fensterwand, nahe dem rückwärtigen Pfeiler des Bogens. Hinter ihr standen drei ihrer Töchter. Der Zarewitsch und der Zar saßen nebeneinander, beinahe in der Mitte des Raumes. Dr. Botkin stand hinter dem Stuhl des Zarewitsch. Die zwei männlichen Diener (der Kammerdiener Trupp und der Koch Kharitonow) standen in der linken Ecke vor der Wand zum verschlossenen Lagerraum. Das Dienstmädchen (Demidowa) stand am linken Pfosten der Tür zum Lagerraum und hielt ein Kissen in den Armen. Bei ihr stand die

vierte Tochter des Zaren, die ebenfalls, wie auch ihre Schwester, ein kleines Kissen mitgebracht hatte. Eines davon wurde auf den Stuhl der Zarin gelegt, ein weiteres auf den des Zarewitsch.[56]

Was tatsächlich als nächstes geschah, ist erst in jüngster Zeit durch Edward Radzinskys umfangreiche Detektivarbeit aufgeklärt worden. Im Anschluß an die Entdeckung des von Jurowskij, dem Kommandanten zur Zeit des Massakers, im Jahre 1920 abgefaßten Originalberichts und dessen Veröffentlichung durch Radzinsky im Jahre 1989 während der Blütezeit von Gorbatschows *Glasnost* gingen Tausende von Briefen ein, verlorene Archivmeldungen wurden gefunden, und mehrere neue Zeugen meldeten sich. Aus dieser Masse von Information gewann Radzinsky sechs verschiedene Augenzeugenberichte von der Mordtat. Sie ergaben insgesamt das folgende Bild:

»Mit raschen Gesten wies Jurowskij jedem seinen Platz an. In ruhigem, unaufgeregtem Ton sagte er: ›Bitte, Sie stehen hier, und Sie hier ... So ist es richtig, in einer Reihe.‹ Die Gefangenen standen in zwei Reihen; in der ersten die Zarenfamilie; in der zweiten ihr Personal. Der Thronfolger saß auf einem Stuhl. Der Zar stand in der ersten Reihe, einer seiner Lakaien unmittelbar hinter ihm.«

»Als sie alle standen, wurde die Abteilung hereingerufen.«

»Als der Abteilungskommandant (Jurowskij) hereinkam, erklärte er den Romanows: ›Angesichts der Tatsache, daß Ihre Verwandten ihre Angriffe auf Sowjetrußland fortsetzen, hat das Ural-Exekutivkomitee Ihre Exekution beschlossen.‹ Nikolaus kehrte der Abteilung den Rücken, das Gesicht der Familie zu, schien dann zu sich zu kommen, wandte sich wieder dem Kommandanten zu und fragte: ›Was? Was?‹«

»Der Kommandant wiederholte rasch seine Erklärung und befahl der Abteilung, sich bereit zu machen. Nikolaus sagte nichts mehr; er hatte sich wieder nach seiner Familie umgewandt. Die anderen stießen ein paar zusammenhanglose Rufe aus. Es dauerte alles nur ein paar Sekunden.«

»Die Abteilung war vorher instruiert worden, wer wen zu erschießen hatte, und sie hatte Befehl erhalten, auf das Herz zu zielen, um übermäßige Mengen von Blut zu vermeiden und schneller fertig zu werden.«

»Mit seinem letzten Wort zog (Jurowskij) einen Revolver aus der Tasche und erschoß den Zaren. Die Zarin und ihre Tochter Olga versuchten das Kreuzzeichen zu machen, hatten aber nicht genug Zeit ... Nikolaus wurde aus kürzester Entfernung vom Kommandanten getötet. Dann starb Alexandra ... Alexej, drei von seinen Schwestern, die Kammerzofe (tatsächlich Demidowa) und Botkin lebten noch. Sie mußten erledigt werden.«

»Ich rannte in den Exekutionsraum und rief, sie sollten aufhören zu feuern und die noch Lebenden mit Bajonetten töten.«

»Der Rauch trübte das elektrische Licht. Das Schießen wurde eingestellt. Man öffnete die Türen des Raumes, um den Rauch abziehen zu lassen. Sie fingen an, die Toten aufzuheben.«

»Wir trugen die Toten auf Tragbahren hinaus ... Zuerst wurde der Leichnam des Zaren hinausgetragen. Dann brachten sie seine Töchter hinaus. Als sie eine der Töchter auf die Bahre legten, schrie sie auf und bedeckte das Gesicht mit ihrem Arm. Die anderen (Töchter) stellten sich auch als lebendig heraus. wir konnten nicht mehr schießen – bei den offenen Türen konnten die Schüsse auf der Straße gehört werden ... Ermakow nahm mir das Bajonett ab und fing an, alle zu erstechen, die noch am Leben waren.«[57]

Dieser aus Zeugenaussagen zusammengesetzte Bericht hat seither nur eine – ergreifende – Ergänzung erfahren. Tatsächlich sagte Nikolaus noch etwas, nachdem Jurowskij seine letzte Erklärung an alle wiederholt hatte. Seine letzten, an Jurowskij gerichteten Worte wurden von Kommissar Pjotr Ermakow erinnert, der sie seinerseits mehreren Leuten mitteilte, darunter Alexej Karelin, der sie niederschrieb und schließlich Radzinsky schickte. Sie lauteten: »Ihr wißt nicht, was ihr tut.«

Acht Tage später, am 25. Juli, wurde Jekaterinburg von der Tschechischen Legion und der Weißen Armee besetzt, und es begannen die Ermittlungen wegen der Ermordung der kaiserlichen Familie durch die Sowjets. Als die ersten »weißen« Truppen in das Ipatjew-Haus eindrangen, fanden sie in den Räumen des Obergeschosses Spuren der Bewohnung durch die kaiserliche Familie, und im Keller einen offensichtlich eilig gesäuberten, aber noch immer mit Blutflecken übersäten Raum voller Einschußlöcher in der Wand. Es folgte eine eingehende Untersuchung. Inmitten eines turbulenten Bürgerkriegs war es nicht einfach, den richtigen Mann für diese Arbeit zu finden; nach zwei frühen Versuchen, zu einer Bewertung des Geschehenen zu gelangen, beauftragte Admiral Koltschak, der »weiße« Befehlshaber in Sibirien, Nikolai Sokolow mit der verantwortlichen Aufklärung. Die Ergebnisse seiner offiziellen Untersuchung wurden schließlich im Westen veröffentlicht, zuerst 1924 in einer russischen und ein Jahr später in einer französischen Fassung.

Sokolows amtlicher Bericht war nicht der erste, der in Druck ging. Robert Wilton von der *Times*, der Jekaterinburg erreichte, kurz nachdem die Sowjets dort kapituliert hatten, und der später in den Besitz der Aufzeichnungen von Sokolow gelangte, veröffentlichte 1920 als erster einen detaillierten Bericht über die Ermordung der Zarenfamilie. Es folgten Pierre Gilliards 1921 in Paris veröffentlichte Erinnerungen, denen im Jahr darauf eine zweibändige Darstellung von General Dieterichs folgte, dem Stabschef Admiral Koltschaks und verantwortlichen Leiter der ersten Untersuchung.

In der ersten Zeit beschäftigte die Frage nach den Schuldigen an dem Massaker die Gemüter. Sie barg sowohl menschliche als auch politische Brisanz. Den Ermittlern der Weißen Armee war ebenso wie den späteren sowjetischen Apologeten die Notwendigkeit einer Schuldzuweisung bewußt. Doch mit der Zeit und mit dem Auftreten von immer neuen Anwärtern auf das Zarenvermögen, die sich als überlebende Mitglieder der Zarenfamilie ausgaben, begannen andere Fragen ins Bewußtsein der Öffentlichkeit zu dringen: Wurden wirklich alle Gefangenen in Jekaterinburg ermordet? Und was war aus dem verbliebenen Reichtum der Romanows geworden, auf den nun Ansprüche erhoben wurden? Mehr als sieben Jahrzehnte später wird noch immer nach den Antworten gesucht.

In den 20er und 30er Jahren wurden weitere persönliche Erinnerungen veröffentlicht. Einige der Hauptakteure erzählten, was sie wußten oder was die Leute ihrer Meinung nach wissen sollten: Politiker wie Alexander Kerenskij, der Ministerpräsident der Provisorischen Regierung, Diplomaten wie die Botschafter Großbritanniens und Frankreichs in St. Petersburg; Mitglieder der Petersburger Hofgesellschaft – Baronesse Buxhoeveden, Lili Dehn, Pierre Gilliard, Sydney Gibbes, Paul Graf Benckendorff und Hauptmann Pawel Bulygin; einige der überlebenden Romanows und ihre Verwandten wie Großfürstin Olga, die Schwester des Zaren, Großfürst Alexander und Fürst Felix Jussupow, der Mörder Rasputins; sogar sowjetische Führer und hochgestellte Funktionäre wie Trotzki und Pawel Bykow trugen zu der wachsenden Menge des Romanow-Materials bei.

Ein neuer Informationsmarkt war entstanden. Bis jetzt haben sich vier grundlegende Stellen herausgeschält, die Quellen zum Thema sammeln: das Hoover Institut der Stanford-Universität in Palo Alto, Kalifornien; die Bachmetjew-Archive der Columbia-Universität in New York; die Houghton Library der Harvard-Universität, Boston; und das Staatsarchiv der Russischen Föderation in Moskau. In diesem Material und in den früher veröffentlichten Erinnerungen werden wir nun die Antworten auf die zwei Schlüsselfragen suchen: Wer überlebte? Wo ist der Reichtum geblieben?

ZWEITER TEIL

ERBEN

6 *Plünderung*

Wenn man die Fotografien und Beschreibungen der Überreste aus dem Vier-Brüder-Bergwerk und anderen Begräbnisplät-zen in der Nähe von Jekaterinburg betrachtet, ergreift einen ein Gefühl tiefer Trauer.[1] Wir sehen uns den Habseligkeiten der unglücklichen Opfer gegenüber: Da liegen falsche Zähne, Brillengläser, der Rahmen einer Lorgnette, die Schnalle eines Damenschuhs, ein Hosenträger, eine Schnalle vom Gürtel eines Jungen, verkohlte Teile von Korsetts, verbrannte Kleidung, ein juwelenbesetztes Kreuz, ein Ohrring, Splitter von Saphiren, Smaragden und Topasen, zerbrochene Stücke von Goldschmuck. Auch finden sich zwei Stücke menschlicher Haut, ein menschlicher Finger, zersplitterte Knochen eines Säugetiers und der Kadaver einer Hündin. Die schmerzliche Intensität ist überwältigend.

Was wir auf diesen Fotografien sehen, ist alles, was von der russischen Zarenfamilie und den persönlichen Besitztümern geblieben ist, die sie von Zarskoje Selo mitgebracht hatten. Sokolow beschäftigte sich monatelang mit dem Durchforschen und Sortieren dessen, was im Haus Ipatjews zurückgeblieben war; und noch mehr Zeit nahm die Klärung der Frage in Anspruch, welche Überreste außerhalb von Jekaterinburg versteckt und vergraben sein mochten. Die Nachforschungen führten die Ermittler schließlich in die Nähe des kleinen Dorfes Koptjaki, ungefähr 20 Kilometer von Jekaterinburg entfernt am Ufer des Isetsker Sees gelegen, eine Gemeinde von damals nicht mehr als einem halben Dutzend Hütten, umgeben und beinahe versteckt von Nadelwäldern.

Die Dorfbewohner lebten von Fischfang, etwas Landwirtschaft und dem Verkauf ihrer Produkte an Regierungsbeamte, die in der Nähe bescheidene Datschen hatten. In früherer Zeit hatte es in der Nähe eine blühende Bergbaugesellschaft gegeben, die Eisenerz abgebaut hatte. Einige der alten, verlassenen Bergwerksschächte und Stollen waren noch offen, wenn auch teilweise mit Wasser vollgelaufen. Und in einem dieser verlassenen Bergwerksschächte, wegen seiner Nähe zu vier hohen Fichten als das Bergwerk der Vier Brüder bekannt, machten die Fahnder ihren grausigen Fund. Neben den menschlichen (und tierischen) Resten fanden sich Überbleibsel, die in mühseliger Kleinarbeit als Kleidung und Schmuck der kaiserlichen Familie identifiziert wurden. Die zwei Gürtelschnallen hatten Nikolaus und Alexej gehört, ein Brillenetui Alexandra. Die falschen Zähne und eine Brille hatte Dr. Botkin getragen. Zwei kleine, brillantenbesetzte Schuhschnallen stammten von zwei der Zarentöchter. Sydney Gibbes war überzeugt, daß die Saphirsplitter von Nikolaus' Ring waren, den er am Ringfinger trug und nicht abnehmen konnte. Sechs halbverkohlte Korsetts waren die der sechs Frauen – Alexandras, ihrer vier Töchter und des Dienstmädchens. Die Messingknöpfe mit Wappen stammten von den Militärmänteln, die Nikolaus und Alexej getragen hatten. Ein in Gold und Platin gefaßter Brillant war aus Alexandras Besitz. Ein Kulmer Kreuz aus Smaragden mit Perlenanhänger war von einem der Mädchen getragen worden. Der Hundekadaver wurde von Sydney Gibbes als der Jemmis identifiziert, der Anastasia gehört hatte. Die Fachleute kamen zu dem Schluß, daß der menschliche Finger der einer Frau mittleren Alters war, die »Maniküre gewohnt« war und »ein gutgepflegtes Aussehen« hatte, vermutlich also ein Finger Alexandras war.

Dies war alles, was von den Kisten mit persönlichen Besitztümern geblieben war, die knapp zwölf Monate zuvor zu Beginn ihrer Reise in Zarskoje Selo gepackt worden waren. Bevor wir uns auf die Suche nach den Millionen machen, müssen wir genau klären, was die Familie aus Zarskoje Selo mitnahm und was damit geschah. Der Wert dieser Dinge war nicht unbeträchtlich. Ihre persönlichen Besitztümer, die sie zum Teil selbst verpackt und bisweilen sogar in Situationen der Not und Bedrängnis selbst getragen hatten, waren während der ganzen Reise von Zarskoje Selo nach Sibirien gefährdet gewesen und hatten Jekaterinburg nicht vollständig erreicht. Doch waren ihnen einige ihrer bevorzugten Schmuckstücke bis zum Ende geblieben und wurden noch in den Überresten ihrer Kleidung in und um den Bergwerksschacht außerhalb von Jekaterinburg gefunden.

Wir erinnern uns, daß bei der Abreise von Zarskoje Selo fünfzig Mann etwa drei Stunden benötigten, um das Gepäck der kaiserlichen Familie und ihrer Begleiter zu verladen. Dabei handelte es sich nicht nur um die persönlichen Dinge der Zarenfamilie. Auch Küchengerät, Bestecke, Vorräte und Wein für das gesamte Gefolge waren dabei. Vor der Abreise ging Nikolaus seine persönlichen Papiere und anderen Wertsachen durch, die in den Privatgemächern des Alexanderpalais zurückblieben und, soweit es möglich war, versiegelt und verschlossen wurden. Diese Gegenstände wurden mit Bedacht von den als Staatsbesitz geltenden Kunstwerken außerhalb der privaten Räume getrennt und nach der Abreise der Zarenfamilie unter der Aufsicht des Grafen Benckendorff im zweiten Stock des Palais gesammelt. Benckendorff sorgte auch dafür, daß sie in acht Packkisten untergebracht und sicherheitshalber nach Petrograd gebracht wurden, wo er im Kaiserlichen Hofamt eine persönliche Empfangsbestätigung für sie unterzeichnete. Er nahm an, daß die Kisten auf diese Weise zusammen mit den Kunstwerken in der Eremitage, den Kronjuwelen und anderen Wertgegenständen für den Weitertransport nach Moskau bereit sein würden, falls Petrograd in Gefahr geraten sollte, von den vorrückenden deutschen Truppen besetzt zu werden.

Als die Familie nach Tobolsk abreiste, hatten Beamte der Provisorischen Regierung bereits gesichert, was zurückgeblieben war. Im Obergeschoß wurde Alexandras Kammerzofe angetroffen, als sie einen Teil ihrer persönlichen Habe, den sie nicht auf der Reise benötigte, in Schubladen und Kästen verpackte. Sogleich machte man sie darauf aufmerksam, daß all diese Dinge jetzt nationales Eigentum seien. Sogar der Kalender mußte unberührt bleiben, desgleichen Blumen in ihren Vasen. Anschließend wurden insgesamt vierzig Räume fotografiert und versiegelt.

Die Mitglieder der kaiserlichen Familie hatten nicht nur zahlreiche Besitztümer eingepackt, die während ihrer erzwungenen Abwesenheit zur Ablenkung dienen konnten, sondern waren auch bestrebt gewesen, mitzunehmen, was nach Nikolaus' oder eher noch Alexandras Urteil geeignet sein würde, ihnen über die bevorstehenden schweren Zeiten zu helfen. Während es demnach Benckendorff und seinem Stiefsohn überlassen blieb, den künftigen Bargeldbedarf der Zarenfamilie mit Oberst Kobylinskij auszuhandeln, dachten Alexandra und ihre Töchter an ihren Lieblingsschmuck. Sydney

Gibbes, der sie begleitete, schätzte später, daß sie wahrscheinlich Schmuck im Wert von nicht weniger als einer Million Rubel (ungefähr 100 000 Pfund) mitnahmen. Nikolaus war an seinen eigenen Besitztümern weit weniger interessiert und vergewisserte sich lediglich, daß er und die Hauslehrer ausreichend Bücher mitnahmen, nicht nur für Ausbildungszwecke, sondern auch zu ihrer täglichen Erbauung. Geschichte, Biographien, die Klassiker der Weltliteratur waren vorherrschend, darunter wiederum besonders englische Autoren (Alexandra war zwar eine gebürtige Deutsche, doch als Königin Victorias Enkelin englisch erzogen worden, und das Englische war die bevorzugte Sprache ihrer privaten Konversation).

Nikolaus vergaß nicht seine Briefmarkensammlung. Zu welchem Zeitpunkt die Freude am Sammeln und an den Marken vom Gedanken an ihren realisierbaren Wert verdrängt wurde, ist nicht leicht zu bestimmen, aber der Wandel trat wahrscheinlich im Frühwinter in Tobolsk ein, als Geldknappheit und die ersten Auswirkungen des bolschewistischen Putsches in der Abgelegenheit der öden westsibirischen Landschaft spürbar wurden. Die Briefmarken waren nicht nur eine Versuchung für die Ehrlichkeit des Gefolges, sondern erregten auch den Neid der Gefangenenwärter.

In der ersten Zeit ihres Aufenthalts in Tobolsk tauschten die Mitglieder der Zarenfamilie noch immer Briefe und sogar kleine Geschenke mit ihren engsten Freunden in Petrograd aus. Von Anna Vyrubowa ging Geld ein und wurde in die Schmuckschatulle gelegt. Aber Anfang 1918, als ihre Lebensbedingungen sich verschlechterten und ihre Bargeldreserven dahinschwanden, nahmen die mitgebrachten Schmuckstücke eine andere Bedeutung an. Tauschgeschäfte mit lokalen Händlern waren offensichtlich ein erster Schritt, doch als Gerüchte von monarchistischen Rettungsplänen immer üppiger ins Kraut schossen, wuchs das Bestreben, einen eigenen Beitrag zu leisten – besonders für Alexandra, die weiterhin unbegrenztes Vertrauen zu Solowjew und seinen Kollegen im nahen Tjumen hatte und ihnen einige Juwelen aushändigte.[2] Im April, als eine weitere Befreiungsaktion unmittelbar bevorzustehen schien, wurden die Schmuckstücke als potentielle Mittel zur Linderung ihrer zukünftigen Geschicke noch bedeutsamer. Und die zunehmende Wachsamkeit ihrer Gefangenenwärter, einschließlich der gelegentlichen unerwarteten Durchsuchungen ihrer Habseligkeiten, vorgeblich nach Waffen, aber wer weiß wonach noch, bewog die Familie rasch, ein paar Maßnahmen zum Selbstschutz zu treffen.

Bevor Nikolaus, Alexandra und Maria Tobolsk verließen, nähten die Frauen ausgewählte Schmuckstücke und Edelsteine in ihre Unterwäsche ein. Alexandra versprach, ihre Töchter nach der Ankunft am Bestimmungsort wissen zu lassen, ob sie noch mehr von den im Schmuckkasten liegenden Juwelen in ihre Kleider einnähen sollten, bevor auch sie die Reise antraten. Sie einigten sich auf eine harmlose und eingängige Tarnbezeichnung: »Medikamente« würde in jeder künftigen Korrespondenz »Schmuckstücke« bedeuten. Aber bevor Nikolaus und Alexandra abreisten, ließen sie weiteren Schmuck in »sicherer Verwahrung« bei Solowjew zurück, was in der Folge zu einem heftigen Streit zwischen Solowjew und seinem sogenannten monarchistischen Verbündeten, Pater Wassiljew, geführt zu haben scheint. Auch gab Alexandra dem stellvertretenden Kommandanten in Tobolsk, Hauptmann Aksjuta, eine Perlenkette und Brillanten, und Nikolaus schenkte ihm seinen Säbel als eine Geste des Dankes, daß er seine Beschlagnahme durch die neuen bolschewistischen Bewacher verhindert hatte. Aksjuta berichtete später, er habe den Schmuck und den Säbel in den Außenbezirken von Tobolsk versteckt. Da weder Aksjuta noch General Denikin, der auch über den Verbleib der Gegenstände unterrichtet wurde, jemals in den Bezirk zurückkehrte, sind sie wahrscheinlich noch dort.

Bei der Ankunft in Jekaterinburg mußten Nikolaus und Alexandra eine Durchsuchung ihres Gepäcks ertragen, beinahe so, als ob sie eine Landesgrenze überschritten. Die Wachsoldaten beschlagnahmten eine Kamera und einen Stadtplan von Jekaterinburg, doch hielten sie offensichtlich Ausschau nach wertvolleren Dingen. Alexandra verstand und schickte durch ihr Dienstmädchen Demidowa schnell einen Brief an Frau Teglewa in Tobolsk, in dem sie die Großfürstinnen und sie ermahnte, sie möchten »vorsichtig sein, wie sie die Medikamente verpacken«. Die Botschaft wurde sofort verstanden. In ihrer Zeugenaussage zu Sokolows Untersuchung schilderte Alexandra Teglewa, die Kinderfrau der Großfürstinnen und spätere Ehefrau Pierre Gilliards, was getan wurde:

> Wir betteten die Edelsteine und Schmuckstücke in Wattierung und legten sie zwischen zwei Büstenhalter aus festem Leinen, die wir dann zusammennähten und auf beiden Seiten auspolsterten. Die Schmuckstücke der Kaiserin wurden in zwei Paar Büstenhalter eingenäht. Jeder dieser doppelten Büstenhalter wog annähernd viereinhalb Pfund. Tatjana trug einen, Anastasia den anderen. Es waren Brillanten, Smaragde und Amethyste eingenäht. Die Schmuckstücke der Großfürstinnen wurden in gleicher Weise in einen doppelten Büstenhalter eingenäht, den Olga trug. Außerdem trugen sie unter ihren Blusen viele Perlen an den Körpern.
> Wir nähten auch Schmucksachen in die Hüte der Großfürstinnen, zwischen den Samt und das Futter. Unter den Dingen, die so versteckt wurden, befand sich nach meiner Erinnerung eine große Perlenkette und eine Brosche mit einem großen Saphir und einem Brillanten.
> Wir schnitten die Knöpfe ab (von ihrer Oberbekleidung) und nähten anstelle der Knöpfe Edelsteine ein, Brillanten, glaube ich, die wir zuerst mit Wattierung umwickelten und dann mit schwarzer Seide. Genauso schnitten wir die Knöpfe von den Herbstkleidern aus englischem Trikot mit schwarzen Streifen und nähten Edelsteine ein, nachdem wir sie mit Wattierung umwickelt und mit schwarzer Seide bezogen hatten.[3]

Insgesamt, so wurde später berichtet, gelang es den Großfürstinnen, in ihrer Kleidung ungefähr acht Kilogramm Schmuck zu verbergen, bevor sie Tobolsk verließen. Als sie schließlich in Jekaterinburg ankamen, brachten sie außerdem einen guten Teil der Familienbesitztümer mit. Als man anderntags mit ihrer Entladung aus dem Eisenbahnwaggon begann, lockte dies rasch eine feindselige Menge an, und es kam zu den ersten größeren Diebstählen. Die Leute spotteten und höhnten, als einzelne Gegenstände herausgebracht wurden. Eine Kiste wurde rasch geöffnet, und mehrere Paare von Nikolaus' Stiefeln kamen zum Vorschein. »Er hat sechs Paar Stiefel, und ich habe keine!« ertönte der Ruf. »All diese Kisten und Kästen enthalten die goldenen Kleider dieser verschwenderischen Frauen. Runter mit ihren Köpfen!« Obwohl die Menge von den Soldaten zerstreut wurde, war die Sicherheit des Gepäcks kaum gewährleistet. Baronesse Buxhoeveden, die den gesamten Entladevorgang aus ihrem Eisenbahnabteil beobachtete, war überzeugt, daß »das meiste von den Besitztümern Ihrer Majestäten beim örtlichen Sowjet oder in den Wohnungen der Kommissare landete und von den rechtmäßigen Eigentümern nie wiedergesehen wurde«.[4]

Ein Paar Stiefel, das dem Zorn der Menge entging, kann noch

heute besichtigt werden. Wegen ihrer überstürzten Abreise hatte Nikolaus ein besonderes Paar Stiefel, das er im vorausgegangenen Winter in Tobolsk benutzt hatte, dem Hauslehrer Sydney Gibbes gegeben, damit er es ihm später bringe. Gibbes tat es, erhielt aber wie mehrere andere Mitglieder des Gefolges keine Erlaubnis, sich der Familie im Haus Ipatjews anzuschließen. Die Stiefel blieben in seinem Gepäck und begleiteten ihn durch Sibirien nach Wladiwostok, von dort nach Charbin und schließlich zurück nach England. Sie wurden seinem Adoptivsohn, dem verstorbenen George Gibbes, übergeben, der sie vor seinem Tod im Jahre 1991 dem Archiv in Luton Hoo vermachte, wo sie bis heute geblieben sind. Sie sind außerordentlich groß und ganz aus Filz gemacht. In seinen nachgelassenen Papieren erläuterte Sydney Gibbes, daß die Stiefel »aus einem Stück Filz in einer Preßform gemacht und bei kaltem Wetter verbreitet getragen werden, weil der Schnee so hart ist«. Es bestehe im sibirischen Winter keine Gefahr, daß Feuchtigkeit von tauendem Schnee den Filz durchdringe.

Schließlich wurde das Gepäck der Zarenfamilie zu Ipatjews Haus gebracht und in einem besonderen Lagerraum verwahrt. Dort geriet es durch die willkürliche Überwachung des ersten Kommandanten, Alexander Awdejew, allerdings bald in Gefahr. Er war nicht nur vulgär und ein starker Trinker, sondern auch nachlässig in der Beaufsichtigung der einzelnen Wachen. Wenn Nikolaus und seine Familie in den Lagerraum gingen, um etwas von ihren Besitztümern zu suchen, mußten sie von dem einen oder dem anderen Wachsoldaten begleitet werden. Und es dauerte nicht lange, bis die Wachen sich Zugang zum Inhalt der Kisten und Truhen verschafften. Nikolaus protestierte, aber Awdejew blieb untätig.

Nikolaus sorgte sich nicht nur um die Wertsachen, sondern auch um ihre Privatkorrespondenz und die persönlichen Tagebücher, die auch dort verwahrt wurden. Und eine grausame Ironie wollte es, daß der Übergang des Kommandos von Awdejew auf Jurowskij, der das letzte Stadium der Gefangenschaft der Familie bis zu ihrer Ermordung einleitete, Nikolaus' Besorgnisse für kurze Zeit zerstreute. Eine der ersten Maßnahmen Jurowskijs nach der Übernahme des Kommandos war eine schärfere Kontrolle der Wachmannschaft, und Nikolaus gewann den Eindruck, daß die bisherige Sorglosigkeit sich in Zukunft nicht fortsetzen werde. Jurowskij, schrieb Nikolaus in sein Tagebuch,

> erklärte, daß es zu einem unangenehmen Vorfall gekommen sei, womit er sich auf das Verschwinden unserer Dinge bezog. So hat sich bestätigt, was ich am 28. Mai schrieb (er verwendete den alten Julianischen Kalender weiter). Awdejew tut mir leid, aber es war seine eigene Schuld, da er seine Leute nicht daran hinderte, Gegenstände aus den Truhen im Schuppen zu stehlen.

Jurowskij gab sogar eine gestohlene Uhr zurück.[5]

So sah Nikolaus auch die nachfolgende Bestandsaufnahme ihrer Wertgegenstände als Zeichen einer willkommenen Verschärfung der Disziplin. Anders die realistischere Alexandra. Sie beurteilte den Vorfall in ihrem Tagebuch folgendermaßen:

> Der Kommandant und sein junger Assistent ließen sich alle Schmuckstücke zeigen, die wir trugen, und der Jüngere schrieb alles nieder, und dann wurden uns die Sachen weggenommen. Warum? Für wie lang? Wohin? Ich weiß es nicht. Sie ließen mir nur zwei Armbänder von Onkel Leopold (dem verstorbenen Herzog von Albany), die ich nicht abnehmen kann, und ließen jedem der Kinder die Armbänder, die sich nicht abziehen lassen, außerdem N's Ehering, den er nicht abziehen konnte. Sie nahmen uns alle Schlüssel zu unseren Kästen auf dem Speicher, die sie uns noch gelassen hatten – versprachen aber, sie zurückzugeben.[6]

Am nächsten Tag berichtete sie, der Kommandant sei mit ihren Schmucksachen zurückgekommen, habe sie in ihrer Gegenwart versiegelt und auf dem Tisch liegenlassen. Jurowskij versprach, jeden Tag zu kommen und nachzusehen, ob der Kasten nicht geöffnet worden sei. Und wenn wir Nikolaus' Tagebuch Glauben schenken können, hielt er sich daran.

Wie wir heute wissen, sollten sich alle Bemühungen der Familie, ihre Wertgegenstände entweder zu verbergen oder zu bewahren, innerhalb von Tagen als vergeblich erweisen. Jurowskij, der mit ihrer geplanten Exekution beauftragt war, trug im Grunde auch die Verantwortung für die möglichst vollständige Erhaltung ihrer Besitztümer. Darin war er allerdings nicht immer erfolgreich. Inmitten der Gewalt und des Chaos der Exekution und insbesondere der Hast, mit der die Wachmannschaft die Spuren ihrer Tat verwischen mußte, wurden Gelegenheiten zum Diebstahl wertvoller Gegenstände selten ausgelassen. In einem Fall bestand Jurowskij noch in der Mordnacht darauf, daß die Wachen goldene Wertsachen herausgäben, von denen er wußte, daß sie sie genommen hatten. Sie gehorchten sofort. Aber er verhinderte nicht alle Formen von Diebstahl und Bereicherung. Alexejs rostbrauner Spaniel Joy, der das Massaker überlebt hatte, fand sich einige Tage später im Besitz eines der Wachsoldaten, zusammen mit Alexejs persönlichem Tagebuch und einer Ikone von seinem Nachttisch. Ein anderer Wachsoldat hatte Alexandras schwarzseidenen Sonnenschirm und die silbernen Ringe an sich genommen, die den Großfürstinnen gehört hatten.

Die Zeugenaussagen von zwei Wachsoldaten brachte eine Zeitung Ende 1991 endlich ans Tageslicht.[7] Vor ihrem Tod hatten sie schriftliche Erklärungen nicht nur über das Massaker, sondern auch über die anschließende Öffnung des zurückgebliebenen Gepäcks der kaiserlichen Familie abgegeben. Sie hatten ein Brecheisen benutzen müssen, um die inneren Schlösser der Koffer aufzubrechen. In einem Schrankkoffer, der Alexandra gehört hatte, fanden sie einen Anzug von Rasputin aus roter Seide mit Überfallhosen und einem Gürtel. Es gab auch Porträts der Zarin und ihrer Kinder. Andere enthielten Ikonen und die vier Tagebücher der Großfürstinnen. »Alle Töchter führten sorgfältig Tagebücher«, berichtete einer der Wachsoldaten.

Jurowskij hatte immerhin dafür gesorgt, daß über die Wertsachen, die er vorher planmäßig mit Nikolaus katalogisiert hatte, rasch Rechenschaft abgelegt wurde. Der Inhalt des Kastens mit Wertgegenständen befand sich Meldungen zufolge am Tag nach der Ermordung der Zarenfamilie auf seinem Tisch in Ipatjews Haus. Die Schmuckstücke wurden von zwei Assistenten Jurowskijs untersucht und verpackt. Ein Augenzeuge berichtete: »Berge von goldenen und silbernen Gegenständen wurden ausgebreitet … Schmuckstücke lagen dort, die der kaiserlichen Familie vor der Erschießung abgenommen worden waren, und Goldschmuck, den sie getragen hatten – Armbänder, Ringe, Uhren.« Hinzu kamen die meisten der Wertgegenstände, Halsketten und Edelsteine, die Alexandra und ihre Töchter in ihrer Unterwäsche versteckt hatten.

Augenzeugenberichte vom Massaker, zusammengestellt in Sokolows ursprünglichem Untersuchungsbericht und ergänzt durch Edward Radzinskys spätere Bemühungen, bestätigen, daß zwei oder drei von den Mädchen die erste Gewehrsalve wohl deshalb überlebt haben, weil die Kugeln von den Schmuckstücken, mit denen sie förmlich gepanzert waren, abgelenkt wurden; sogar ein Bajonettstoß soll in einem Fall nicht durchgedrungen sein. Das Ergebnis war, daß einige der Schmuckstücke durch die aufgeschlitzte Oberbekleidung glitten, als die Leichen vor dem Haus auf Lastwagen verladen wurden. Auf diese Weise wurde der in Tobolsk so sorgfältig genähte Perlengürtel, der Halsketten aus Edelsteinen enthielt, an Alexandras Körper gefunden, und in der Kleidung der Mädchen entdeckte man Brillanten und anderen Schmuck. Einzelne Edelsteine wurden noch auf dem Boden verstreut, als man die Leichen schließlich in der Nähe des Bergwerksschachtes entkleidete. Zwar wurden die meisten dieser Steine aufgesammelt, aber mehrere gerieten unter die Stiefel der Wachsoldaten, wurden in den Boden getreten und Monate später von Sokolows Ermittlern der Weißen Armee zutage gefördert.

Zwei Tage nach den Morden wurde der Lagerraum mit dem Eigentum der Zarenfamilie in Ipatjews Haus ausgeräumt und der Hauptinhalt einschließlich Nikolaus' privater Papiere und Tagebücher in einen Zug verladen und nach Moskau geschickt. Zur gleichen Zeit wurden Gold, Silber und andere Wertsachen, die Jurowskij so fleißig katalogisiert hatte, einem seiner Assistenten übergeben, der sie nordwärts nach Alapajewsk brachte, um sie vor den Weißen zu verstecken. Auch diese Dinge trafen ein Jahr später in Moskau ein. 1964 schilderte eben dieser Assistent, Grigorij Nikulin, in einer Radiosendung, wie er die restlichen Wertgegenstände der Romanows in einem schmutzigen Sack aus Jekaterinburg fortgeschafft habe.[8]

So kam es, daß alles, was die Streitkräfte der Weißen vorfanden, um es für die Nachwelt festzuhalten, die Überbleibsel vom hastigen Abzug der bolschewistischen Wachmannschaft in Ipatjews Haus und die verkohlten Reste und in den Boden getretenen persönlichen Gegenstände beim Bergwerksschacht der Vier Brüder waren. Während der Keller in aller Eile gesäubert und aufgeräumt worden war, enthielten die oberen Räume, wo die kaiserliche Familie ihre letzten Tage verbracht hatte, noch immer Hinweise auf ihr tägliches Leben: Medizinfläschchen, Toilettengegenstände, Zahnbürsten, Haarnadeln, Fotorahmen und mehrere Bücher, darunter *Das Gesetz Gottes, Das Leben des heiligen Serafim* von Sarow, Bände von Tolstoi und Tschechow, die Bibel und ein Gebetbuch ebenso wie zahlreiche persönliche Ikonen. Als Pierre Gilliard das Haus einige Wochen später besuchte, fand er den Handgriff einer Haarbürste, dessen gebräuntes Elfenbein noch Alexandras Initialen AF (Alexandra Feodorowna) zeigte.

Unter den persönlichen Besitztümern, die der Familie bis zuletzt etwas bedeutet hatten, fehlte ein Gegenstand von einigem Wert: Nikolaus' Briefmarkensammlung. Sie war ihm zwar nicht so wichtig wie seinem englischen Vetter Georg V. die seine – dessen Tagebuch zeigt, wie häufig er an den Nachmittagen in Schloß Windsor bei der Beschäftigung mit seinen geliebten Briefmarken Erholung und Entspannung von entscheidenden Staatsgeschäften und einmal sogar von einer politischen Krise fand. Gleichwohl war Nikolaus ein begeisterter Sammler. Das Fehlen seines Albums und jedes Hinweises darauf in den späteren Aussagen von Augenzeugen läßt darauf schließen, daß es entweder auf dem Weg nach Jekaterinburg verschwand, oder – wahrscheinlicher – schon in Tobolsk, möglicherweise aber auch in Jekaterinburg selbst. Die Briefmarken waren jedoch nicht »verloren«: Stücke aus der Sammlung begannen in den frühen 1920er Jahren auf dem westlichen Markt aufzutauchen und geben Sammlern und Händlern seither interessante Rätsel auf. Ein prominenter Sammler, Reverend L. L. Tann, hat zu rekonstruieren versucht, was mit den Marken geschah, seit sie in der ersten Hälfte des Jahres 1918 gestohlen wurden. Bei meinem Versuch, nachzuzeichnen, wie eine angeblich »zaristische« Sammlung plötzlich wieder zum Vorschein kam und 1926 auf der internationalen Briefmarkenausstellung in New York von einem lettischen Sammler zum Verkauf angeboten wurde, während in der Folgezeit einzelne Stücke aus einer ähnlichen »zaristischen« Sammlung gleichfalls wieder auftauchten, verlasse ich mich auf seine fachmännische Anleitung.

Nikolaus' Sammlung war nicht, wie die König Georgs V., aus philatelistischer Begeisterung entstanden, sondern aus den Dreihundertjahrfeiern der Romanows 1913. Zu diesen gehörte natürlich die Ausgabe eines besonderen Satzes von Briefmarken, die Nikolaus II. und seine Vorgänger von Peter dem Großen an zeigten, ferner Darstellungen des Winterpalais und des Kreml. Die Vorbereitungen hatten vier Jahre zuvor begonnen und einige der besten russischen Künstler und Graveure beschäftigt. Alle arbeiteten unter der Leitung des Direktors der Kaiserlichen Staatsdruckerei, Richard Zarrins. Bevor die Marken in Druck gingen und ausgegeben wurden, gab es eine lange Reihe von Entwürfen, Farbmustern und Probedrucken.

Am 2. Januar 1913 kam der Satz endlich an die Postschalter. Zarrins hatte zwei separate Mustermappen anfertigen lassen, die den kompletten Satz einschließlich aller Entwürfe und Probedrucke enthielten, eine für Nikolaus und eine für sich selbst. Nikolaus' Mappe bestand aus zwei schönen Lederbänden und enthielt insgesamt 1274 einzelne Stücke. Was die Fachleute seitdem beschäftigt hat, ist die Frage, welcher besondere Satz oder welche Teile davon auf dem Markt angeboten wurden. Die erste Frage aber ist, wie Nikolaus' Sammlung von Tobolsk oder Jekaterinburg nach Lettland gelangte.

Eine Version ist, daß die beiden Alben der Sammlung den Wachsoldaten im Haus Ipatjews von einem Einwohner Jekaterinburgs abgekauft und Ende Juli, als die Weißen Streitkräfte und Truppen der Tschechischen Legion die Stadt besetzten, einem »weißen« Offizier für drei Brotlaibe und ein Paket Salz verkauft wurden. Dieser wiederum, will die Geschichte wissen, verkaufte sie an einen schwedischen Konsularbeamten, der sie nach Riga schmuggelte. Eine andere und wahrscheinlichere Version, gestützt durch das Fehlen späterer Hinweise auf die Sammlung von Augenzeugen in Jekaterinburg, läßt darauf schließen, daß die beiden Alben der Mappe des Zaren in Tobolsk gestohlen wurden, wo sie entweder zusammen oder getrennt später von einem »weißen« Offizier erworben wurden, der sie selbst nach Riga flog. Wenn man weiß, was einzelne »Monarchisten« in Tobolsk vorhatten, ist es sogar vorstellbar, daß Nikolaus die Alben als einen Beitrag zur Finanzierung der erwarteten »Rettungsanstrengungen« anbot, wie er es mit einem Teil der Schmucksachen getan hatte.

Was immer die Vorgeschichte war, der erste substantielle Beweis für das Überleben der Sammlung war der für die New Yorker Briefmarkenausstellung 1926 herausgebrachte Katalog und die von

Georg Jaeger aus Libau in Lettland zur Ausstellung eingesandte Sammlung. Er behauptete, was er anbiete, sei des Zaren komplette Sammlung, und als zusätzliche Verlockung für potentielle Käufer zitierte er den damaligen Chef der Sowjetrussischen Staatsdruckerei mit der Bestätigung, daß Nachdrucke unmöglich seien, da alle Originalklischees und Galvanos 1918 zerstört worden seien. Man nahm damals an, daß Jaeger die vollständige zweibändige Sammlung des Zaren anbiete und daß die andere Sammlung sich noch in Richard Zarrins' Besitz befinde. Dieser blieb nach der Revolution zunächst im Amt und entwickelte mindestens eine weitere Serie – jetzt sowjetischer – Briefmarken, bevor er nach Lettland ging. Reverend Tann ist der Ansicht, daß 1926 in New York tatsächlich nur die Hälfte der Sammlung des Zaren angeboten wurde, und daß der andere Band separat in den Westen gelangte und von Händlern aufgeteilt wurde. Er glaubt auch, daß Zarrins' Sammlung, die gleichfalls im Westen auf den Markt kam, wenigstens bis Mitte der 1980er Jahre intakt blieb. Nachdem sie 1967 magere 3000 Pfund (7000 Dollar) erlöst hatte, wurde sie zwölf Jahre später für 30 000 Pfund (65 000 Dollar) verkauft. Ihr gegenwärtiger Aufenthaltsort ist unbekannt.

Selbst der eine Band der Zarensammlung, der zuerst in New York auftauchte, blieb nicht sehr lange intakt. Ein Londoner Händler teilte ihn 1930 in »mehrere substantielle Sektionen« auf. Er bestand im wesentlichen aus den Korrekturbogen und Schwarzdrucken der Erstauflage; die selteneren Probedrucke abgelehnter Entwürfe aus der Gesamtsammlung befanden sich Vermutungen zufolge im zweiten Band der Sammlung, der früher aufgeteilt wurde. Diese letzteren werden von Zeit zu Zeit zu Preisen von jeweils 400 Pfund und darüber angeboten, während Korrekturbogen (auch als »Probedrucke« angeboten) jeweils um 100 Pfund erlösen.[9] All diese Briefmarken mögen Nikolaus während seines langen Exils in Sibirien ein gewisses Maß an Ablenkung und sogar Freude verschafft haben; doch am Ende erwiesen sie sich wie so viele der kostbaren Besitztümer, welche die Familie aus Zarskoje Selo mitnahm, für ihn als wertlos.

Die Reichtümer, die die Romanows in Zarskoje Selo und Petrograd zurückließen, waren gleichfalls verloren, entweder schon im Februar 1917, als so gut wie alle Paläste und der größte Teil ihrer Einrichtungen mit den Kunstgegenständen in den staatlichen Besitz der Provisorischen Regierung übergingen, oder dann kurz nach dem bolschewistischen Putsch im November, als Lenin mit einer Serie von Dekreten den Privatbesitz der Reichen enteignete. Der endgültige Aufräumungsprozeß im folgenden Sommer war sogar Teil des geplanten Massakers. Es wird heute angenommen, daß das Dekret über die Nationalisierung des Familienbesitzes der Romanows in derselben Sitzung des Obersten Sowjet beschlossen wurde wie die Zustimmung zu den Einzelheiten ihrer Ermordung Anfang Juli.[10]

Die tatsächliche Zerstörung zahlreicher kaiserlicher Besitztümer im Winterpalais geschah, als das Winterpalais erstmals von Hunderten von Soldaten besetzt wurde, und am Abend der Oktoberrevolution, als im Anschluß an das dramatische Eingreifen des Kreuzers *Aurora* Pöbelhaufen in den Palast eindrangen und plünderten und zerstörten, soviel sie konnten.

Durch Briefe, die sie von Freunden in Petrograd erhielten, waren Nikolaus und Alexandra über einige dieser Dinge unterrichtet. »Welch schreckliche Nachricht von der Beraubung der Sakristei im Winterpalais«, schrieb Alexandra einmal aus Tobolsk an Anna Vyrubowa:

> Es gab so viele kostbare Reliquien und viele unserer eigenen Ikonen. Es heißt, in der Kirche von Gatschina sei es das gleiche gewesen. Wußten Sie, daß die Porträts meiner Eltern völlig zerstört worden sind? Auch meine russischen Hofkleider und alle anderen ebenso? Aber die Zerstörung der Kirchen ist das Schlimmste von allem. Dem Vernehmen nach sollen es die Soldaten aus dem Lazarett im Winterpalais gewesen sein, die es taten.

Aber das Wissen um das ganze Ausmaß der Plünderungen und mutwilligen Zerstörungen blieb ihnen erspart. Die Ironie von alledem ist, daß die Provisorische und auch die Bolschewistische Regierung versuchten, die Schätze in den wichtigsten kaiserlichen Palästen zu überwachen und in gewissem Umfang zu erhalten. Golowin, mit dem Benckendorff die Einzelheiten des kaiserlichen Vermögens diskutiert hatte, war verantwortlich für die Erhaltung von Kunstschätzen, Museen und Antiquitäten im allgemeinen und die Einrichtung der kaiserlichen Paläste in Petrograd, Zarskoje Selo, Gatschina und

Peterhof im besonderen. Seine Mitarbeiter versuchten festzustellen, was an Wertgegenständen und Kunstwerken in den verschiedenen Palästen verblieben war; sie machten sich sogar daran, die wertvollsten Gegenstände zu verpacken. Das Problem bestand darin, daß zur gleichen Zeit Achtlosigkeit, Neid und Ausbrüche schierer Zerstörungswut andauerten. Während in Petrograd amtliche Plakate die Bevölkerung aufforderten »die Zeugnisse vergangener Tage zu schützen«, wurden Bronzeornamente als Souvenirs aus Palastgeländern gerissen, aus alten hölzernen Einlegearbeiten Freudenfeuer entzündet, man schlug Statuen vorsätzlich die Nasen ab und machte barocke Pavillons aus dem 18. Jahrhundert zu Kleinholz.

Dabei waren die Anstrengungen zur Erhaltung durchaus nicht unbeträchtlich.[11] Die Räume der Zarenfamilie wurden mit Unterstützung früherer Bediensteter in 225 Fotografien dokumentiert, um zu gewährleisten, daß alles genauso blieb, wie die Familie es zurückgelassen hatte. Anschließend begann der langwierige Prozeß des Bestimmens, Katalogisierens und Verpackens der Wertgegenstände, um sie im Fall eines deutschen Vormarsches auf Petrograd nach Moskau in Sicherheit zu bringen. In den ersten vier Monaten nach der Februarrevolution wurden ungefähr dreihundert Kunstwerke katalogisiert und mehr als hundert Kisten mit Wertgegenständen gefüllt.

Es war eine mühselige Aufgabe, denn die Mitarbeiter, die an der Sicherung und Katalogisierung der Schätze im Winterpalais arbeiteten, waren umgeben von Hunderten von Soldaten, Stenotypistinnen, Beamten und Angestellten, die in Kerenskijs neuem Regierungssitz arbeiteten und von ihrer prunkvollen Umgebung teils überwältigt waren, teils aber auch mit Gleichgültigkeit reagierten oder sogar von brennendem Haß auf das erfüllt waren, was sie sahen. Der anonyme Vorsitzende eines der Hauptausschüsse zur Registrierung und Erhaltung von Kunstwerken hat einen deprimierenden Bericht über diese frühe Periode hinterlassen:

> Bronzebeschläge verschwanden von Möbelstücken und Kaminsimsen, kostbare Bezüge hingen in Fetzen oder waren im ganzen von Sofas und Kanapees gerissen, so daß sie wie nackte Skelette zurückblieben, und Soldaten mit schmutzigen Stiefeln lümmelten sich auf ihnen. Etwa drei Dutzend Tische und Stühle wurden sofort zerschlagen; mehrere Porträts in der Galerie wur-

> den mit Bajonetten zerschnitten; Ungeziefer wurde eingeschleppt ... Wir baten die Soldaten, den Palast schonend zu behandeln; wir beschwerten uns bei Makarow (der die Zarenfamilie nach Tobolsk begleitet hatte) und Golowin. Die Soldaten versprachen treuherzig, sich nach unseren Bitten zu richten, Makarow und Golowin schüttelten die Köpfe, aber es änderte sich nichts. Kerenskij begegnete unseren Protesten mit völliger Gleichgültigkeit.

Weitaus Schlimmeres sollte im Oktober folgen. Am Morgen nach dem Putsch der Bolschewisten trat der Ausschuß zusammen, um die neu hinzugekommenen Schäden im Winterpalais festzustellen. Straßenkämpfe, die mit der Beschießung des Palais und seiner Erstürmung durch den Pöbel endeten, hatten die Räume verwüstet, einige Wände waren nach Granateinschlägen eingestürzt, andere mit Einschußlöchern übersät, Fenster zersplittert und Glasscherben überall. Auf die Erstürmung war die Plünderung gefolgt. Ein Augenzeuge schilderte das Geschehen im Winterpalais:

> Aus den nicht durch die Beschießung zerstörten Räumen ... hatte die Menge alles geraubt, was sich davontragen ließ, und demoliert, was sie nicht wegschaffen konnte ... Eichentruhen ..., in denen das Porzellan und Geschirr des Winterpalais verwahrt wurde ..., waren entweder eingeschlagen oder von den Bajonetten der Soldaten durchstoßen worden. In den großen Ölgemälden ... waren die Augen der porträtierten Personen durchstochen worden ... In den Privatwohnungen Alexanders II. und des letzten Zaren war die Verwüstung unbeschreiblich ... Unter unseren Füßen lagen wertvolle Miniaturen, Bilderrahmen, Heiligenbilder (Ikonen), Porzellan, Bücher und Trümmer zerbrochener Möbelstücke.[12]

Die Uniformen der letzten Zaren, darunter auch jene, in der Alexander II. ermordet worden war, lagen in Fetzen am Boden. Die Kleider und kleinen Schlafzimmergegenstände der Großfürstinnen waren überall verstreut, zusammen mit dem, was von den Ballkleidern und Gewändern der Zarin übriggeblieben war (»ein phantastisches Durcheinander von Stoffen und Farben, von festlichem Karmesinrot zu den blassesten grünen und blauen Tönen«). Der Schreibsekretär des Zaren Alexander I. war ausgeplündert und zu Kleinholz zerschlagen worden. Sechs sorgfältig vorbereitete Packkisten, die für den Abtransport nach Moskau bereitstanden, waren aufgebrochen und ausgeplündert worden, ihr Inhalt (darunter eine silberne Schreibgarnitur, die Alexander II. geschenkt worden war) gestohlen. Aus dem Tresorraum war kostbares Goldgeschirr und Tafelsilber im Wert von etwa 2 Millionen Rubel (damals ungefähr 100 000 Pfund) verschwunden.

Selbst Schätze, die überdauerten, waren unter dem neuen Regime kaum angemessen geschützt. Geschenke, die Nikolaus bei Besuchen von anderen Staatsoberhäuptern erhalten hatte – ein unglaubliches Sammelsurium von Teppichen, Säbeln, chinesischer Jade, Gegenständen aus Gold und Silber, mit Brillanten, Rubinen und Saphiren besetzt –, waren von den Plünderern übersehen worden. Der neue bolschewistische Aufseher des Ausschusses zur Erhaltung und Sicherung von Kunstgegenständen verschaffte sich einen kurzen Überblick, nahm einige Gegenstände, darunter einen goldenen Napoleon und Tee aus China für seinen eigenen Gebrauch und ordnete an, daß alle Metallgegenstände, einschließlich kostbarer Silberarbeiten, eingeschmolzen und an das Volk verteilt werden sollten. Der Rest war zur Einlagerung vorgesehen.

Der Ausschuß veränderte sich, indem eilfertig Mitglieder der Kommunistischen Partei aufgenommen wurden, darunter sogar solche, die »ungefragt kamen, um sich nach dem Zustand des Palastes zu erkundigen«. Die Plünderung und Verwüstung des Palastes hatte jedenfalls den beschützenden Zweck des von der Provisorischen Regierung eingesetzten ursprünglichen Ausschusses ad absurdum geführt. Auch die Katalogisierung der Reste wurde vertagt.

Eine Komplikation, an der die Bemühungen des Ausschusses zuschanden wurden, war der unvergleichliche Weinkeller des Zaren, dessen Anfänge in die Zeit der Zarin Elisabeth im 18. Jahrhundert zurückreichten und der mit den Jahren ausgebaut worden war, bis er Zehntausende von Flaschen enthielt. Er wurde rasch zu einem Magneten für die Soldaten, die inzwischen ohnehin einen Großteil des Gesetzes in die eigenen Hände genommen hatten. Die eisernen Gitterstäbe vor dem Eingang zu den Weinkellern wurden durchgesägt. Der Ausschuß tat sein Möglichstes, um zusätzlichen Schutz bereitzustellen. »Wir bekamen Wachen – die Wachen tranken; wir tauschten die Männer aus – das Ergebnis war das gleiche. Auf Eindringlinge wurde zuerst gefeuert, hinterher tranken alle zusammen.« Dann versuchte der Ausschuß, den Wein zu verkaufen und erreichte, daß ein schwedisches Angebot über »Millionen Goldrubel« vorlag. Aber wie sollte man die Weinkisten aus dem Keller zum Hafen schaffen, ohne daß ihr Inhalt unterwegs geplündert und ausgetrunken wurde? Die Weinkeller blieben ein Ziel für jeden marodierenden Mob in Petrograd.

Schließlich wurde entschieden, alle Flaschen zu zerschlagen und ihren Inhalt in die Newa zu schütten. »Die ›edle‹ Flüssigkeit begann in die kalten Wasser der Newa zu fließen«, berichtete später ein Augenzeuge, »und verlieh ihnen die Färbung eines Regenbogens ... und der graue zornige Fluß trug sie davon.« Die Operation nahm vierundzwanzig Stunden in Anspruch. Sie symbolisierte auf ihre Weise das Ende der in Petrograd verbliebenen privaten Schätze der Romanows.

7 *Tote*

Zweifel am Schicksal der russischen Zarenfamilie und dem ihres Reichtums gediehen in der Atmosphäre der Ungewißheit, welche die Ereignisse in Jekaterinburg umgab, und der Geheimnistuerei des kommunistischen Regimes, die darauf folgte. Auch heute, nach der DNS-Überprüfung der sterblichen Überreste der Romanows, sollen zwei von den elf Toten, die in Jekaterinburg ermordet wurden, noch immer fehlen. Und noch im Sommer 1993, nur wenige Wochen vor der endgültigen Bekanntgabe der DNS-Analyse in London, wurde den Teilnehmern einer Konferenz an der Universität von St. Petersburg allen Ernstes erklärt, daß die Zarenfamilie nicht hingerichtet worden sei. Unter solchen Bedingungen konnten Verschwörungstheorien weiterhin gedeihen. Und Anwärter auf das Erbe der verbleibenden Reichtümer wurden ermutigt, ihre Ansprüche anzumelden.

Wenn solche Zweifel ein Dreivierteljahrhundert nach dem Ereignis noch immer bestehen, kann zeitgenössischen Regierungen und angeblichen Erbberechtigten vielleicht nachgesehen werden, daß sie sich seinerzeit irrational verhielten. Die Rettungsversuche zwischen der ersten Inhaftierung der Familie in Zarskoje Selo und dem Herbst 1918 beruhten sämtlich auf dem, was damals bekannt war oder angenommen wurde. Einige waren, wie wir gesehen haben, entweder halbherzig oder unklar oder beides. Andere weisen auf Verbindungen zu König Georg V. von England und Kaiser Wilhelm II. hin, die beide enge Verwandte der russischen Zarenfamilie waren. Der Kaiser hatte außerdem politische Ambitionen und Motive. Ursprünge und Beweggründe all dieser Bemühungen, von welcher Art sie auch sein mögen, bedürfen genauer Untersuchung, wenn es darum geht, die Frage möglicher Überlebender einzuschätzen und das zu bewerten, was in der folgenden Zeit über den verlorenen Reichtum des Zaren gesagt worden ist.

Einer der Rettungsversuche entwickelte sich aus den Geschäftsverbindungen eines norwegischen Kaufmanns, Jonas Lied, der mit Holz- und Bergbaukonzessionen in Sibirien engagiert war, die Sibirische Gesellschaft gegründet und 1914 sogar die russische Staatsangehörigkeit angenommen hatte. Während die Zarenfamilie in Tobolsk weilte, war er auf den Gedanken gekommen, sie mittels eines der Flußdampfer seiner Gesellschaft auf dem Weg über die Arktis zu retten. Er erwähnte die Idee in Gesprächen mit dem britischen Rüstungsunternehmen Vickers, das Verbindungen in Rußland hatte, und wurde im Frühjahr 1918 ermutigt, den Plan mit geeigneten Leuten in London zu besprechen.[13] Zu diesen zählten Sir Francis Barker und Großfürst Mikhail Mikhailowitsch, ein Vetter des Zaren, beide Direktoren bei Vickers und zugleich Spitzenbeamte des Nachrichtendienstes im Außenministerium. Obwohl ihm von einem norwegischen Geschäftsfreund als Sicherheit »eine substantielle Summe« angeboten wurde, fühlte er sich durch den Empfang in London kaum ermutigt und faßte die Reaktionen in London mit der Bemerkung zusammen, ihr Grundtenor sei »Bitte erwähnen Sie meinen Namen nicht« gewesen. Der Abtransport der Familie von Tobolsk im April 1918 machte seinen Plan zunichte, und er kehrte nach Norwegen zurück.

Es ist versucht worden, Lieds Pläne mit Georg V. in Verbindung zu bringen, indem angedeutet wird, daß die von ihm in London aufgesuchten Personen Teil eines Komplotts der herrschenden Schicht gewesen seien, zu der natürlich auch die königliche Familie zählte. Viel wahrscheinlicher aber ist, daß das Außenministerium und seine nachrichtendienstlichen Mitarbeiter einfach nachprüfen wollten, was Vickers ihnen über Lied erzählt hatte, um die Möglichkeiten eines derartigen Unternehmens einzuschätzen. Beweise für eine Verwicklung des britischen Königshauses in ein geheimdienstliches Komplott, das über die normale Verpflichtung, den König über seine Vettern informiert zu halten, hinausgegangen wäre, gibt es nicht.

Weitaus interessanter sind der Plan zur Befreiung der gesamten Zarenfamilie und die angebliche Rettung wenigstens einer der Großfürstinnen mit Hilfe eines Flugzeugs aus Jekaterinburg, erwähnt im privaten Tagebuch des Obersten Richard Meinertzhagen, der eine Karriere im Foreign Office und im Geheimdienst absolvierte. Der entsprechende Hinweis ist noch immer für jedermann zugänglich auf einer von insgesamt etwa 15 000 Tagebuchseiten in sechsundsiebzig Bänden, die in der Rhodes House Library in Oxford aufbewahrt werden.

Meinertzhagen führte über viele Jahre seiner Laufbahn als Ornithologe, Geheimdienstoffizier, Reisender und Nahostexperte hinweg Tagebuch. In dieser letzteren Eigenschaft nahm er 1919 als Mitglied der britischen Militärmission an der Friedenskonferenz in Versailles teil. In den Jahren davor hatte er regelmäßig den Buckingham-Palast aufsuchen müssen, um Georg V. über die Feldzüge im Nahen Osten zu unterrichten. Seine letzte Tagebucheintragung stammt vom 11. November 1918. Darin schreibt er:

> Seit neunzehn Jahren, bis zum Februar dieses Jahres, als ich ins Kriegsministerium eintrat, habe ich dieses Tagebuch ohne Unterbrechung geführt. Jetzt bringt meine Arbeit mich mit sehr vielen streng geheimen Angelegenheiten in Berührung, und meine Meinungen, von welcher Art sie auch seien, beruhen im wesentlichen auf geheimer Information.

Dies hinderte ihn freilich nicht daran, auch nach dem Februar 1918 gelegentliche Tagebucheintragungen zu machen. Eine davon datiert vom 17. März 1918 und bezieht sich auf sein letztes Gespräch mit Georg V. im Buckingham-Palast. Lakonisch berichtet er: »Von Feldzügen wandte sich das Gespräch Briefmarken zu. Natürlich mußte ich mitgehen und seine Briefmarkensammlung ansehen. Ich war insgesamt mehr als eine Stunde dort.« Es ist jedoch seine Tagebucheintragung vom 18. August 1918, die viel Aufmerksamkeit gefunden hat:

Ich habe gezögert, eine aufregende Erfahrung aufzuzeichnen, die ich letzten Monat im Zusammenhang mit der Ermordung des Zaren und seiner Familie hatt... Noch jetzt scheint es mir riskant, Einzelheiten zu enthüllen. Während meiner Tätigkeit im Kriegsministerium mußte ich einmal in der Woche den König im Buckingham-Palast aufsuchen, um ihm über die Feldzüge im Irak und in Deutsch-Ostafrika zu berichten. Bei einem solchen Anlaß traf ich dort Hugh Trenchard, den Stabschef der Luftstreitkräfte. Zu meiner Arbeit im Kriegsministerium gehörte die Organisation eines Nachrichtendienstes, der sich dem Geschehen in Rußland widmete. König Georg eröffnete das Gespräch mit der Bemerkung, daß er dem Zaren (seinem Vetter) zugetan sei, und ob irgend etwas getan werden könne, um ihn und seine Familie auf dem Luftwege zu retten, da er befürchte, daß die ganze Familie ermordet werden solle. Hugh war sehr skeptisch, da die Familie unter scharfer Bewachung sein müsse und keine Information über Landeeinrichtungen für Flugzeuge vorliege. Ich meinte, ich könnte das feststellen und vielleicht ein Rettungsunternehmen organisieren, um wenigstens einen der kaiserlichen Gefangenen in ein Flugzeug zu holen. Aber es sei ein großes Risiko, da ein Fehlschlag die Ermordung der ganzen Familie zur Folge haben würde. Hugh und ich sprachen eingehend darüber, und nach ein paar Tagen war ich in der Lage, einen Versuch zu machen und ein paar von den Kindern herauszuholen, aber der Zar und seine Frau wurden zu streng bewacht. Am 1. Juli war alles bereit, und das Flugzeug startete. Der Erfolg war nicht vollständig, und ich finde es zu gefährlich, Einzelheiten zu nennen. Ein Kind wurde in Jekaterinburg buchstäblich in das Flugzeug geworfen, was nicht ohne Prellungen abging, und nach Großbritannien gebracht, wo sie noch immer ist. Aber ich bin überzeugt, daß sie, wenn ihre Identität bekannt würde, als Erbin des russischen Thrones aufgespürt und ermordet würde. Was für bestialische Schweine die Russen sind, daß sie kleine Mädchen ermorden, weil sie die Töchter des Zaren sind.[14]

Die erste Hälfte dieser Eintragung klingt plausibel. Der Bericht über einen Rettungsversuch und die dramatische Entführung einer der Großfürstinnen weckt hingegen Zweifel. Wenn man etwas davon für wahr halten wollte, so müßte man zahllose Aussagen und Erinnerungen über die Ereignisse in den ersten zwei Wochen des Juli völlig außer Betracht lassen oder in wesentlichen Punkten berichtigen. Auch die Hinweise auf ein »Kind« und »kleine Mädchen« passen schlecht zu der Tatsache, daß Anastasia, die jüngste Tochter, damals siebzehn war und ihre drei Schwestern zwischen neunzehn und dreiundzwanzig. Nichtsdestoweniger ist ein Autor, Michael Occleshaw, sorgfältig beinahe jeder Spur nachgegangen, um zu zeigen, daß die Tagebucheintragung wahr sein könnte und daß die gerettete Großfürstin Tatjana gewesen sei, die von Jekaterinburg in Etappen nach Wladiwostok ausgeflogen worden sei, um dann vom damaligen Prinzen Arthur von Connaught durch Japan und über Kanada nach Großbritannien begleitet zu werden und möglicherweise in der Ortschaft Lydd in Kent ihre letzte Ruhe zu finden.[15] Im wesentlichen aber läuft alles auf die Frage hinaus, ob Meinertzhagen glaubwürdig ist oder ob er vielleicht eine Neigung zum Phantasieren hatte. Und hier drängen sich die Zweifel förmlich auf. Mehrere Autoren haben auf ernste Widersprüche in seinen Tagebüchern hingewiesen, beispielsweise in der Schilderung seiner angeblichen Begegnungen mit Lawrence von Arabien, Chaim Weizman, Arthur Balfour, Lloyd George und sogar Gamal Abd el Nasser. In einigen Fällen entsteht der Eindruck, daß er die täglichen Eintragungen später als angegeben und in Kenntnis späterer Ereignisse schrieb. Seine Angewohnheit, die Tagebuchblätter auf seiner Kursiv-Schreibmaschine zu tippen – gelegentlich vielleicht nach früher geschriebenen Notizen –, stützt diese Vermutung. Ein Biograph aus unseren Tagen faßte es so zusammen: »Offensichtlich konnte Meinertzhagen noch Jahre später Ereignisse bildhaft beschreiben, aber der sorgfältig ausgearbeitete Realismus dürfte … weitgehend das Produkt seiner Phantasie sein.«[16]

Fehlt für Meinertzhagens »Rettungsaktion« nach wie vor jeder Beleg, so sind Zweifel an der letzten Initiative des britischen Königshauses nicht mehr möglich. Vor allem Georg V. ist lange und mit Recht wegen seiner energischen Bemühungen kritisiert worden, die britische Regierung von dem ursprünglichen Angebot der Asylgewährung an Nikolaus und seine Familie im Frühjahr 1917 wieder abzubringen. Hinweise auf eine sehr viel direktere Beteiligung des britischen Königshauses an Rettungsplänen im Sommer 1918 lassen das Verhalten König Georgs jedoch in einem etwas anderen Licht erscheinen und können jetzt genauer belegt werden. Daß die Initiative sich als ungenügend und verspätet erwies, schmälert nicht ihre Glaubhaftigkeit. Erstaunlich ist, daß der Buckingham-Palast angesichts der herben Kritik an König Georgs hartherziger Reaktion auf das traurige Los seines Vetters Nikolaus im Jahr 1917 nicht versuchte, diese spätere Initiative herauszustellen, über die sich Unterlagen im Public Records Office in Kew und anderswo finden. Nachdem das britische Königshaus sich 1917 schäbig verhalten hatte, tat es 1918, wenn auch verspätet, sicherlich sein Bestes.

Es begann im Mai jenes Jahres, als Prinzessin Victoria von Battenberg, seit Juni 1917 die Marquise von Milford Haven, Lord Mountbattens Mutter, vom Kent House auf der Isle of Wight an den Außenminister Arthur Balfour schrieb und ihre Besorgnis über das Schicksal ihrer Schwester, der Exkaiserin Alexandra, und der übrigen russischen Zarenfamilie zum Ausdruck brachte. In ihrem handschriftlich abgefaßten Brief erläuterte sie, sie habe gehört, daß Nikolaus, Alexandra und Maria nach Jekaterinburg gebracht worden seien, während Alexej und seine drei anderen Schwestern auf sich selbst gestellt in Tobolsk zurückgeblieben seien. »Es ist mir ein schrecklicher Gedanke«, vertraute sie Balfour an, »welchen Kummer die Trennung ihnen allen bereitet haben muß, und welch große und schwere Sorge sie für meine Schwester sein muß, wie sie es auch für mich ist, wenn ich daran denke, daß ihre Kinder ohne eine einzige Verwandte, die sich um sie kümmern könnte, zurückgelassen worden sind.« Sie erkannte, daß Alexej ein »politisches Faustpfand« sein könne, weshalb man ihn unter Umständen daran hindern werde, das Land zu verlassen, aber sie fragte, ob nicht die drei Mädchen, die »als Geiseln ohne Wert oder Bedeutung für die russische Regierung« sein müßten, nicht in irgendeiner Weise in ihre Obhut auf der Isle of Wight gegeben werden könnten.

Die Akte des Außenministeriums im Public Records Office in Kew läßt erkennen, daß erwogen wurde, an Trotzki heranzutreten, »um seine geheime Zustimmung zu erhalten«, doch gab es Bedenken, daß dies nur der erste Schritt auf einem riskanten Weg sein würde. Die drei Mädchen einer bolschewistischen Eskorte anzuvertrauen, wäre unsicher, und es könnte notwendig sein, britische Offiziere nach Tobolsk zu schicken, die sie nach Wladiwostok begleiten würden. Das aber würde die Regierung dem Vorwurf einer zaristischen Verschwörung aussetzen und viele andere Leben in Gefahr bringen. Balfour antwortete Ende Mai mitfühlend, erklärte die Schwierigkeiten und versprach, nach anderen Möglichkeiten Ausschau zu halten.

Im Juli wurde Prinzessin Victoria wiederum aufgeschreckt, als die verschiedensten Gerüchte über Geschehnisse in Jekaterinburg in

Umlauf kamen. Sie schrieb noch einmal an das Außenministerium, sicherlich nicht ohne Kenntnis und Zustimmung des Buckingham-Palastes. In ihrem Brief fragte sie, ob nicht nochmals eine Anstrengung unternommen werden könne, ihre Schwester Alexandra und den Rest der russischen Zarenfamilie zu retten. Vielleicht könne die Hilfe eines neutralen Landes gewonnen werden wie Schwedens oder Spaniens oder eines anderen königlichen Hofes? Oder sogar von Lenins Frau, die in Stockholm lebte? Das Foreign Office, vertreten durch Lord Robert Cecil, zeigte sich verständnisvoll, aber nicht unmittelbar hilfreich und meinte, daß Lenins Frau »mehr Schaden anrichten als helfen« könne. Er schlug der Marquise vor, an die Kronprinzessin von Schweden, den schwedischen Botschafter in Moskau oder an den dänischen Hof zu appellieren. Robert Cecil fügte den Hinweis hinzu, daß es in Moskau noch immer einen spanischen Geschäftsträger gebe.

Vermutlich glaubte Prinzessin Victoria, daß der Weg über Spanien der beste sei, denn sie schrieb sofort einen Brief an König Alfons. Sie sprach offensichtlich auch mit dem britischen Königshaus, denn der nächste Schritt war ein Telegramm von Queen Mary an Alfons XIII. in Madrid mit der Bitte um seine Hilfe. Als Ehemann einer Battenberg-Prinzessin, die eine Cousine ersten Grades der Exkaiserin Alexandra war, hatte Alfons bereits ein Jahr zuvor, wenn auch erfolglos, versucht, sich für seine russischen Verwandten einzusetzen. Er signalisierte sofort seine Hilfsbereitschaft, wollte sich aber vergewissern, daß Georg V. genauso darüber dachte. Ein Telegramm wurde aus Madrid an König Georg in Schloß Windsor gerichtet: »May (d.h., Queen Mary) kabelt mir, sie werde für jede Unterstützung dankbar sein, die ich zur Rettung der russischen Kaiserfamilie geben kann. Darf ich mit Deiner Zustimmung rechnen?« In König Georgs Abwesenheit konsultierte Queen Mary das Außenministerium und antwortete: »Georg abwesend. Telegramm mit Wissen des Außenministeriums abgesandt.«

Alfons hatte sich unterdessen nicht weiter aufhalten lassen und bereits eine Serie von Telegrammen nach Berlin, Wien, Paris, Rom, Kopenhagen und Moskau gesandt.[17] Am 6. August schickte König Alfons dieses Telegramm an Prinzessin Victorica auf der Isle of Wight:

Brief erhalten. Ich habe Verhandlungen zur Rettung der Kaiserin und Mädchen eingeleitet, da Zarewitsch vermutlich tot. Vorschlag ist, sie in ein neutrales Land ausreisen zu lassen, und sie würden auf mein Ehrenwort bis Kriegsende hier bleiben. Hoffe, daß alle Souveräne mich unterstützen werden. Werde Dich alle Neuigkeiten wissen lassen, die ich bekomme – Beste Grüße, Alfonso.

Am 15. August kehrte Georg V. aus Frankreich zurück und fügte Queen Marys früherer Initiative in einem Telegramm an Alfons seine Unterstützung hinzu: »Dankbar, wenn Du Deinen ganzen Einfluß aufbieten wirst ..., um Kaiserliche Familie von Rußland zu retten.«

Zwei Tage nach Alfons' persönlichem Appell an Kaiser Wilhelm II. erhielt er aus Berlin ein Hilfsangebot. Und in derselben Woche empfingen Berlin, Wien und Moskau ähnliche Bitten von Papst Benedikt XV. und dem König von Dänemark, die Alfons unterstützten. Ermutigt von all diesen Aktivitäten, kabelte der Direktor des Militärischen Nachrichtendienstes in London an General Poole, der das Kommando über die britischen Interventionstruppen hatte, welche gerade in Archangelsk gelandet waren. Er unterrichtete ihn von König Alfons' Bemühungen zugunsten der Zarenfamilie. »Wenn Sie eine Gelegenheit haben, zu helfen und sie zu retten«, schloß die Botschaft, »wünscht Mr. Balfour, daß Sie es tun sollten.« Wie das geschehen sollte, erklärte er nicht. Inzwischen schickte das Außenministerium Kopien der verschiedenen Botschaften an Königin Alexandra, die König Georgs Mutter und auch Nikolaus' Tante war, ins Marlborough House.

Der König von Spanien machte deutlich, daß die Zarenfamilie bis zum Ende des Krieges auf seine Kosten in Spanien bleiben könne, und der Papst versicherte durch seinen Staatssekretär, Kardinal Gaspari, daß der Heilige Stuhl bereit sei, »wenn nötig den Unterhalt der Damen in angemessenem Stil« zu finanzieren. Außerdem machte er sich erbötig, der Zarenwitwe Marie, die damals noch auf der Krim lebte, wo zu bleiben ihr von der Provisorischen Regierung empfohlen worden war, »eine lebenslange Rente auszusetzen, um ihr ein Leben in Übereinstimmung mit der Würde ihres Standes zu ermöglichen«.

Trotz der Ungewißheit über das Schicksal der Zarenfamilie, das

Mitte August international noch immer herrschte, stand hinter all diesen Initiativen die Annahme, daß Nikolaus getötet worden sei (während über Alexejs Schicksal noch Zweifel bestanden), daß aber Alexandra und ihre vier Töchter noch am Leben seien. Wachsende Befürchtungen galten auch dem Schicksal der vier Großfürsten, die noch in der Peter-und-Pauls-Festung in Petrograd gefangengehalten wurden.

Gesicherte Fakten über das Schicksal der bereits am 17. Juli ermordeten Familie des Zaren gelangten erst nach und nach und unter verwirrenden Umständen in die westlichen Hauptstädte. In Moskau erhielt der Kreml am Abend des 17. Juli um neun Uhr ein verschlüsseltes Telegramm vom Sowjet der Uralregion mit der einfachen Auskunft: »Sagt Swerdlow, daß der ganzen Familie das gleiche Schicksal widerfahren ist wie ihrem Oberhaupt. Offiziell wird die Familie im Verlauf der Evakuierung umkommen.« Die Botschaft wurde zweifellos so verstanden, wie sie gemeint war. Am folgenden Abend wurde der Sowjet der Volkskommissare mit Lenin als Vorsitzendem unterrichtet.[18] Zur gleichen Zeit meldete Karachan, einer von Lenins Kollegen, die Neuigkeit Robert Bruce Lockhart in der Britischen Mission in Moskau, der später sagte: »Ich glaube, daß ich der erste war, der die Nachricht der Außenwelt übermittelte.«[19] Lockhart verständigte sofort das Foreign Office. Am 20. Juli riefen die Zeitungsjungen auf dem Newskij Prospekt im Herzen von Petrograd: »Sonderausgabe! Der Exzar in Jekaterinburg erschossen. Nikolai Romanow ist tot.« Die Zeitungen berichteten, seine Familie sei »an einen sicheren Ort gebracht« worden.

Fünf Tage später verständigte die dänische Königsfamilie Georg V. über das britische Außenministerium, daß ihrer Meinung nach »kein Zweifel mehr am Tod des Zaren« bestehe. Einen Monat später erhielt Prinzessin Victoria auf der Isle of Wight eine Botschaft von der Kronprinzessin von Schweden, die ihr versicherte, sie habe von Ernst, Victorias Bruder in Deutschland, gehört, daß »Alix (Alexandra) und die Kinder am Leben sind«. Dann bekam Georg V. den Brief eines Geistlichen aus Sidcup, in dem dieser berichtete, er sei gerade aus Rußland entkommen, wo er einige Zeit im Gefängnis gewesen sei. Dort habe er einen bolschewistischen General getroffen, der ihm gesagt habe, daß der Zar und der Zarewitsch tot seien,

Rechts: Nikolaus und Alexandra. Zur Zeit ihrer Eheschließung 1894 war sie Prinzessin Alix von Hessen, Enkelin der Königin Victoria von England. Nikolaus war gerade Zar geworden, nachdem sein Vater, Alexander III., im Alter von 49 Jahren unerwartet gestorben war.

Unten: Die fünf Kinder von Nikolaus und Alexandra. Das Bild wurde ungefähr 1910 aufgenommen. Von links: Tatjana, Anastasia, Alexej, Maria, Olga.

1

2

Links: Die Vettern Nikolaus II. und König Georg V. bei der Hochzeit der Tochter Kaiser Wilhelms II., Prinzessin Viktoria, in Berlin, Mai 1913. Es war ihre letzte Begegnung. Beide waren sich ihrer bemerkenswerten Ähnlichkeit wohl bewußt. Als er hörte, daß sein Finanzminister, Peter Bark, bei seinem Kriegsbesuch in London drei Jahre später von König Georg empfangen worden war, fragte Nikolaus ihn: »Dachten Sie nicht, Sie säßen mir gegenüber?«

3

Rechts: Dieses Osterei gilt als ein Höhepunkt der Kunst Carl Fabergés. Geschaffen 1913 zur Feier des dreihundertjährigen Bestehens der Romanow-Dynastie, war es ein Ostergeschenk des Zaren an seine Gemahlin. Es ist 19 Zentimeter hoch und aus Gold, Silber, Stahl, Brillanten, Türkisen, Kristall, Elfenbein und Purpurin gefertigt. Das Ei enthält achtzehn Miniaturen von Zarenporträts, das Innere zeigt einen stählernen Globus, auf dem die Territorien Rußlands um 1613 und 1913 in Gold dargestellt sind.

4

Rechts und unten: Schloß Wolfsgarten (bei Darmstadt) ist das Jagdschloß und der Sommersitz der Großherzöge von Hessen. Im Oktober 1899 erholte sich Zar Nikolaus II. (*rechtes Bild:* links) hier in entspannter Atmosphäre mit seinen beiden Cousins, Prinz Nikolas von Griechenland(Mitte) und Großfürst Boris Wladimirowitsch (rechts), der später die Großherzogin Ducky von Hessen heiratete.

5

6

Links: Die vierjährige Anastasia, jüngste Tochter von Nikolaus und Alexandra, in Matrosenkleidung an Bord der kaiserlichen Yacht *Polar Star* (1905).

Rechte Seite: Der fünfjährige Thronfolger Alexej an Bord der kaiserlichen Yacht *Standart,* die die Kinder liebten und als eine Art zweites Zuhause betrachteten (1909).

7

Rechts: Kreuzfahrt auf der *Polar Star* 1908. Während eines Landgangs in Finnland schneidet der von den Kindern geliebte Matrose Derevenko dem vierjährigen Alexej die Haare, wobei ihm das Kindermädchen M. I. Vishniakowa assistiert. Fotografiert hat die Szene eine der Schwestern Alexejs.

8

ШТАНДАРТЪ

Oben: Nikolaus II., Alexandra und Alexej im Salonwagen des kaiserlichen Sonderzuges (ca. 1916), einem Palast auf Rädern. Alexandra vertrat ihren Mann, der die meiste Zeit im Hauptquartier der russischen Truppen verbrachte, in St. Petersburg und besuchte ihn bisweilen gemeinsam mit den Kindern.

Links: In St. Petersburg war Alexandra den Vorschlägen und Einflüsterungen des »Starez« Rasputin ausgesetzt, der stets ihr Ohr hatte, zumal er ihr in ihrer Sorge um den kranken Thronfolger beistand.

Die kaiserliche Familie bei der Arbeit während ihrer Gefangenschaft in Zarskoje Selo und Tobolsk.

Rechts: Großfürstin Tatjana trägt eine Kiepe voll Erde mit der Gräfin Hendrikow, der Hofdame der Kaiserin, während ihr Vater Nikolaus II. einen Spaten hält.

Links: Nikolaus sägt Brennholz, gemeinsam mit Pierre Gilliard, dem Schweizer Hauslehrer der Kinder.

Unten: Nach anstrengender Gartenarbeit bei frühsommerlicher Hitze ruhen sich die Zarenkinder aus. Von links: Olga, Alexej, Anastasia und Tatjana.

Das Gelände des Bergwerks der Vier Brüder außerhalb von Jekaterinburg, wo 1918/19 die Überreste des Zaren und seiner Familie gefunden wurden.

Der Koffer, der die im Bergwerk aufgefundenen Reste der kaiserlichen Familie enthält. General Dieterichs übergab ihn im Januar 1920 in Sibirien Sydney Gibbes und Miles Lampson (später Lord Killearn).

daß die Kaiserin und ihre Töchter aber Zwangsarbeit in einer Fabrik leisteten, wo, wisse er nicht.

Der inoffizielle Nachrichtendienst des europäischen Hochadels machte Überstunden und überwand sogar die Fronten zwischen den Kriegsparteien durch neutrale Verwandte. Aber er sollte bald von widersprüchlichen Nachrichten über Alexandra und die Kinder in Verwirrung gestürzt werden. Anfang September erhielt die britische Regierung eine Nachricht, nach der die ganze Zarenfamilie umgebracht worden sei. Dies wurde am 1. September dem Kriegskabinett mitgeteilt, und König Georg V. gab die traurige Nachricht am 4. September an Prinzessin Victoria auf der Isle of Wight weiter. Um die Verwirrung vollständig zu machen, ging schließlich der Bericht von Sir Charles Elliot ein, dem britischen Hochkommissar und Generalkonsul für Sibirien, der von Wladiwostok nach Jekaterinburg gereist war, um an Ort und Stelle Nachforschungen anzustellen. Sein fünfzehnseitiger Bericht an das Außenministerium ging am 5. Oktober in London ein. Seine Schlußfolgerung war, daß »die überlebenden Mitglieder der kaiserlichen Familie«, vermutlich die Kaiserin und ihr Sohn sowie die Töchter, Jekaterinburg wahrscheinlich mit dem Zug nach Norden oder Westen verlassen hätten; er sorge sich jedoch weiterhin um ihr Geschick. Der Originalbericht wurde sofort dem Buckingham-Palast zugestellt.

Dies also waren die widersprüchlichen Meldungen, die während des Zeitabschnitts, als die Gespräche über die Rettung der Kaiserin und ihrer Töchter ihren Höhepunkt erreichten, in London, Madrid, Paris und Berlin eingingen. Es gibt heute gute Gründe für die Annahme, daß die Hoffnungen auf ein Überleben einiger Familienmitglieder vorsätzlich durch Informationen genährt wurden, die Moskau nach Berlin lancierte. So erweist sich die Rolle der kommunistischen Regierung in den Gesprächen und Verhandlungen, die auf die Initiativen von König Alfons und dem Papst folgten, keineswegs als rätselhaft, schon gar nicht, wenn man Moskaus Kenntnis und Billigung der Bluttat in Jekaterinburg berücksichtigt: Es ging um Betrug mit Bereicherungsabsicht.

Noch in der dritten Septemberwoche informierte die sowjetrussische Regierung die Deutschen, man habe dem Rat der Volkskommissare vorgeschlagen, »die ganze kaiserliche Familie auf die Krim zu verlegen«, und die Großfürsten würden lediglich vor dem »Volkszorn« geschützt. Nachforschungen, die einige Wochen später vom Vatikan durch die Regierung Österreich-Ungarns angestellt wurden, entlockten Moskau jedoch die Antwort, daß den dortigen Behörden »der Aufenthalt der Zarin und ihrer Töchter nicht bekannt« sei. Man habe gebeten, daß weitere Erkundigungen eingezogen würden.[20] Kardinal Gaspari, der Staatssekretär für Auswärtiges im Vatikan, teilte dies am 28. Oktober dem Erzbischof von Westminster mit.

So hatten zweieinhalb Monate lange Gespräche unter der Annahme des Überlebens der Zarenfamilie schließlich in eine Sackgasse geführt. Vielleicht hatte das bolschewistische Regime anfänglich ernsthaft verhandelt, im Durcheinander der – zunächst erfolgreichen – Gegenangriffe der Weißen aber die Verbindung zu allen Angehörigen der kaiserlichen Familie verloren, die nicht im Haus Ipatjews getötet worden waren. Angesichts Lenins zynischer Einstellung zu jeglichen Verhandlungen ist es allerdings sehr viel wahrscheinlicher, daß die Kommunisten die Gespräche so lange wie möglich fortsetzten, schließlich aber erkannten, daß aus den Regierungen des Deutschen Reiches und Österreich-Ungarns (die bereits ihrer unvermeidlichen Niederlage wenige Wochen später entgegengingen) nicht mehr viel herauszuholen war, und in der Erkenntnis, daß die Wahrheit über das Schicksal der Zarenfamilie früher oder später ans Licht kommen mußte, einfach entschieden, daß weitere Verhandlungen zwecklos seien.

Man muß sich vergegenwärtigen, daß zwischen der deutschen Regierung und den Bolschewisten seit der Unterzeichnung des Friedensvertrags von Brest-Litowsk komplizierte Verhandlungen stattgefunden hatten, besonders in bezug auf die Zarenfamilie, und zwar lange bevor König Alfons seine letzte Initiative ergriff. Kaiser Wilhelm II. hatte neben der Blutsverwandtschaft natürlich auch politische Beweggründe. Den Bolschewisten konnte der Geiselwert des Exzaren und seiner Familie kaum entgangen sein.

Der Sowjetregierung waren auch die beträchtlichen Guthaben bekannt, die der Zarenhof vor dem Krieg bei Berliner Banken gehabt hatte und die wegen des Kriegszustands gesperrt worden und deshalb unberührt waren. Im Laufe der Verhandlungen wurden diese Guthaben von den sowjetischen Vertretern zur Sprache gebracht. Es war bekannt, daß über Jahre hinweg enge Beziehungen zwischen der Mendelssohn-Bank in Berlin und dem russischen Hof und der Regierung bestanden hatten. Peter Bark, der letzte zaristische Finanzminister, hatte in seiner Jugend in dieser Berliner Bank gearbeitet.

Schon im Winter 1917/18 und dem darauffolgenden Frühjahr waren in Tobolsk Gerüchte in Umlauf gekommen, nach denen Kaiser Wilhelm II. der Zarin und ihren Kindern Asyl angeboten habe. Allgemein wurde angenommen, daß Alexandras Bruder, Großherzog Ernst von Hessen, zu einem geeigneten Zeitpunkt die Initiative ergriffen habe. Treffen diese Berichte zu, so erklärten sie Nikolaus' Erregung, als er und Alexandra vor dem Hintergrund des Vertrags von Brest-Litowsk aufgefordert wurden, Jakowlew an einen unbekannten Bestimmungsort zu begleiten. Die Deutschen versprachen sich von der Zarenfamilie politischen Einfluß in der Zukunft, die Russen einen möglichen Tauschhandel mit finanziellen oder politischen Vorteilen.

Heute ist bekannt, daß die deutsche Reichsregierung nicht nur mit der Sowjetregierung in Moskau verhandelte, sondern auch mit eindeutig monarchistischen Kreisen in Petrograd. Wir wissen, daß Graf Benckendorff und andere schon früher im Interesse des Zaren an den deutschen Geschäftsträger in Petrograd herangetreten waren. Solche Kontakte, mit wechselndem Personal, gab es noch bis Juli 1918. Just am 17. Juli, dem Tag der Ermordung der Zarenfamilie, erläuterte die Liga für die Wiederherstellung des Russischen Reiches in einem Brief an den britischen Außenminister Arthur Balfour die letzten deutsch-russischen Verhandlungen.

Der Brief[21] stellte fest, daß der Herzog von Leuchtenberg, Meriel Buchanans alter Freund, der sich fünfzehn Monate vorher in einem ersten Versuch, den Zaren zu retten, an ihren Vater, den britischen Botschafter, gewandt hatte, kürzlich in einer ähnlichen Mission in Berlin gewesen sei und anschließend versucht habe, Nikolaus zur Zustimmung zu einem Plan zu bewegen, der auf deutscher Hilfe beruhe. Nikolaus, so der Autor des Briefes, habe abgelehnt (daher zweifellos seine Erregung zur Zeit seiner Abreise von Tobolsk), und darum erwäge Berlin eine »Entführung des Zaren und seiner Familie, um sie nach Deutschland zu bringen«. Die Reichsregierung hatte die Schweizer Sektion der Liga um ihre Zustimmung gebeten. Die Liga wiederum wünschte die Ansichten der Alliierten kennenzulernen und sandte ähnlich lautende Briefe an Clemenceau in Paris und Orlando in Rom.

Aus diesen monarchistischen Plänen wurde nichts, hauptsächlich, weil die Beteiligten sich nicht einigen konnten, ob Nikolaus oder sein Sohn Alexej mit des Kaisers Hilfe als Zar wiedereingesetzt werden sollte oder nicht. Und während sie weiter hin und her überlegten und europäische Regierungen mit Memoranden bombardierten (der Quai d'Orsay erhielt innerhalb von Wochen vierzehn solcher Sendschreiben), wurden sie von den Ereignissen und von den Initiativen aus London, Madrid und Rom eingeholt.

Der Geiselwert der Zarenfamilie scheint auch bei Auseinandersetzungen innerhalb der bolschewistischen Bewegung eine Rolle gespielt zu haben. Thomas Preston, der britische Konsul in Jekaterinburg, berichtete Mitte September an das Außenministerium, daß der bolschewistische Sowjet von Jekaterinburg die kaiserliche Familie in den letzten Monaten vor der Ermordung »als Druckmittel gebraucht habe, um mit der Drohung, sie zu töten, Gelder von der Zentralregierung zu erlangen«. Dies geschah zu einer Zeit, als Moskau bestrebt war, die Familie den Deutschen zu übergeben.

Lösegeldforderungen hörten nicht einmal mit dem Verschwinden oder dem Tod der Zarenfamilie auf. Noch im Dezember 1918 sollen der König und die Königin von Dänemark, eng verwandt mit der Kaiserinwitwe Marie, 500 000 Rubel für die Freilassung von vier der Großfürsten geboten haben, die noch in Petrograd eingekerkert waren, und das Geld sogar dem dänischen Geschäftsträger in Moskau übergeben haben. Dieser hatte schon acht Monate früher der Kaiserinwitwe auf der Krim 25 000 Rubel zukommen lassen.

All diese Bemühungen blieben vergeblich, ebenso ein an Lenin gerichtetes Gnadengesuch Maxim Gorkis für das Leben des Großfürsten Nikolai, der sich als Historiker einen Namen gemacht hatte. »Die Revolution braucht keine Historiker«, war die Antwort. Großfürst Nikolai, sein Bruder Großfürst Georg und ihre Vettern, die Großfürsten Paul und Dimitrij wurden im Januar 1919 in der Peter-und-Pauls-Festung in Petrograd erschossen.

Während dieser Periode und danach haben zwei Fragen jede Betrachtung der Geschehnisse in Jekaterinburg beherrscht: Wurde die ganze Zarenfamilie dort ermordet? Und wer kann als legitimer Erbe verbliebener Vermögenswerte betrachtet werden? Beide Fragen stehen offensichtlich in engem Zusammenhang.

Alles deutet darauf hin, daß ein Massaker stattfand, und zwar so, wie Edward Radzinsky es darstellt. Zweifelhaft bleibt allein, ob die gesamte Familie ermordet wurde.

Aussagen einzelner Zeugen im Rahmen der von Sokolow in den Jahren 1918–20 durchgeführten Ermittlungen deuteten, wenngleich von Sokolow selbst in seinen Schlußfolgerungen verworfen, auf die Möglichkeit hin, daß die Zarin und eine Tochter oder mehrere nach Perm entkommen sein könnten. Solche Überlegungen wurden später in zwei Büchern aufgegriffen, zuerst von John O'Conor in *The Sokolow Investigation* (1971), und dann, fünf Jahre später, von Anthony Summers und Tom Mangold in *The File on the Tsar*.

Das Fehlen sterblicher Überreste nährte die Idee, daß es Überlebende gegeben haben könnte und daß Anwärter auf die Erbberechtigung die Wahrheit sagen könnten. Dies galt aber nur bis 1989, als Geli Rjabow inmitten des mit *Glasnost* beginnenden Zusammenbruchs des Sowjetsystems verkündete, er habe außerhalb von Jekaterinburg Skelette gefunden, die nach seiner Überzeugung die Überreste der russischen Zarenfamilie seien. Der Geschichte, die er zu erzählen hatte, fehlte es nicht an Dramatik: Im Frühjahr 1989 berichtete er im Moskauer Fernsehen, wie er angefangen habe, sich für das Schicksal der Romanows zu interessieren, während er in Swerdlowsk (der kommunistische Name für Jekaterinburg) arbeitete. Deshalb habe er sich an der Erforschung der Gegend durch den örtlichen Geologen beteiligt.[22] Nachdem er Sokolows Untersuchungsbericht durchgearbeitet hatte, ging er nach Leningrad, um nach Angehörigen Jurowskijs zu suchen, des Kommandanten der Wachmannschaft im Haus Ipatjews und unmittelbar Verantwortlichen für die Ermordung der Zarenfamilie. Dies, berichtete Rjabow, sei 1978 geschehen.

Es gelang ihm, Jurowskijs Tochter Rima und seinen ältesten Sohn Alexander, einen pensionierten Admiral, ausfindig zu machen.

Von ihnen erfuhr ich die Fakten, die mir später ermöglichten, den von uns gesuchten Platz punktgenau zu finden (erzählte er seinem Fernsehpublikum). Alexander gab mir die Aufzeichnungen seines Vaters Jakov Jurowskij. Diese Aufzeichnungen waren für die Sowjetregierung und für den wohlbekannten Historiker jener Zeit, Mikhail Petrowskij, niedergeschrieben worden. In ihnen waren alle Tatsachen, die es mir zusammen mit den Angaben in Sokolows Buch erlaubten, Entfernungen zu berechnen und die genaue Stelle zu bestimmen. Im Frühjahr 1979 begannen wir mit der Suche.

Es lohnt sich, an diesem Punkt innezuhalten und die Angaben Rjabows zum Romanow-Massengrab mit denjenigen Edward Radzinskys zu vergleichen. Während Rjabow erklärt, seine Informationen stammten aus Jurowskijs Nachlaß, entdeckte Radzinsky die gleiche Information in Jurowskijs Originalbericht im Zentralarchiv der Oktoberrevolution in Moskau. Er war für den offiziellen Sowjethistoriker (Mikhail Petrowskij, laut Rjabow, oder Mikhail Pokrowskij, nach Radzinsky) als amtlicher Rapport über das Massaker angefertigt worden. Am Ende der Aufzeichnung stand in Jurowskijs eigener Handschrift, so Radzinsky, »die schreckliche Angabe der Örtlichkeit, wo die Leichen des Zaren und seiner Familie heimlich verscharrt worden waren«. Diese Stelle befinde sich in »Koptjaki, 12 Werst (ca. 13 km) nordwestlich von Jekaterinburg. Die Eisenbahnstrecke führt 9 Werst zwischen Koptjaki und der Fabrik Oberisetsk hindurch. Vom Bahnübergang gerechnet, sind sie ungefähr 100 Saschen (ca. 210 m) in Richtung auf die Fabrik von Isetsk begraben.« In seiner Fernsehsendung schilderte Rjabow sodann die letzte Phase:

Wir arbeiteten wahrscheinlich mit Methoden der 1920er Jahre, als Geologen keine Spezialausrüstung hatten. Wir nahmen ein Wasserrohr von einigen Zoll Durchmesser, schärften es und begannen es über dem ungefähren Begräbnisplatz mit einem schweren Schlegel in den Boden zu treiben. An einer bestimmten Stelle brachte das Rohr verdichtete Bodenproben von dunkelblauer Farbe hervor, die sich ölig anfühlen. Meine Freunde, die von Beruf Chemiker waren, bezeichneten dies als einen klaren Beweis für die Einwirkung von Schwefelsäure auf organisches Material. Am 30. Mai 1979 entdeckten wir endlich die Begräbnisstätte und begannen mit der Ausgrabung

Der erste Fund war, Rjabow zufolge, schwarzgrün verfärbt und erwies sich als der Beckenknochen eines Mannes, den er als Nikolaus

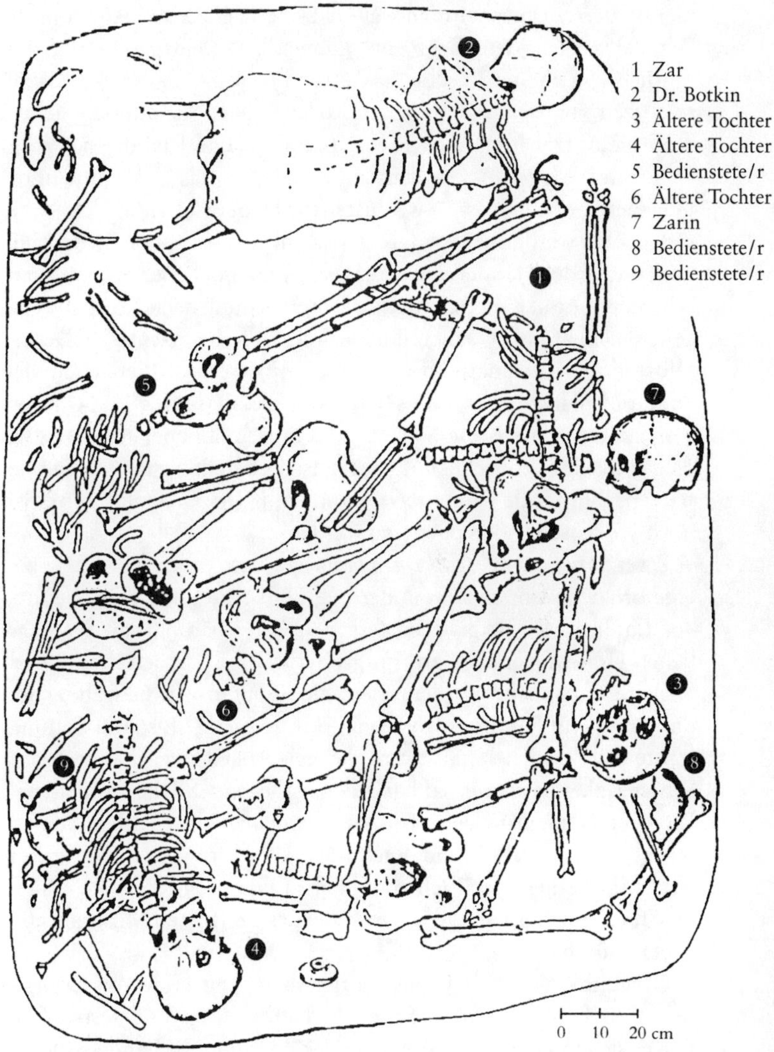

Schematische Darstellung der Lage der Gebeine des Zaren, seiner Familie und Bediensteten bei ihrer Auffindung außerhalb von Jekaterinburg.

identifizierte. Dann wurden weitere Skelette entdeckt. Aber nur die Schädel wurden dem Grab entnommen. Einer hatte ein Loch, vermutlich von einem Einschuß. Während erste Berichte aus Moskau seinerzeit von elf aufgefundenen Körpern oder Skeletten sprachen, zeigt die Aufzeichnung der Fernsehsendung, daß Rjabow sich nicht so genau festlegte. Als sie mit den Händen in das Grab hineingriffen, sagte er, hätten sie »wenigstens acht oder neun Skelette« berührt. (Wir werden sehen, daß diese Zahl eine besondere Bedeutung hat.) Außerdem fanden sie eine Anzahl zerbrochener Schwefelsäurebehälter. Er ließ die Schädel zur Untersuchung nach Moskau bringen, die aber nicht stattfand; nachdem er die wichtigen Details selbst festgehalten hatte, brachte er die Überreste schließlich an den Begräbnisplatz zurück und setzte ein Kreuz darauf. Rjabow selbst war überzeugt, daß die Skelette, die Einschußlöcher in den Schädeln und die zerbrochenen Schwefelsäurebehälter zur Genüge bewiesen, daß er die Romanows gefunden hatte. Dies mußte freilich noch wissenschaftlich bewiesen werden.

Zwei Jahre nach Rjabows Fernsehauftritt ordnete Boris Jelzin eine offizielle Untersuchung der Begräbnisstätte unter der Leitung von Ljudmila Korjakowa, Professorin für Archäologie an der staatlichen Ural-Universität, an. Im Frühjahr 1992 meldete sie, daß elf Skelette untersucht worden seien, die »Spuren von Gewaltanwendung und Mißhandlung vor dem Tod« zeigten.[23] Bis zum Sommer stellte sich jedoch heraus, daß die beigezogenen Fachleute ernste Schwierigkeiten hatten, anhand der vorliegenden Überreste alle elf Personen zu identifizieren. Rjabows ursprüngliche Meldung, daß er »mindestens neun« Schädel gefunden habe, erwies sich als zutreffend. Aber einige der Fachleute blieben überzeugt, daß die fehlenden Toten noch irgendwo in der Nähe des geöffneten Massengrabes liegen müßten.

Obwohl russische Wissenschaftler später mit Hilfe von Computern und Fotografien die Schädel identifizierten und feststellten, daß es sich um mehrere Mitglieder der Zarenfamilie handeln müsse, blieb eine zweifelsfreie Bestätigung der Echtheit notwendig. Darum reiste Dr. Pawel Iwanow im September 1992 mit neun linken Oberschenkelknochen nach England, um auf russische Kosten in den Laboratorien in Aldermaston bei Reading in Berkshire eine wissenschaftliche DNS-Analyse durchführen zu lassen. Das Ziel war, mit modernen DNS-Verstärkungstests eine Übereinstimmung der chemischen Struktur der Skelette mit Blutproben oder Haarsträhnen von Abkömmlingen der Familie Romanow nachzuweisen.

Auf der Grundlage der Moskauer Voruntersuchungen und eigener Anschauung gaben Peter Gill, seine Kollegen in Aldermaston und Pawel Iwanow die folgende Beschreibung der Funde:

> Alle Skelette zeigten Spuren von Gewaltanwendung und Mißhandlung vor dem Tod. Einige der Schädel wiesen Einschußverletzungen auf; auch Bajonettkerben wurden gefunden. Die Gesichtspartien der Schädel waren zerstört, was die klassischen Techniken der Gesichtsidentifizierung behinderte. Umfangreiche Untersuchungen wurden von russischen Gerichtsmedizinern vorgenommen, darunter computergestützte Gesichtsrekonstruktionen, Odontologie, Alters- und Geschlechtsbestimmung der Überreste. Signifikant ist, daß einige der Toten Zahnersatz aus Gold, Platin und Porzellan hatten, was den Schluß zuläßt, daß wenigstens einige der Überreste von Aristokraten stammen.
> Die von russischen Wissenschaftlern durchgeführten Voruntersuchungen deuten darauf hin, daß das Massengrab die Überreste des Zaren, der Zarin und drei der fünf Kinder enthielt. Es wurde gefolgert, daß zwei Körper fehlten, nämlich der Zarewitsch, Alexej, und eine der Töchter.[24]

Der Kriminaltechnische Dienst in Aldermaston nahm zunächst Blutproben von Prinz Philip, dem Herzog von Edinburgh, wegen seiner Blutsverwandtschaft mit der Zarin Alexandra, und von zwei Verwandten des Zaren Nikolaus, die in direkter Linie von der Großmutter des Zaren mütterlicherseits abstammten. Eine weibliche Verwandte, die der Familie bekannt ist, wünscht anonym zu bleiben. Der zweite Spender war Fürst Rostislaw Romanow, der in London lebt – seine Frau bestätigt, daß sie persönlich und sogar mit Vergnügen die Haarproben aus seinem Kopf gezogen habe. Leider war sein Opfer wahrscheinlich unnötig, da seine Probe nicht so bedeutsam wie jene seiner Cousine war.

Der Kriminaltechnische Dienst arbeitete mit Techniken, die zur Identifizierung genetischer Verbindungen entwickelt wurden. Eine normale DNS-Analyse war wegen des Alters der Gebeine ungeeignet. Es mußte ein Verfahren angewandt werden, das als Polymerase-Kettenreaktion bekannt ist, die normale DNS-Technik verstärkt und das es den Wissenschaftlern ermöglichte, Abweichungen in der chemischen Struktur der DNS zwischen den einzelnen Individuen zu analysieren. Die Untersuchungsergebnisse wurden Anfang Juli 1993 bekanntgegeben:

> Das Rätsel, welches das Schicksal der russischen Zarenfamilie nach der Revolution von 1917 umgab, ist gelöst ... Wissenschaftler sind überzeugt, daß fünf der neun entdeckten Skelette die des Zaren, der Zarin und dreier weiblicher Kinder sind. Diese Identifizierung stimmt überein mit derjenigen von Anthropologen in Rußland. Die Ergebnisse beruhen auf Analysen von Blutproben, die der Herzog von Edinburgh und andere Verwandte der Romanows zur Verfügung stellten.
>
> Die Pionierarbeit beruhte auf mütterlich vererbter (mitochondrischer) DNS. Eine vollständige Übereinstimmung wurde erzielt zwischen der Zarin und den drei Kindern und dem Herzog von Edinburgh, einem mütterlicherseits direkten Abkömmling der Schwester der Zarin. Proben von zwei Verwandten des Zaren von der mütterlichen Seite wurden untersucht. Beide hatten identische mitochondrische DNS, doch fanden die Wissenschaftler, daß der Zar eine einzige Mutation hatte, die bei den Verwandten nicht vorhanden war. Weitere Analysen zeigten, daß beim Zaren zwei Typen von DNS vorhanden waren, wahrscheinlich das Ergebnis eines seltenen Zustandes, der als Heteroplasmie bekannt ist. Einer stimmte genau mit dem der Verwandten mütterlicherseits überein, der andere enthielt die einzelne Mutation.
>
> Die statistische Analyse war komplex. Die Wahrscheinlichkeit von 98,5 Prozent beruht auf einer neutralen Interpretation der vorausgegangenen anthropologischen Beweiserhebung und der vorsichtigsten Bewertung der DNS-Beweise. Eine großzügigere Interpretation würde sie auf über 99 Prozent erhöhen.[25]

Die erste Frage war, ob sich unter den neun Skeletten wenigstens fünf Mitglieder derselben Familie befanden, und welches Geschlecht sie hatten. (Die anderen vier Ermordeten waren der Hausarzt und drei Bedienstete.) Die zweite Analyse sollte feststellen, ob die Zarin und der Zar anhand des Haars oder der Blutprobe von Verwandten identifiziert werden konnten. Die Resultate bestätigen, daß fünf der Skelette einer Familie angehören; daß vier davon weiblichen Geschlechts sind; daß eines der Skelette mit einer DNS-Probe des Herzogs von Edinburgh übereinstimmt und somit eindeutig das der Zarin ist (bestätigt durch die DNS-Übereinstimmung mit der Großmutter des Herzog von Edinburgh, die Alexandras Schwester war); und daß ein Skelett übereinstimmende DNS mit Romanow-Abkömmlingen aufweist, also eindeutig das des Zaren ist.

So konnte jetzt ein bedeutender Teil des Puzzles zusammengefügt werden. Wir haben solide wissenschaftliche Beweise, die die Annahme stützen, die Zarenfamilie sei in der Nacht vom 16. auf den 17. Juli 1918 im Keller des Ipatjew-Hauses ermordet worden, wie die von Edward Radzinsky mit äußerster Sorgfalt zusammengetragenen schriftlichen und mündlichen Zeugenaussagen bereits deutlich gemacht hatten. Übereinstimmung zeigen die unabhängig voneinander gewonnenen Beweise auch im Fall der beiden fehlenden Familienangehörigen. Auch Edward Radzinsky, der sich ausschließlich auf mündliche und schriftliche Aussagen und Berichte stützte, gelangte zu der Schlußfolgerung, daß der Verbleib von zwei Toten nicht zufriedenstellend erklärt wurde. Ihm zufolge hatte Jurowskij angegeben, man habe Alexej und das Dienstmädchen Demidowa getrennt von den anderen verbrannt. Die DNS-Analysen zeigen jedoch, daß die Skelette zweier Mitglieder der Zarenfamilie fehlen, darunter mit Sicherheit jenes von Alexej. Wessen aber noch? Zweifelsfrei dasjenige eines der Mädchen, aber um welches handelt es sich? Olga, Tatjana, Maria oder Anastasia?

Die Untersuchung der Gebeine durch ausgewiesene Experten hat bisher zwei Theorien hervorgebracht:

Dr. William Maples, Direktor des C.A. Pound-Identifizierungslabors an der Universität von Gainsville, Florida, erklärte bei einer Konferenz über die Untersuchung der Gebeine: »Alle Skelette scheinen zu groß, um für Anastasia in Frage zu kommen, und unter den Gebeinen, die wir gesehen haben, findet sich nichts, was auf Alexej hinwiese.«[26]

Die zweite Theorie stammt von einer russischen Untersuchungskommission unter der Leitung des stellvertretenden Premierministers Juri F. Jarow. Auf der Grundlage der gerichtsmedizinischen, anthropologischen und molekularbiologischen Analyse der neun aufgefundenen Skelette und insbesondere mit Hilfe computergestützter Vergleiche der Schädel mit Photographien der Romanows kam man zu dem Ergebnis, es fehlten die Skelette von Alexej und Maria, während die Überreste Anastasias identifiziert seien.

Wenn, was durchaus möglich ist, die ganze Familie getötet und zwei der Toten einfach separat beseitigt wurden, wäre die Frage nach der Identität müßig. Aber bis die Überreste der beiden Körper gefunden sind, werden die Ansprüche angeblicher Erben und die Gerüchte über das Schicksal einiger Familienmitglieder weiterhin Glauben finden. Das Rätsel um die Zarenfamilie und ihr sagenhafter Reichtum haben im Laufe der Jahre zahlreiche Anwärter auf den Plan gerufen, und die Beweislücke ist ein steter Anreiz, Ansprüche geltend zu machen.

8 *Überlebende*

Sobald feststand, daß der Zar und zumindest einige Angehörige seiner Familie in Jekaterinburg erschossen worden waren, stand die Frage nach den Erben seines Vermögens im Raum. Bis zur bolschewistischen Machtübernahme im Oktober 1917 hatte die Zarenfamilie nicht nur ihre persönlichen Besitztümer, sondern auch ihre privaten Konten bei der Staatsbank behalten können; sie besaß noch immer, was an Geld, Gold oder Wertpapieren auf ihre Namen im Ausland angelegt war; und sie erhielten einen Teil ihrer und ihres Gefolges Lebenshaltungskosten aus dem Staatshaushalt. Graf Benkkendorff und sein Stiefsohn Fürst Basil Dolgorukow hatten eine Vereinbarung des Exzaren mit der Regierung vermittelt, wonach Nikolaus sich bereit erklärt hatte, die laufenden Kosten seines Haushalts anteilig zu tragen und aus Privatkonten bei der Staatsbank zu begleichen.

Die kommunistische Revolution machte diese Regelungen zunichte und reduzierte die Besitztümer der Familie auf das, was sie von Tobolsk nach Jekaterinburg hatten mitnehmen können. Selbst hier war ihr verbliebener Schmuck katalogisiert und beinahe täglich überprüft worden. Ihre privaten Konten bei der Staatsbank waren wie die aller anderen »Reichen« von den Bolschewisten enteignet worden, welche am 13. Juli 1918, offensichtlich schon im Hinblick auf die bevorstehende Liquidierung der Familie, ein Dekret verabschiedeten, das den gesamten Besitz der Familie Romanow verstaatlichte.[27]

Das Vermögen der Romanows, soweit noch vorhanden, bestand aus persönlichen Besitztümern (insbesondere Schmuckstücken), die von den Bolschewisten und ihren Amtsträgern beschlagnahmt wurden; Staatseigentum, das von Nikolaus und seiner Familie noch immer als persönliches Eigentum betrachtet wurde; und privatem Besitz einzelner Familienmitglieder an Geld, Gold und Wertpapieren im Ausland. Hierzu gehörten auch Guthaben, die als den Romanows gehörig betrachtet wurden, weil sie dem Bereich ihrer früheren Funktion zugerechnet wurden. Auf all dies wurden später Ansprüche geltend gemacht.

Der äußerlich sichtbare Reichtum – die Sonderzüge, die kaiserliche Yacht, der kaiserliche Wagenpark, die Kronjuwelen – war ihnen mit der Abdankung entglitten. Auch die kaiserlichen Paläste mit ihren Kunstschätzen waren trotz Graf Benckendorffs an die Provisorische Regierung gerichteter Ersuchen in Staatseigentum überführt worden. Die Kronländereien und die wichtigen Einnahmen aus ihnen (das sogenannte »udely« oder »Apanage«-Einkommen) gingen zunächst auf die Provisorische Regierung und dann auf das bolschewistische Regime über. Bei der Behandlung der finanziellen Probleme der kaiserlichen Familie im Anschluß an Nikolaus' Abdankung erwähnten wir zwei offiziöse Schätzungen der persönlichen Konten, über welche die Familie damals noch verfügte. Diejenige von Kerenskij und dem Fürsten Lwow bemühte sich, die privaten Mittel der Zarenfamilie für den Fall zu ermessen, daß sie ins Exil gehen sollte, und veranschlagte das Geldvermögen der Familie, bestehend aus ihren persönlichen Bankkonten und Wertpapierdepots im In- und Ausland, auf 14 Millionen Rubel (933 000 Pfund). Die andere Schätzung ergab sich aus Verhandlungen zwischen Graf Benckendorff und Graf Rostowzew, dem Sekretär der Kaiserin, während ihrer Bemühungen, die Kosten des kaiserlichen Hofes in Zarskoje Selo zu bestimmen. Man stellte fest, daß das gesamte Kapital des Zaren »weniger als eine Million Rubel« betrug, das der Zarin »eineinhalb Millionen« und das der fünf Kinder »jeweils zwischen zwei und drei Millionen«. Auf diese Weise bezifferte Benckendorff die gesamten finanziellen Ressourcen auf 12 500 000 bis 17 500 000 Rubel (833 000 bis 1 162 000 Pfund).

Kerenskijs Gesamtsumme von 14 Millionen Rubel paßt gut in die Mitte von Benckendorffs Schätzung und liefert eine Art Bestätigung. Aber es gibt zufällig eine weitere, früher als diese zwei offiziösen Schätzungen veröffentliche Quelle, die nicht nur mehr Einzelheiten nennt, sondern auch eine zusätzliche Bestätigung der Gesamtsumme liefert. *The Fall of the Romanows*, ein anonymer Bericht über die zaristische Regierung, anscheinend im Sommer 1917 geschrieben, als die Zarenfamilie gerade in Tobolsk eingetroffen war, wurde ein Jahr später in Petrograd veröffentlicht.[28] Der Autor, der sich einfach als »ein Russe« bezeichnete, unterzeichnete das Vorwort zu einem früheren und ähnlichen Buch (*Russian Court Memoirs*, 1916 geschrieben und 1917 vor Nikolaus' Abdankung veröffentlicht) mit »B. W.«. Er oder (wahrscheinlicher) sie stand, wie die Kenntnis bestimmter Interna zeigt, dem Hof offensichtlich nahe.

Der Autor (oder die Autorin) berichtet:

Die Privatvermögen des Exzaren und seiner Familie belaufen sich auf die folgenden Summen:

Der Exkaiser Nikolaus besitzt ein Kapital von		908 000 Rubel
Die Exkaiserin Alexandra		1 006 400
Der Zarewitsch		1 425 700
Die Großfürstinnen	Olga	3 185 500
	Tatjana	2 118 500
	Marie	1 854 430
	Anastasia	1 612 500

Außer diesen Geldern soll die kaiserliche Familie über große Geldsummen bei ausländischen Banken verfügen, besonders in der Bank von England.

Die Gesamtsumme dieser sieben Konten beträgt 12 111 030 Rubel (ungefähr 809 000 Pfund). Vergleicht man sie mit den beiden anderen Schätzungen, so kann man folgern, daß die Geldmittel der Familie zu diesem Zeitpunkt bei 12 bis 14 Millionen Rubel (zwischen 800 000 und 933 000 Pfund) lagen.

Was aus diesen Zahlen allerdings nicht abgeleitet werden kann, ist das Auslandsvermögen der Familie. Kerenskijs Schätzung schloß das Auslandsvermögen ein. Gleiches gilt für Benckendorffs Schätzung. Aber er war vorsichtiger und erwähnte nur die Auslandsguthaben der Kinder. Seine genauen Worte waren: »Das Kapital des Thronfolgers und seiner Schwestern *im Ausland und bei der Staatsbank* variierte zwischen jeweils zwei und drei Millionen.« Da er im Falle des Exzaren und seiner Frau keine solche Erklärung abgab, liegt der Schluß nahe, daß nur die Kinder Geld im Ausland hatten. Der anonyme Autor deutete hingegen an, daß seine (oder ihre)

Schätzungen Auslandsvermögen *ausschlössen,* und nahm an, daß Millionen in der Bank von England lägen.

Dies waren nur die ersten informierten Schätzungen. Viele andere sollten im Laufe der Jahre folgen, manche unbestimmt, einige verlockend detailliert. Die einen von angeblichen Überlebenden des Massakers, die anderen von nahen Verwandten. Wir werden im weiteren Verlauf ihren Stellenwert einschätzen, die Wahrheit vom Klatsch zu sondern suchen und harte Tatsachen von schwindelhaften Behauptungen. Nun aber müssen wir uns den ersten Anwärtern zuwenden. Einige waren echte Romanows. Andere behaupteten es.

An prominentester Stelle unter den überlebenden Mitgliedern der erweiterten Romanow-Familie standen jene mit den engsten Familienbanden zur britischen Königsfamilie, nämlich Kaiserinwitwe Marie, die Tante Georgs V. und Mutter des Zaren, sowie ihre beiden Töchter, Großfürstin Xenia und Großfürstin Olga mit ihren Familien. Ihre Flucht ins Exil war charakteristisch für viele der damaligen Zeit: eine Verbindung von Widerwillen, ihr Heimatland zu verlassen, und der Entschlossenheit, einen möglichst großen Teil ihrer Vermögenswerte mitzunehmen. Manche Flüchtlinge waren gezwungen, sich über die Grenzen zu lügen, andere versteckten sich in Zügen, beschafften sich gefälschte Ausweispapiere oder wurden beim Überqueren zugefrorener Grenzflüsse beschossen; alle gingen widerwillig ins Exil.[29] Die Flucht der Kaiserinwitwe Marie verlief ein wenig anders, denn zunächst widerstand sie den Überredungsversuchen Georgs V., nach England zu kommen, bevor sie sich schließlich doch in die Realität ihrer Notlage fügte.

Nach ihrem traurigen Abschied von Nikolaus in Mogilew im März 1917 war Marie mit ihrem Schwiegersohn, dem Großfürsten Alexander (Xenias Ehemann, der die russischen Luftstreitkräfte befehligt hatte), nach Kiew zurückgekehrt. Aber bald darauf waren sie von der Provisorischen Regierung gedrängt worden, auf die Krim umzuziehen. Dorthin begleiteten sie auch ihre jüngere Tochter, Großfürstin Olga, und deren zweiter Mann, Oberst Kulikowskij. Die neue Regierung verlangte nicht nur, daß alle Romanows sich registrieren ließen, sondern sie war darüber hinaus bestrebt, so viele von ihnen wie möglich an einem Ort zusammenzuhalten. Marie hielt sich zuerst auf dem Besitz des Großfürsten Alexander in Ai Todor auf, ungefähr sechzehn Kilometer von Jalta, dann auf anderen Besitzungen in der Nähe, derjenigen des Großfürsten Peter in Djulber und jener des Großfürsten Georg in Harax. Maries ältere Tochter, Großfürstin Xenia, kam einige Tage später nach.

Die Gezeiten des Krieges und der Revolution berührten in den beiden folgenden Jahren auch die Krim, je nach dem Kriegsglück der Deutschen und der Kommunisten. Maries Lebensbedingungen veränderten sich entsprechend. Bisweilen kamen die Veränderungen rasch und brutal, bisweilen gingen sie berechenbar vor sich. An einem Tag genoß sie die friedliche Ruhe des Romanow-Besitzes und nahm ihr Mittagessen im Freien unter den Bäumen ein, während die warme Seebrise sie beinahe zu überzeugen vermochte, daß die Schrecken des Bürgerkrieges nur eingebildet seien; schon am nächsten Morgen brach ein Trupp bolschewistischer Matrosen, angeführt vom örtlichen Kommissar, in ihr Schlafzimmer ein und durchwühlten es nach versteckten Wertsachen, während sie noch im Nachthemd war. Sie nahmen Papiere, Tagebücher und zu ihrem großen Kummer eine alte dänische Bibel mit, die sie bei ihrer Hochzeit mit Alexander III. nach Rußland gebracht hatte. Aber sie übersahen ausgerechnet ihren Schmuckkasten, der gut sichtbar auf dem Schlafzimmertisch gestanden hatte.

Alle Romanows standen im Prinzip unter Hausarrest, aber die Bedingungen variierten je nach den örtlichen Verhältnissen und dem ausgeübten Druck. In den frühen Tagen der Revolution gelang es einigen sogar, nach Petrograd und zurück zu reisen, nicht nur, um in ihren Palästen nach dem Rechten zu sehen, sondern sogar, um möglichst viele Wertgegenstände zu retten. Einmal kehrte Fürst Felix Jussupow mit einem von Maries Lieblingsgemälden aus Petrograd zurück, wo er das Porträt Alexanders III. im Anjitschkow-Palast aus dem Rahmen geschnitten hatte.

Später wurde der Hausarrest schärfer, und eine Zeitlang wurde ein Unterschied zwischen den »echten« Romanows und solchen wie der Großfürstin Olga gemacht, die durch Heirat mit einem Bürgerlichen den Namen gewechselt hatte und etwas mehr Freiheit genoß. Zwischen den örtlichen Sowjets in Jalta und Sewastopol gab es Streit darüber, wer für ihren »Schutz« sorgen solle. Aber die größten Veränderungen kamen zuerst mit dem Vormarsch der deutschen Truppen in Südrußland nach dem Friedensvertrag von Brest-Litowsk im März 1918 und dann mit der Niederlage Deutschlands im Herbst 1918, auf die der Waffenstillstand im Westen, die Revolution und der Abzug der deutschen Armeen aus dem Osten sowie ein neuerliches Vordringen der Bolschewisten folgte.

Nachdem der deutsche Vormarsch die Südküste der Krim erreicht hatte, erschien eines Morgens ein deutscher General und bat auf französisch um ein Gespräch mit Kaiserinwitwe Marie und Großfürst Nikolai. Er sagte, er habe Auftrag, sie im Namen des Kaisers einzuladen, mit ihren Familien nach Deutschland zu kommen. Prinz Roman Romanows Mutter bedeutete ihm, daß solch eine Zusammenkunft schwierig sein würde, versprach dem General jedoch, daß eine Antwort direkt in sein Hauptquartier in Jalta geschickt werde. Sofort konsultierte sie ihren Mann und den Großfürsten Nikolai, und gemeinsam schickten sie Baron Stahl nach Jalta, um die Einladung des Kaisers abzulehnen. Als Marie erfuhr, was geschehen war, zeigte sie sich erfreut, daß es ihr erspart geblieben sei, einen Deutschen zu empfangen. Ihr Schwiegersohn, Großfürst Alexander, war allerdings erbost, daß man ihn nicht konsultiert hatte, und wäre offensichtlich zu Verhandlungen bereit gewesen.[30]

Als die Deutschen sich gegen Ende November 1918 zurückzogen, wurden die Romanows von Krimtataren besucht, die sich erbötig machten, den Schutz der Kaiserinwitwe Marie, früher nominelles Oberhaupt ihres Regiments, zu übernehmen. Sie schien nach wie vor entschlossen, so lange wie möglich in Rußland zu bleiben. Aber die mit dem Waffenstillstand und dem deutschen Truppenabzug drohende Gefahr erneuerten kommunistischen Vordringens hatte Maries Schwester, Königinwitwe Alexandra, in London alarmiert, und diesmal entschlossen sich König Georg V. und die britische Regierung schon wenige Tage nach der Unterzeichnung des Waffenstillstands zum Handeln.

Am 14. November wurden die Kabinettsmitglieder informiert, daß die alliierte Mittelmeerflotte unter Admiral Colthorpe am vergangenen Tag um 8 Uhr früh vor Konstantinopel eingetroffen sei. Das Kabinett habe jetzt zu entscheiden, ob Schritte unternommen werden sollten, die Sicherheit der Kaiserinwitwe auf der Halbinsel Krim zu garantieren. Da ihr Haus in Küstennähe liege, sei der Zugang einfach. Das Kabinett zögerte nicht lange und ermächtigte die Admiralität, die nötigen Vorkehrungen zu treffen. Am selben Tag ging ein Geheimbefehl der Admiralität an den Oberkommandierenden der Mittelmeerflotte:

> Sie haben bei nächster Gelegenheit ein Schiff mit dem geheimen Auftrag nach Ai Todor zu entsenden, die Kaiserinwitwe und die Schwestern des verstorbenen Zaren außer Landes zu bringen. Die Angelegenheit ist mit einem Höchstmaß an Sorgfalt und Takt zu behandeln. Von Gewaltanwendung ist abzusehen, es darf keine bewaffnete Abteilung angelandet werden, und alles, was zu einem Konflikt mit etwa dort stationierten Wachen führen könnte, ist strikt zu vermeiden.

Die Marine verlor keine Zeit. Noch ehe der Monat um war, kam eine Vollzugsmeldung, verbunden mit Botschaften von Marie:

> Geheim. Leitung freimachen. Folgende Meldung ist für Admiralität bestimmt und bitte Seiner Majestät dem König mitzuteilen. Fregattenkapitän Charles Turle und russischer Marineoffizier, Fregattenkapitän Korostowzow, mit HMS *Tribune* und HMS *Shark* zur Krim. Landung am Strand nördlich von Kap Ai Todor am frühen Donnerstagmorgen, 21. November. Audienz bei Kaiserinwitwe Marie. Boten ihr an, sie nach Konstantinopel zu bringen. Sie ist bei guter Gesundheit. Keine Angst (von ihrem Gefolge nicht geteilt). Nach Erkundigungen, die sie einholen ließ, ist sie der Meinung, daß der Kaiser noch am Leben sei, und wünscht deshalb in Rußland zu bleiben. Kaiserinwitwe in Begleitung von Admiral Fürst Wjamenskij und Fürst Dolgorukij, während in der Nähe Großfürsten Alexander, Nikolai, Peter, Georg, Dimitri sowie Großfürstinnen Olga und Xenia leben.

Beinahe gleichzeitig erhielten Georg V. und seine Mutter, Königinwitwe Alexandra, persönliche Grüße von Marie. Der König bekam warme Dankesworte: »Gerade Fregattenkapitän Turle gesprochen. So gerührt und dankbar für Deinen gütigen Vorschlag. Grüße an alle. Tante Minny.« Alexandra wurde schwesterlicher Enthusiasmus zuteil. »Hurra. Erfreut, endlich zu telegrafieren. Welche Freude, einen Eurer Kapitäne zu sehen und freundlichen Vorschlag zu hören. Hoffe, daß mehr Schiffe bald und offen kommen werden. Grüße an Euch alle. Schwester Dagmar.« (Dagmar war Maries ursprünglicher Vorname.)[31]

Diesem ersten Kontakt folgten weitere Besuche von Schiffen der

Royal Navy. Telegramme gingen ein von der italienischen Königsfamilie und vom König von Montenegro, die ihren Verwandten Aufnahme anboten. Dann ging Großfürst Alexander an Bord eines britischen Kriegsschiffes, um als Vertreter des Hauses Romanow an den Pariser Vorortkonferenzen teilzunehmen – und wurde von den Vertretern der Siegermächte geschnitten. Unterdessen blieb Marie einstweilen unbeeindruckt von den wiederholten Angeboten aus London, die in dem Wissen erfolgten, daß die britische Hilfe für die Weißen Armeen (13 000 Mann in Nordrußland und 1000 in Sibirien) wahrscheinlich eher verringert als erhöht werde. Schließlich sah auch sie, daß der Widerstand der »Weißen« in Südrußland und der Ukraine zu bröckeln begann.

Schließlich entsandte Admiral Colthorpe am 4. April 1919 HMS *Marlborough* mit einem Brief der Königinwitwe Alexandra nach Sewastopol, in dem diese ihre Schwester erneut zum Verlassen des Landes zu überreden versuchte. Widerwillig stimmte sie zu, vorausgesetzt, sie könne mitbringen, wen sie wollte. Dies ging über die ursprünglichen Anweisungen der Admiralität hinaus, aber sie bekam ihren Willen, und sofort machten sich Familienmitglieder und Personal daran, wertvolle Besitztümer in große Schrankkoffer zu verpacken, die in Jalta an Bord genommen werden sollten. Maries Tochter Olga ging nicht mit ins Exil, sondern fuhr zu ihrem Mann Oberst Kulikowskij, der bei der Weißen Armee im Kaukasus diente.

Die Flüchlinge nahmen auf verschiedene Weise Abschied von der Heimat. Einige gingen in Jalta einfach mit ihrem Gepäck an Bord. Fürst Roman Romanow unternahm allein einen letzten Gang auf einen nahen Hügel, mit seinen wervollsten Besitztümern (einschließlich seines Tagebuches) in einer kleinen Tasche. Andere versammelten sich zum Abschied. Schließlich ging Kaiserinwitwe Marie in einem schwarzen Mantel und einem kleinen schwarzen Hut und begleitet von ihrer Tochter und ihren Enkeln langsam an den Versammelten vorbei an Bord.

Die zusätzlichen Passagiere, auf deren Mitnahme Marie bestanden hatte, bereiteten Schwierigkeiten und dem Innenministerium, bei ihrer Ankunft in England, Kopfschmerzen. Kisten und Koffer waren hoch auf Deck gestapelt, und die Verständigung zwischen den britischen Seeleuten und der russischen Dienerschaft war problematisch. Großfürst Peters ältere Tochter, Prinzessin Marina, betätigte sich schließlich als Dolmetscherin. Marie, Xenia und Prinzessin Militsa von Montenegro hatten auch Hunde an Bord gebracht. Die Geschäftigkeit und das Durcheinander waren so groß, daß selbst die Ankunft der Kaiserinwitwe Marie von dem ihr zugeordneten Offizier zunächst unbemerkt blieb. Doch als das Eis mit Maries persönlicher Hilfe gebrochen war, verlief der Rest der Reise freundlich und würdevoll.[32]

Vor ihrer Abreise hatte Marie eine letzte Entscheidung getroffen, die von der Navy, wenn auch widerstrebend, akzeptiert wurde. Sie weigerte sich, Jalta zu verlassen, bevor alle anderen Flüchtlingsschiffe ausgelaufen seien. Als das vorletzte Schiff beim Auslaufen an der *Marlborough* vorüberfuhr, erkannten die Emigranten ihre frühere Kaiserin Marie und den Großfürsten Nikolai, die auf dem Deck standen, und begannen die Zarenhymne zu singen. Es war der letzte Anlaß, bei dem die Hymne in Anwesenheit einer früheren regierenden Romanow auf russischem Boden gesungen wurde.

Sie nahmen widersprüchliche Gedanken und Empfindungen mit sich auf die Reise; Erleichterung über ihre Rettung vermischte sich mit der melancholischen Erkenntnis, daß sie ihre Heimat wohl nicht wiedersehen würden. Auch ihr auf Deck gestapeltes Gepäck war eine Mischung von mitleiderregenden Überresten nach achtzehn Monaten Bürgerkrieg einerseits und Kostbarkeiten von unschätzbarem Wert andererseits. Manche hatten nicht viel mehr bei sich, als sie am Leibe trugen. Andere hatten sehr viel retten können. Es ist sicherlich nicht übertrieben, den heutigen Wert des Familienschmucks, der Gemälde und des goldenen und silbernen Tafelgeschirrs an Bord der *Marlborough* auf mehr als 20 Millionen Pfund zu veranschlagen.

Fürst Felix Jussupow, vor der Revolution der Reichste von ihnen allen, hatte nicht nur zwei Rembrandts bei sich, die er bei einem seiner Besuche in seinem Petrograder Palast erfolgreich aus ihrem Rahmen geschnitten hatte, sondern auch zahlreiche der erlesensten Stücke des Familienschmuckes. Die beiden Rembrandts – *Porträt eines Mannes mit hohem Hut* und *Porträt einer Dame mit einer Straußenfeder* – sind heute in der National Gallery in Washington zu sehen. Großfürst Peter und sein Sohn Prinz Roman hatten das

Familiensilber in Petrograd zurücklassen müssen, aber der Butler der Familie hatte das im Erdgeschoß benutzte »sekundäre Tafelsilber« gerettet, das sich jetzt an Bord befand. Großfürst Nikolai, mit mehr Weitblick und vermutlich auch mehr Organisationstalent ausgestatet als die anderen, hatte es fertiggebracht, das gesamte Goldgeschirr und Tafelsilber seiner Familie zu retten, außerdem noch seinen Ehrendegen mit goldenem, brillantenbesetztem Heft. Seine Tüchtigkeit wie sein Reichtum spiegelten sich in mehr als zweihundert Packkisten, die auf Deck gestapelt waren.

Im Durcheinander der letzten Minuten blieben vierundfünfzig nicht identifizierte Kisten des einen oder anderen Romanow auf dem Kai zurück. Es ist eine Zahl, die noch im Gedächtnis der Enkelkinder haftet und all jene fasziniert, die sich gern Gedanken darüber machen, was sie wohl enthielten und wem sie gehörten. Mindestens einer der an Bord gebrachten Schrankkoffer hat in der Familie der Großfürstin Xenia überlebt. Seine zugewiesene Nummer (47) und sogar sein handschriftliches Inhaltsverzeichnis sind noch intakt, eine lastende Erinnerung an ein anderes Zeitalter.

Schmuck war die offensichtliche Antwort auf das Problem, Reichtum von einem Land ins andere zu transferieren, besonders auf einem verbündeten Kriegsschiff. Obwohl das Ladungsverzeichnis der HMS *Marlborough* im Public Records Office nicht verfügbar ist, kann nach den später aktenkundig gewordenen Verkäufen, Diebstählen und Schwindeleien getrost angenommen werden, daß es den Romanows gelang, eine bemerkenswerte Menge persönlicher Wertsachen mit an Bord zu nehmen. Ein Teil ihrer früheren Besitztümer war jedoch zuvor Plünderungen und willkürlichen Beschlagnahmeaktionen zum Opfer gefallen, wie sich in den Straßen von Jalta und Sewastopol zeigte, wo britischen Seeleuten für ein paar Shilling Brillantringe angeboten wurden.

Der Schmuck der Kaiserinwitwe Marie, von der Provisorischen Regierung in der ursprünglichen, mit Graf Benckendorff ausgehandelten Regelung als ihr Eigentum bestätigt, zählte zu den wertvollsten Sammlungen der Welt. Nach Fürst David Chavchavadse, einem direkten Nachkommen von Katharina der Großen und Nikolaus I., der in späteren Jahren für den Geheimdienst CIA arbeitete, enthielt Maries Schmuck

> Stränge von Perlen, Ströme von Smaragden, grün wie der Dschungel, Saphire, die wie ein orientalischer Himmel leuchteten, Brillanten von feinster Qualität, seltene byzantinische Juwelen und Trauben von Rubinen. Eines der Geschenke des Zaren an sie war eine Halskette aus riesigen Perlen von vollkommener Form und Farbe... Viele andere Schätze ruhten in ihrem Schmucktresor, eine Tiara aus Rubinen und Brillanten, ein flaches Armband aus Brillanten und Smaragden... ein Satz von zwanzig rosa Brillantsternen und ein zur Tiara passendes Kollier nebst einem Schmuckmieder.[33]

Nach Nikolaus' Abdankung und ihrer Rückkehr nach Kiew hatte Marie einen großen Teil ihres Schmuckes mitgenommen und den Rest in einem Versteck im Anjitschkow-Palast in Petrograd zurückgelassen. Viel später war Fürst Felix Jussupow bei seinem Besuch in Petrograd, bei dem er zwei seiner eigenen Rembrandts rettete, Marie zuliebe auch in den Anjitschkow-Palast gegangen. Zu seinem Entsetzen war das Versteck leer. Immerhin gelang es ihm, den Schmucksachen auf die Spur zu kommen. Sie waren von Agenten der Provisorischen Regierung gefunden worden und in Moskau zusammen mit anderen Schätzen der Romanows in sicherer Verwahrung, wenigstens für eine gewisse Zeit.

Marie war entschlossen, in Sicherheit zu bringen, was sie noch in ihrem Besitz hatte, besonders nach dem überraschenden Besuch der bolschewistischen Seeleute in ihrem Schlafzimmer in Ai Todor. Großfürstin Olga hatte Maries Schmuck danach in dem abgelegenen Haus am Rand des Besitzes versteckt, das sie und ihr Mann bewohnten. Zusammen mit anderen Wertsachen wurden sie sicherheitshalber in kleine Kakaodosen getan, und wann immer Gefahr drohte, verbarg Olga sie in einer Felsspalte. Sie markierten die Stelle mit dem gebleichten Schädel eines Hundes. Eines Tages sah Olga den Schädel unten am Strand liegen. »Ich erinnere mich noch immer der kalten Schweißtropfen, die mir auf die Stirn traten«, erzählte Olga später, »als ich zusah, wie mein Mann seine Hand tief in jede mögliche Öffnung im Fels steckte. Welch eine Erleichterung, als er zuletzt eine Kakaodose aus einem Loch zog, in der die Schmuckstücke klapperten!«[34]

So hatten Marie und Xenia ihre restlichen Schmucksachen weitgehend beisammen, als HMS *Marlborough* von Jalta auslief. Glück im Unglück hatte auch die Familie des Großfürsten Peter, die ihren restlichen Schmuck vorsichtshalber rechtzeitig in die Kleidung genäht hatte. Ihre übrigen Wertsachen lagen allerdings in einem Banksafe des Crédit Lyonnais in Petrograd.

Großfürstin Olga, die vor der letzten Rückkehr der *Marlborough* mit ihrem Mann in den Kaukasus abgereist war, hatte nichts von ihrem eigenen Schmuck bei sich. Bei der Ankunft in Kiew, kurz vor Ausbruch der Revolution, hatte sie ihrem Verwalter geschrieben, er solle ihr den Schmuck schicken. Er hatte das für viel zu riskant gehalten und die Juwelen in einem Banktresor untergebracht. Dort blieben sie. Als Olga schließlich Kiew verließ, um mit ihrer Mutter auf die Krim zu fahren, hatte sie nicht mehr als ein kleines Schmuckkästchen bei sich. Später sagte sie, ihr sei damals klargeworden, daß ihr sonst nichts auf der Welt gehörte. Dabei blieb es auch, als sie mit ihrem Mann und einem kleinen Sohn über Rostow am Don in den Kaukasus reiste. Dort gebar sie einen zweiten Sohn in einer Bauernhütte, mit einer Dorfbewohnerin als Hebamme. Zuletzt gelangte die Familie nach Noworossisk am Schwarzen Meer, wo sie das Glück hatte, einen alten Freund zu treffen, der in der Royal Navy diente, was schließlich zu ihrer Rettung führte. Und nach Auskunft von Verwandten Olgas, die noch in Dänemark leben, gelang es ihrem Zimmermädchen noch ein Jahr später, einen Teil ihres Schmuckes außer Landes zu bringen.

Der erste Anlaufhafen für die Reisenden an Bord der *Marlborough* war Konstantinopel, wo das Schiff einige Tage lang vor Anker blieb. Während des Aufenthalts arrangierte der Kapitän am Palmsonntag einen Gottesdienst für die Kaiserinwitwe und brachte sogar einen Empfang für die Passagiere der anderen Flüchtlingsschiffe zustande. Der Aufenthalt gab Whitehall (im wesentlichen dem Außen- und Innenministerium) etwas mehr Zeit für die Entscheidung, welche Romanows und welche Mitglieder ihrer Familie und des Personals an Bord in Großbritannien willkommen sein würden, und welche nicht. Einige hatten ohnedies andere Exilländer gewählt. Großfürst Nikolai und seine Familie wollten nach Frankreich gehen, Großfürst Peter und seine Familie nach Italien, wo die Schwester seiner Frau Königin war. Beide Familien gingen in Konstantinopel von Bord und bestiegen ein anderes Kriegsschiff, die HMS *Nelson*, deren Zielhafen Genua war. Die Jussupows, denen bewußt war, daß sie wegen der Rasputin-Affäre in London womöglich nicht willkommen sein würden, reisten auf eigene Faust durch Italien nach Paris, wo sie einige Zeit im Hotel Vendôme blieben.

Als die *Marlborough* in Malta eintraf, verlieh Kaiserinwitwe Marie in entschiedener Weise ihrem Wunsch Ausdruck, bis Portsmouth an Bord des Schiffes zu bleiben. Aber die Royal Navy hatte andere Prioritäten. So gelang es mit viel Überredungskunst und einer versöhnlichen Botschaft von Georg V. sowie der Gastfreundschaft im San-Antonio-Palast, dem Gouverneurssitz in Malta, sie zum Verlassen des Schiffes und zur Wiedereinschiffung an Bord von HMS *Nelson* zu bewegen, das die Großfürsten Nikolai und Peter mit ihren Familien nach Genua transportiert hatte und nun zurückkehrte, um nach England weiterzufahren. HMS *Marlborough* wurde anderswo benötigt.

Am 8. Mai traf die *Nelson* endlich in Spithead ein, und am nächsten Tag wurde Marie in der Victoria Station von ihrer Schwester, Königinwitwe Alexandra, und König Georg V., Queen Mary und anderen Mitgliedern der königlichen Familie begrüßt.

Marie blieb einstweilen im Marlborough House, Alexandras Wohnsitz in London, und verließ sich darauf, daß Alexandra die anfallenden Rechnungen aus ihrer Apanage begleichen würde, aber diese Regelung konnte kaum von Dauer sein. Nicht nur benötigten sie, ihre Tochter Xenia und ihre Familie ein regelmäßiges Einkommen; sie waren sich darüber hinaus der Bedürfnisse anderer Romanows und Tausender von russischen Flüchtlingen akut bewußt. Großfürst Mikhail, der Vetter des letzten Zaren und nicht mit dessen jüngerem Bruder zu verwechseln, war während des Krieges in England gewesen und einer der ersten, der nach der Revolution seine Armut bekannte. Er schrieb an Außenminister Arthur Balfour und erläuterte ihm seine mißliche Lage in der dritten Person: »Seine Kaiserliche Hoheit ist gänzlich ohne Mittel für die Bedürfnisse seiner Lebenshaltung und hat hier kein Kapital oder Geld.« Er schlug vor, daß Sir George Buchanan, der Britische Botschaftter in Petrograd, seinen Wertpapierbesitz der Drummonds Bank verpfände, so daß er ein Bankdarlehen bekommen könnte. Er wurde höflich abgewiesen, hatte im Buckingham-Palast jedoch mehr Erfolg.

Obwohl Sir Frederick Ponsonby, der Großfürst Mikhail im Namen des Königs und der Königin antwortete, den Antragsteller persönlich für »einen empfindlichen und ermüdenden Mann« hielt, hatte er gute Nachricht für ihn:

> Ich sagte ihren Majestäten, daß es unmöglich sei, zu sagen, wieviel Sie in Zukunft erhalten würden, bis die Dinge in Rußland geregelt seien, daß es aber nach meinem Verständnis ausreichen werde, Ihnen über die nächsten sechs Monate hinwegzuhelfen, wenn Ihnen 10 000 Pfund vorgestreckt werden könnten. Ich sagte, meines Wissens sei der Schmuck der Gräfin Torby, der sich im Banksafe befindet, 40 000 Pfund wert, was als Sicherheit ausreiche. Der König und die Königin sagten, sie wünschten keine Sicherheiten, und sie würden Ihnen gemeinsam jetzt 5000 Pfund und weitere 5000 Pfund im Juli senden. Sie wünschten nicht, daß irgendwelche Dokumente aufgesetzt oder Formalitäten eingeleitet würden.

Er fügte hinzu, daß der Schmuck als »eine nominelle Sicherheit« betrachtet werden könnte, und deutete an, daß die angebotenen Summen hätten höher sein können, doch habe der König »jeden Penny, den er hat, in Kriegsanleihen investiert und mir wenig Spielraum gelassen ...«

Unterdessen paßte sich auch Xenia der neuen Lebensweise im Exil an. Ihr Schmuck war ursprünglich als Sicherheit für Kredite gedacht gewesen, wurde aber bald zum Magneten für skrupellose Betrüger. Aber wenigstens hatte sie Freunde, die sie unterstützten. Die britische Königsfamilie und ihre Tante, Königinwitwe Alexandra, sorgten für Unterbringung, und Herbert Galloway Stewart, der sich vor dem Krieg in London um ihre Kinder gekümmert hatte, war gleichfalls zur Stelle und half ihr, ein Konto bei Coutts zu eröffnen, dem Bankhaus der königlichen Familie in der Strand. So hatte sie innerhalb von sechs Wochen nach ihrer Ankunft in Spithead ein Girokonto mit 1000 Pfund Guthaben und ein neues Scheckheft. Mit diesem ging sie sofort zum Kaufhaus Harrods und gab dort mit ihrem ersten Scheck 98 Pfund aus. Nach ihren zuletzt gemachten Erfahrungen kann man es ihr nicht verdenken. Später soll sie auch ein Konto bei Baring Brothers gehabt haben.

In den nächsten Monaten verbrachten Marie und Alexandra, die einander viel zu erzählen hatten, ihre Zeit abwechselnd im Marlborough House und in Schloß Sandringham. Aber »Heimat« blieb für Marie, wenn auch nicht mehr für Alexandra, Dänemark; und einige Monate nach ihrer Ankunft in England war sie wieder an Bord eines Schiffes, diesmal der MS *Fionia*, die ihren Zielhafen Kopenhagen am 10. August erreichte. *Die Fionia* war ein besonders modernes dieselgetriebenes dänisches Handelsschiff der Ostasiengesellschaft, das bereits Winston Churchills Bewunderung gefunden hatte, als er Erster Lord der Admiralität gewesen war. Die Ostasiengesellschaft wurde von H. N. Andersen geleitet, einem erfolgreichen dänischen Geschäftsmann, dem die Kontakte des dänischen Hofs nach Rußland, darunter auch zu Kaiserinwitwe Marie, in der Vergangenheit genützt hatten, und der Nikolaus II. bei einem Vorkriegsbesuch im Fernen Osten als Berater gedient hatte. Er war natürlich gern bereit, in der Stunde der Not zu helfen.

Während Marie sich in Schloß Amalienborg in Kopenhagen als Gast ihres Neffen, König Christian X., niederließ, fand Xenia ein neues Heim in Longmore bei Windsor und dann unter Privatadressen in London und Paris. Die Unterbringung war allerdings nicht das einzige Problem. Die Frage ihres künftigen Lebensunterhalts mußte geregelt werden. Keiner von ihnen hatte es in der Vergangenheit an Geld gefehlt; und keine von ihnen hatte irgendwelche Erfahrung im Geldverdienen oder auch nur im persönlichen Ausgeben. So war es kaum überraschend, daß beide bald in finanzielle Schwierigkeiten gerieten. Sie hatten Kapital (hauptsächlich Schmuck) und freundliche Königshäuser, auf die sie sich stützen konnten, aber kein Einkommen.

Marie war außerdem großzügig und unterstützte das Personal, das sie von der Krim mitgebracht hatte, und ungezählte andere Flüchtlinge, ohne über die Kosten nachzudenken. Innerhalb kurzer Zeit hatte sie 803 000 dänische Kronen Schulden (damals ungefähr 40 000 Pfund, heute etwa 600 000 Pfund), von denen nur zwei Drittel durch Sicherheiten gedeckt waren. Ihre Nettoverschuldung wurde mit 330 000 Kronen (damals 15 000 Pfund, heute etwa 225 000 Pfund) berechnet. Als er von der Situation erfuhr, beglich H. N. Andersen rasch die Schulden und verhalf ihr zu einer regelmäßigen Zuwendung. Das Geld kam von seinem eigenen Unternehmen, der Ostasiengesellschaft, und der Landmands Banken, die aber kurze Zeit später zusammenbrach, weil spekulative und sogar betrügerische Kredite vergeben worden waren. Der Bankenkrach zog einige der Mitglieder der dänischen Königsfamilie in Mitleidenschaft, die an den Spekulationsgeschäften teilgenommen hatten (einer verließ in Schande das Land und ging zur Fremdenlegion). Maries Position aber wurde sofort von Andersen abgesichert, indem er veranlaßte, daß die Ostasiengesellschaft für die Schulden bürgte.[35]

Maries Zusammenleben mit Christian X. im Schloß Amalienborg war konfliktreich. Er fand, daß sie wenig Sinn fürs Geldsparen habe, und sie wiederum betrachtete ihn als Geizhals. Die Anekdote, sie habe in Reaktion auf eine seiner knauserigen Anordnungen ihr Personal ermuntert, alle Lampen in ihrem Flügel des Schlosses einzuschalten, ist so oft wiederholt worden, daß sie einen wahren Kern haben muß. Beide waren wohl ziemlich erleichtert, als sie entschied, aus dem Schloß auszuziehen und künftig ein Haus in Hvidor zu bewohnen, das nördlich von Kopenhagen an der Westküste lag, seit 1906 im gemeinsamen Besitz von Marie und ihren beiden Schwestern – Königin Alexandra und der Herzogin von Cumberland – war und als »eine architektonische Monstrosität, aber in sehr schöner Lage« bezeichnet wurde.

Dieser Umzug markierte auch einen Wendepunkt in ihren Finanzen. Königinwitwe Alexandras direktes Eingreifen in Maries Angelegenheiten machte London auf die Notwendigkeit einer kontrollierten Hilfe in der Zukunft aufmerksam. Der erste Schritt in diese Richtung erfolgte, nachdem man übereingekommen war, Maries finanzielle Probleme zu lösen. Königinwitwe Alexandra, König Georg V., Queen Mary und Prinzessin Victoria wollten sie gemeinsam mit 10000 Pfund im Jahr unterstützen. Später bezahlte Georg V. der Einfachheit halber den Gesamtbetrag aus seiner Privatschatulle.

Zur gleichen Zeit gelang es Sir Frederick Ponsonby, dem Bewahrer der Privatschatulle, Maries Ausgabenfreudigkeit zu dämpfen, indem er auf Anraten des Prinzen Axel, eines Enkels von Christian X., einen Offizier der dänischen Kriegsmarine, Kapitän Andrup, zum Verwalter ihrer Haushaltsausgaben bestellte, der monatlich alle erforderlichen Gehälter, Löhne und laufenden Kosten bezahlte, bevor er den Rest, ebenfalls monatlich, Marie übergab. Das System funktionierte. »Die Kaiserinwitwe«, sagte Sir Frederick später, »begriff, daß sie, je mehr Gäste sie empfing, desto weniger Geld am Monatsende haben würde, und strich ihre Einladungen entsprechend zusammen.«

König Georgs finanzielle Unterstützung der Kaiserinwitwe wurde zweifellos dadurch erleichtert, daß ihr von der Krim geretteter reichhaltiger Schmuck als »nominelle Sicherheit« diente. Sir Frederick Ponsonby bestand darauf, daß der Schmuck in einem besonderen Safe verwahrt werde, für den es zwei Schlüssel gebe. Einer sollte von Maries Kammerzofe verwahrt werden, der andere von Kapitän Andrup. Wann immer Marie den Schmuck anlegen oder betrachten wollte, mußte die Kammerzofe Andrup rufen, damit er mit dem anderen Schlüssel komme. Hinterher vergewisserte sich der Kapitän, daß nichts fehlte. König Georgs und vor allem Queen Marys »Engagement« für Maries Schmuckkasten sollte später beträchtlich über seine ursprüngliche Rolle als »nominelle Sicherheit« für die Marie ausgesetzte Summe hinausgehen.

Großfürsin Olga, die ihren Ehemann, Oberst Kulikowskij, in den Kaukasus begleitet hatte und über Noworossisk aus Rußland entkommen war, zog Anfang 1920 zu ihrer Mutter nach Dänemark. Großfürstin Xenia blieb eine Zeitlang in der Nähe von Windsor. Sie alle hielten enge Verbindung untereinander. Eine Nachricht schockierte sie beträchtlich. Sie hatten sich an die angeblichen Enthüllungen des bolschewistischen Regimes über zaristische Aktivitäten gewöhnt, aber die Nachricht der Gräfin Karlowa an Xenia und Olga, daß Teile des privaten Briefwechsels zwischen Nikolaus und Alexandra sichergestellt worden seien und von einem Londoner Verleger in England veröffentlich werden sollten, empörte sie.

Xenia enthielt ihrer Mutter die Nachricht anfänglich vor, wurde aber selbst sofort aktiv. Unterdessen hatte Olga Marie jedoch informiert, und nach dem ersten Schock überließen sie es beide Xenia, geeignete Schritte zu unternehmen. Sie sprach mit Georg V. und seinem Privatsekretär Lord Stamfordham, der sie mit dem Anwalt der königlichen Familie, Sir Charles Russell, in Verbindung brachte. Der Briefwechsel zwischen Nikolaus und Alexandra war bereits von einer Zeitung in den Vereinigten Saaten veröffentlicht worden, und Xenia hatte mehrere Ausschnitte gelesen. »Sie sind von der intimsten Art«, berichtete sie ihrer Mutter, »und einige sind überraschend schön – es ist einfach eine Sünde, sie zu lesen.« Sie enthielten auch Hinweise auf Rasputin und auf Alexandras entschiedene Ansichten über die politische Situation in Petrograd.

Xenia erhielt den Rat, die einzige erfolgversprechende Möglichkeit, ihre Veröffentlichung in London zu verhindern, sei ihre amtliche Bestellung zur Nachlaßverwalterin des Zarenvermögens in England, zu dem auch etwaige Urheberrechte gehörten. Sir Charles Russell leitete die nötigen Schritte ein. Dies ist der Hintergrund des angeblichen Anspruchs von Xenia auf Nikolaus' Millionen in England. Späteren Anwärtern diente diese Aktion als Beweis dafür, daß die Familie Romanow nicht nur um sein Vermögen in London gewußt, sondern auch Anspruch darauf erhoben und einen Teil davon geerbt habe. Erst jetzt ist es möglich geworden, den wahren Zweck von Xenias juristischem Vorstoß zu erklären.

Auf Russells Rat machte Xenia auch ihre Ansprüche auf Besitztümer der Romanows geltend, die aus Jekaterinburg nach London gelangten. Xenia beschrieb sie ihrer Mutter mit den Worten »diese Dinge, die aus Jekaterinburg eintrafen (letztes Jahr über Wladiwostok) und die jetzt in meiner Obhut sind und auf 500 Pfund geschätzt wurden«. Am 17. Mai 1920 wurde Großfürstin Xenia als älteste Schwester des Zaren zur Nachlaßverwalterin über Nikolaus' gesamten Privatbesitz in England bestellt.[37] Der Bruttowert dieses Besitzes wurde auf 500 Pfund festgesetzt, wie Xenia ihrer Mutter angedeutet hatte. In krassem Gegensatz zu den phantastischen Vorstellungen, die sich später daran knüpften, handelte es sich nur um die traurigen Überreste und beschädigten Schmuckstücke, die in Ipatjews Haus und beim Bergwerksschacht übriggeblieben und den überlebenden Mitgliedern der Familie Romanow zurückgegeben worden waren, nicht aber das angebliche Guthaben des Zaren bei einer Londoner Bank.

Xenias wichtigster Vermögenswert, ihr Schmuck, brachte sie bald in Schwierigkeiten und Verlegenheit. Ein Amerikaner namens Maurice Sternbach versuchte als erster, Kapital daraus zu schlagen, nachdem er sich über einen Freund in Kopenhagen ein Empfehlungsschreiben besorgt hatte. Durch diese förmliche Kontaktaufnahme beruhigt, traf sich Xenia mit Sternbach im Hotel Claridge und hörte seine Geschichten von Reisen und Abenteuern und seinen angeblichen finanziellen Fachkenntnissen. Sie versetzte einiges von ihrem Schmuck an ihn. Diese Zusammenkunft fand Ende 1921 statt.[38]

Schlimmeres sollte folgen. Anfang 1922 machte Sternbach Xenia mit Albert Frederick Calvert bekannt, der in der Eton Avenue in Hampstead im Norden Londons wohnte. Er wurde ihr im Hotel Carlton als »ein angesehener Finanzier aus der Londoner City« vorgestellt. In Wirklichkeit hatte Calvert bereits acht Konkursverfahren hinter sich. Zusammen mit Sternbach hatte er ein viel größeres Projekt ersonnen, das sie Xenia vortrugen. Eine Gesellschaft mit dem imponierenden Namen General Exploration and Financial Syndicate sollte Xenia verleiten, sich von ihrem Schmuck zu trennen, um Kapital für eine Unternehmung zu beschaffen, die, wie man ihr erzählte, »Reichtum jenseits aller Träume« bringen werde.

Die ihr vorgetragene Version war, daß die Gesellschaft Optionen zum Erwerb von Patentrechten an einem fotografischen Druckverfahren ausgeben werde, das »enorme Gewinne« abzuwerfen verspreche. Ein vom 14. März 1920 datierter Brief von Sternbach an Xenia sprach von »möglichen 3 750 000 Dollar oder vielleicht mehr, und 50 Prozent Anteil an allen Tantiemen und Lizenzen«. Das Ergebnis war vorhersehbar. Im Februar 1922 überredete Sternbach die Großfürstin, für 4000 Pfund Schmuck zu versetzen. Sie übergab ihm 3500 Pfund, von denen 2000 Pfund an Calvert ausbezahlt wurden. Im nächsten Monat wurde eine Perlenkette mit zweiundsiebzig Perlen in ähnlicher Weise für 5000 Pfund versetzt. Davon gingen 3500 direkt an Sternbach, der 3000 Pfund an Calvert weitergab. Noch im selben Monat wurde ein Perlenkollier für eine Summe von 5000 Pfund versetzt, die ganz an Calvert ging. Insgesamt wurde Xenia von Calvert in ein paar Monaten um 10 000 Pfund geprellt. Sternbach, der zuvor schon in Paris wegen Scheckbetrugs festgenommen worden war, wurde zu einer Gefängnisstrafe verurteilt und dann in die Vereinigten Staaten ausgewiesen.

Großfürstin Xenia hatte nicht alles verloren. Ihr vierundfünfzigteiliges goldenes Tafelgeschirr befand sich Mitte der 1940er Jahre noch in ihrem Besitz. Aber sie konnte kaum als eine der reicheren Angehörigen der kaiserlichen Familie betrachtet werden. Auch hatte sie nicht von irgendwelchen Romanow-Geldern in London profitiert. Nach dem betrügerischen Verlust eines Teils ihrer Schmucksachen suchte Georg V. ihr zu helfen. Durch Sir Frederick Ponsonby kam er mit Peter Bark in Verbindung, einem russischen Landsmann Xenias und Nikolaus' letztem Finanzminister (von 1914 bis 1917), der nach London entkommen war und als Berater des Gouverneurs der Bank von England in osteuropäischen Angelegenheiten wirkte. Bark versprach zu helfen.

Rasch entdeckte er, daß Xenia keinerlei regelmäßiges Einkommen hatte und insofern praktisch mittellos war, und empfahl ihr als erstes eine Überprüfung ihrer Vermögenswerte. Er tat sein möglichstes, um zu entwirren, was sie an anderen Verpflichtungen eingegangen war, und empfahl ihr, ein Haus in Paris zu verkaufen. Das Endergebnis war, daß Georg V. ihr Frogmore Cottage in Windsor als Dauerwohnsitz lieh und ihr eine jährliche Zuwendung von 2400 Pfund gewährte. Wie im Falle ihrer Mutter sorgte Ponsonby dafür, daß das Geld vernüftig ausgegeben wurde, indem er einen Angestellten einschaltete, der die Ausgaben des kleinen Haushalts in Windsor abzog, bevor er Xenia die monatliche Restsumme aushändigte. Später berichtete Ponsonby: »Ich fand, daß sie sich so gut wie nichts gönnte und niemals einen Penny für Kleider ausgab, um ihren Söhnen mehr zukommen zu lassen.« Ihr Bankkonto ist Zeugnis ihrer Großzügigkeit. Besonders die Prinzen Andrej, Rostislaw und Nikita erhielten regelmäßige Überweisungen von ihrem Konto bei Coutts.

Es gelang Peter Bark auch, Ansprüche Xenias in Finnland zu Geld zu machen. Die Romanows waren Eigentümer von Vermögenswerten in Halila, die von den Bolschewisten beschlagnahmt und im Vertrag von Dorpat der finnischen Regierung übergeben worden waren. 1928 klagte Xenia mit Sir Frederick Ponsonbys Ermutigung und Peter Barks fachmännischer Unterstützung schließlich gegen den finnischen Staat. Die Bank von England erteilte Bark die Erlaubnis, von Xenia und Kaiserinwitwe Marie Vollmacht anzunehmen, und Georg V. bezahlte Barks Reisekosten.

Xenia behauptete, daß die Vermögenswerte im Dorf Halila, einschließlich des Sanatoriums Halila selbst, 1892 für 100 000 Rubel von ihrem Vater, Alexander III., persönlich gekauft worden seien. Die Finnen machten vor Gericht geltend, daß die Vermögenswerte im Jahre 1900 von Nikolaus II. der Kaiserin-Marie-Stiftung übergeben worden seien, daß die Stiftung mit Staatsmitteln subventioniert werde und daß die finnische Regierung sie nach dem Friedensvertrag legitim erworben habe. Tatsächlich war Halila in einem besonderen Artikel des Vertrags erwähnt. Xenias Klage wurde abgewiesen, aber der Streit dauerte noch einige Jahre an, bis Peter Bark Mitte Februar 1934 im Anschluß an eine diskrete Intervention der Bank von England endlich dem Gouverneur der Bank melden konnte, er habe soeben einen Scheck zugunsten von Xenia und ihren Verwandten erhalten. »Ich bin ganz sicher, daß die Verhandlungen sich ohne Ihre freundliche Hilfe noch immer hinziehen würden.«

Kaiserinwitwe Marie und ihre zwei Töchter waren nicht die einzigen Romanows, die bei ihrer Ankunft in London Hilfe benötigten. Natascha, die Gemahlin des Großfürsten Michael, jetzt mit dem Titel einer Gräfin Brassowa, hatte entkommen können und war nun vollkommen erschüttert über die Nachricht von seinem Tod in Perm, nachdem sie jahrelang in Unkenntnis über sein Schicksal gelebt hatte. Außerdem stand sie am Rande der Armut. Auch sie hatte etwas Schmuck, auf den sie im Notfall zurückgreifen konnte, aber sonst kaum etwas, und das Leben in der Londoner Gesellschaft, an dem sie noch vor fünf oder sechs Jahren mit Michael teilgenommen hatte, war ihr als alleinstehender Witwe verschlossen. Eine Zeitlang gelang es ihr, alte Gewohnheiten wieder zu beleben, und eine Bekannte aus jener Zeit erinnert sich, wie Natascha mit ihr im Rolls-Royce die Bond Street hinaufgefahren sei und in einem Juweliergeschäft eine riesige Perle verkauft habe. Sie lebte noch immer in der Hoffnung, daß Geld aus Michaels Zuckerfabriken in der Ukraine oder seinen Besitzungen in Rußland und Polen ihr irgendwie zufließen werde.

Es sollte nicht sein. Die russischen Besitzungen waren natürlich von den Kommunisten beschlagnahmt worden, aber über das Schicksal von Michaels polnischem Besitz, dem Vernehmen nach ein Wert von 600 000 Pfund, wurde erst viel später entschieden. Nach mehreren Anläufen verhandelte der polnische Oberste Gerichtshof 1937 endlich über ihre Ansprüche an den polnischen Staat. Nach einer dreitägigen Anhörung wiesen die sieben Richter Natascha mit den Worten ab: »Die von der Gräfin beanspruchten Besitzungen waren Teil des polnisch-russischen Vertrags von Riga, in dem festgelegt ist, daß alle Besitzungen des Zaren und der Zarenfamilie in Polen in polnisches Staatseigentum übergingen.«

In England erging es Natascha nicht viel besser. Natürlich erinnerte sie sich der Landsitze, die sie vor dem Krieg bewohnt hatte, doch wußte sie auch, daß sie nur gemietet gewesen waren. Das einzige Objekt, das sie schließlich zurückerlangen konnte, war ein gepachteter Besitz in Bolton Gardens, für den sie 1924 als Erbin ihres Mannes das Nutzungsrecht zuerkannt bekam. Der Wert wurde auf nur 94 Pfund veranschlagt, und die Beschreibung lautete: »Der Pachtbesitz des Großfürsten Michael Alexandrowitsch von Gatschina, Petrograd, der am oder seit dem 12. Tag des Juni 1918 an unbekanntem Ort verstarb.« Nataschas Los besserte sich nicht. Selbst die spätere Entdeckung von Michaels früheren Orden und Ehrenzeichen in einer Truhe im Gefolge einer Auktionsanzeige in einer Londoner Tageszeitung und willkommene Schätzungen, die den Wert zwischen 2000 und 10 000 Pfund ansetzten, erwiesen sich als wertlos, weil die Staaten, die Michael die Orden und Ehrenzeichen verliehen hatten, diese vor der Auktion zurückverlangten. Natascha beschloß ihre Tage in einer schäbigen kleinen Einzimmerwohnung in Paris.[39]

Ein vielversprechender Anspruch erwuchs aus einer Lebensversicherung, die für Kaiserin Alexandra abgeschlossen worden war. Im September 1919 erhielt das Außenministerium einen Brief von Alex Lawson, dem Generaldirektor der Gresham Life-Lebensversicherungsgesellschaft. »Unser Unternehmen«, erläuterte er, »hat eine Lebensversicherung für die Exzarin von Rußland in Verbindung mit einer Verpachtung in Cornwall, und wir werden von den Anwälten der Nutznießer gedrängt, die Versicherungssumme auszuzahlen, da ein Anspruch bestehe.« Ob das Außenministerium Informationen über den Tod der kaiserlichen Familie habe? Das Foreign Office zögerte nicht mit der Antwort: »Es besteht kaum ein Zweifel daran, daß die Exzarin ermordet worden ist.«

Allerdings war Whitehall sehr daran interessiert, etwas über zaristische Vermögenswerte in Cornwall zu erfahren. Die Wahrheit war um einiges banaler. Die Lebensversicherung war im Zusammenhang mit Grundbesitz in Cornwall abgeschlossen worden, welcher der Fürstin Dolgorukij gehört hatte, die einen Monat zuvor in Paris gestorben war. Wie sich bei einer Vorstandssitzung der Gresham im Dezember des gleichen Jahres herausstellte, hatte die Fürstin Dolgorukij außerdem Immobilienbesitz in der Hinde Street, der Gloucester Terrace und am Cambridge Square in London, ferner Wertpapierbesitz. Die Versicherungssumme wurde anstandslos ausbezahlt. Hier hatte, wie häufig vor 1914, eine Romanow-Bürgschaft für Verwandte den Weg geebnet.

Natürlich waren auch Vertreter des neuen kommunistischen Regimes interessiert, zu klären, was nun ihnen gehörte. Wir werden ihre Ansprüche auf Bankguthaben und Kredite in Kapitel 15 behandeln. Einer ihrer frühen Vorstöße galt verständlicherweise der Übernahme des Gebäudes der früheren Kaiserlich-russischen Botschaft, Chesham House. Nach mehreren vorausgegangenen Bemühungen hätte die Anerkennung der neuen Sowjetregierung eine derartige Übertragung verhältnismäßig problemlos machen sollen, doch gab es unvorhergesehene Komplikationen, von denen nicht einmal das Außenministerium wußte. Im Frühjahr 1924 schrieb es an Gräfin Benckendorff, die Witwe des früheren russischen Botschafters, daß die »jetzt in Ihrem Besitz befindliche« Immobilie an die Sowjetregierung als Nachfolgerin der zaristischen Regierung übergeben werden solle.

Ihre erste Reaktion war, sie habe »keinerlei Interesse am Chesham House«, aber nachdem sie sich hatte beraten lassen, entdeckte sie rasch, daß sie in Verbindung mit der Vermietung juristische Verantwortung trug und daß die Sowjetregierung ihre Erlaubnis und nicht die des internationalen Rechts benötigte. Ihr Mann hatte den Mietvertrag persönlich unterzeichnet, und nach englischem Recht war dies jetzt ihr Eigentum als Erbin. Der Vertrag war außerdem vom Bankier John Baring, dem späteren Lord Revelstoke, garantiert und hatte noch vier Jahre Laufzeit. Also blieb ihr am Ende die Befriedigung, der Sowjetregierung die Übernahme dessen »zu erlauben«, was diese stets als ihr Eigentum betrachtet hatte.[40]

9 *Anastasia*

Romanow-Scharlatane und -Anwärter sind im vergangenen Dreivierteljahrhundert an den unwahrscheinlichsten Orten aufgetaucht. Manche waren passiv und erfreuten sich nur einer flüchtigen Aufmerksamkeit, andere waren von Anfang an entschlossen, ihren vorübergehenden Vorteil nach Kräften zu nutzen. Einige erhielten öffentliche Aufmerksamkeit und nichts weiter; andere hatten es von vornherein auf den monetären Gewinn abgesehen. Es gab Betrüger unter ihnen und wohlmeinende Unschuldslämmer.

Wer weiß, vielleicht hat einer von ihnen – vielleicht sogar zwei – tatsächlich die Wahrheit gesagt. Wenn es sich so verhielte, könnte schwerlich ignoriert werden, was sie über zaristisches Geld und Vermögen gesagt haben. Dieses spezielle Problem, welche Erklärung verläßlich ist und welche nicht, müssen wir nun zu lösen suchen.

Außer der von Sydney Gibbes zitierten Meldung der *Daily Graphic*, nach der in New York eine Großfürstin Tatjana aufgetaucht sei, während die kaiserliche Familie noch im Gouverneurshaus in Tobolsk interniert war, erlebten die Vereinigten Staaten 1920 eine weitere Tatjana, als ein Bericht behauptete, sie sei entkommen, habe geheiratet und lebe mit einem Kellner in Birmingham, Alabama. In dieser früheren Periode traten Anwärter auch in Rußland auf. Gleb Botkin, der Sohn des Leibarztes der Zarenfamilie, berichtete einige Jahre später, daß »zahlreiche Großfürstinnen und Zarewitschs, allesamt offensichtliche Schwindler, in jeder sibirischen Stadt auftauchten«. Besonders bewunderte er den Unternehmungsgeist einer »hübschen Kurtisane, die monatelang als Großfürstin Tatjana posierte« und als solche von vielen Regimentern der Weißen an der Front gefeiert wurde. Er beschuldigte sogar Solowjew, der Rasputins Tochter heiratete und verdächtigt wurde, monarchistische Geldspenden, die zur Rettung der Zarenfamilie gesammelt worden waren, in seine eigene Tasche geleitet zu haben, »ein regelrechtes Geschäft mit dem Export geretteter Großfürstinnen« zu organisieren.[41]

Es wurde erzählt, daß er von Zeit zu Zeit reiche Einheimische informierte, er habe eine Großfürstin gerettet, besitze aber kein Geld, um sie ins Ausland zu bringen. Als Gegenleistung für das notwendige Bargeld würden sie Erlaubnis erhalten, mit ihr zusammenzutreffen und ein letztes Lebewohl zu sagen. »Die Rolle der Großfürstin wurde von einer der örtlichen Kurtisanen gespielt, die ihre Wohltäter an Deck eines abgehenden Dampfers traf, ihnen huldvoll gestattete, ihr die Hand zu küssen, und vor dem letzten Signal der Schiffssirene über eine andere Laufplanke wieder an Land ging.«

Einige Zeit später traf Fürstin Nikolajewna Galizyn, deren Großmutter Kammerfrau am kaiserlichen Hof gewesen war, im Petrograder Gefängnis ein junges Mädchen, das wegen Vorspiegelung falscher Tatsachen zu zehn Jahren Haft verurteilt worden war. Sie hatte sich als Großfürstin Olga ausgegeben, die älteste der Zarentöchter. Wie vermutlich so manche andere, war sie in Sibirien von Dorf zu Dorf gezogen und hatte erzählt, wie sie aus Jekaterinburg entkommen sei. Anscheinend glaubten viele Leute ihre Geschichte und gaben ihr Unterkunft und Essen, wenigstens bis die Sowjets ihr auf die Schliche kamen und sie wegen »konterrevolutionärer Aktivitäten« vor Gericht brachten. Fürstin Galizyn war verblüfft, wieviel Kenntnis vom Leben in den kaiserlichen Palästen das Mädchen sich angeeignet hatte, und wie vertraut sie mit den Namen ihrer Bekannten war. Die Erklärung dafür war, daß das Mädchen sich mit einer Bediensteten aus Zarskoje Selo angefreundet hatte und einfach über ein gutes Gedächtnis verfügte.[42]

Andere Olgas erschienen später. Eine lebte in einer luxuriösen Villa in der Nähe des Comer Sees, wo sie ihre Memoiren schrieb, die allerdings nie veröffentlicht wurden. Es hieß sogar, sie habe es fertiggebracht, einen jährlichen Zuschuß vom exilierten Kaiser Wilhelm II. zu erwirken. Eine weitere Olga tauchte in Montevideo auf, und Mitte der 1950er Jahre erhielt Baronesse Buxhoeveden, die Hofdame der Zarin, einen Anruf von einem Scotland-Yard-Detektiv, der sich bei ihr nach einer »Großfürstin Olga« erkundigte, die in Brüssel Verwirrung stiftete.

Ebenfalls in Brüssel erzählte eine Gräfin Cecile Czapska, als sie von ihren Ärzten erfuhr, daß sie nur noch Monate zu leben hatte, plötzlich ihrem Enkel Alexej Dolgorukij, sie sei die Großfürstin Maria. Sie behauptete, sie sei mit ihren drei Schwestern in die Stadt Perm entkommen, wo sie voneinander getrennt wurden, und nach ihrer Ankunft in Moskau sei es ihr schließlich gelungen, durch die Ukraine nach Rumänien zu fliehen. Dort habe sie den Sohn des Fürsten Alexander Dolgorukij geheiratet. Infolgedessen hat ihr Enkel Alexej, der in Zaire geboren wurde und heute in Madrid lebt, seither behauptet, der Urenkel des Zaren und rechtmäßige Romanow-Erbe zu sein.[42]

Am zahlreichsten waren diejenigen, welche sich als Anastasia und

Alexej ausgaben. Drei Anastasias erhoben Ansprüche in Großbritannien. In den Vereinigten Staaten hatte eine einen »Anastasia-Schönheitssalon« in Illinois; eine weitere tauchte Anfang der 1960er Jahre in Montreal, Kanada, auf und brachte es sogar zuwege, ihre »Tante«, die Schwester des Zaren, Großfürstin Olga, im Krankenhaus zu besuchen, um ihren Anspruch zu bekräftigen. Nicht viel später schrieb der russisch-orthodoxe Bischof in Tokio an Olga, um ihr mitzuteilen, daß eine weitere Anastasia »in Asien Aufsehen errege«. Und noch eine andere Anastasia trat im US-Bundesstaat Rhode Island auf, nachdem J.C. Trewins Buch über Sydney Gibbes, den englischen Hauslehrer der Zarenfamilie, erschienen war. Der verstorbene George Gibbes, der Adoptivsohn von Sydney Gibbes, zeigte ihr die Russische Sammlung in Luton Hoo, wo sie ein besonderes Eigentümerinteresse an den ausgestellten Fabergé-Schmuckstücken zeigte.

Die neueste Anastasia kommt aus Rußland selbst. Die russische Zeitung *Top Secret* behauptete kürzlich, Beweise dafür zu haben, daß sie nicht nur dem Massaker von 1918 entging, sondern 1971 in einer sowjetischen Nervenklinik gestorben sei. Der Artikel unterstellte, daß sie 1920 bei einem Versuch, nach Japan zu entkommen, von den sowjetischen Behörden festgenommen, 1929 aus der Haft entlassen und ein Jahr später wieder inhaftiert worden sei. Unter dem Namen Nadeschda Iwanowa Wassiljewna habe sie den Rest ihres Daseins in einer Nervenheilanstalt in Kasan verlebt, wo sie ihre Zeit damit verbracht haben soll, Briefe an ihre kaiserlichen Verwandten zu schreiben. Die Akten seien (nach dem Sturz des Sowjetregimes) von der Heilanstalt freigegeben worden, zusammen mit einigen Briefen und einem auf 1950 datierten Selbstporträt.

Die bemerkenswertesten Anastasias waren jedoch Eugenia Smith und Anna Anderson. Die erstere bestand den Test mit einem Lügendetektor, den die Zeitschrift *Life* Ende 1963 veranstaltete, wurde aber in anderen Punkten als unglaubwürdig überführt, und die zweite sollte, bevor bewiesen wurde, daß sie eine Schwindlerin war, zum Anlaß und Gegenstand ungezählter Artikel, Bücher und Filme werden.

Was den Thronfolger betraf, so wurde der erste, der sich als Alexej ausgab, nach einer Gegenüberstellung von Pierre Gilliard, dem französischen Hauslehrer der Zarenfamilie, als »ein naiver Betrüger« bezeichnet. Später tauchte ein Alexej in Bagdad auf, der angeblich Zeichen der Bluterkrankheit zeigte, unter welcher der Zarewitsch gelitten hatte. Er sagte, er sei von Bauern aufgenommen worden und habe sich auf dem Landweg über Persien nach Bagdad durchgeschlagen.[44] Nicht lange danach wurde ein weiterer Alexej in Afghanistan gemeldet. Die beiden bemerkenswertesten aber tauchten erst in den letzten fünfundzwanzig Jahren auf. Einer war der unbezahlbare polnische Überläufer zur amerikanischen CIA, Oberst Goleniewski, der später behauptete, Alexej zu sein; der andere war ein Mann namens F.G. Semjonow, der durch den Fleiß Edward Radzinskys bekannt wurde, lange Jahre in einer sowjetischen psychiatrischen Anstalt und anschließend in einem Arbeitslager verbracht hatte, und, was bedeutsamer ist, unter chronischer Hämaturie litt, vom Namen »Beloborodow« (Chef des Ural-Sowjet zur Zeit der Ermordung) verfolgt wurde und immer behauptete, der Sohn des Zaren zu sein.[45]

Nach den Ergebnissen der britischen DNS-Untersuchungen besteht jetzt vollkommene Klarheit darüber, daß die Behauptung, mehrere der Schwestern seien nach Perm entkommen, nicht mehr haltbar ist. Damit dürften die Ansprüche Alexej Dolgorukijs, der heute in Madrid lebt und dessen Großmutter behauptete, sie sei mit ihren anderen Schwestern entkommen, zusammengebrochen sein. Die frühere Untersuchung der Gebeine, die vor dem DNS-Test in Rußland vorgenommen wurde, aber durch diese an Beweiskraft gewonnen hat, läßt gleichfalls den Schluß zu, daß die älteren Mitglieder der Familie alle starben – wegen der Größe der Gebeine bedarf nur noch das Schicksal zweier der drei jüngeren Kinder der Aufklärung. Mithin können all jene, die behauptet haben, die Großfürstinnen Olga oder Tatjana zu sein, außer acht gelassen werden. Der DNS-Befund läßt auch die Behauptung, der Leichnam der Großfürstin Tatjana sei in einem Grab in Lydd beerdigt worden (siehe S. 140), höchst zweifelhaft erscheinen.

Unser Hauptinteresse gilt natürlich der Frage, was solche Anwärter über zaristische Gelder gesagt haben, und nicht, ob sie einen Anspruch darauf haben. Und aus diesen Gründen kann unsere Aufmerksamkeit sich auf zwei frühere Anwärter beschränken: Anna Anderson und Oberst Goleniewski. Beide hatten wesentliche Aussagen über die Gelder der Zarenfamilie zu machen, und beide gaben Anlaß zu detaillierten Nachforschungen. Anna Anderson – unter diesem Namen sollte sie später bekannt werden – tauchte zuerst am 17. Februar 1920 um 9 Uhr abends auf – und zwar buchstäblich: nämlich aus den kalten Wassern des Landwehrkanals in Berlin, nachdem sie versucht hatte, Selbstmord zu begehen. Sie kannte ihren Namen nicht und gab nach ihrer Rettung aus dem Kanal durch einen aufmerksamen Polizeibeamten mehr als ein Jahr lang keinen Hinweis auf ihre Identität. Wer immer sie war, den Schwestern, die sie betreuten, zuerst im Elisabeth-Krankenhaus in Berlin und später in der Heilanstalt Dalldorf, wurde allmählich die vollständige Verzweiflung bewußt, die sie zu ihrem Selbstmordversuch geführt hatte, sowie ihre Abneigung, über ihre Vergangenheit zu sprechen.

Selbst achtzehn Monate nach ihrer Rettung war sie für alle, die sich um sie kümmerten, noch immer »Fräulein Unbekannt«. Auch kam die erste Behauptung, sie sei eine Großfürstin, nicht von ihr. Im Laufe der Monate gelang es den Schwestern in Dalldorf nach und nach, ihr Vertrauen zu gewinnen und sie zum Reden zu bringen. Sie waren nicht nur von ihrer Haltung und ihrem allgemeinen Benehmen beeindruckt, sondern auch von ihrer Kenntnis der politischen Verhältnisse Rußlands und ihrer Vertrautheit mit den Namen von Angehörigen der russischen und anderen königlichen Familien. Besonders eine Patientin, Clara Peuthert, die sich mit ihr angefreundet hatte, begann sich selbst zu überzeugen, daß es mit ihrer Mitpatientin etwas Besonderes auf sich habe. Ein Artikel in einer Berliner Illustrierten machte den Fall für sie klar. Als sie die Fotos des Zaren und seiner Familie sah, glaubte sie sofort zu erkennen, wer die Unbekannte im benachbarten Bett war: Großfürstin Tatjana.

Zu welchem Zeitpunkt die Patientin tatsächlich bestätigte oder sogar behauptete, sie sei eine Großfürstin, bleibt auch nach den vielen nachfolgenden Zeugenaussagen unklar; und ob sie selbst die Urheberin der Annäherung an die erweiterte Romanow-Familie war oder sich einfach fügte, ist ebenso ungewiß. Tatsächlich vergingen nach der Rettung der Unbekannten zwei Jahre, bevor durch die Initiative der Mitpatientin Clara Peuthert erstmals Kontakt zur Romanow-Verwandtschaft gesucht wurde. Auch hier differieren die Erinnerungen, doch scheint klar zu sein, daß die Unbekannte – und mit ihr alle Welt – erst nach einem Besuch der früheren Hofdame der Zarin, Baronesse Sophie Buxhoeveden, bei dem diese erklärt hatte, sie sei zu klein, um Tatjana zu sein, zu akzeptieren begann, daß sie Anastasia sei.

Um diese Zeit wurde Anna, wie sie sich nun zu nennen begann, aus dem Pflegeheim entlassen und kam in die Obhut einer der zahlreichen russischen Emigrantengruppen der Stadt. Es war auch der Anfang einer Serie von Gegenüberstellungen mit früheren Freunden oder Verwandten der russischen Zarenfamilie; zugleich nahm eine Reihe von enttäuschenden Beziehungen zu Sympathisanten und Helfern ihren Anfang. Alle wollten auf verschiedene Weise helfen, und alle hatten verschiedene Motive. Manche waren fürsorglich, einige davon im Übermaß; andere wollten Annas Sache vorantreiben; und allzuoft waren die neuen Freunde einfach Opportunisten. Anna ihrerseits war noch immer eine stark gestörte Persönlichkeit mit einem geheimnisvollen Hintergrund. Und unter solchen Umständen entstehen und gedeihen Legenden.

Zwischen 1922 und ungefähr 1925 wurde die Geschichte von Anastasias Entkommen aus dem Ipatjew-Haus und ihrer Rettung durch einen Soldaten namens Alexander Tschaikowskij und seine Familie in einem Bauernfuhrwerk durch Rußland nach Bukarest zusammengesetzt und von denen, die sich um sie kümmerten, gelegentlich ausgeschmückt. Sie sprach auch davon, daß sie ein Kind von Tschaikowskij habe und ihn 1919 geheiratet habe. Sie hatten, wie sich herausstellte, ihren Lebensunterhalt von den in ihre Kleider eingenähten Schmucksachen bestritten. Aber bald darauf, sagte sie, sei er in Bukarest auf der Straße erschossen worden, und sie habe ihren kleinen Sohn zurückgelassen und die lange Wanderschaft nach Berlin angetreten, um die Verwandten ihrer Mutter zu suchen. Ihre Verzweiflung, als sie vor den Toren der Niederländischen Botschaft in Berlin stand und plötzlich begriff, daß sie sich in ihrem heruntergekommenen Zustand schwerlich würde anmelden und ihr Anliegen glaubhaft machen können, hätten sie zur Bendlerbrücke und zu ihrem dramatischen Sprung in den Fluß geführt. »Können Sie verstehen, was es heißt, plötzlich zu wissen, daß alles verloren ist und man völlig allein gelassen ist? ... Ich wußte nicht, was ich tat.«[46]

Die Annäherungsversuche von Annas Freunden an die Romanow-Verwandten erregten allmählich breitere Aufmerksamkeit. Zwei frühe Besucher in der ersten Hälfte des Jahres 1925, die ehemalige Kronprinzessin Cäcilie von Preußen und Harriet von Rathlef-Keilman, eine russische Emigrantin, hatten wahrscheinlich ebenfalls Anteil an der Zunahme des Interesses, der Kontroversen und auch der Leidenschaften, welche die Affäre in den nächsten vier Jahrzehnten begleiten sollten. Prinzessin Cäcilie weckte das Interesse der einzigen Tochter des Kaisers, die wiederum ihre Schwiegermutter, die Herzogin von Cumberland, Kaiserinwitwe Maries Schwester, interessierte. Während Marie selbst reserviert und skeptisch blieb, zweifellos noch immer außerstande, zu akzeptieren, daß das Massaker tatsächlich stattgefunden hatte, ergriff ihr Bruder in Kopenhagen, Prinz Waldemar, die Initiative und beauftragte den dänischen Gesandten in Berlin, Herluf Zahle, mit einer vorläufigen Untersuchung des Falles. Unterdessen begann Harriet von Rathlef-Keilman mit ersten eingehenden Nachforschungen, die zur Grundlage späterer Schriften werden sollten.

Beide Initiativen brachten Anna im Laufe der nächsten zwei Jahre weitere Besucher und Bemühungen um ein Wiedererkennen von seiten früherer Freunde und Angestellter der Zarenfamilie. Zu ihnen zählten Pierre Gilliard, der Französischlehrer, Tatjana und Gleb Botkin, die Kinder des Leibarztes, Großfürst Andrej, der Vetter des Zaren, welcher Nikolaus' frühere Geliebte, die Ballerina Mathilde Kschessinska, geheiratet hatte, Fürst Felix Jussupow, Sascha, Anastasias Kinderschwester, Alexej Volkow, ein früherer Diener der Zarin, und schließlich, gegen den Rat ihrer Mutter und älteren Schwester, Großfürstin Olga.

Einige von ihnen hatten Anastasia gut gekannt, andere hatten sie seit ihrer Kindheit nicht gesehen. Die Lücke schloß in den meisten Fällen nicht nur die jüngste Entwicklung von einem Backfisch zu einer erwachsenen Frau mit ein, sondern auch die Jahre danach, in denen sie seelische und körperliche Not gelitten hatte. Die Botkins waren überzeugt, daß dies die Anastasia sei, die sie gekannt hatten. Auch Gilliard schien zunächst überzeugt, obwohl er später seine Meinung änderte und unter dem Druck des Großherzogs von Hessen, Alexandras Bruder, ein entschiedener Skeptiker wurde. Fürst

Jussupow nannte Anna »eine Abenteurerin, eine kranke Hysterikerin und schreckliche Schauspielerin«. Professor Rudnef, der die Familie 1914 kennengelernt hatte und entdeckte, daß Anna geradeso wie Anastasia einen vorstehenden Knochen im linken Fuß hatte, war durch diesen physiologischen Beweis überzeugt. Großfürst Andrej wurde ein überzeugter Anhänger.

Großfürstin Olgas Reaktionen sind seit jeher umstritten. Diejenigen, welche ihren mehrfachen Begegnungen mit ihrer »Nichte« beiwohnten, berichteten, mit welcher Wärme sie auf Anna reagierte und wie sie, als sie schließlich ging, zu ihren Begleitern sagte: »Mein Verstand kann es nicht fassen, aber mein Herz sagt mir, daß die Kleine Anastasia ist. Und weil ich in dem Glauben erzogen worden bin, der mich lehrt, eher meinem Herzen als meinem Verstand zu folgen, muß ich glauben, daß sie es ist.«[47] Ihre Reaktion gefiel den meisten Verwandten Olga Romanows nicht. Allerdings bestritt sie ihrem späteren Biographen gegenüber, so reagiert zu haben. In den frühen 1960er Jahren erklärte sie ihm:

> Meine liebe Anastasia war fünfzehn, als ich sie im Sommer 1916 das letzte Mal sah. 1925 wäre sie vierundzwanzig gewesen. Ich fand, daß Anna Anderson viel älter aussah. Natürlich mußte man eine sehr lange Krankheit und ihren allgemein schlechten Gesundheitszustand in Rechnung stellen. Trotzdem konnten die Züge meiner Nichte sich nicht bis zur Unkenntlichkeit verändert haben. Die Nase, der Mund, die Augen, alles war anders.

Aber Olga blieb verständnisvoll. »Die Leute ... sagten, daß ich meine Nichte wiedererkannt hätte, weil ich ihr aus Dänemark ein paar Briefe schrieb und ein Halstuch schickte. Ich weiß, ich hätte es nicht tun sollen, aber ich tat es aus Mitleid. Sie können sich nicht vorstellen, wie elend diese Frau aussah.«[48]

Mitte der zwanziger Jahre kam erstmals eine Theorie auf, die sich bis in die fünfziger und sechziger Jahre hielt und 1990 nochmals wiederbelebt wurde. Die Tochter einer Gutsbesitzerin hatte Annas Foto in deutschen Zeitungen entdeckt und erklärt, es handele sich um die polnische Bauerntochter Franziska, die Anfang 1920 plötzlich verschwunden und 1922 für kurze Zeit wieder aufgetaucht sei. Die *Berliner Nachtausgabe* recherchierte private Details der Geschichte mit Hilfe eines Privatdetektivs und verkündete am 31. März 1927, Anna und Franziska seien ein und dieselbe Person.

Herluf Zahle, der dänische Gesandte in Berlin, der bei Olgas Besuch und anderen anwesend war und zur gleichen Zeit seine eigenen Nachforschungen betrieb, ließ sich schließlich doch überzeugen und begeistern von dem, was er gesehen und gehört hatte. Er wurde einer von Annas wichtigsten Anhängern. Selbstverständlich hatte die Boulevardpresse sich frühzeitig des Rätsels bemächtigt. Besonders Harriet von Rathlef-Keilman nahm sich des Falles an, zuerst mit einer Artikelserie in Berlin und dann mit einem Bericht über ihre Erkenntnisse, der in Buchform in Europa und Nordamerika veröffentlicht wurde. Ein gutes Beispiel für die kontinuierliche Presseberichterstattung war ein in der *New York Times* veröffentlichter, aufsehenerregender Artikel von Bella Cohen, die fünf Stunden mit Anna verbracht hatte. (Später wurde sie mit ihrem Ehemann Sam Spewack bekannt als die Autorin des äußerst erfolgreichen Musicals *Kiss me Kate.*) Sie verkündete kurz und bündig: »Ich sage, sie ist Anastasia. Ich kann mich irren ... Aber ich bin nicht verrückt.«

Der Artikel faßte zusammen, wie weit Anna es zu allgemeiner Anerkennung gebracht hatte, und nährte das allgemeine Aufhebens, mit dem Anastasia 1928 in New York empfangen wurde, indem er indirekt drei wichtige Fürsprecher Anastasias gewann: Gleb Botkin, Prinzessin Xenia von Rußland (nicht die Großfürstin, sondern Mrs. William Leeds) und Edward Fallow, einen New Yorker Anwalt, der mit Montagu Norman verwandt war, dem Gouverneur der Bank von England. Gemeinsam sollten sie aus ganz verschiedenen Gründen ein zeitgeschichtliches Geheimnis und eine tragische Lebensgeschichte in ein finanzielles Ringen verwandeln, bei dem es um Millionen ging. Gleb Botkin steuerte die Begeisterung eines früheren Spielgefährten der kaiserlichen Kinder und eines neuen Konvertiten bei, Prinzessin Xenia den sozialen Status und die finanzielle Unterstützung, die in den Vereinigten Staaten benötigt wurde, und Edward Fallows die juristischen und in einem gewissen Grade auch die finanziellen Fachkenntnisse, die erforderlich waren, um Anerkennung für Anastasia zu gewinnen. Gleb Botkin brachte sie alle zusammen und war verantwortlich dafür, daß Anna am 9. Februar 1928 an Bord der *Berengaria* in New York eintraf.

Annas erster Aufenthalt in den Vereinigten Staaten dauerte ungefähr zwei Jahre und war rückblickend von großer Bedeutung für alles, was noch folgen sollte. Zunächst erwarb sie durch puren Zufall den Namen, unter dem sie in der Außenwelt bekannt wurde: Anna Anderson. Als sie im Garden City Hotel abstieg, um sechs Wochen in Zurückgezogenheit zu verbringen, trug sie sich als »Mrs. Eugene Anderson« ein. Den Vornamen übernahm sie von Gleb Botkins Vater, den Nachnamen einer Eingebung des Augenblicks. Der Name blieb an ihr hängen, und so wurde, mit einer kleinen Veränderung. »Anna Anderson« geboren. Dann wurde Edward Fallows mit Wirkung vom 9. August 1928 ihr Rechtsanwalt und blieb es, mit Unterbrechungen, bis zu seinem Tode. Schließlich, und das war vielleicht am wichtigsten, starb zwei Monate später Kaiserinwitwe Marie in Kopenhagen, was zu einer entschlossenen »Kopenhagener Erklärung« der Familie Romanow und einer lebhaften und vielleicht unklugen Erwiderung Gleb Botkins führte, in der er Zweifel am Charakter der Großfürstin Xenia äußerte.

Die Erkärung der Romanows kam nur vierundzwanzig Stunden nach Maries Tod und wurde vom Hof des Großherzogs von Hessen veröffentlicht. Die gleiche Erkärung wurde dann nochmals im Namen aller Romanows, die an dem Begräbnis in Kopenhagen teilnahmen, der Öffentlichkeit übergeben. Sie stellte unmißverständlich fest, daß nach ihrer Meinung die Person, die »gegenwärtig in den Vereinigten Staaten lebt, nicht die Tochter des Zaren ist«. Gleb Botkins Erwiderung, direkt an Großfürstin Xenia gerichtet, war persönlich und sehr gefühlsgeladen:

> Keine vierundzwanzig Stunden vergingen nach dem Tod Ihrer Mutter ... als Sie sich beeilten, einen weiteren Schritt in Ihrer Verschwörung zum Betrug an Ihrer Nichte zu unternehmen ... Es ist leichter, ein Verbrechen zu verstehen, das von einer Bande halbverrückter und betrunkener Wilder begangen wurde, als die ruhige, systematische, endlose Verfolgung eines Mitglieds Ihrer eigenen Familie ... der Großfürstin Anastasia Nikolajewna, deren Fehler darin besteht, daß sie als die einzige rechtmäßige Erbin des verstorbenen Zaren ihren geldgierigen und skrupellosen Verwandten im Weg steht.

Die Glacéhandschuhe waren abgelegt, und wenn ein Zeitpunkt gewählt werden müßte, der den Beginn der folgenden juristischen und finanziellen Streitigkeiten markiert, dann wäre es dieser. Es war auch der Zeitpunkt, da die Keime der späteren Erklärungen und Beschuldigungen, bei denen es um Vermögen der Zarenfamilie in westlichen Banken, im wesentlichen also um Anastasias »Erbe« ging, zu sprießen begannen.

Edward Fallows war nicht der erste, der sich mit Überlegungen beschäftigte, was von Rechts wegen Anastasia gehöre und wo es zu suchen sei. Herluf Zahle hatte drei Jahre zuvor eine ähnliche Fährte verfolgt, aber seine Suche war von der Notwendigkeit bestimmt gewesen, Annas Identität zu beweisen. Edward Fallows begann nun als bevollmächtigter Anwalt die finanziellen Aussichten sehr viel methodischer zu erforschen, und innerhalb von zwölf Monaten hatte er eine Gesellschaft namens »Grandanor« gegründet, deren eigentlicher Zweck die Finanzierung der Suche war. Subskribenten, die Anteile an der Gesellschaft zeichneten, wurde ein Prozentsatz von den Millionen versprochen, die »Anastasia« schließlich erben würde. Fallows selbst sollte bis zu einem Betrag von 400 000 Dollar ein Viertel erhalten, und 10 Prozent vom gesamten Rest.[49]

Gleichsam über Nacht hatte sich der Akzent verlagert von der »Anerkennung« für Anna Anderson alias »Anastasia« auf die Sicherung ihres »Erbes«. Bei der Einschätzung der Ansprüche müssen wir fragen, was Anna Anderson ursprünglich wußte – und wann sie es sagte. Und wenn sie es nicht wußte oder sagte, wer tat es für sie?

Alle Erklärungen im Zusammenhang mit ihrem Erbe oder mit den finanziellen Angelegenheiten der Familie gab sie zwischen 1925 und 1928 ab, das heißt, zwischen dem Augenblick, da Anna mit Herluf Zahle zusammenkam, der als erster die finanziellen Implikationen hervorhob, und der Zeit kurz nachdem sie in den Vereinigten Staaten Edward Fallows kennenlernte. Einige dieser Erklärungen wurden Anna zugeschrieben, andere ihren Anhängern. Einige stammten von Dritten und wurden von Anna und ihren Anhängern benutzt. Herluf Zahle, Gleb Botkin und, etwas später, Edward Fallows waren es hauptsächlich, die Anna befragten und die an die Öffentlichkeit brachten, was ihnen die wesentlichen monetären Ansprüche zu sein schienen.

1925 soll Herluf Zahle nach einem Gespräch mit Anna an die wichtigsten Finanzbehörden herangetreten sein, um festzustellen, ob es Unterlagen über Bankguthaben auf Anastasias Namen oder den Namen der Familie gebe. »Zu dieser Zeit (1925, in der Mommsen-Klinik), als ich glaubte, sterben zu müssen, sagte ich Herrn

Zahle, daß mein Vater Geld in England deponiert hatte... Herr Zahle sagte es dann meiner Tante.«[50] Anna behauptete, es sei dieses Wissen gewesen, das die Großfürstin Olga veranlaßte, sie nicht voll anzuerkennen und später zu leugnen, daß sie ihre Nichte sei.

Unter Berufung auf eine 1928 von Anna Anderson unterzeichnete Erklärung behauptete Zahle, er habe festgestellt, daß das Geld in England sei. Ob er tatsächlich Verbindung zur Bank von England oder anderen ähnlichen Banken aufnahm, ist unbekannt. Seine Papiere sind heute in den Händen der dänischen Königsfamilie, der er sie anvertraute, und werden wahrscheinlich dort bleiben. Die letzten freigegebenen Dokumente aus den königlichen Archiven in Kopenhagen datieren von 1906, und man hat sich beharrlich geweigert, spätere freizugeben, einschließlich der hinterlassenen Papiere Herluf Zahles.

Als Peter Kurth in den frühen 1980er Jahren seine Biographie Anna Andersons verfaßte, beantragte er Einblick in Zahles Berichte. Königin Margrethes Privatsekretär erteilte ihm die Auskunft, daß die Zahle-Berichte, die dieser »für König Christian X. angefertigt hatte, zu dem Teil der Königlichen Archive gehören, die selbst für Schriftsteller und Wissenschaftler unzugänglich sind«. Alastair Forbes, der die Königin in dem für ihren französischen Ehemann restaurierten Château im Department Lot näher kennenlernte, stellte ihr die gleiche Frage. »Sehen Sie«, sagte sie ihm, »die Zahle-Papiere sind im *Familienarchiv*, und dies bleibt privat.«[51] Ich erhielt über mehrere frustrierende Monate hinweg ähnliche Antworten von ihrem Privatsekretär, vorgebracht mit unwandelbarer Höflichkeit und in makellosem Englisch. Einmal unterbrach er sogar die Geschäftigkeit eines Staatsbesuches aus Norwegen, um mir eine weitere Ablehnung zuteil werden zu lassen.

Die Bank von England kann keine Spur irgendeiner Korrespondenz mit Zahle in der Zeit um 1925 finden, nachdem sie alle einschlägigen Akten geprüft hat, die sich auf Dänemark, Deutschland und Anfragen wegen zaristischer Vermögenswerte beziehen. Sie hat unabhängig davon verneint, über irgendwelche Vermögenswerte der Zarenfamilie zu verfügen. Erwiesen ist, daß der Hausbank der britischen Königsfamilie, Coutts, eine Anfrage aus Deutschland zuging, die verneinend beantwortet wurde. Aber das war alles.

Die zwanziger Jahre sind besonders wichtig, weil Zahle Anna geraten hatte, ihre Ansprüche rechtzeitig geltend zu machen, wie Gleb Botkin berichtete. Wenn dies nicht innerhalb von zehn Jahren nach dem Tod ihrer Schwestern und ihrem eigenen vermeintlichen Tod, also bis zum 17. Juli 1928, geschehe, würden alle in England befindlichen Vermögenswerte der Zarenfamilie der Großfürstin Xenia zufallen. Diesem Datum näherte man sich unaufhaltsam.

Gleb Botkin wandte sich an seinen und ihren Rechtsberater Edward Fallows und bat ihn im Juni 1928, für Anna die notwendigen Schritte einzuleiten. Er schrieb Fallows einen detaillierten, siebenseitigen Brief, in welchem er umriß, was er selbst, durch die Verbindung seines Vaters zum kaiserlichen Hof, wußte und was er von Anna erfahren hatte:

> Ich weiß mit Bestimmtheit, daß der verstorbene Kaiser beträchtliche Geldsummen in der Bank von England hatte, daß er aber vieles davon entweder abgezogen oder dem Russischen Staat übereignet hatte, damit im Ausland militärische Nachschubgüter gekauft werden könnten. Während unseres sibirischen Exils erzählte er meinem Vater, dem verstorbenen Dr. Eugene Botkin, daß er kein eigenes Geld bei irgendeiner ausländischen Bank mehr habe. Dies würde allerdings nicht notwendig bedeuten, daß seine Töchter zu der Zeit keine Konten bei einer britischen Bank unterhielten, da der Kaiser die Gelder seiner Töchter nicht als seine eigenen bezeichnet haben würde.

Botkin betonte stets, Anna habe ihm diesen Unterschied so erklärt: »Es war nicht sein (des Zaren) Geld, es war unseres.«[52] Fallows unterrichtete umgehend die Londoner Banken von Annas Anspruch auf Gelder des Zaren. In der Erklärung Annas, die im August aufgesetzt und im Dezember 1928 rechtsgültig unterzeichnet wurde, heißt es:

> Ich, Großfürstin Anastasia Nikolajewna, jüngste Tochter und einziges überlebendes Kind des verstorbenen Kaisers Nikolaus II. und der Kaiserin Alexandra von Rußland, erkläre hiermit, daß mein Vater meine drei Schwestern und mich in der Verbannung in Jekaterinburg, Sibirien, sehr kurz vor dem Tode der anderen Mitglieder meiner Familie davon unterrichtete, daß er vor Ausbruch des Weltkrieges 1914 fünf Millionen Rubel für jede meiner drei Schwestern und mich bei der Bank von England deponiert habe. Als ich 1925 in Berlin war, führte der dänische Botschafter Zahle, dem ich von diesen Depositen erzählt hatte, offizielle Nachforschungen durch und informierte mich

> kurz darauf, daß er auf seine Anfrage die Antwort erhalten habe, bei der Bank von England befänden sich Einlagen für meine Schwestern und mich, doch sei die Bank nicht bereit, die Beträge anzugeben.[53]

Was sogleich auffällt, ist die Präzision nicht so sehr der Sprache, die man in einem rechtsgültigen Dokument erwarten kann, sondern der Erinnerung. Die angebliche jüngste Tochter, zur Zeit des Gesprächs mit dem Zaren sechzehn Jahre alt und ohne finanzielle Kenntnisse, sollte sich nach zehn Jahren, nach traumatischen Ereignissen und nach einem zweijährigen Krankenhausaufenthalt, währenddessen sie nicht einmal ihren eigenen Namen kannte, an solche Details erinnern? Hier hatte Edward Fallows der »Erinnerung« der vermeintlichen Zarentochter offensichtlich nachgeholfen.

Gleb Botkin hatte sich in einem langen Brief an Fallows vom 5. Juni 1928 bezüglich der Bank von England nicht ganz so festgelegt:

> Es besteht die feste Überzeugung, daß eine beträchtliche Geldsumme, die rechtmäßig der Großfürstin Anastasia gehören sollte, vom letzten russischen Zaren *in einer britischen Bank* deponiert worden ist, *vermutlich der Bank von England*, und daß dieses Geld sich gegenwärtig noch immer in dieser Bank befindet (Hervorhebung von mir).

Möglicherweise hatte Anna ursprünglich nicht die Bank von England gemeint, sondern vielleicht nur von einer Bank »in England« gesprochen.

Diese Annahme wird bestätigt durch eine Fußnote des Übersetzers der Autobiographie *Ich, Anastasia*, die 1958 veröffentlicht wurde.[54] Dieses von Roland Krug von Nida herausgegebene Buch, seinerzeit viel beworben, geht offensichtlich auf Annas Anwälte in einem der deutschen Gerichtsverfahren zurück, und Anna zeigte sich später nicht sehr erfreut darüber. Aber es ist nicht das Buch selbst, sondern die vom Übersetzer der englischen Ausgabe, Oliver Coburn, vorgenommene Überprüfung, die unsere Aufmerksamkeit verdient. Oliver Coburn überprüfte die Substanz der von Fallows angeregten Erklärung Annas über Guthaben bei der Bank von England, an die er sich 1958 wandte, um ein klares »Dementi, daß sie jemals Guthaben verwaltet habe, die vom Zaren im Namen irgendeiner dritten Person eingezahlt wurden«, zu erhalten. Außerdem erkundigte er sich bei Annas deutschen Anwälten nach der Fallows-Erklärung. Dabei, schrieb er, ergab sich, daß sie während der 1920er Jahre ihre ursprüngliche Erklärung änderte: das Geld war bei *einer englischen Bank* eingezahlt worden. Der sprachliche Fehler ist sehr verständlich, und Anastasia mit ihrer lückenhaften Erinnerung ist in späteren Jahren wahrscheinlich überzeugt gewesen, daß es die Bank von England war. Vermutlich werden ihre Anwälte jetzt neue Anstrengungen unternehmen, um das Guthaben bei einer der englischen Privatbanken ausfindig zu machen.

Das taten sie wahrscheinlich und waren damit weder die ersten noch die letzten. Aber wenigstens hatten sie bestätigt, daß die Bank von England als solche ursprünglich nicht Teil von Annas ursprünglicher »Erinnerung« gewesen war, und alle Anfragen bei der Bank nach Guthaben, die den Kindern des Zaren gehörten, beruhten einfach auf einer falschen Annahme, die von einem übereifrigen New Yorker Anwalt ausging und seitdem kolportiert wurde.

Finanzielle Ansprüche erhob in den Vereinigten Staaten keineswegs nur Anna Anderson. Schon 1925 war Fürst Sergej Georgijewitsch Romanowskij, ein Vetter des letzten Zaren, durch Berichte über zaristische Gelder in zwei New Yorker Banken aufmerksam geworden und hatte im Namen der Kaiserinwitwe Marie und ihrer mehr als dreißig Romanow-Verwandten einen Antrag auf begrenzte Nachlaßverwaltung gestellt. Dann, nach Maries Tod und Edward Fallows ersten Schachzügen, wurde die Familie in New York und anderswo wieder aktiv. Ihre Rechtsvertreter riefen alle Banken, Treuhandgesellschaften und Vermögensverwaltungen auf, »Rechenschaft über alle Geldanlagen und andere Vermögenswerte zu geben, die sich im Besitz des letzten Zaren befanden«.

Zweifellos von beiden streitenden Parteien mit Material versorgt, begann die amerikanische Presse Ende 1929 wieder mit Spekulationen über den sagenhaften Reichtum der Zarenfamilie. Die *New York Times*, welche schon 1917 das Feld angeführt hatte, fühlte sich abermals bemüßigt, ihre Leser daran zu erinnern, was auf dem Spiel stand. Alles zusammengenommen schätzte die Zeitung, daß der letzte Zar auf dem Höhepunkt seiner Macht zwischen 10 Milliarden und 30 Milliarden Dollar schwer gewesen sei. Das noch immer über den ganzen Erdball verstreute nachgelassene Vermögen könne bis zu einer Milliarde Dollar wert sein.[55]

»Obwohl einiges davon investiert oder im Namen des Zaren

treuhänderisch verwaltet wurde«, fügte der Bericht hinzu, »wird angenommen, daß ein großer Teil davon während des Krieges verborgen wurde, um der Entdeckung durch die Feinde des Zaren zu entgehen.« Die Zeitung berichtete, daß bei der Guaranty Trust Company Ansprüche auf 5 Millionen Dollar und bei der National City Bank auf 1 Million Dollar geltend gemacht würden. Eine andere Schätzung veranschlagte die zaristischen Vermögenswerte in den Vereinigten Staaten auf 10 Millionen Dollar.[56] Zaristisches Gold im angeblichen Wert von »vielen Millionen Dollar« sei auf dem Höhepunkt des Krieges heimlich von britischen Kriegsschiffen nach London geschafft worden und befinde sich noch in der Bank von England. Andere zaristische Goldsendungen seien nach Frankreich, Kanada und in die Vereinigten Staaten gegangen.

Die Finanzintrigen, die sich hinter solchen Schätzungen verbargen, hatten mit Annas Ankunft in den Vereinigten Staaten begonnen und zogen sich bis weit in die 1930er Jahre hinein. Begleitet waren sie von Annas unberechenbaren Stimmungsschwankungen, ihrer Abhängigkeit von Ratgebern und Beeinflußbarkeit durch äußere Ereignisse, durch die Aufmerksamkeit der Weltöffentlichkeit und durch Verleumdungen aller Art. Es war eine Zeit, in der ihre Notlage nicht nur in Büchern und Zeitungsartikeln Widerhall zu finden begann, sondern auch in Filmen. Sie verlor alte Freunde und gewann sie zurück; sie trennte sich von Ratgebern und holte sie zurück; sie wurde der Vereinigten Staaten überdrüssig und kehrte nach Europa zurück; und schließlich zog sie sich in ein Sanatorium zurück und verließ es wieder, um den Rechtsansprüchen gegen ihre »Verwandten« durch eine Serie von Gerichtsverfahren Geltung zu verschaffen.

Alarmiert durch die juristisch untermauerten Ansprüche der Romanow-Familie auf das in Deutschland verbliebene Vermögen, hatten Annas Anwälte eine Reihe von Gegenaktionen eingeleitet, die, unterbrochen durch den Zweiten Weltkrieg, die nächsten beiden Jahrzehnte in Anspruch nehmen sollten. Konkret umkämpft waren zaristische Guthaben beim Berliner Bankhaus Mendelssohn & Co. Aber im Hintergrund stand stets die Frage der Anerkennung Anna Andersons als Anastasia, des Zaren jüngste Tochter, die schließlich von deutschen Gerichten entschieden werden mußte.

Am 9. Januar 1934, nur zwei Wochen nachdem die Witwe des Zarenbruders Michael, Gräfin Brassowa, für sich und andere Romanows den entsprechenden Antrag gestellt hatte, verfügte das Bezirksgericht Berlin-Mitte die Freigabe der bis dahin gesperrten, noch in Deutschland vorhandenen Vermögenswerte des Zaren in Form von Bankguthaben und Wertpapieren. Als Erben wurden anerkannt: Gräfin Brassowa, Großfürstin Xenia, Großfürstin Olga, die Marquise von Milford Haven (= Prinzessin Victoria, die Schwester der Zarin und Lord Mountbattens Mutter) und die zwei deutschen Staatsbürger unter den Antragstellern und Geschwister der Zarin, Prinzessin Irene von Hessen und Großherzog Ernst Ludwig von Hessen.

Ursprünglich ging es um Vermögenswerte von 7 bis 14 Millionen Rubel (700 000 bis 1 400 000 Pfund), wenn man die Berechnung Lwows und Kerenskijs zugrundelegt. Lwow sagte, die Gesamtsumme von 14 Millionen Rubel sei zwischen London und Berlin aufgeteilt, und Großfürst Alexander, Xenias Ehemann, bezifferte die in Deutschland befindlichen Guthaben auf 7 Millionen Rubel, obwohl er nie erklärte, woher er die Summe hatte. Vielleicht halbierte er einfach Lwows Gesamtschätzung und nahm an, daß die eine Hälfte dort und die andere Hälfte in London sei. Wie hoch die Gesamtsumme ursprünglich auch gewesen sein mag, die Geldentwertung der Nachkriegszeit und die galoppierende Inflation im Deutschland der frühen 20er Jahre hatten viel von ihrem früheren Wert aufgezehrt. Edward Fallows veranschlagte den aktuellen Wert in den 30er Jahren auf ungefähr 100 000 Dollar (20 000 bis 25 000 Pfund). Diese Summe wurde den Abkömmlingen der Romanows schließlich durch die Ausgabe eines Erbscheines im Jahre 1938 zugänglich gemacht. Damit war die stillschweigende Folgerung verbunden, daß alle direkten Nachkommen in Jekaterinburg den Tod gefunden hatten, was Anna und ihren Beratern endlich die Gelegenheit bot, diese Annahme vor Gericht anzufechten. Am 17. August 1938 reichte sie eine Klage ein, um den Widerruf des Erbscheines zu erreichen.

Sie wird schwerlich geahnt haben, wie lange es dauern würde, eine Entscheidung von den deutschen Gerichten zu erlangen. Der Fall schleppte sich zunächst bis zum Kriegsausbruch 1939 hin, und endlich wurde ihr Antrag 1941 abgewiesen. Annas Anwälte legten

Berufung ein, aber die Berufungsverhandlung wurde für die Dauer des Krieges ausgesetzt. Anna Anderson selbst blieb unterdessen in Deutschland, zog zunächst ostwärts, um den alliierten Bombenangriffen auf Hannover zu entgehen, wurde dann gegen Kriegsende vom Roten Kreuz vor den auf Berlin vorrückenden Sowjets gerettet und fand einen Zufluchtsort im Schwarzwald, wo sie die Nachkriegszeit verbrachte. Es dauerte bis 1957, bis ihr Berufungsverfahren wieder aufgenommen wurde. Ihr Antrag wurde nach kurzer Verhandlung abgelehnt.

Bei der Vorbereitung der Berufungsverhandlung war es Annas Beratern gelungen, eine wichtige Zeitzeugin und enge Freundin Kaiserin Alexandras, Lili Dehn, ausfindig zu machen, die aus Rußland entkommen war und sich in Venezuela niedergelassen hatte. 1954 besuchte sie Europa, und es wurde eine Begegnung mit Anna arrangiert, damit sie sich selbst ein Bild machen könne. Sie »erkannte« sie sogleich und sagte, sie sei bereit, dies in der Berufung zu bestätigen. Besonders interessant waren ihre Erinnerungen an in Übersee angelegte Gelder des Zarenhauses, über die sie kurz nach der Abdankung des Zaren im März 1917 mit Alexandra und in Anwesenheit von Anna Vyrubowa in Zarskoje Selo gesprochen hatte. Zurück in Caracas, unterzeichnete sie in der dortigen deutschen Botschaft eine eidesstattliche Erklärung, in der sie die genauen Worte Alexandras wiedergab und bestätigte. Sie lauteten: »Jedenfalls werden wir keine Bettler sein, da wir ein Vermögen in der Bank von England deponiert haben.« Lili Dehn fuhr fort: »Ich kann mich nicht genau an die Höhe des Betrages erinnern, aber ich entsinne mich, daß die Kaiserin sagte, es seien ›Gold und Millionen‹.«[57] Diese Aussage einer direkten Augen- und Ohrenzeugin vermochte die Entscheidung der ersten Instanz jedoch nicht zu erschüttern, und der Antrag wurde abgewiesen. Anna und ihre Berater beschlossen nun, einen der Romanow-Abkömmlinge wegen rechtswidriger Aneignung ihres Erbes zu verklagen. Stellvertretend wurde Barbara, Herzogin von Mecklenburg, auf Rückzahlung verklagt, eine Enkelin von Alexandras Schwester Irene, die einen Teil des im Bankhaus Mendelssohn liegenden Guthabens geerbt hatte.

Das Verfahren wurde Anfang 1958 in Hamburg eröffnet. Nach über drei Jahren, am 15. Mai 1961, erkannte das deutsche Gericht:

»Der Anspruch ist unbegründet ... Die Klägerin, Frau Anderson, ist abgewiesen.« Dies bedeutete nicht, Anna Andersons Behauptung, Anastasia zu sein, sei widerlegt, sondern lediglich, daß ihr Anspruch auf das Geld nicht aufrechtzuerhalten sei. Annas Anwälte legten Berufung ein, und der Fall ging in die nächste Instanz. Das zweite Verfahren begann im Frühjahr 1964 und konzentrierte sich von Anfang an nicht darauf, ob es Geld zu beanspruchen gebe, sondern einfach darauf, ob Anna Anderson war, wer zu sein sie behauptete.

Es entwickelte sich eine langwierige und detaillierte Untersuchung von Fakten mit Expertengutachten und Zeugenaussagen, die sich über die nächsten dreieinhalb Jahre hinzog. Das Gericht kam schließlich zum gleichen Urteil wie die Vorinstanz: »Die Berufung der Klägerin wird abgewiesen.« Der vorsitzende Richter erläuterte das Urteil mit den Worten: »Die Klägerin, die ihre Anerkennung als Anastasia Nikolajewna, Großfürstin von Rußland, beantragt, hat ebensowenig wie in der ersten Instanz hinreichende Beweise für diese Anerkennung liefern können.« Dies war der Schlußstrich unter zwei aufwendige Verfahren, die sich über annähernd neun Jahre erstreckt hatten, aber noch nicht das Ende der Rechtsstreitigkeiten, die seit 1938 im Gange waren.

Eine letzte Berufung wurde beim Bundesgerichtshof eingelegt. Während der Vorbereitungszeit kehrte Anna plötzlich in die Vereinigten Staaten zurück, wo sie als Gast John Manahans, eines emeritierten Professors für Geschichte und Politikwissenschaft, in der Nähe von Charlottesville lebte. Sie blieb so launenhaft wie immer, aber ihre Beziehung zu »Jack« Manahan war von anderer Art, und ob aus Zweckdienlichkeit (sie hätte binnen kurzem eine Aufenthaltserlaubnis benötigt) oder vielleicht als Ergebnis der Begegnung zweier gleichgestimmter Seelen, sie heirateten kurz vor Weihnachten, kaum sechs Monate nach ihrer Ankunft in den Vereinigten Staaten. Fünfzehn Monate später kam der Urteilsspruch aus Karlsruhe: Der Anspruch wurde zurückgewiesen, das Urteil der Vorinstanz bestätigt. Auch diesmal erläuterte der Richter die Bedeutung des Urteils: »Wir haben nicht entschieden, daß die Klägerin nicht Großfürstin Anastasia ist, sondern nur, daß das Hamburger Gericht seine Entscheidungen ohne Rechts- und Verfahrensfehler traf.«

Es war der 17. Februar 1970, auf den Tag fünfzig Jahre, nachdem Anna aus dem Landwehrkanal gezogen worden war, und mehr als vierzig Jahre andauernder juristischer und finanzieller Bemühungen und tiefer emotionaler Krisen hatten mit einem Patt geendet. Edward Fallows und Gleb Botkin, die Anna von Anfang an beigestanden hatten, waren tot. Anna Anderson selbst blieben ihre Erinnerungen, ein internationaler Bekanntheitsgrad und ein bequemes Heim. Aber sie wollte nicht mehr kämpfen.

Die deutschen Gerichtshöfe ebenso wie Kommentatoren und Journalisten in aller Welt hatten in diesen Jahren Anna Andersons Züge, ihre Eigenschaften und ihre Erinnerungen systematisch untersucht. Die Farbe ihrer Augen, die Form ihrer Ohren, ihrer Zähne, ihres Unterkiefers und ihrer Füße, die Narben, die sie sich zugezogen hatte (stammten sie von Bajonettstichen?), ihre Handschrift, ihre Fähigkeit, russisch zu sprechen, und ihre Erinnerungen an Einzelpersonen und den Zarenhof: Alles war unter die Lupe genommen worden, und alles hatte zu Kontroversen geführt. Viele glaubten ihr, und beinahe ebenso viele taten es nicht. Doch die meisten hegten Mitgefühl für ihr schweres Los, wer immer sie schließlich sein mochte.

Das endgültige Urteil aus Karlsruhe bedeutete allerdings nicht, daß Anna Anderson keine Rolle mehr in dem Geheimnis spielte, das sie geschaffen hatte. Bis zu ihrem Tode am 4. Februar 1984 zog es immer wieder Schriftsteller und Journalisten zu ihr, die ihr gelegentlich weitere Mitteilungen entlocken konnten. Als das Buch *The File on the Tsar* von Anthony Summers und Tom Mangold, das 1976 veröffentlicht wurde, in Vorbereitung war, ein Buch, das detailliert das Überleben der Zarin und ihrer Töchter in Jekaterinburg glaubhaft zu machen suchte, gab Anna den beiden Autoren nur einen Kommentar zu Jekaterinburg: »Es gab dort kein Massaker ... aber ich kann den Rest nicht erzählen.«

Diese hinhaltende Taktik gegenüber Journalisten und anderen Neugierigen brachte offensichtlich Kurzweil in ihre letzten Jahre. Die ernsthafte Zusammenarbeit war in ihren späten Jahren für James Blair Lovell reserviert, der dann eine vollständige Biographie herausbrachte, die nicht nur auf ihren Erinnerungen beruhte, sondern auch von ihr autorisiert war. »Sie sind mein Erbe«, sagte sie.

»Ihnen allein hinterlasse ich diese Wahrheiten.« Wahrheiten? Ihre Enthüllungen über Jekaterinburg waren enthüllender, als sie vielleicht beabsichtigte; sie waren, im Lichte der Ergebnisse betrachtet, die die DNS-Analyse der Gebeine aus Jekaterinburg gezeitigt hat, indirekt wohl das erste Eingeständnis Anna Andersons, sie sei nicht die, die zu sein sie stets behauptet hatte. In seinem Buch *Anastasia: The Lost Princess* schrieb Lovell:

> Eines Abends sagte Anastasia, die Zarin und die Mädchen seien vom Zaren und seinem Sohn getrennt und in einen Zug gesetzt worden. Sie hätten die Männer nie wiedergesehen. Der Zug habe die Frauen nach Perm gebracht, wo sie mindestens zwei Monate gefangengehalten wurden, zuerst gemeinsam, dann einzeln, später wieder eine Weile gemeinsam, und schließlich wieder separat.
>
> Anastasia entkam dreimal und wurde jedesmal wieder gefaßt. In der Gefangenschaft wurde sie geschlagen und vergewaltigt. Einmal wurde sie angeschossen. Nach dem dritten gescheiterten Fluchtversuch wurde sie in einen Raum gebracht, wo eine Frau, anscheinend von niederem Adel, aufgefordert wurde, sie zu identifizieren. Die Frau sagte den Roten, sie sei nicht Anastasia, also ließen sie sie laufen. Auf der Straße traf sie einen Bauern namens Alexander Tschaikowskij, der ihr zur Flucht verhalf.[58]

Dies ist im wesentlichen, was Anna Anderson ihrem erwählten Biographen Lovell erzählte. Zur Zeit ihrer Aussage galt die Idee, daß die Zarin und ihre Töchter aus Jekaterinburg entkommen seien, noch immer als durchaus plausibel.

Die DNS-Analysen haben die Angelegenheit jedoch in ein völlig neues Licht gerückt, indem sie bestätigten, daß mindestens fünf Mitglieder der Zarenfamilie in Jekaterinburg ermordet wurden. Folglich muß die Geschichte, die Anna Anderson ihrem Biographen erzählte – Alexandra und ihre Töchter seien nach Perm gebracht worden –, ins Reich der Fabel verwiesen werden. Mit ihrer letzten Enthüllung hatte Anna die Grundlage all ihrer Ansprüche selbst zerstört, und zwar noch bevor Überreste ihres eigenen Körpers zum Gegenstand wissenschaftlicher DNS-Tests wurden, was inzwischen geschehen ist.

Vielleicht hat James Blair Lovell den entscheidenden Widerspruch bereits gesehen. In einem Interview, das er sechs Monate nach Bekanntgabe der britischen DNS-Resultate und nicht lange vor seinem Tod in Washington gab, behauptete er, das Mittel gefunden zu haben, das die Bestätigung liefern könne, ob Anna Anderson tatsächlich eine Romanow sei. Er sagte, er habe »medizinisch erhaltenes Gewebe« entdeckt, das ihrem Körper während einer Notoperation im Martha-Jefferson-Krankenhaus in Charlottesville 1979 entnommen worden sei.[59]

Dank dieser Entdeckung und mit der finanziellen Unterstützung von Richard Schweitzer und seiner Frau Marina, der Tochter Gleb Botkins, dessen Glaube an Anna Anderson nie erschüttert worden war, konnte der gerichtsmedizinische Dienst des britischen Innenministeriums endlich das Rätsel lösen, indem er das Gewebe Anna Andersons mit dem des Zaren und der Zarin verglich. Die Untersuchung in England nahm Dr. Peter Gill vor, und das Ergebnis war eindeutig: »Die untersuchte Gewebeprobe kann nicht von einem Kind des Zaren oder der Zarin stammen.«[60]

Wer also war Anna Anderson? Auch dies hat Peter Gill inzwischen ermitteln können, nachdem Mitarbeiter des deutschen Film- und Fernsehproduzenten Maurice Remy einen Verwandten der polnischen Bauerntochter und Fabrikarbeiterin ausfindig gemacht hatten, an deren Ähnlichkeit mit Anna Anderson alias Anastasia Tschaikowsky Berliner Zeitungen bereits in den zwanziger Jahren Spekulationen geknüpft hatten. Am 31. März 1927 hatte die *Berliner Nachtausgabe*, wie bereits erwähnt, die »am 17. Februar 1920 aus dem Landwehrkanal gerettete Frau, die sich Anastasia von Tschaikowsky nannte«, als »die am 16. Dezember 1896 zu Borowielatz geborene unverehelichte Franziska Schanzkowski« bezeichnet.

Die Anhänger Anna Andersons hatten solche Berichte stets bestritten, insbesondere auch vor den deutschen Gerichten in den fünfziger Jahren. Trotzdem war das Gerücht niemals verstummt, zumal Franziska Schanzkowski, die sich gerade von den Verletzungen erholte, die sie bei einer Explosion in einer Berliner Munitionsfabrik erlitten hatte, genau zu dem Zeitpunkt verschwunden war, als Anna Anderson aus dem Landwehrkanal geborgen wurde.

Peter Gills Untersuchung einer Blutprobe des Großneffen von Franziska Schanzkowski, Carl Maucher, ergab jetzt ein eindeutiges Ergebnis: Das Blut weist keinerlei genetische Gemeinsamkeiten mit dem Gewebe des Zaren oder der Zarin auf, wohl aber mit dem

Anna Andersons. Ein Vergleich von Haarproben bestätigte den Befund: Anna Anderson war eine polnische Fabrikarbeiterin und nicht die jüngste Tochter des Zaren.

Für unsere Untersuchung bedeutet dieses Ergebnis vor allem, daß die »Erinnerungen« Anna Andersons bezüglich zaristischer Gelder im Ausland – im Unterschied zu den Informationen, die ihre Ratgeber und Biographen gesammelt haben – als reine Erfindungen abgetan und vernachlässigt werden können.

10 *Alexej*

Unter den anderen Anwärtern, die bemerkenswerte Einzelheiten über Vermögenswerte der Zarenfamilie zu nennen wußten, war nur der polnische Überläufer Michal Goleniewski so einzigartig wie Anna Anderson. Auch er tauchte – etwa 40 Jahre später – in Berlin auf. Er hatte in den beiden vorausgegangenen Jahren westliche Geheimdienste, vor allem die amerikanische Central Intelligence Agency (CIA) mit einem Strom von mikroverfilmten Einzelheiten über Ostblock-Geheimnisse beliefert. Dann meldete er sich kurz vor Weihnachten 1960 telefonisch beim US-Konsulat in Westberlin und bat dringend um Asyl für sich selbst und seine Verlobte Irmgard. Am Weihnachtstag überquerten die beiden dann die Grenze zum amerikanischen Sektor von Westberlin.

Er war Oberstleutnant im Nachrichtendienst der polnischen Armee. Das Paar traf am 12. Januar 1961 in Washington ein, und es begann eine für die CIA ertragreiche Befragung, die sich über die nächsten drei Jahre erstreckte. Man schrieb ihm die Enttarnung von bis zu zweihundert KGB-Agenten zu, außerdem Mithilfe bei der Enttarnung Kim Philbys, des berühmten britischen Doppelagenten. Später hatte die CIA folgendes über Goleniewskis Beitrag im kalten Krieg zu sagen: »Seine Verdienste um die Vereinigten Staaten werden als wahrhaft bedeutsam eingestuft ... Er hat in hervorragender Weise und unter Umständen, die mit ernsten persönlichen Risiken verbunden waren, mit der Regierung zusammengearbeitet.«

Es ist indessen sein späteres Verhalten, das unsere Aufmerksamkeit verdient: Etwa zwei Jahre nach seinem Überlaufen, als der Wert seiner Informationen abzunehmen begann, fing Goleniewski an, verstärkt über seine Verwandtschaft mit der Romanow-Familie zu sprechen. Die CIA war jedoch am früheren Zaren-Regime deutlich weniger interessiert als am sowjetischen der sechziger Jahre.

Wann immer er erstmals mit der Behauptung hervorgetreten sein mag, der Zarensohn Alexej zu sein – 1964 ging er im Anschluß an einen umstrittenen Antrag auf die US-Staatsbürgerschaft an die Öffentlichkeit. Die ersten Einzelheiten über seinen Seitenwechsel wurden im März dieses Jahres bekannt, und bis zum Spätsommer hatte er eine öffentliche Debatte über seine kaiserliche Vergangenheit in Gang gebracht. Am 10. August wurde er in Barry Farbers WOR-Radioprogramm über seine wahre Identität befragt, und eine Woche später folgte ein Interview in der in Manchester, New Hampshire, erscheinenden Zeitung *Union-Leader* unter der Überschrift: »Alexej erzählt die Geschichte seiner Flucht.« Es war der erste von mehreren ausführlichen Zeitungsartikeln, gipfelnd in einer ganzseitigen Anzeige im *New York Journal-American,* die mit weiteren Details aufwartete.[61]

Die Geschichte, die er erzählte, war bemerkenswert: Der Zar, die Zarin, seine Schwester Maria und er wurden in einem Fahrzeug, das der Kommissar Jurowskij organisiert hatte, aus Jekaterinburg herausgeschmuggelt. Seine anderen Schwestern, Anastasia, Tatjana und Olga, entkamen alle auf verschiedenen Routen. »Hätten wir alle versucht, gemeinsam zu entkommen, wären wir mit Sicherheit gefaßt worden.« Als Flüchtlinge verkleidet, gelangten sein Vater, seine Mutter, die Schwester und er selbst über das Donbecken, die Türkei, Griechenland und Wien schließlich nach Warschau. Die Reise dauerte mehrere Monate. In der polnischen Hauptstadt trafen sie kurz mit seinen anderen drei Schwestern zusammen, bevor sie sich wieder trennten und er, noch immer mit Vater, Mutter und Schwester, schließlich in der Gegend von Posen eine Bleibe fand.

Seine Mutter Alexandra, sagte er, sei 1924 gestorben, und ungefähr um diese Zeit änderte die Familie ihren Namen in Goleniewski. Sein Vater, der Zar, hatte vorher den Namen Raymond Turynski angenommen. Die Familie Goleniewski zog später nach Ciosaniec, unweit von Posen, wo sein Vater am 17. Mai 1952 starb. Goleniewski sagte, sein Vater sei auf dem Friedhof von Wolsztyn begraben.

Danach folgten weitere Artikel und Bücher. Im September 1964 überredete er den russisch-orthodoxen Priester Graf George P. Grabbe, in New York als Vater Georgij bekannt, ihn und Irmgard zu trauen. Als Geburtsdatum nannte er den 12. August 1904 (den des Zarewitsch), und als seine Eltern gab er Nikolaus A. Romanow und Alexandra F. von Hessen an. »Aus Platzmangel« auf der Heiratsurkunde, erklärte er später, unterließ er es, irgendeinen Hinweis auf ihre besondere gesellschaftliche Stellung oder ihre Titel zu geben. Diese Unterlassung sollte bald Anlaß zu ernstem Streit zwischen Goleniewski und Vater Georgij geben, denn die russische Gemeinde beschuldigte Vater Georgij, die Ansprüche zu unterstützen, indem er sich zu der Eheschließung hergegeben habe. Er wiederum beteuerte seine Unschuld und sagte, der Name »Romanow« sei in Rußland so geläufig wie »Smith« in England und Amerika.

Der Streit war Goleniewskis Kampagne nur förderlich. Er trat an die Verleger von Eugenia Smiths autobiographischem Buch *Anastasia* mit der Bitte heran, ein Zusammentreffen mit seiner »Schwester« zu vermitteln (ihre Behauptung, Anastasia zu sein, konkurrierte zu dieser Zeit noch mit der Anna Andersons), und in einer gefühlsbetonten Zusammenkunft »erkannten« sie einander, planten bald gemeinsame Veröffentlichungen und versuchten ihre Familienerinnerungen auf einen gemeinsamen Nenner zu bringen. Diese Zusammenarbeit scheiterte bald, aber das hinderte Goleniewski nicht daran, seine Ansprüche auf Anerkennung und bald darauf auch auf sein »Erbe« geltend zu machen. Hier müssen wir in unserer Einschätzung Sorgfalt walten lassen, denn einige seiner finanziellen Informationen waren sehr viel ausführlicher als jene, die Anna Anderson ursprünglich vorgebracht hatte.

Der Eindruck, seine Behauptungen hätten in erster Linie finanzielle Motive, drängte sich nicht nur der Presse auf, und seit Anfang 1965 hob er diese Zusammenhänge selbst hervor. Um diese Zeit lebte er auf Long Island von 500 Dollar im Monat, die von der CIA bezahlt wurden und ungefähr der Pension eines Obersten a. D. der polnischen Armee entsprachen. Eine seiner ersten finanziellen Enthüllungen vertraute er der Lokalzeitung *Long Island Press* an. In einem Interview vom Januar 1965 erklärte er[62], daß sein Vater, der

Zar, nach dem Krieg gegen Japan 1905 angefangen habe, Geld in westlichen Ländern anzulegen. »Mein Vater war damals einer der reichsten Männer der Welt. Allein in diesem Land liegen annähernd 400 Millionen Dollar. Bis zu zweimal soviel soll in anderen Ländern rund um die Welt angelegt worden sein.« Er behauptete, die Namen der Institutionen und Personen zu kennen, denen sein Vater die Gelder zu treuen Händen übergeben hatte. »Ich werde nicht jeden Groschen verlangen, aber ich will einen fairen Anteil.«

Die Namen der betreffenden Institutionen und Banken waren angeblich den Personen mitgeteilt worden, die für ihn Nachforschungen anstellten. Einer von ihnen, Kyrill de Schischmarew, war in Zarskoje Selo aufgewachsen und hatte als Kind mit Alexej gespielt. Zwei Autoren fügten in der Folge Einzelheiten hinzu, Guy Richards, Autor von *Imperial Agent* (1966) und *The Hunt for the Tsar* (1971); und Pierre de Villemarest, dessen *Le Mysterieux Survivant d'Octobre* in Genf erschien (1984). Beide interviewten Goleniewski. Meine eigenen Nachforschungen zur Prüfung von Goleniewskis Behauptungen sind von diesen Quellen ausgegangen.

Kyrill de Schischmarew hatte gute Gründe, sich für Goleniewski zu interessieren. Er und seine Familie waren während der Revolution über Wladiwostok und Kalifornien aus Rußland entkommen. Sie hatten unweit der Zarenpaläste in Zarskoje Selo gewohnt, und Kyrill, drei Jahre jünger als Alexej, war in enger Nachbarschaft mit dem russischen Thronerben aufgewachsen. Seine Eltern waren in der Privatkapelle der Großfürstin Xenia getraut worden. Als Goleniewski seine ersten Behauptungen in die Welt setzte, lebte Kyrill in einer New Yorker Wohnung mit Blick auf den Central Park. Er setzte sich sofort mit Goleniewskis Verleger Robert Speller in Verbindung und bat ihn, die Glaubwürdigkeit des Bewerbers mit der Frage zu prüfen, ob er wisse, wer das »Englische Baby« war. Wegen des Einflusses, den Kyrills englische Kinderschwester in seinen Kindheitstagen auf ihn gehabt hatte, war dies sein Spitzname in Zarskoje Selo gewesen. Goleniewski soll diese und andere Proben bestanden und mit Schischmarew Freundschaft geschlossen haben. Obwohl die Beziehung etwas später wegen Goleniewskis »verworrenen Plänen und Strategien« abkühlte, vertraute er in der Zeit ihrer Blüte Schischmarew einiges von seinen finanziellen Kenntnissen an.

Als Guy Richards Schischmarew befragte, erhielt er die Auskunft:

Er hat eine sehr genaue Liste von Banken und Geldsummen. Die Banken sind über die ganze Welt verstreut, von der Schweiz bis nach Kalifornien. Ich glaube auch nicht, daß die Liste ein reines Phantasieprodukt ist. Vor nicht langer Zeit erkundigte ich mich anläßlich eines Besuches in Paris bei dem Bevollmächtigten einer französischen Großbank und einem leitenden Beamten im französischen Finanzministerium. Sie schienen durchaus vertraut mit der Angelegenheit. Der Bankier deutete an, er würde jeden Erbberechtigten aus der Zarenfamilie anerkennen, der seine Identität beweisen und die nötigen Beglaubigungen vorweisen könne. Er zeigte keinerlei Überraschung.

Er glaube, fügte Schischmarew hinzu, die größte der betreffenden Summen sei »ungefähr 80 Millionen Dollar in einer französischen Bank. Es gab recht beträchtliche Summen in London und New York.«

Richards nannte weitere Einzelheiten, die angeblich von Goleniewski stammten.[63] Er erwähnte die in diesem Zusammenhang wichtigsten New Yorker Banken, nämlich Chase Manhattan, National City, Guaranty Trust, J.P. Morgan & Co., Hanover und Manufacturers Trust. Vier englische Banken hätten »zusammen mehr als 115 Millionen Dollar«. Dabei handle es sich um die Bank von England mit 35 bis 50 Millionen Dollar, Baring Brothers mit 25 Millionen Dollar, Barclays Bank mit 25 Millionen Dollar und Lloyds Bank mit 30 Millionen Dollar. In Frankreich, sagte er, lägen 180 Millionen Dollar, davon 100 Millionen Dollar in der Bank von Frankreich und 80 Millionen Dollar in Rothschilds Bank. Die Mendelssohn-Bank in Berlin habe Einlagen von 132 Millionen Dollar. Außerdem seien »viele Millionen Dollar« in Aktien der Pennsylvania Railroad, der US Steel Corporation, der Metropolitan Life und der New Yorker Untergrundbahn investiert, ferner in Immobilienbesitz in New York und kleinere Bankguthaben in der Schweiz, Italien, Spanien, Belgien und Holland.

Das waren die Fakten, die Goleniewski Mitte der 1960er Jahre nannte. Sie waren die detailliertesten von allen, die ein angebliches Mitglied der Zarenfamilie vorweisen konnte, und weit mehr, als man dem Erinnerungsvermögen eines vierzehnjährigen Jungen zutrauen könnte, der 1917 von seiner Familie abgeschnitten worden war. Aber er behauptete, die meisten Einzelheiten entstammten Nikolaus' Testament, das im Anschluß an seine Beerdigung in Wolsztyn eröffnet worden sei.

Welche Glaubwürdigkeit kann Goleniewskis Bericht über seine eigene Herkunft zugebilligt werden? War seine Geschichte Teil seiner Absichten, als er in den Westen überlief, und beruhten seine Informationen, selbst wenn er nicht war, der zu sein er vorgab, auf Informationen, die er im Kreml oder anderswo gewonnen hatte? Zwei frühere Geheimdienstmitarbeiter, einer auf jeder Seite des Atlantik, vernahmen Goleniewski unabhängig voneinander, um sich selbst ein Bild zu machen.[64] Die Amerikaner glaubten, wie zuvor angedeutet, daß Goleniewski, als er erkannte, daß seine Nützlichkeit als Informant über sowjetische Geheimagenten im Westen von schwindendem Wert sein und seine Zukunft sich mithin auf eine Rolle als Berater beschränken würde, wie es Kim Philby in seinen späteren Jahren in Moskau geworden war, eine weitere Enthüllung vorbereitete. Die CIA war indessen nicht bereit, anzubeißen, und hielt die beiden Themen einfach auseinander.

Die britische Reaktion war in gewisser Weise ähnlich; da aber die Gespräche später als die CIA-Vernehmungen stattfanden, war die gespaltene Persönlichkeit offensichtlich stärker betont. Goleniewski war »präzise, einleuchtend und besonders nützlich« in Fragen der aktuellen Tagespolitik und des Ost-West-Konflikts, aber am Ende längerer Diskussionen stand jedesmal das Romanow-Thema. »Es war, als hätte er einen separaten Strang seines Bewußtseins den Romanows gewidmet.« In dieser Einschätzung schien die Lockung des Geldes kein so starkes Motiv zu sein, wie die CIA annahm. »Meiner Ansicht nach«, folgerte mein britischer Informant, »versuchte er nicht, sich zu Extraeinnahmen zu verhelfen. Er glaubte tatsächlich an seine Romanow-Verbindung.«

Was kann man von seiner Geschichte halten, daß der Zar in Wolsztyn begraben worden sei? Wolsztyn ist ein kleines Dorf ungefähr sechzig Kilometer südwestlich von Posen. Die Gegend war mir nicht unvertraut, weil ich dort als Journalist in den frühen 50er Jahren britische Kriegsbräute interviewt hatte, gerade in der Zeit, als der Zar in der Nähe gestorben sein soll. Damals und zur Zeit der späteren Enthüllungen Goleniewskis in den Vereinigten Staaten waren die kommunistischen Behörden in dem Gebiet besonders restriktiv gewesen. Schließlich war es das Zentrum von Hungerunruhen und lokaler Unzufriedenheit gewesen.

Ich war versucht, um der alten Zeiten willen dorthin zurückzukehren, beschloß dann aber, die Hilfe einer polnischen Universitätsdozentin in Krakau zu suchen, die nicht nur mit der Gegend vertraut war, sondern auch viel bessere Kenntnisse der Genealogie hatte. Ausgerüstet mit nicht viel mehr als Goleniewskis Angaben über seine Eltern und über die Lage der Grabstelle in Wolsztyn, verbrachte meine Ermittlerin mehrere Tage in der Gegend und fuhr dann weiter nach Posen, Warschau und Danzig, um ihre Erkundigungen zu vervollständigen.[65]

Das Grab war vorhanden. Es befand sich am Hauptweg des Friedhofs, links vom Haupteingang. Mit einem Grabstein und einer Steinumrandung, war das Grab mit immergrünen Zweigen bedeckt, als hätte sich kürzlich jemand darum gekümmert. Zwei Gläser standen nebeneinander, eines war leer, das andere enthielt Plastikblumen und ein paar verwelkte Blätter. Die Inschrift auf dem marmornen Grabstein lautete: s.p. Michal Goleniewski. ur. 29.9.1893 zm. 17.5.1952, d.h.: »Der verstorbene Michal Goleniewski. Geboren 29.9.1893, gestorben 17.5.1952.« Es sah aus, als ob jemand versucht hätte, die »52« mit einem scharfen Gegenstand auszukratzen oder wenigstens diesen Eindruck zu erwecken.

Der Gemeindepfarrer in Wolsztyn war zu jung, um etwas über die Familie zu wissen, aber die Gemeindeangestellte, eine ältere Dame, erwies sich als hilfreich und fand Einzelheiten über Michal Goleniewski im Kirchenbuch. Die Tinte war ein wenig verlaufen, aber sein Geburtsdatum schien der 29. September 1889 oder 1883 und nicht 1893 zu sein. Immerhin war er in Rußland geboren. Die Namen seiner Eltern waren als Antoni und Marcela, geborene Buczynska (oder Bieczynska) angegeben. Aus dem Kirchenbuch ging ferner sein Alter (63) hervor, sowie der Umstand, daß er in Ciosaniec gelebt hatte, einem kleinen Dorf einige Kilometer südlich von Wolsztyn, daß er römisch-katholisch gewesen war und daß der Name seiner Frau Janina Goleniewska war. Bedeutsamer war vielleicht, daß kein Priester an seinem Begräbnis am 21. Mai 1952 teilgenommen hatte und keine Totenmesse gehalten worden war. Dies hatte der damalige Gemeindepfarrer eingetragen. Als Todesursache war ein Schädelbruch angegeben.

Die Gemeindeangestellte hatte die Familie nicht gekannt, da sie in Ciosaniec gelebt hatte, aber sie wußte, daß jemand aus Warschau kam, um das Grab zu pflegen. Die Sterbeurkunde selbst wurde schließlich in Slava gefunden, einem anderen kleinen Dorf südlich von Ciosaniec, aber nur Verwandte durften eine Kopie erhalten. Nichtsdestoweniger konnte der Beamte einige Einzelheiten angeben. Michal Goleniewski war tatsächlich in Rußland geboren, und die Urkunde gab als Geburtsdatum den 29. September 1883 an, was mit dem Kirchenbuch, aber nicht mit der Inschrift auf dem Grabstein übereinstimmte. Außerdem starb er am 17. Mai 1952 um 17 Uhr. Er war von Beruf Branntweinbrenner gewesen, und sein Tod war von seiner Frau, Janina Goleniewska, geborene Turynska, gemeldet worden. Dies war ein Name, den Goleniewski in späteren Gesprächen mit Mrs. Eugenia Smith hervorheben sollte, die er als seine Schwester Anastasia »wiedererkannte«.

Der nächste Schritt war, jemanden zu finden, der die Familie gekannt hatte. Meine Ermittlerin machte schließlich zwei ältere Ehepaare in Ciosaniec ausfindig, von denen eines 1952 an der Beerdigung teilgenommen hatte. Das Folgende beruht auf dem, was sie ihr erzählten. Michal Goleniewski, meinten sie, war über sechzig, als er 1952 starb. Er war Leiter der örtlichen Branntweinbrennerei gewesen und war die Treppe der Brennerei hinuntergefallen, wobei er sich den tödlichen Schädelbruch zugezogen hatte. Seine Frau Janina war fünf oder sechs Jahre jünger als Michal und war nach seinem Tode noch ungefähr einen Monat in Ciosaniec geblieben, bevor sie nach Wolsztyn gezogen war. Einer der interviewten älteren Männer, der einen Pferdewagen besaß, erinnerte sich, mit ihm auf die Hasenjagd gegangen zu sein. Er verstand sich sehr gut mit den örtlichen Bauern, und es hieß, daß sie ihn in seiner Wohnung in der Brennerei besuchten, um Karten zu spielen. Eines der Ehepaare erkannte ihn auf einem Bild aus Guy Richards Buch *The Hunt for the Tsar*. Den Sohn hingegen (Oberstleutnant Goleniewski) erkannten sie nicht und hatten ihn in Ciosaniec nicht gesehen, obwohl das andere Ehepaar sich erinnerte, daß er der Beerdigung beigewohnt hatte.

Der Einheimische, der zur Beerdigung gegangen war, erinnerte sich an die Umstände von Michal Goleniewskis Tod. Dieser hatte das Gemeindeamt des Dorfes besucht, wo er gelegentlich auf ein paar Gläschen mit dem Beamten hineinschaute, und war gegen 15 Uhr zur Brennerei zurückgekehrt. Später sahen die Arbeiter ihn am Fenster seiner Wohnung stehen, als sie Feierabend machten und für die Nacht zusperrten. Sie hatten etwas Ärger mit einem ihrer Kollegen, der zuviel getrunken hatte und sich weigerte, nach Hause zu gehen. Michal rief hinunter, daß er kommen und Ordnung schaffen werde. Er verschwand vom Fenster, erschien aber nicht unten. Sie warteten eine Weile, aber schließlich regelte sich die Sache ohne ihn. Später wurde er tot auf der Kellertreppe liegend gefunden, mit dem Kopf nach unten und blutenden Ohren. Die stillschweigende Folgerung war, daß auch er getrunken hatte. Daß es keine Totenmesse und kein kirchliches Begräbnis gegeben hatte, hatte den einfachen Grund, daß Michal Mitglied der kommunistischen Arbeiterpartei gewesen war und nie den Gottesdienst besucht hatte.

Die Einheimischen waren ganz sicher, daß die Goleniewskis vor dem Krieg nicht in der Gegend gelebt hatten. Einer von ihnen, seit 1948 dort ansässig, glaubte sich mit Gewißheit zu erinnern, daß die Goleniewskis »um oder kurz nach 1950« nach Ciosaniec gekommen seien. Sie vermuteten, daß die Familie von weiter östlich gekommen sei, vielleicht aus Lemberg, waren aber nicht sicher. »Er sang gern Lieder aus Lemberg«, erinnerten sie sich. Jedenfalls schien ihnen, daß Michal Goleniewski einen starken »östlichen« Akzent gehabt habe, der auf die Gegend von Lemberg habe schließen lassen. Meine Ermittlerin meint jedoch, dies könne auch ein russischer Akzent gewesen sein, der ganz ähnlich klinge. Die Person, die sich erinnerte, Michals Sohn bei der Beerdigung gesehen zu haben, sagte, er sei aus Warschau gekommen, und sie alle hätten angenommen, daß er für den Geheimdienst arbeite (den polnischen UB). Er habe Zivilkleidung getragen, keine Militäruniform. An eine Tochter konnten sie sich nicht erinnern.

Goleniewski hatte davon gesprochen, daß das Testament seines Vaters finanzielle Einzelheiten enthalten habe. Einer der Einheimischen sagte, sie hätten im Dorf nichts von dem Testament oder seinem Inhalt gehört. Nachforschungen in verschiedenen Archiven in Posen blieben fruchtlos. Um offiziell Einblick in ein Testament zu nehmen, muß man den Namen des Notars wissen, der es beglaubigte. Wenn, wie in ländlichen Gegenden üblich, das Testament zu Hause geschrieben und aufbewahrt worden war, wäre dies wahrscheinlich unmöglich. Auch die Frage nach Goleniewskis Ausbildung war schwer zu beantworten. In seinem Antrag auf Zuerkennung der US-Staatsbürgerschaft in den Vereinigten Staaten hatte er angegeben, daß er an der Universität Posen drei Jahre Jura und an der Warschauer Universität Politikwissenschaft studiert und den Titel eines Magisters erworben habe. An keiner der beiden Universitäten war den Immatrikulationsregistern zu entnehmen, daß dort ein Student namens Michal Goleniewski eingeschrieben war.

Schließlich wurde es notwendig, die Fährte Goleniewskis und seiner »Schwestern« mit Hilfe amtlicher Unterlagen zu verfolgen, was erst 1989 möglich wurde. Die wichtigste Quelle ist hier das Zentrale Einwohnerregister von Polen. Eine Frage wurde positiv, die andere negativ beantwortet. Die amtliche schriftliche Auskunft lautete einfach: »Nach den vorhandenen Unterlagen ist die Person (Michal Goleniewski) in Übereinstimmung mit den Daten von 1953 in Gdansk registriert.« Informationen über seinen späteren Aufenthalt waren nicht erhältlich. Er war verzeichnet als Michal Goleniewski, Sohn von Michal und Janina (dieselben Namen, die im Kirchenbuch angegeben waren), Okopowa 1a, Gdansk.

Die frühere deutsche Stadt Danzig, heute das polnische Gdansk, ist wie Warschau in seinem historischen Kern nach den schweren Verwüstungen des letzten Krieges originalgetreu wieder aufgebaut worden. Die Okopowa ist eine lange und breite Hauptverkehrsstraße nicht weit vom alten Stadtzentrum. Aber sie ist voll von Verwaltungsgebäuden und Banken und kaum als Wohngebiet zu bezeichnen. Ein besonders großes Gebäude beherbergt die Polizeidirektion, die staatliche Sicherheitsbehörde, Büros der Bezirksverwaltung und das Nationalmuseum.

Goleniewskis Anschrift, Hausnummer 1a, war nicht sofort auffindbar, da die Nummern 1 und 3 große Bankgebäude sind. In den 50er und 60er Jahren hatte es über den Geschäftsräumen der Bank Privatwohnungen gegeben, aber das ist nicht mehr der Fall. Frühere leitende Mitarbeiter der Bank, die zu der Zeit dort wohnten, erinnern sich nicht an Goleniewski als Mitbewohner. Da Michal Goleniewski damals wahrscheinlich im Sicherheitsdienst war, kann es sich um eine zeitweilige Anschrift gehandelt haben, während er in der nahen Polizei- oder Sicherheitsbehörde arbeitete. Unzweifelhaft war er eine Zeitlang in Danzig stationiert, wo er erste Verbindungen zu westlichen Geheimdiensten anknüpfte.

Die Anschrift ergab keine weitere Information über die Familie. Auch das Einwohnerregister von Danzig und Umgebung verzeichnete niemanden namens Michal und Janina oder Maria Goleniewski, oder gar Turynska. Nicht einmal Michals Anschrift in der Okopowa, die sich im Zentralregister fand, war verzeichnet. Parallele Erkundigungen über Goleniewskis Schwester Maria blieben gleichfalls ergebnislos, sowohl auf lokaler wie auf nationaler Ebene. Obwohl eine Person, die angab, seine Schwester Maria zu sein, in den frühen 70er Jahren von einem Ermittler für Anthony Summers und Tom Mangold gemeldet wurde[67] und nach Pierre de Villemarest in Wolsztyn gewesen sein soll[68], ergab eine Nachfrage beim Zentralregister nichts Vergleichbares. Die offizielle Auskunft lautete: »Nach den vorhandenen Unterlagen ist die gesuchte Person (Maria Goleniewski) in unseren Akten nicht registriert.«

Derart eingehende Nachforschungen hätten nicht stattfinden können, als Goleniewski während des kalten Krieges in den Westen überlief. Insofern war er jahrelang vor einer Überprüfung seiner Erklärungen geschützt. Immerhin haben unsere Ermittlungen in Polen jetzt mehrere bedeutsame Erkenntnisse gebracht. Das Rätsel seines Alters ist mit Sicherheit aufgeklärt. Die westlichen Geheimdienste, die ihn vernahmen, waren immer wieder verwundert, wie ein Mann in den Vierzigern mit guter Figur (in den frühen 1960er Jahren) behaupten konnte, der 1904 geborene Alexej zu sein, also um die Sechzig sein mußte. Sie erinnerten sich auch, daß er in seinem Antrag auf Verleihung der US-Staatsbürgerschaft den 16. August 1922 als sein Geburtsdatum angegeben hatte. Das zentrale Einwohnerregister hat den Punkt endlich geklärt: Der Sohn von Michal und Janina (geborene Turynska) Goleniewski, ebenfalls auf den Namen Michal getauft, wurde am 6. September 1922 geboren.

Rätsel umgaben auch das Alter seines Vaters. Er wurde von den Einheimischen in Ciosaniec als ein Mann erinnert, der zum Zeitpunkt seines Todes – 1952 – in seinen Sechzigern war. Die Sterbeurkunde bestätigt dies, wenn sie als sein Geburtsjahr 1883 nennt. Auch das ist weit von dem Alter entfernt, das Nikolaus II. 1952 erreicht gehabt hätte, nämlich vierundachtzig.

Infolgedessen war Michal Goleniewski nicht Alexej, und sein Vater mit Sicherheit nicht der Zar. Dies beweisen nicht nur meine eigenen Nachforschungen; auch die britischen DNS-Resultate widerlegen seine Behauptungen, die Familie habe Jekaterinburg überlebt. In gewissem Umfang beruhten Goleniewskis Behauptungen auf Familienerinnerungen an eine russische Vergangenheit, zumindest seines Vaters, der tatsächlich in Rußland geboren wurde, und vielleicht auch seiner Mutter, deren Familiennamen Turynski er verwendete, um dem früheren Decknamen Authentizität zu verleihen, den er dem »Zaren« und seiner Familie nach ihrer »Flucht« zuschrieb, bevor sie ihn in Goleniewski änderten.

Der Name Turynski spielt auch eine große Rolle in seinem ersten, auf Band mitgeschnittenen Gespräch mit seiner Mitbewerberin Mrs. Eugenia Smith, als sie einander schließlich als Schwester und Bruder »wiedererkannten«. Dies geschah, als Robert Speller, der amerikanische Verleger, ihn anonym als »Mr. Borg« vorstellte:

> Anastasia: Ich schäme mich so. (Sie beginnt zu weinen.) Wer sind Sie? Wer hat Sie zu mir geschickt?
> Borg: Ich bin ein Freund und gekommen, um mit Ihnen zu sprechen. Erinnern Sie sich an den Namen Turynski?
> Anastasia: Ich erinnere den Namen.
> Borg: Und Anastasia Turynska?
> Anastasia: Anastasia Turynska? … Anastasia Turynska … Ich erinnere mich. Ich kam als Anastasia Turynska, aber in meinem Paß steht es anders.
> Borg: Also erinnern Sie sich an Janina Turynska? Die Tochter von Raymond Turynski. Das war Maria Nikolajewna Romanowna.[69]

Es ist schwierig zu bestimmen, ob Goleniewski Mrs. Smith auf die Probe stellte oder einfach versuchte, seine eigene Geschichte in Anwesenheit des Verlegers mit der ihrigen zu verknüpfen. Oder brachte er aus irgendeinem Grund Turynska, den Mädchennamen seiner wirklichen Mutter, die noch in Polen lebte, absichtlich mit seiner früheren Geschichte in Verbindung, nach der er mit seiner angeblichen Schwester, der Großfürstin Maria, entkommen war? Was immer er sich bei diesem Gespräch gedacht haben mag, er erwähnte darin offen die Janina Turynska, die in der Sterbeurkunde in Slawa als seine Mutter registriert ist, selbst wenn er den Namen nur gebrauchte, um seine Geschichte zu untermauern. Sie war ganz gewiß nicht die Zarin, nicht einmal Maria.

Wir müssen uns nun der Frage zuwenden, ob die finanziellen Angaben Goleniewskis über Auslandsguthaben der Zarenfamilie genauso lügenhaft waren wie seine angebliche Identität als Zarewitsch. Seine Vertrautheit mit der New York Public Library und den historischen Werken, die er dort benutzt hatte, deuten ebenso wie seine Konsultation früherer Jahrgänge der *New York Times* darauf hin, daß es einem im Geheimdienst ausgebildeten Mann wie ihm ein leichtes gewesen sein muß, Material über das vermutete oder wirkliche Auslandsvermögen des letzten Zaren und seiner Familie zu finden. Wie bereits festgestellt, war die *New York Times* seit dem Ausbruch der Revolution in Rußland mit Schätzungen zaristischer Vermögenswerte und den Namen damit verbundener Banken hervorgetreten. Die alten Jahrgänge der *New York Times* sind in der New York Public Library auf Mikrofilm für jeden zugänglich, der von der Straße hereinkommt. Diese Meldungen könnten die Grundlage von Goleniewskis eigenen Enthüllungen gewesen sein. Doch es bleibt die Frage, ob ein ranghoher Offizier im polnischen UB, eng verbündet mit dem sowjetischen KGB, im Kreml oder im Staatsarchiv der Oktoberrevolution Dokumente des Zarenhofs gesehen und, bewaffnet mit der daraus gewonnenen Information, den Entschluß gefaßt haben könnte, zu beanspruchen, was verfügbar war?

Bis vor kurzem war es praktisch unmöglich, Goleniewskis ursprüngliche Beziehungen zum KGB aufzudecken. Aber die neuen, liberaleren Regierungen in Polen und Rußland, verbunden mit den Ansprüchen, die im Namen Goleniewskis nach seinem Tod am 2. Juli 1993 in New York erhoben wurden, haben bei einigen seiner früheren Kollegen im polnischen Geheimdienst das Erinnerungsvermögen wiederbelebt. In einer Reaktion auf die seiner Meinung nach übertriebenen Behauptungen über Goleniewskis Beitrag zur Sicherheit des Westens schrieb ein früherer Offizier des polnischen Geheimdienstes UB namens Henryk Bosak, der zwischen 1953 und 1990 im aktiven Dienst gewesen war, im Spätsommer 1993 an eine führende polnische Zeitung, was er über die Sache wußte.[70]

Nach dieser Version meldete sich Goleniewski während des Zweiten Weltkriegs zur Roten Armee und wurde nach Kuibyschew geschickt, wo der NKWD ein Ausbildungszentrum für den Geheimdienst betrieb. Wegen dieses Hintergrundes wurde er dann vom polnischen Militärischen Nachrichtendienst übernommen und zehn Jahre später stellvertretender Chef der Informationsabteilung der polnischen Armee, um dann 1956 zum Chef der Sektion VII der Ersten Abteilung, die für innerpolnische Angelegenheiten zuständig war, aufzusteigen.

Im Jahre 1959, so Bosak, überwachte Goleniewski »ein schönes deutsches Mädchen namens Inga« (vermutlich Irmgard), das von polnischen Agenten in Berlin zur Kollaboration verleitet worden war. Bald entwickelte sich ein Liebesverhältnis, und als Inga schwanger wurde, begannen sie mit Hilfe von Ingas Kontakten zu einem westdeutschen Geheimdienst die Flucht in den Westen zu planen. Bevor es dazu kam, traf er in Warschau angeblich mit KGB-Agenten zusammen, unternahm eine letzte Reise nach Moskau und verbrachte mehrere Abende damit, Geheimdienstakten und Dokumente zu fotografieren.

Es scheint Bosak hauptsächlich darum gegangen zu sein, Goleniewskis Nützlichkeit für die CIA herunterzuspielen und seinen Beitrag zur Enttarnung mehrerer kommunistischer Agenten im Westen in Frage zu stellen. Er behauptete, daß der KGB nur mäßiges Interesse an den Ermittlungen des polnischen Sicherheitsdienstes über Goleniewskis Desertion gezeigt habe, woraus zu schließen sei, daß er den sowjetischen Geheimdienstoperationen im Westen wenig Schaden habe zufügen können. Aber das Interesse des KGB, so Bosak weiter, habe stark zugenommen, als er ein paar Jahre später mit der Behauptung herauskam, er sei der Zarensohn Alexej. Der kalte Krieg geht offensichtlich weiter, wenn auch nur im Rückblick. Diese letzte Information ist jedoch wenig geeignet, die Vermutung zu stützen, Goleniewskis Behauptungen seien in irgendeiner Weise vom KGB inspiriert gewesen. Sie verleiht auch der Idee, seine KGB-Kontakte könnten ihm Zugang zu Archiven aus der Zarenzeit ermöglicht haben, so daß seine Angaben authentisch wären, wenig zusätzliches Gewicht. Auf der Suche nach Antworten müssen wir prüfen, was Kyrill de Schischmarew aufdecken konnte, als er Goleniewskis Aussagen über Bankguthaben in Europa nachging. Ein schrittweises Vorgehen erleichtert es, die subtilen Veränderungen in der Betonung auszumachen.

Schischmarew wird von Guy Richards wegen einer Erkundungsreise nach Frankreich als Initiator der einleitenden Untersuchungen genannt. »Es begann ganz zwanglos«, erläuterte Schischmarew:

> Ich erwähnte die Absicht, ins Ausland zu gehen, und er (Goleniewski) begeisterte sich für die Idee, daß ich etwas für ihn erkunden könnte, weil er die Reise nicht selbst unternehmen könne. Ich hatte Freunde in Paris, die ich gut genug kannte, um überzeugt zu sein, daß ich ehrliche Antworten bekommen würde. Oberst Goleniewski zog einige Papiere hervor und gab mir die Zahlen (im wesentlichen die angeblichen 100 Millionen Dollar in der Bank von Frankreich und 80 Millionen Dollar in Rothschilds Bank in Paris, dazu die anderen, vorerwähnten Zahlen). Ich machte zwei Seiten Notizen ... Er sagte, die Beträge seien 1951 tabellarisch zusammengefaßt und von Nikolaus selbst kurz vor seinem Tode in der Nähe von Posen 1952 in seinen letzten Willen und Testament aufgenommen worden.

Er traf die Chefs von zwei französischen Finanzinstitutionen, die Richards als »Monsieur X« und »Monsieur Y« beschreibt, angeblich um ihre Identität zu schützen. Der erste, aus dem französischen Finanzministerium, soll gesagt haben, daß es Gelder gebe, und daß man bereit sei, Goleniewski anzuhören, wenn er seine Beglaubigungen vorlegen könne. Der zweite, damals Chef einer französischen Bank, wurde ihm von einem alten Freund in Paris, einem aristokratischen Franzosen, vermittelt. Nachdem er sein Erstaunen zum Ausdruck gebracht habe, sei auch dieser Bankier zu der Information bereit gewesen, daß seine Bank gewisse Guthaben verwalte und sich freuen würde, die Angelegenheit mit Goleniewski weiter zu diskutieren. Dieser aber machte von diesen Kontakten keinen Gebrauch, obwohl Schischmarew auf Instruktionen wartete, bevor er schließlich in die Vereinigten Staaten zurückkehrte.

Die nächsten Meldungen über solche Kontakte finden sich in Pierre de Villemarests Buch, in einem 1988 veröffentlichten französischen Nachtrag sowie in Ausgaben seines internationalen Rundschreibens, das vom Centre Européen d'Information herausgegeben wird. Während Monsieur X anonym blieb, wurde Monsieur Y als der verstorbene M. de Dreuzey identifiziert, ein früherer Präsident der Banque de l'Union Européenne (BUE). Sein voller Name ist anschließend als Jean Aupepin de Lamothe Dreuzy ermittelt worden. Er starb Mitte der 70er Jahre. In späteren europäischen Berichten, zum Beispiel im *Journal de Génève* vom 16. September 1990, heißt es sogar, Schischmarew habe de Dreuzy die Nummer des Zarenkontos in seiner Bank genannt. So wurde Goleniewskis ursprüngliche Angabe von 100 Millionen Dollar in der Bank von Frankreich und 80 Millionen Dollar in Rothschilds Bank im Laufe von fünfzehn Jahren weiter ausgebaut und sogar mit der Nummer eines Zarenkontos bei der Banque de l'Union Européenne versehen.

Das schmeckt mehr nach journalistischer Phantasie und der einfallsreichen Wiederverwendung früherer Berichte als nach KGB-inspiriertem Wissen. Spätere Nachfragen bei der Bank selbst und Gespräche mit einem früheren Kollegen de Dreuzys und, was wichtiger ist, mit Schischmarews ursprünglichem Pariser Kontaktmann aus den späteren 60er Jahren – dem aristokratischen Franzosen, der heute zurückgezogen in einem kleinen Dorf südwestlich von Paris lebt – bestätigen zur Genüge, daß sich ein wenig Übertreibung in spätere Berichte eingeschlichen haben muß. Der eigentliche Kontaktmann legte Wert auf die Feststellung, daß er selbst, obwohl er zu der Zeit in der Bank arbeitete, nicht an den Gesprächen zwischen Schischmarew und de Dreuzy teilgenommen hatte. Er war entschieden abgeneigt, irgendeine persönliche Kenntnis von den behaupteten Zarenguthaben in der Bank zu bestätigen. Frühere Kollegen de Dreuzys, die noch in Pariser Bankkreisen aktiv sind, haben gleichfalls ihrer Verwunderung über das Ausdruck verliehen, was de Dreuzy gesagt haben soll.

Es ist nicht schwierig, herauszufinden, warum jemand gerade von dieser Bankengruppe erwarten sollte, daß sie russische Guthaben verwaltet. Wie die meisten internationalen Banken ist sie ein Amalgam mehrerer Banken, die entweder fusioniert haben oder deren Aktien in gemeinsamen Besitz übergegangen sind. Die BUE, wie sie seit den späten 60er Jahren heißt, hatte vorher als European Industrial and Financial Union firmiert, die ihrerseits 1943 aus dem Zusammenschluß der l'Union Européenne und der Banques du Pays du Nord (BPN) entstand. Zur letzteren, und das ist nicht ohne Bedeutung, hatte die in Petrograd operierende Bank Asow-Don gehört.

Ihr Vorstandsvorsitzender Kamenka war zur Zeit der Revolution entkommen und hatte sich nach einem kurzen Londoner Zwischenspiel in Paris niedergelassen. Die Bank wurde zu einem natürlichen Magneten für Tausende von russischen Flüchtlingen, die nach dem Ersten Weltkrieg nach Paris geströmt waren, und hatte sowohl kleine russische Depositen angezogen als auch Kredite an die russische Gemeinde vergeben. Das ist nicht ganz das gleiche wie die Verwaltung der Privatkonten des Zaren.

Der Gedanke, daß Goleniewski zwar keine Beglaubigungen als Zarensohn Alexej vorlegen konnte, vor seinem Absprung in den Westen vielleicht aber Zugang zu russischen Informationsquellen über Auslandsguthaben des Zaren gehabt haben könnte, kann also ebenfalls als abwegig betrachtet werden. Die Einzelheiten der französischen Bankgespräche waren schwerlich weltbewegend, und Schischmarews Besuch in Paris nicht die bedeutsame Entwicklung, die er einmal zu sein schien. Selbst die Antwort aus dem französischen Finanzministerium ist nicht schwierig zu erklären, wie wir später sehen werden. Überdies können die Zahlen, die Goleniewski enthusiastisch an die Presse verteilte, als das gesehen werden, was sie waren: das Ergebnis einer intelligenten Durchsicht der führenden Zeitungen nach sachdienlichen Hinweisen. Seine Gesamtsumme von Auslandsguthaben des Zaren und seiner Familie in Höhe von etwa 1200 Millionen Dollar (400 Millionen Dollar in den Vereinigten Staaten und die doppelte Menge anderswo) kam verdächtig nahe an die Gesamtsumme heran, die 1929 in der *New York Times* veröffentlicht worden war. Die individuellen Bankenverzeichnisse und die zugehörigen Depositenzahlen könnten ebenso auf lebhafter Phantasie und einer hinlänglich intelligenten Auswertung der Presse und anderer gedruckter Quellen beruhen. Dazu hatte er in New York zweifellos jede Gelegenheit.

DRITTER TEIL

VERMÖGEN

11 *Juwelen*

Als die HMS *Marlborough* im späten Frühjahr 1919 in den Hafen von Portsmouth einlief, hatte das Schiff nicht nur die Kaiserinwitwe Marie und viele ihrer Verwandten an Bord, die von der Krim evakuiert worden waren, sondern auch Schmuck und andere Kostbarkeiten im Wert von Millionen Pfund Sterling. Es war die erste Welle einer wahren Flut von russischen Schätzen, die im Laufe der nächsten zwei Jahrzehnte in den Westen gelangten. Zu diesen Schätzen zählten nicht nur die Reste der Juwelen, die so sorgfältig in die Unterkleider der jungen Großfürstinnen eingenäht worden waren, bevor sie nach Jekaterinburg gebracht wurden, sondern auch die Ausbeute von Rettungsaktionen der Romanows und ihrer Helfer, die aus ihren verwüsteten Palästen bargen, was sie konnten, und sogar die geraubten und konfiszierten Juwelen und Kunstgegenstände aus dem Besitz des enteigneten Herrscherhauses, die von den Kommunisten im Westen verkauft wurden, um dem neuen Regime zu Devisen zu verhelfen.

Der Kernbestand des Staatsschatzes – die Krone, das Zepter und der Reichsapfel sowie andere Staatsinsignien – waren 1914 in neun großen Kassetten aus dem damaligen St. Petersburg ins Moskauer Zeughaus gebracht worden. Nicht lange vorher hatte man die wichtigsten Gegenstände katalogisiert, und einige wurden noch von den Kronjuwelieren des Hauses Fabergé überholt. Agathon Fabergé, Carl Fabergés Sohn, hatte die Überholung 1913 empfohlen und die Erlaubnis des Zaren erhalten; er machte gute Fortschritte. Man hatte die Fassungen der meisten kleineren Steine in der Sammlung untersucht und die Arbeit an Zepter und Reichsapfel beendet. Im Juli 1914 wollte Fabergé sich eben den Kronen zuwenden, als er einen Anruf vom Kabinettsbüro des Zaren erhielt und angewiesen wurde, die Arbeit sofort einzustellen und die gesamten Kronjuwelen zu verpacken. Ein paar Wochen später war Krieg.

Ein Teil der Familienjuwelen war von seinen Vorgängern auf Nikolaus als Staatsoberhaupt gekommen, andere Stücke waren geerbt oder von ihm persönlich und anderen Familienmitgliedern erworben worden. Will man den Weg nachvollziehen, den die wichtigsten Stücke seit 1917 genommen haben, so ist diese Unterscheidung im Falle der Juwelen ebenso zweckmäßig wie bei unserem späteren Forschen nach Bankguthaben der Zarenfamilie.

Abgesehen von den Kronjuwelen, die praktisch unberührt im Moskauer Zeughaus lagen, bis 1922 eine neue Katalogisierung begann und sie ins staatliche Schatzamt überführt wurden, blieben weitere Staatsjuwelen, Kunstwerke und wertvolles Tafelgeschirr zurück, als die Familie Zarskoje Selo zum letzten Mal verließ und eine Anzahl persönlicher Wertsachen mitnahm, über die sich Graf Benckendorff in gewohnter Effizienz eine Quittung geben ließ. Was den Rest der Familie betraf, so gelang es Kaiserinwitwe Marie, einen großen Teil ihres Schmucks mitzunehmen, als sie südwärts nach Kiew übersiedelte, obwohl sie später sehr darüber klagte, wieviel sie in Petrograd zurückgelassen habe. Während Großfürstin Olga ihren Verwalter in Petrograd nicht zum Nachsenden ihres Schmucks hatte bewegen können, gelang es ihrer Schwester, Großfürstin Xenia, einige der wertvollsten Schmuckstücke mitzunehmen und an Bord der MS *Marlborough* in Sicherheit zu bringen. Der umsichtige Benckendorff ließ sich sogar eine Empfangsbestätigung für den Schmuck geben, den Alexandra für ihre Schwester, Prinzessin Victoria von Battenberg, in Verwahrung hielt, seit diese Rußland 1914 bei Kriegsausbruch in aller Eile verlassen hatte. Sie war im Juli jenes Jahres mit ihrer Tochter Louise nach Rußland gekommen, um eine Vergnügungsfahrt auf der Wolga zu machen. Als die politischen Spannungen zunahmen, eilten sie zurück nach St. Petersburg, wo sie am Tag der britischen Kriegserklärung an Deutschland eintrafen. Sie packten eilig ihre Sachen, verabschiedeten sich und reisten in Anbetracht der unsicheren Lage mit einem Minimum an Gepäck über das neutrale Schweden zurück nach London.

Louise schrieb in ihr Tagebuch:

> Meine Mutter und ich ließen unseren ganzen Schmuck zurück, den wir für die offiziellen Empfänge und Gesellschaften, an denen wir später in Moskau und St. Petersburg mit Tante Alix hatten teilnehmen wollen, mitgebracht hatten. Mamas Erbstücke – Tiaras, große Halsketten und Armbänder – blieben dort in dem großen Schmuckkasten, mit dem wir gekommen waren, und wir

hatten keine Ahnung, daß wir sie nie wiedersehen sollten, und wahrscheinlich wird die Bolschewikenregierung sie eines Tages verkaufen.[1]

Weder der Schmuck noch die Empfangsbestätigung, die Benckendorff sich 1917 geben ließ, sind seither der Familie Mountbatten, ihrer hessischen Verwandtschaft oder irgend jemandem sonst unter die Augen gekommen. Aber ich weiß immerhin, wo Benckendorffs letzte handschriftliche Liste von Alexandras Schmuck zu finden ist, die auch einen Hinweis auf »einen Kasten mit Brillanten und Schmuckstücken« enthält, »die der Prinzessin Victoria Battenberg gehörten«. Sie befindet sich in einem alten Gebäude nicht weit vom Gorkipark in Moskau, dem »Staatsarchiv«. Dort liegt auch Alexandras persönliches »Juwelenbuch«, in dem nicht nur Einzelheiten über all ihre Schmuckstücke stehen (wann, wo und von wem sie die Stücke erwarb, alles handschriflich und auf englisch), sondern auch ihre späteren, mit Bleistift hinzugefügten Bemerkungen – die letzte nur wenige Tage vor ihrer Abreise von Zarskoje Selo. Was diese Archive sonst noch in Verwahrung haben, werden wir in Kapitel 18 behandeln.

Der meiste Schmuck war jedoch bis Jekaterinburg im Besitz der Zarenfamilie, wie wir in Kapitel 6 sahen; einiges heimlich in die Unterwäsche der Großfürstinnen eingenäht, anderes offen im Gepäck und während ihrer letzten Wochen in Ipatjews Haus bewacht und registriert. Während der Zeit in Tobolsk und insbesondere kurz vor ihrer Abreise nach Jekaterinburg wurden allerdings einige Stücke an Ort und Stelle versteckt. Wie wir inzwischen aus kürzlich freigegebenen KGB-Akten wissen, fand die sowjetische Geheimpolizei GPU erst 1933 eine 100karätige Diamantbrosche von Alexandra, dazu ein Diadem, ein Diamantarmband und ein Paar diamantener Hutnadeln im Keller eines Fischhändlers in Tobolsk. Insgesamt wurden in Tobolsk 154 Stücke Alexandras gefunden, die damals ca. 3,3 Millionen Rubel wert waren, was heute etwa 5 Millionen Pfund entspräche. Den entscheidenden Hinweis erhielt Stalins Geheimpolizei von einem Tobolsker Priester. Er brachte sie zu einem von Alexandras Zimmermädchen, das seinerseits eine Nonne in einem nahen Kloster denunzierte, die beim Verstecken der Juwelen geholfen hatte. Sie gestand, die Juwelen zunächst in einem Brunnen und dann in einem Grab im Kloster verborgen und sie dann dem Fischhändler ausgehändigt zu haben, der sie in einer Holzkiste in seinem Keller versteckte. Was die Sowjetregierung mit diesen Juwelen tat, geht aus den KGB-Akten nicht hervor.

Was nach dem Massaker in Jekaterinburg an Schmuck übrigblieb, verschwand in den Taschen der Wachmannschaft oder wurde in einen Sack gesteckt und nach Moskau geschickt. Einige Stücke, die aus den Kleidern der ermordeten Mädchen fielen, wurden eingesammelt und nahmen denselben Weg. Einzelne Stücke blieben am Boden liegen, wurden in die Erde getreten, gerieten in den Bergwerksschacht oder wurden in Ipatjews Haus übersehen und später von den Ermittlern der Weißen Armee unter Sokolow entdeckt. Wie diese Stücke schließlich in den Buckingham-Palast kamen, und warum sie nach ihrer Ankunft mehrere Wochen lang versteckt blieben, werden wir bald feststellen.

Was Sokolow in und um Jekaterinburg an Überresten einsammelte, füllte zusammen mit dem Beweismaterial seiner anschließenden Untersuchung des Massakers fünfzig Packkisten. Als das Kriegsglück sich wieder gegen die Weiße Armee in Sibirien wandte, beschlossen Sokolow und seine Kollegen, die Ergebnisse ihrer Arbeit zu retten, indem sie die Kisten ostwärts nach Wladiwostok verluden.

Der Weg der Ladung zurück nach Europa – hauptsächlich nach Paris und London – kann nun relativ genau rekonstruiert werden, weil die kaiserlichen Relikte ihre Spuren in Erinnerungen (und Memoiren) hinterließen.

Zunächst übernahm General Dieterichs, der für die gesamten Ermittlungen verantwortliche General der Weißen Armee, die Kisten von Sokolow und gab sie an Miles Lampson (später Lord Killearn) weiter, den britischen Hochkommissar in Sibirien, der gerade im Begriff war, Werchne Udinsk mit dem Zug nach Osten zu verlassen. Besondere Aufmerksamkeit galt »einem kleinen, mit dunkelbraunem Leder bezogenen Aktenkoffer, der einst der Kaiserin gehört hatte«.

Dieterichs legte ihn auf den Tisch und erklärte mit sichtlicher Gemütsbewegung, der Aktenkoffer enthalte »die Asche der russischen Zarenfamilie«, und er hoffe, sie werde im Zug des Hochkommissars unter britischem Schutz stehen.[2] Er selbst sei in zu großer Gefahr, um die Kisten nach Wladiwostok zu begleiten. Lampson nahm den Aktenkoffer mit den Relikten an sich und vertraute die Packkisten dem amerikanischen Generalkonsul Ernest Harris an, dessen Zug etwas später nach Charbin abgehen sollte.

Ob Lampson den Aktenkoffer, der angeblich die Asche barg, tatsächlich hatte, ist noch umstritten, denn amerikanische Dokumente (ebenso wie frühere Ausgaben der *New York Times*) zitieren Harris und seine Kollegen mit der Behauptung, *sie* hätten die kaiserlichen Überreste für Lampson nach Charbin gebracht und erwähnen sogar ihren Schrecken, als sie während der Fahrt gegen den unter dem Tisch stehenden Aktenkoffer stießen und sich plötzlich erinnerten, was er enthielt.[3] Die Tagebücher, die Papiere und die spätere Biographie von Sydney Gibbes (der uns auch eine Fotografie des Aktenkoffers geliefert hat) sowie die Aussage von Dieterichs und Lampson legen jedoch nahe, daß es tatsächlich der letztere war, der den Koffer bei sich hatte. Jedenfalls steht fest, daß der Koffer und auch die Masse der Packkisten Charbin erreichte.

Dieterichs hatte ursprünglich beabsichtigt, daß die verbliebenen Habseligkeiten der Zarenfamilie, der Aktenkoffer und Sokolows umfangreiche Dokumentation der britischen Regierung zu treuen Händen übergeben werden sollten, bis sie ihm zurückgegeben werden könnten. Wenn dies nicht möglich sei, sollten sie dem Großfürsten Nikolai Nikolajewitsch ausgehändigt werden, dem Vetter des Zaren und früheren Oberkommandierenden der russischen Streitkräfte. Das britische Außenministerium, offensichtlich wenig geneigt, sich in die Politik der Weißen Armee ziehen zu lassen, gab rasch zu verstehen, daß es ihm lieber wäre, wenn die sterblichen Überreste und das von Sokolow gesammelte Material in russischen Händen bliebe und nur die restlichen Besitztümer der Zarenfamilie der Großfürstin Xenia, der älteren der beiden Schwestern des Zaren in London, zugestellt würden.

Daraufhin suchte Gilliard, der schweizerische Hauslehrer der Zarenfamilie, Hilfe beim französischen General Janin, der von Londons negativer Antwort gehört hatte und, wahrscheinlich in der Hoffnung, eine solche Geste werde etwas von der ihm zugemessenen Schuld am Tod Admiral Koltschaks aufwiegen, des Oberkommandierenden der Weißen Armee in Sibirien im Februar 1920, sofort seine Bereitschaft erklärte, die Überreste der kaiserlichen Familie und das Sokolow-Material nach Frankreich zu begleiten. Etwa zur gleichen Zeit transportierten die britischen Schiffe HMS *Kent* und SS *Atreus* die Kisten mit dem restlichen Romanow-Besitz nach England. Aber nicht alle Kisten hatten die Reise nach Charbin und von dort nach Wladiwostok überstanden. Von den ursprünglich fünfzig gelangten nur neunundzwanzig sicher an Bord der britischen Schiffe.

Als die Kisten endlich in London eintrafen, mußten sie, wie König Georg V. später erzählte, begast werden, bevor Großfürstin Xenia den Inhalt in Augenschein nehmen konnte.[4] Als sie dies zusammen mit Königinwitwe Alexandra und König Georg V. im Marlborough House tat, gab es jedoch eine unangenehme Überraschung. Nach einem Brief, den Sir Arthur Davidson etwas später an Robert Wilton schrieb, dessen Berichte in der *Times* die Entdeckung der Überreste und die Sokolow-Nachforschungen behandelt hatten, enthielten die Kisten nicht viel mehr als »Abfall und Plunder, Lumpen, alte Kochtöpfe und Bruchstücke aller Art«. Er riet Wilton, sich im Marlborough House zu melden, damit er ihm Einzelheiten mitteilen könne.

Eine ähnliche Episode hatte sich annähernd zwölf Monate zuvor, im November 1919 ereignet, als Kaiserinwitwe Maries Habseligkeiten nach langwierigen und schwierigen Verhandlungen mit den Bolschewisten in fünfzehn Packkisten aus ihrem Anjitschkow-Palast in Petrograd eingetroffen waren, um versiegelt, von der britischen Kriegsmarine nach England gebracht und in Anwesenheit von Sir Arthur Ponsonby, dem Bewahrer der Königlichen Privatschatulle, sowie des amtierenden russischen Botschafters im Thronsaal des Buckingham-Palastes geöffnet zu werden. Die erste Kiste, so Ponsonby, »enthielt nichts als Schürhaken, Schaufeln und Zangen von der üblichsten Art«. Die zweite enthielt »Pferdegeschirre und Sattelzeug, das meiste davon unbrauchbar«. Die dritte, mit einem Etikett »Bücher aus der Bibliothek der Kaiserin« versehen, war »voll von Schund, alten russischen Fahrplänen, Kinderbüchern und Romanen«. Ponsonby ließ den Botschafter unterzeichnen, was sie gesehen hatten, und suchte dann das Außenministerium auf, damit man sich bei der bolschewistischen Regierung beschwere.

Sir Arthur Davidson, der sich an all dies bestens erinnerte, war von der jetzigen Wiederholung kaum überrascht. Aber es war noch nicht das Ende der Geschichte. Wilton entdeckte bald, daß Xenia doch einigen Schmuck aus Jekaterinburg erhalten hatte, und fragte sich natürlich, wie und warum. Die Wahrheit darüber kann heute so erzählt werden, wie Davidson sie zwei Monate später aus Sandringham an Wilton schrieb:

> Nach der ersten Inspektion standen die Kisten und ihr Inhalt unberührt im Heim der Großfürstin, und Ihre Kaiserliche Hoheit gab mir die Information, die ich Ihnen nannte: daß keine Juwelen oder Wertgegenstände irgendwelcher Art zurückgegeben worden seien.
> Einige Monate später schrieb Baronesse Buxhoeveden, die, wie Sie wissen, eine der wenigen Überlebenden von Jekaterinburg war, an die Großfürstin und fragte sie, ob sie die Schmuckstücke der Kaiserin gefunden habe, die in einer Rolle Stoff mit einigen Kleidungsstücken der Gräfin Hendrikowa in einer dieser Kisten versteckt seien. Sie beschrieb genau ihre Position, und die Großfürstin öffnete die Kisten und fand schließlich die Schmuckstücke dort, wo sie versteckt worden waren.[5]

Davidson erläuterte ferner, daß die Überreste und die Asche, die von General Janin nach Frankreich gebracht worden waren, sich im Besitz eines M. Giers in Paris befänden. Er war der frühere russische Botschafter in Italien und der Doyen des russischen diplomatischen Korps in Europa und schien als solcher der geeignete Empfänger für die kaiserliche Asche, nachdem Großfürst Nikolai ihre Annahme verweigert hatte. Ob Davidsons Bericht zutrifft, ist eine andere Frage: In seinen Memoiren behauptete Janin 1930, die Asche ruhe noch immer in seinem Familientresor in Serre Izard bei Grenoble. Andere Memoiren und Berichte haben das Geheimnis seither womöglich noch undurchdringlicher gemacht; eine Quelle gibt sogar an, die Überreste eines menschlichen Fingers, vermutlich der Zarin zugehörig, lägen konserviert in einer New Yorker Bank.

Eines der Probleme bei dem Versuch, den gegenwärtigen Aufenthaltsort der kaiserlichen Asche festzustellen, besteht darin, daß jeder Besitzer eines der drei Behältnisse der Überzeugung war, es handele sich um das einzige. Daher rühren die Widersprüche zwischen den Aussagen des britischen und denen des amerikanischen Konsuls, auf die sich jeweils mehrere Zeugen berufen. Das gleiche geschah in London, wo einige glaubten, die im Marlborough House geöffneten Kisten hätten auch die kaiserliche Asche enthalten. Sokolows Bericht über das Massaker war Gegenstand ähnlicher Mißverständnisse.[6]

Auch die Russisch-Orthodoxe Kirche in Brüssel, die nach der Revolution demonstrativ dem heiligen Nikolaus geweiht worden war und in der am 18. Juli 1968 des fünfzigsten Jahrestages der Ermordung der Zarenfamilie gedacht wurde, war der Überzeugung, sie sei im Besitz der Asche. Sie hat zweifelsfrei Ikonen aus dem Besitz der Großfürstin Xenia sowie eine Bibel Alexejs mit einer Widmung Alexandras aus Tobolsk, aber das ist alles.

Und auch der Russisch-Orthodoxe Friedhof in St. Geneviève des Bois südlich von Paris beherbergt die kaiserlichen Überreste nicht – obwohl man neugierigen Besuchern bisweilen windelweiche oder rätselhafte Auskünfte gab. Es befinden sich dort immerhin die Gräber mehrerer Großfürsten; der Ballerina und Zarenmätresse Mathilde Kschessinska; des Fürsten Lwow, erster Chef der Provisorischen Regierung; des Grafen Kokowzow, Vorgänger Peter Barks als Finanzminister; des Fürsten Felix Jussupow, Rasputins Mörder; seiner Frau Irina, sowie vieler anderer bekannter russischer Emigranten, so daß die häufig geäußerte Vermutung, auch die kaiserliche Asche ruhe hier, zumindest nicht ganz abwegig ist.[7]

Bis in die jüngste Zeit schienen entweder die Russisch-Orthodoxe Kirche in Brüssel oder St. Geneviève des Bois am besten geeignet als letzte Ruhestätte, aber die Entdeckung und nachfolgende Identifizierung der Gebeine der meisten Mitglieder der russischen Zarenfamilie bei Jekaterinburg legt nahe, die Asche, wo immer sie jetzt sei, nach Rußland zurückzubringen, um sie zusammen mit den Gebeinen neben den Gräbern früherer Zaren in der Kathedrale St. Peter und Paul in St. Petersburg zur letzten Ruhe zu betten.

Während Großfürstin Xenia und andere Mitglieder der kaiserlichen Familie sich weitgehend passiv verhielten, als es um die Bergung ihrer Wertsachen ging, waren andere sehr viel aktiver. Der anonyme Autor des Buches *The Fall of the Romanows*[8], das noch vor dem bolschewistischen Putsch entstand, berichtete von amerikanischen Kunsthändlern, die bereits nach Petrograd geeilt seien und »verschwenderisch ihr Geld für den Erwerb von Gemälden und

Kunstschätzen ausgaben, die der russischen Aristokratie gehörten«. Fürst Saltykow, so wird berichtet, habe seine kostbare Sammlung alten Porzellans für 25 000 Pfund verkauft. »Schmuckstücke werden in Mengen verkauft. Die Leute versuchen alles abzustoßen, was sie können, und ihre Wertsachen zu Geld zu machen.« Großfürstin Viktoria Feodorowna soll ihre Wertgegenstände verkauft haben, um die Pensionen zu bezahlen, die sie ihrem Dienstpersonal schuldete.

William Boyce, Chef des Amerikanischen Roten Kreuzes in Petrograd, nahm dort im Sommer 1917 an mehreren Auktionen teil. Bei einem solchen Anlaß ersteigerte er ein großes bronzenes Osterei aus dem Besitz des früheren Zaren Paul I. und ein Paar Kerzenleuchter, die Alexander II. gehört hatten. »Ich kann nicht umhin, die vielen adligen Familien zu bedauern«, schrieb er an seine Frau, »da viele von ihnen alles verkauft haben, und ich glaube, daß die meisten ihre wertvollen Kunstwerke ebenso verkaufen werden wie ihre Häuser.«

Selbst nach der Machtübernahme durch die Bolschewisten gingen die Rettungsversuche weiter. Natascha Gräfin Brassowa, Großfürst Michaels Frau, wußte, daß ihre Wertsachen noch im Banksafe lagen, obwohl ihre gesamten persönlichen Vermögenswerte offiziell bereits beschlagnahmt worden waren. Nichtsdestoweniger ging sie zur Bank und konnte unter dem Vorwand, sie wolle ihre Papiere durchsehen, ihren Safe öffnen und fand darin einen Teil ihrer Schmucksachen. Wie ihre Tochter später schrieb, kam Natascha »nach Haus zurück und hatte den Muff vollgestopft mit ihren wertvolleren Schmuckstücken; leider waren meine Perlen, die wir bei Ausbruch der Revolution zur Bank gebracht hatten, nicht darunter«.[9] Der Rest des Familiensilbers wurde auf dem Grundstück ihres Schlosses vergraben. »Nach allem, was ich weiß, könnte es noch dort sein«, schrieb Nataschas Tochter später. »Ich wußte nicht genau, wo es war, und war nicht interessiert, aber der Gärtner war in das Geheimnis eingeweiht, und wie ich ihn kenne (er pflegte unser Gemüse und Obst unterderhand zu verkaufen), nehme ich an, daß er vor den Bolschewisten an das Silber gekommen ist. Ich kann nicht sagen, daß es mich sehr interessiert, wer der Nutznießer geworden ist.«

Einigen Familien gelang, gelegentlich unterstützt von ihren Bediensteten, die Rettung beträchtlicher Vermögenswerte. In einigen

Fällen ist es noch immer schwierig zu sagen, wie die Wertsachen gerettet wurden oder wer die Eigentümer sind. Ein Beispiel dafür ist ein Vorfall vom Februar 1990 in Belgrad, als nach dem Tod einer achtzigjährigen Russin, deren Familie 1918 entkommen war, ihr Bankschließfach geöffnet wurde und einen bemerkenswerten Schatz aus der Zarenzeit preisgab. Vera Perhamenko-Mihailovic starb in einer bescheidenen Mietwohnung im alten Teil Belgrads und hatte niemanden etwas von ihrem Reichtum ahnen lassen, der im Tresorraum der Jugoslawischen Investitions- und Kreditbank lag.

Der Inhalt des Schließfaches verschlug den Findern die Sprache: Goldmünzen, Schmuckstücke mit wertvollen Edelsteinen, goldene Armbänder, ein antikes Medaillon mit Halskette, Devisen und ein bemerkenswertes Kreuz von sechs Zentimetern Länge, das mit fünfzehn Brillanten besetzt war und angeblich Peter dem Großen gehört hatte. Man hat inzwischen herausgefunden, daß der Vater der alten Frau Arzt in der Weißen Armee war und daß ihre Mutter adliger Abstammung war, aber das ist alles. Ob die Schätze als Entlohnung für Dienste erworben wurden, die der zaristischen Sache in oder um Tobolsk geleistet wurden, ob sie Beutestücke aus dem Bürgerkrieg oder einfach Familienerbstücke waren, wird wohl ein ewiges Geheimnis bleiben.

Die Bemühungen um die Rettung solcher Reichtümer waren nicht immer erfolgreich. Die Fürstin Galizyn, deren Großmutter Kammerfrau am Zarenhof gewesen und nach der Verbannung der kaiserlichen Familie nach Tobolsk durch Briefe mit Alexandra in Verbindung geblieben war, wurde eines Tages kurz nach der Machtübernahme der Bolschewisten in das Boudoir ihrer Großmutter in Petrograd gerufen. »Aus einer ihrer Schubladen nahm sie eine sehr lange Perlenkette, die sie bei großen Anlässen getragen hatte, und einige andere kostbare Dinge, darunter ihr Brillantmonogramm und ihr schönes Porträt der Kaiserin Alexandra Feodorowna in einem edelsteinbesetzten ovalen Rahmen.« Die Wertgegenstände wurden alle in einen kleinen ledernen Schmuckkasten gelegt, und ihre Großmutter bat sie, ihn ins Nebenhaus zu ihrer Freundin Katussja zu bringen.

Der Schmuckkasten wurde sogleich mit dem Schmuck der Nachbarin in einen kleinen Wandschrank hinter einem Waschtisch gelegt und mit einem Wachstuch verhängt. »Am nächsten Tag kamen die Bolschewiken, gingen direkt in Katussjas Zimmer, wo wir den Schmuckkasten meiner Großmutter versteckt hatten, schoben den Waschtisch beiseite, rissen das Wachstuch herunter, öffneten den Wandschrank und nahmen den Schmuckkasten meiner Großmutter und Katussjas Wertsachen mit.«[10] Ihre Freundin wurde obendrein verhaftet und ins Gefängnis geworfen. Es bedarf keines Detektivs, um zu argwöhnen, daß ein Denunziant am Werk gewesen war.

Den Jussupows erging es mit ihren Bemühungen, die kostbarsten Wertsachen in Petrograd zu verstecken, nicht viel besser, obwohl sie als die reichste Familie in Rußland genügend Reserven zu ihrer späteren Rettung hatten. Gewarnt durch den bolschewistischen Putschversuch im Juli 1917, ging Fürst Felix daran, im Moika-Palast in Petrograd Geheimkammern einschließlich einer falschen Decke zu konstruieren, um möglichst viel von seinen Wertsachen, Gemälden, Büchern und übrigen Sammlungen unterzubringen, darunter kostbare Musikinstrumente. Er kehrte mindestens dreimal in den Palast zurück, einmal sogar nach der bolschewistischen Machtergreifung: Nach seiner Flucht auf die Halbinsel Krim zusammen mit Kaiserinwitwe Marie und ihren Verwandten gelang es ihm, zwei seiner Rembrandts, einige Schmuckstücke und ein gemaltes Porträt von Alexander III. zu bergen. Bei seiner Ankunft im Hotel Vendôme in Paris wurde er zu seiner Freude von einem Juwelier begrüßt, der einen Beutel mit Brillanten zurückgab, den Felix vor dem Krieg bei ihm zurückgelassen hatte.

Die Bolschewisten brauchten fünf Jahre, um alle Geheimkammern im Moika-Palast ausfindig zu machen. Schließlich wurden 1147 Gemälde entdeckt, und ein Raum enthielt 128 kostbare Violinen, die Felix' Großvater gesammelt hatte. Die letzte Violine, ein Meisterwerk Antonio Stradivaris, wurde in einer Kapsel im Inneren einer Säule gefunden. Die Lage einer bis zuletzt unentdeckt gebliebenen Geheimkammer verriet den Bolschewisten schließlich Jussupows alter Kammerdiener, der mehr als fünfundzwanzig Jahre lang bei der Familie gewesen war, auf dem Sterbebett. Sie entdeckten kostbares Sèvres-Porzellan, Miniaturen, Bronzen und kostbare Schmuckstücke in einem großen feuersicheren Tresorraum, dessen Eingang hinter der faltbaren Rückwand eines der Bücherschränke in der Bibliothek verborgen war. Die Tür konnte nur erreicht werden, indem man alle Bücher entfernte und die sechs unteren Regale sowie einen Teil der hölzernen Trennwand herausnahm.[11]

Felix Jussupow war zweifellos ein einfallsreicher und wagemutiger Mann, wie die heimlichen Besuche in seinem alten Heim beweisen. Ob es ihm gelang, andere unentdeckte Geheimnisse zurückzulassen, bleibt eine offene Frage. Viele Jahre später besuchte ein alter Mann den Palast und sprach mit Galina Sweschnikowa, der Direktorin des Palastes, der inzwischen ein staatliches Museum geworden war. Er sagte ihr, daß zwar fünf geheime Räume entdeckt worden seien, zwei weitere aber noch nicht. Nach übereinstimmenden Berichten glaubte sie ihm. Dr. Ronald Moe und Dr. Idris Traylor jr., zwei amerikanische Akademiker – einer von ihnen kannte die Jussupows gut, als sie im Pariser Exil lebten –, trafen Galina Sweschnikowa 1992 bei einem Besuch in St. Petersburg und schienen geneigt, ihr zuzustimmen. »Felix Jussupows Zurückhaltung bei Gesprächen über die Geheimkammern«, folgerte einer von ihnen, »legt den Schluß nahe, daß es zusätzliche Geheimverstecke gab, die er nicht entdeckt sehen wollte. Es ist gut möglich, daß er starb, ohne das Geheimnis preiszugeben. Jedenfalls hat der Moika-Palast trotz der Heimsuchungen der Zeit und des Krieges viel von seinem Charakter, seiner Eleganz und sogar seinen Geheimnissen bewahrt.«[12]

Felix Jussupow war nicht der einzige Romanow-Verwandte, der heimlich zu seinem Familiensitz in Petrograd zurückkehrte. Als die Bolschewisten im November 1917 an die Macht kamen, bewahrheiteten sich die vorher ausgestoßenen Drohungen: Jeglicher Privatbesitz war akut bedroht, und Gelegenheiten, reiche Beute zu machen, wurden rasch erkannt und wahrgenommen. Einige Adlige verkleideten sich, um ihre alten Häuser wieder aufzusuchen und aus gut getarnten Verstecken zu retten, was sie konnten. Andere ließen sich von Freunden helfen. Eines der spektakulärsten Unternehmen dieser Art nahm seinen Ausgang in London, als Albert Stopford, angeblich ein Kurier für das Außenministerium, tatsächlich aber ein Mann des Geheimdienstes, zu Ohren kam, daß seine alte Freundin und Gönnerin, Großfürstin Wladimir (die Frau von Nikolaus' Onkel und vor dem Krieg eine der führenden Gastgeberinnen in St. Petersburg) mit einigen ihrer Habseligkeiten auf die Krim entkommen war.

»Bertie« Stopford, der gleichzeitig mit Felix Jussupow und dessen Vetter Fürst Sergej Obolenskij in Oxford studiert und dem Vernehmen nach im London der Vorkriegszeit bei ausgelassenen Studentenfesten mit den Ballerinen Anna Pawlowa und Tamara Karsawina den »Fandango« getanzt hatte, war während des Krieges oft zwischen London und Petrograd hin und her gereist. Zu sagen, er habe in der russischen Hauptstadt »jedermann gekannt«, wäre übertrieben; sicherlich aber kannte er jeden, auf den es ankam. Er selbst war verwandt mit dem Grafen von Courtown, einem irischen Pair, und korrespondierte während des ganzen Krieges beinahe täglich mit Lady Ripon, die das Russische Ballett mit Karsawina und Nijinskij 1911 nach London gebracht hatte, und Lady Juliet Duff, ihrer Tochter.

Stopfords Briefe und sein Tagebuch wurden nach dem Krieg anonym veröffentlicht.[13] Sie gaben einen bemerkenswerten Eindruck von seinen Kontakten, von regelmäßigen Mittag- und Abendessen mit Großfürstin Wladimir bis zu mehreren Begegnungen mit dem Zaren, für den er persönliche Briefe an und von Georg V. überbrachte. Bei einem Abendessen erzählte ihm die Großfürstin bei »lauwarmer« *potage St. Germain*: »Der Kaiser reist morgen abend ab, um das Oberkommando an der Front zu übernehmen.« Bertie ging sogleich zu Sir George Buchanan in die Britische Botschaft, um ihm die Neuigkeit mitzuteilen. Am Vortag hatte er auf dem Dach seines Hotels mit der Primaballerina Karsawina zu Mittag gespeist.

Daher ist es verständlich, daß seine russischen Freunde sich an Stopford wandten, als sie nach der Revolution in Bedrängnis gerieten. Er wiederum folgte mehreren von ihnen auf die Krim nach Jalta, wohin sie sich gerettet hatten. Fürst Sergej Obolenskij erinnerte sich, wie er eines Morgens plötzlich erschien, um eine Weile bei ihm und seiner Familie zu bleiben. »Er war äußerst nervös. Jeden Tag zog er seine Tarotkarten hervor und legte sie aus. Die Karten weissagten ihm nichts Gutes. Er sagte, daß ihm etwas Schreckliches zustoßen würde.« Er hatte guten Grund, nervös zu sein, war er doch bereits einige Male nach Petrograd zurückgekehrt und hatte für seine Freunde an Geld und Wertsachen gerettet, was er konnte. Fürst Sergej vermutete, daß Bertie persönlich Geld und Kostbarkeiten im Wert von »Millionen Pfund« in Sicherheit gebracht habe. Unter den von Stopford geretteten Wertgegenständen befand sich auch Schmuck seiner eigenen Mutter.[14]

Stopfords größter und spektakulärster Fischzug ergab sich aus seinen Bemühungen zugunsten seiner alten Freundin, Großfürstin Wladimir. Sie hatte ihr gesamtes Bargeld und ihren Schmuck in ihrem Stadtpalais in Petrograd versteckt, bevor sie nach Süden geflohen war. Stopford beschloß zu tun, was in seinen Kräften stand. Er und der Sohn der Großfürstin, Großfürst Boris, kehrten verkleidet nach Petrograd zurück (eine Version will wissen, daß Bertie sich als alte Frau zurechtgemacht hatte), betraten mit Hilfe eines loyalen Hausmeisters das Wladimir-Palais an der Newa und fanden den geheimen Safe im Schlafzimmer der Großfürstin. Bargeld und Schmuck waren unangetastet geblieben.

Die russischen Banknoten würden in London von geringem Wert sein, also ging Stopford zur britischen Botschaft, hinterlegte das Geld dort und bereitete alles vor, um den Schmuck in zwei Reisehandkoffern, die er gewöhnlich als offizieller Kurier des Diplomatischen Dienstes mit sich führte, nach London zu bringen. Die Schmucksachen wurden einzeln in Zeitungspapier gewickelt und in die beiden schäbigen Lederkoffer gestopft. In London hinterlegte er den Schmuck in einem Banksafe auf den Namen der Großfürstin und kehrte dann nach Petrograd zurück, um das Bargeld zu holen, das er schließlich wohlbehalten zur Großfürstin nach Jalta brachte.[15]

Eines der Schmuckstücke, die auf diese bemerkenswerte Art und Weise gerettet wurden, eine perlenbesetzte Tiara, wird gelegentlich von Königin Elisabeth getragen, die sie 1953 von Queen Mary erbte, die sie ihrerseits der Tochter der Großfürstin Wladimir, der früheren Großfürstin Helena abgekauft hatte, welche 1921 Prinz Nikolaus von Griechenland geheiratet hatte. Ihre Mutter war ein Jahr zuvor in Frankreich gestorben. Unter den anderen Kostbarkeiten der Großfürstin, die Stopford rettete, waren Brillanten, Smaragde, Rubine und Perlen. Die Smaragde erbte Großfürst Boris, die Perlen Großfürst Kyrill, die Rubine Großfürst Andrej und die Brillanten einschließlich der Tiara ihre Tochter.

Die Schmuckstücke der Großfürstin Wladimir sind nicht die einzigen Romanow-Juwelen, die sich heute im Besitz des britischen Königshauses befinden. Nicht nur die Königin, auch Prinzessin Margaret, Prinzessin Anne, die Prinzessinnen von Wales und Kent tragen Schmuck, der früher Kaiserinwitwe Marie von Rußland und danach Queen Mary gehörte. Und alle Schmuckstücke bis auf eines waren im Schmuckkasten der Kaiserinwitwe Marie, als sie 1919 in Portsmouth von Bord ging. Wie sie von einer Monarchenfamilie auf eine andere übergingen, bedarf der Erklärung.

Als Marie am 13. Oktober 1928 starb und im Dom zu Roskilde, nördlich von Kopenhagen, beigesetzt wurde, war es das letzte Mal, daß sich die Repräsentanten des »Alten Rußland«, Großfürsten, Großfürstinnen und ihre Verwandten, an einem Ort versammelten. In ihre Trauer mischte sich Enttäuschung darüber, daß es kein Staatsbegräbnis gab und daß die dänische Königsfamilie Marie (oder Dagmar, wie die Dänen sie nannten) in der unteren Gruft der Prinzen und Prinzessinnen hatte beisetzen lassen, statt neben den dänischen Königen und ihren Gemahlinnen, wie es sich für eine frühere Kaiserin geziemte. Aber es gab noch andere Irritationen, als die Trauerfeierlichkeiten ihren Fortgang nahmen, denn König Christian, Maries Neffe, hatte in der Vergangenheit kaum seine Hoffnung verhehlt, daß ihm die Unterstützung, die er ihr hatte zukommen lassen, eines Tages aus ihrem Testament vergolten würde, was bedeutete: aus ihrem Schmuckkasten. Diese Hoffnung freilich war im Londoner Buckingham-Palast nicht unbemerkt geblieben.

Das Ergebnis war, daß Georg V., sei es mit Rücksicht auf Maries Tochter Xenia, die immer eine seiner Lieblingscousinen blieb, sei es einfach als eine Vorsichtsmaßnahme gegen dänische Absichten, sich von Sir Frederick Ponsonby beraten ließ und dann Peter Bark bat, nach Dänemark zu reisen und zu überwachen, was mit Maries Vermögen im allgemeinen und ihrem Schmuck im besonderen geschah. Sie vermuteten mit Recht, daß er in der Lage sein werde, mit möglichen »russischen« Schwierigkeiten fertig zu werden. Seine wichtigste Instruktion aber lautete, den Schmuckkasten an sich zu bringen und in den Buckingham-Palast zu schicken.

Da Geschichten von internationalen Juwelendieben in aller Munde waren (Xenias Erfahrungen mit Betrügern waren kein Einzelfall), gelang es Bark nur unter beträchtlichen Schwierigkeiten, eine Transportversicherung für die Juwelen abzuschließen. Nachdem er

Xenias und Olgas Zustimmung eingeholt hatte, so Ponsonby, nahm er den Schmuckkasten aus dem Safe, versiegelte ihn und eilte damit zur britischen Gesandtschaft in Kopenhagen. Ein diplomatischer Kurier nahm das nächste Schiff nach London, während Bark bis zum Abschluß der Begräbnisfeierlichkeiten in Dänemark blieb. Ponsonby nahm den Schmuckkasten im Buckingham-Palast in Empfang, legte ihn in den Safe und telegrafierte sofort dem König, der außerhalb Londons weilte, um den Eingang zu melden. Ein paar Tage später schrieb Georg V. in einem Kondolenzbrief an Xenia: »Das Paket, das Mr. Bark aus Kopenhagen schickte, ist sicher eingetroffen und befindet sich in meinem Safe im Buckingham-Palast, wo es bis zu Deiner Rückkehr bleiben wird oder bis ich Mr. Bark sprechen kann und er mir sagt, was Ihr damit vorhabt.« Er hoffe, sie werde zurückkommen und wieder im Frogmore Cottage Wohnung nehmen, »das auf Dich wartet, und ich hoffe, Du wirst es zu Deinem Heim machen, es sei denn, Du findest es zu klein«.[16]

Weitere sechs Monate vergingen, bevor der Schmuckkasten endlich in Xenias Beisein in Schloß Windsor geöffnet wurde, und in der Zwischenzeit machten sich das Foreign Office und die britische Gesandtschaft in Kopenhagen an die komplizierte Aufgabe, Maries Wohnsitz Hvidor, die Einrichtung und sonstiges persönliches Eigentum zu verkaufen. Da nur die Hälfte des Hauses Marie gehört hatte, war der andere Anteil nach dem Tod ihrer Schwester Alexandra im Jahre 1925 König Georg V. und anderen nahen Verwandten zugefallen, nämlich der ältesten Tochter des Königs, Prinzessin Victoria, und Königin Maud von Norwegen. Sie ließen nun erkennen, daß sie ihren Erbteil Xenia und Olga und dem Sohn ihres Bruders Mikhail, Prinz Georg Brassowa, übergeben wollten. Einige Gegenstände aus Maries Privateigentum wurden nach London verschifft, darunter ein Belleville-Automobil.

Der Rest wurde in Kopenhagen versteigert. Queen Mary war lebhaft an einer Porzellanfigur interessiert, die sie auf der Auktion ersteigern wollte, gab ein Gebot von 15 Pfund ab und bat sogar das Außenministerium, sie mit Diplomatengepäck nach London zu schicken. Ihr Gebot blieb aber erfolglos.[17] Das Haus und die Einrichtung brachten schließlich 219 909 Kronen ein, und ein Scheck über den Gegenwert in Sterling, 11 704 Pfund, ging an die Westminster Bank, zahlbar an Peter Bark. Wenig später bestätigte Ponsonby den Erhalt des Geldes und fügte eine Bemerkung hinzu: »Ich habe diesen Betrag wieder an Monsieur Bark überwiesen, damit er ihn für die Großfürstinnen investiert.« Er wurde Teil ihres gemeinsamen Treuhandvermögens.

Nach dem Verkauf Hvidors und seiner Einrichtung blieben in der Nachbarschaft die Erinnerungen an die Kaiserinwitwe Marie noch mehrere Jahre lebendig. Drei Angehörige ihres Personals, die sie an Bord der *Marlborough* ins Exil begleitet hatten, blieben zurück und mußten zusehen, wie sie sich weiter durchschlugen. Zwei treue Kosaken waren noch Jahre später am Ort, einer hatte ein Obst- und Gemüsegeschäft, der andere spülte Flaschen beim örtlichen Weinhändler. Ihr früherer Butler blieb dies auch unter dem neuen Eigentümer im Gärtnerhaus von Hvidor, ein Bild von Nikolaus und Alexandra auf der Truhe aus Kiefernholz, und ein Bündel Papiere, Briefe und Fotografien vom Zarenhof in einer der Schubladen, zusammengebunden mit Seidenband. Sein Wandkalender zeigte für immer Maries Todesdatum, den 13. Oktober 1928.[18] Noch heute wohnt ein Romanow in der Nähe: Fürst Dimitri, ein Enkel des Großfürsten Peter, der im Sommer 1993 Dorrit Reventlow in Kostroma heiratete und der erste Romanow wurde, der seit der Revolution in Rußland eine Ehe einging.

Als Xenia sich wieder in Frogmore Cottage niederließ, zeigten sich bei Georg V. die ersten Zeichen der Krankheit, die ihn von da an plagen sollte. Dadurch verzögerte sich die Öffnung des Schmuckkastens. Aber schließlich kam der Tag (es war der 22. Mai 1929), da Georg V., Queen Mary und Xenia endlich Maries Schmuckkasten in Windsor öffneten. »Einige wunderschöne Dinge«, bemerkte der König in seinem Tagebuch, »und sie aß bei uns zu Mittag.«[19] Ponsonby, der auch anwesend war, gab eine genauere Beschreibung:

> Die Königin kam mit der Großfürstin herein, die den Kasten verschnürt sah, wie er geschickt worden war. Stränge der wundervollsten Perlenketten wurden herausgenommen, alle abgestuft, die größten vom Umfang großer Kirschen, Cabochon-Smaragde und große Rubine und Saphire wurden ausgelegt. Dann zog ich mich diskret aus dem Zimmer zurück.

Es ist nicht schwer zu erraten, was der Königin durch den Kopf gegangen sein mag, als König Georg und Queen Mary an diesem Nachmittag draußen in der Sonne saßen. Seit sie als junges Mädchen durch die unnötigen Schulden ihrer Eltern peinlicher Unsicherheit ausgesetzt gewesen war, hatte sie allmählich eine Leidenschaft für kostbaren Schmuck sowie für das Vergnügen und die Sicherheit entwickelt, die er brachte. Ihre Stellung in der britischen Königsfamilie hatte ihr Gelegenheiten verschafft, Schmuckstücke aller Art zu erwerben und eine Kennerschaft zu entwickeln, die ihrer Leidenschaft entsprach. Ihre Sammlung war bereits bedeutend. Maries Schmuck bot eine günstige Gelegenheit, der Sammlung zusätzlichen Glanz zu verleihen.

Wie sich zeigen sollte, hatte sie reichlich Zeit, zu entscheiden, welche Gegenstände sie zu erwerben wünschte. Ponsonby hatte bereits Mr. Hardy, den Seniorpartner der Juwelierfirma Hennell & Sons in der Bond Street, gebeten, Schloß Windsor aufzusuchen, um eine Liste der Juwelen zu erstellen und eine vorläufige Bewertung vorzunehmen. Am Mittwoch dem 29. Mai, eine Woche nach Öffnung des Schmuckkastens, traf er im Schloß ein.

Was bei dieser ersten Schätzung geschah, wieviel von der Sammlung bewertet wurde, wieviel schließlich aus dem Verkauf erlöst wurde und den Großfürstinnen Xenia und Olga zufloß, und vor allem, wieviel Schmuck Queen Mary erwarb und wieviel sie dafür bezahlte, ist Gegenstand zahlloser Spekulationen gewesen. Tatsachen über die Einzelheiten kamen so zögerlich ans Licht, daß der Verdacht, Queen Mary habe ihrer Gier die Zügel schießen lassen, sich mehr als sechzig Jahre halten konnte. Erst jetzt kann die ganze Geschichte enthüllt werden.

Um das gelüftete Geheimnis ganz auskosten zu können, müssen wir uns etwas ausführlicher damit beschäftigen und in der Zeit beginnen, da Mitglieder der britischen Königsfamilie begannen, ausgewählte Stücke aus Kaiserin Maries Schmuckkasten zu tragen. Augenbrauen wurden hochgezogen, erst recht, als Großfürstin Olga und ihre Familie sowohl Ponsonbys spätere Schätzung des Verkaufs als auch die Art und Weise in Frage stellten, in der das Geld ihr und ihrer Schwester Xenia ausbezahlt wurde.

Die ovale Brosche mit einer Brillantengruppe, früher Eigentum der Kaiserinwitwe Marie und heute im Besitz der Prinzessin von Kent, war deren Schwiegermutter, Prinzessin Marina, der späteren Herzogin von Kent, von Queen Mary geschenkt worden. Ein ovaler Cabochon-Saphir und eine Brosche mit einer Brillantengruppe und einem Perlengehänge, gelegentlich von der gegenwärtigen Königin Elisabeth II. getragen, war ein Hochzeitsgeschenk an Marie von ihrer Schwester, der späteren Königin Alexandra gewesen und gleichfalls von Queen Mary erworben worden, die es ihrer Enkelin Elisabeth vermachte. Prinzessin Margaret ist bisweilen mit einer kleinen V-förmigen Tiara mit einem großen Saphir in der Mitte gesehen worden, die einst Kaiserinwitwe Marie gehörte und von Queen Mary gekauft wurde, bevor sie an die Königinmutter weitergegeben wurde, die sie ab und zu ihrer Tochter leiht. Ein weiteres Beispiel ist ein Kollier mit Perlen und Brillanten und mit einer saphir- und brillantenbesetzten Schließe, das der Königin von Queen Mary geschenkt wurde und bisweilen von Elizabeth II. oder Prinzessin Anne getragen wird.[20]

Was beim Verkauf der Juwelen aus dem Besitz der Kaiserinwitwe Marie geschah, wurde 1951 in Ponsonbys Memoiren in Umrissen sichtbar. Nachdem Hardy die Schmuckstücke in Anwesenheit von Queen Mary und Großfürstin Xenia in Augenschein genommen hatte, erklärte er Ponsonby unter vier Augen, daß er, sollte Xenia in Geldverlegenheit sein, »bereit sein würde, hunderttausend Pfund auf die Schmucksachen vorzuschießen«. Hardy hoffte, daß man ihm reichlich Zeit lassen würde, die Juwelen zu verkaufen, da es sich unzweifelhaft um herrliche Steine handelte. Ponsonby fügte hinzu:

> Ich sagte ihm, er solle warten, bis ich die Wünsche des Königs und der Königin in Erfahrung gebracht hätte, und glücklicherweise fand ich Ihre Majestäten unbeschäftigt. Sie sagten mir, ich solle Hardy instruieren, alle Stücke zu taxieren, und ihm im übrigen sagen, er habe mindestens ein Jahr lang Zeit, sie zu verkaufen. Schließlich brachten diese Juwelen 350 000 Pfund ein, so daß Monsieur Bark nicht so weit daneben lag, wie ich dachte, als er ihren Wert auf eine halbe Million bezifferte. Der König übertrug diese gewaltige Summe dem Treuhandvermögen der Großfürstinnen.

Die beträchtliche Summe von 350 000 Pfund entsprach in keiner Weise dem Eindruck, den Großfürstin Olga zur Zeit des Geschehens gewonnen hatte: In dem Wissen, daß Queen Mary einige der

Schmuckstücke ihrer Mutter erworben hatte, aber ohne Informationen über die Bedingungen, zu denen dies geschehen war, begannen Olga und ihre Angehörigen argwöhnisch zu werden. Das Mißtrauen gärte untergründig weiter und trat erst 1964 mit der Veröffentlichung von Olgas autorisierter Biographie offen zutage, vier Jahre nach ihrem Tode. In Gesprächen mit ihrem Biographen Ian Vorres hatte Olga deutlich gemacht, daß Ponsonbys Bericht nur teilweise den Tatsachen entsprach. Ihre Schwester Xenia war in Kopenhagen mit Bark zusammengetroffen und zugegen gewesen, als der Schmuckkasten versiegelt worden war, Olga hingegen nicht. Olgas zweiter Ehemann, der bürgerliche Kulikowskij, wurde von ihrer Mutter auch im Exil grundsätzlich geschnitten, selbst wenn dies Olga selbst traf. Überdies hatte ihre ältere Schwester die Angewohnheit, gemeinsame Angelegenheiten durch ihren eigenen Anwalt regeln zu lassen, ohne Olga zu informieren. Einerseits entsprach dies ihren Temperamenten, andererseits war auch dies eine Folge von Olgas unstandesgemäßer Heirat.

Im Falle der Juwelen ihrer Mutter war das Ergebnis, daß Olga zu spät erkannte, was in ihrem Namen getan oder unterlassen worden war. Es gab, so vertraute sie Vorres an, bestimmte Aspekte der Juwelenaffäre, die sie nicht verstehe. Vorres nahm sich nochmals Ponsonbys Bericht vor und befragte auch den einzigen noch lebenden Zeitzeugen, Sir Edward Peacock, Direktor des Bankhauses Baring Brothers (und der Bank von England), und, das ist hier wichtiger, Testamentsvollstrecker der Kaiserinwitwe Marie und Treuhänder des Vermögens der beiden Großfürstinnen. Er erzählte Vorres (und dies ist später weder von ihm noch von anderen jemals dementiert worden), daß die ihm zugunsten der beiden Großfürstinnen 1929 anvertraute Summe ungefähr 100 000 Pfund betrug, 60 000 für Xenia und der Rest für Olga. Dies, so nahm er damals an, war der Vorschuß, den Hennell & Sons bis zur vollständigen Bewertung und dem Verkauf der Juwelen leisten sollten.

Die Differenz zu Ponsonbys 350 000 Pfund ist erheblich. Sir Edward Peacock konnte sich dies auch nicht erklären und meinte einfach, Ponsonby sei von seinem Gedächtnis im Stich gelassen worden. Diese Erklärung, auf die wir noch zurückkommen werden, würde also bedeuten, daß die königliche Familie keineswegs

350 000 Pfund in das Treuhandvermögen überführt hat, sondern sehr viel weniger. Durch spätere Schätzungen dessen, was Olga und Xenia ihren Familien vererbten, und in Kenntnis der Juwelen aus Maries Schatulle, die heute im Besitz der britischen Königsfamilie sind, wissen wir jedenfalls, daß Queen Mary mehrere Stücke kaufte, aber »das Geheimnis der fehlenden 250 000 Pfund«, so Vorres 1964, »bleibt nach wie vor ungeklärt«. Dies schrieb er vier Jahre nach Olgas Tod in Toronto. Wie sie selbst über die Angelegenheit dachte, geht indirekt aus ihrer Biographie hervor:

> Ich habe versucht, nicht allzuviel darüber nachzudenken, und jedenfalls habe ich mit niemandem außer mit meinem Mann darüber gesprochen. Ich weiß, daß May (Queen Mary) eine leidenschaftliche Liebhaberin kostbaren Schmuckes war. Mir ist erinnerlich, wie die Sowjetregierung, die dringend Devisen benötigte, 1925 eine Menge Romanow-Juwelen zum Verkauf nach England schickte, und ich hörte sagen, daß May eine ganze Anzahl Schmuckstücke gekauft habe – einschließlich einer Sammlung von Fabergés Ostereiern. Mir ist auch bekannt, daß wenigstens ein Stück aus meinem Eigentum, geplündert aus dem Palast in Petrograd, unter den Dingen war, die nach England geschickt wurden, aber der Preis erwies sich sogar für May als zu hoch, und ich nehme an, daß es sich noch im Kreml befindet. Es war eines meiner Hochzeitgeschenke – ein exquisiter Fächer aus Perlmutt, besetzt mit Perlen und Brillanten.[21]

Queen Marys Leidenschaft für Juwelen war Olga also, wie vielen anderen, wohlbekannt. Die beiden trafen sich zum letzten Mal 1948, als Olga vor ihrer Auswanderung nach Kanada ins Marlborough House kam, um sich an Queen Marys einundachtzigstem Geburtstag von ihr zu verabschieden. Die Juwelen kamen nicht zur Sprache. »Warum unnötig Bitterkeit erzeugen?« bemerkte Olga später.

Nach dem Tode ihrer Mutter und insbesondere nach der Veröffentlichung von Ian Vorres' Biographie fragten Olgas Söhne sich natürlich, ob sich Hennell & Sons nach der vorläufigen Bewertung der einzelnen Stücke aus Kaiserinwitwe Maries Schmuckkasten um ihren Verkauf an Privatinteressenten bemüht hatten, inwieweit ihnen dies gelungen war, welche Preise dafür erlöst wurden und wer die Erlöse schließlich erhielt. 1965 schrieb Guri Kulikowskij, Olgas jüngerer Sohn, der noch heute in Toronto lebt, an Hennell & Sons und ersuchte um Antwort auf diese Fragen.

Die Reaktion war ermutigend. Die ursprüngliche Privatgesellschaft war zwar inzwischen in eine Aktiengesellschaft gleichen Namens umgewandelt worden, aber nach Überprüfung der Unterlagen bestätigte man, zwar nicht den Schmuck selbst, aber noch immer den größten Teil der Unterlagen über seinen Verkauf zu haben. Man könne innerhalb von drei Monaten »einen vollständigen Bericht über den Verkauf der Juwelen« liefern, was 80 Guineen (255 kanadische Dollar) kosten würde.

Man einigte sich auf eine Anzahlung, und im September 1965 bestätigte Hennell & Sons schließlich, daß eine detaillierte Liste der fraglichen Juwelen vorbereitet wurde:

> Wir können den bei jedem Verkauf erzielten Nettobetrag nennen, des weiteren, an wen das Geld gezahlt wurde und, für den Fall eines nicht erfolgten Verkaufs, an wen jedes Stück zurückgegeben wurde. Wir bedauern, die Namen der Käufer nicht angeben zu können, da dies, wie Sie sicherlich verstehen werden, ein Vertrauensbruch gegenüber unseren Kunden wäre.

Nach einer weiteren Verzögerung wurde der endgültige Bericht für den Februar 1966 angekündigt, und Guri Kulikowskij erhielt die Auskunft, es werde sich um »eine detaillierte Beschreibung von sechsundsiebzig Schmuckstücken zusammen mit dem beim Verkauf realisierten Nettopreis handeln«.[22]

Nach Aussage der Journalistin Suzy Menkes, die mit der Familie Kulikowskij zusammen die nächsten Schritte unternahm, schrieb Guri Kulikowskij nun an den Buckingham-Palast und das Büro des Haushofmeisters, und die Angelegenheit wurde den Anwälten der Königin übergeben. In ihrem Buch über die königlichen Juwelen schrieb Suzy Menkes:

> Sie überprüften die Papiere – die nun nach Schloß Windsor geschickt worden sind – und entdeckten die Wahrheit: Queen Mary hatte den Verkauf der Juwelen bis 1933 hinausgezögert; sie hatte dann behauptet, daß die Wirtschaftskrise und der Zusammenbruch des Perlenmarktes ihren Wert verringert hätten. Sie zahlte nur 60 000 Pfund. 1968, vierzig Jahre nach der ersten Besichtigung des Schmucks von Marie, regulierte Queen Marys Enkelin, Königin Elisabeth II., die Schuld.[23]

Der Tod Guri Kulikowskijs im Jahre 1984 und die Veröffentlichung von Menkes' Buch *The Royal Jewels* ein Jahr später führte natürlich zu weiterer aufgeregter Aktivität. Tichon, Guris älterer Bruder, mit dem ich 1991, achtzehn Monate vor seinem Tod, in Toronto zusammentraf, schrieb sowohl an Hennell & Sons wie auch an den Buckingham-Palast, um genau zu klären, was geschehen war. Das Ergebnis war unbefriedigend. Immerhin schien auf eine Frage nun Antwort möglich. Sir Robert Fellowes, der Privatsekretär der Königin, schrieb 1986 an Tichon: »Nach umfangreichen Nachforschungen kann ich keinen Beleg für Suzy Menkes' Behauptung finden, die Königin habe 1968 Geld an Ihre Familie bezahlt.«[24] Das schloß Zahlungen an andere Personen oder in anderen Jahren nicht aus, aber Tichon schien geneigt, der Erklärung Glauben zu schenken, obwohl er sich über den Rest des Geheimnisses nach wie vor den Kopf zerbrach. Die Frage, wieviel für die Juwelen schließlich erlöst worden war, blieb weiter ungeklärt. Wenn Ponsonby recht hatte, dann war über eine Summe von 250 000 Pfund Rechenschaft abzulegen. Schließlich hatte Xenia trotz der Schmucksachen, mit denen sie entkommen war und die sie später aus Jekaterinburg erhalten hatte, nicht viel mehr als 100 000 Pfund hinterlassen, und Olga noch weniger.

Tichon schrieb an Hennell & Sons, wie sein Bruder es vor ihm getan hatte, und fügte eine weitere Anzahlung für zusätzliche Nachforschungen bei. Leider bekam er sie mit einem kurzen, vom 30. April 1990 datierten Brief zurück, in dem erläutert wurde, daß das Unternehmen, obgleich noch immer als Hennell & Sons bekannt, unter neuer Eigentümerschaft sei, niemanden vom früheren Personal beschäftige und man »keine Spur von der früheren Korrespondenz oder irgendwelcher Arbeit an dem Gegenstand finden« könne.[25] So starb schließlich auch Tichon, der Neffe des letzten Zaren, der auf der Halbinsel Krim auf dem Besitz seiner Großmutter, der früheren Kaiserin Marie, das Licht der Welt erblickt hatte. Er hat nie erfahren, was schließlich aus dem Inhalt ihres Schmuckkastens geworden war. Es war das traurige Ende einer durchaus vermeidbaren Peinlichkeit, einer Peinlichkeit, auf die einige der königlichen Beteiligten schwerlich stolz sein können. Gleichwohl war es nicht das Ende der Geschichte, wie ich entdeckte.

Guri und Tichon Kulikowskij hatten recht mit der Annahme, daß der Wahrheit am besten auf die Spur zu kommen sein würde, wenn man die Schätzungen Mr. Hardys von Hennell & Sons für die beiden Großfürstinnen einsähe. Leider hatten die beiden Brüder keinen Erfolg, obwohl sie an den richtigen Stellen nachgeforscht hatten: Buckingham-Palast und Hennell & Sons. Hier setzten auch meine eigenen Nachforschungen an, und dank des archivarischen Instinkts der gegenwärtigen geschäftsführenden Direktorin von Hennell & Sons sind Hardys ursprüngliche Gutachten jetzt gefunden worden,[26] zusammen mit einer ausführlichen Bewertung von Ponsonbys Darstellung durch Hennell & Sons.

Die ursprüngliche Aufstellung, am 19. Mai 1929 von Hardy für Xenia und Olga in Schloß Windsor angefertigt, war, wie sich zeigt, im wesentlichen eine vorläufige Schätzung, gefolgt von einer drei Wochen später, am 11. Juni, abgegebenen verbindlichen Bewertung. Im weiteren Verlauf arbeiteten Hennell & Sons stets mit einer Liste der 76 Stücke, in die eingetragen wurde, was erlöst wurde, welche Teile vom Verkauf zurückgestellt wurden und wann der letzte Gegenstand verkauft wurde. Im Anschluß an Hardys ersten Besuch blieben mehrere Schmuckstücke bei Xenia in Windsor und wurden, wahrscheinlich wegen ihres geringen Wertes (eines der mehr als 30 Stücke dieser Kategorie wurde auf lediglich vier Pfund veranschlagt), nicht in den Verkauf gegeben. Der Wert dieser Gegenstände belief sich auf insgesamt 2317 Pfund. Als Xenia die vorläufige Liste des Juweliers durchging, zog sie noch andere Stücke vom Verkauf zurück. Der Gesamtwert der zurückgezogenen und in Xenias Besitz verbliebenen Schmuckstücke belief sich auf 11 415 Pfund.

Hennells Unterlagen können weder bestätigen noch widerlegen, daß Hardy einen Vorschuß von 100 000 Pfund anbot. Hennell & Sons machten dazu später folgende Angaben:

> Unsere Unterlagen enthalten keine Hinweise auf dieses Angebot oder daß es angenommen wurde, da kein Geld vor dem tatsächlichen Verkauf der verschiedenen Gegenstände den Besitzer wechselte. Aus späterer Korrespondenz wird klar ersichtlich, daß Mr. Hardy instruiert wurde, die Schmuckstücke auf die vorteilhafteste Art und Weise zu verwerten und eine Kommission abzuziehen, wenn ein Verkauf erfolgt und das Geld eingegangen war. Die Juwelen wurden von ihm in die Geschäftsräume von Hennell & Sons gebracht und mit insgesamt 150 000 Pfund gegen alle Risiken versichert. Dann wurde eine sorgfältigere Bewertung der Schmuckstücke vorgenommen, auf deren Grundlage der Verkauf dann vonstatten ging.

Hardys vorläufige Bewertung der gesamten Juwelen bei seinem ersten Besuch lag bei etwas mehr als 144 000 Pfund, einschließlich der kleinen Zahl von Schmuckstücken, die Xenia schließlich in Windsor behielt. Als er zwei Wochen später seine verbindliche schriftliche Bewertung abgab, die nicht mehr jene Juwelen enthielt, die Xenia vom Verkauf ausgenommen hatte, war die Gesamtsumme auf 159 000 Pfund gestiegen, was noch immer weit unter Ponsonbys Angabe von 350 000 Pfund liegt. Wie Hennells Liste zeigt, wurden im Laufe der folgenden vier Jahre nach und nach 136 624 Pfund und 15 Shilling erlöst. In dieser Summe waren die Einnahmen für alle von Queen Mary gekauften Stücke enthalten. Zunächst stellte Hennell & Sons Schecks auf Georg V. aus, der die Erlöse an Xenia und Olga weiterzugeben hatte. Nach der Errichtung ihres gemeinsamen Treuhandvermögens Ende Juni wurde das Geld direkt an Peter Bark überwiesen, einen der Treuhänder.

Hennell & Sons, die zahlreiche wohlhabende Briten und US-Amerikaner zu ihren Kunden zählten, werden wohl kaum geahnt haben, wie lange sich der Verkauf der Juwelen hinziehen würde, aber nur fünf Monate nach ihren ersten Schätzungen kam der große New Yorker Börsenkrach vom 29. Oktober 1929. Danach gab es schwere Preiseinbrüche bei Schmuck und insbesondere Perlen, und die Verkäufe gingen langsam und zu merklich reduzierten Preisen vor sich. Immerhin waren noch im Juli 1929 drei Perlenketten, die ursprünglich mit 45 000 Pfund bewertet worden waren, für 64 600 Pfund verkauft. Die Verkäufe zogen sich bis Ende 1933 hin, und Xenia unternahm sogar eigene – erfolglose – Versuche, das eine oder andere bemerkenswerte Stück in Frankreich zu verkaufen. Ein Schmuckstück blieb schließlich unverkauft, identifiziert als Nummer 40 auf der Liste und ursprünglich mit 7000 Pfund bewertet: eine Brillantbrosche mit zwei Boutonperlen und einem Perlengehänge. Es wurde im Juni 1934 per Einschreiben an Xenia in Frogmore Cottage zurückgeschickt.

Hennells Unterlagen enthüllen genau, welche Schmuckstücke Queen Mary erwarb, wann sie sie kaufte und wieviel sie dafür bezahlte. Die beiden ersten Stücke waren Nummer 7, ein Perlen- und Brillantkollier mit Saphir- und Brillantschließe, bewertet mit 5678 bis 6000 Pfund; und Nummer 47, eine Perlen- und Brillantbrosche

(550 Pfund). Sie kaufte beide Stücke am 12. Juni, dem Tag nach der ersten Schätzung, und ließ sie von Hardy nach Schloß Windsor bringen. Sie bezahlte 6000 Pfund für das erste und 555 Pfund für das zweite Stück.

Es verging mehr als ein Jahr, bevor sie zwei weitere Stücke kaufte. Das erste war Nummer 72, eine Langbrosche mit einem Cabochonsaphir mit Rosenbrillanten, im Wert von 25 bis 30 Pfund. Queen Mary kaufte sie am 23. Juli 1930 für 26 Pfund 12 Shilling. Das zweite Stück war Nummer 42, eine Brosche mit einem ovalen Cabochonsaphir und ovaler Brillantengruppe mit Perlengehänge, deren Wert zunächst auf 2700 bis 3250 Pfund veranschlagt worden war. Nach dem Preisverfall wurde die Brosche von Hennell und Sons am 22. September 1930 auf 1400 bis 1900 Pfund herabgestuft, und Queen Mary kaufte sie am 3. Oktober für 2375 Pfund, also teurer als nach der revidierten Bewertung.

Demnach ist der Verdacht, Queen Mary habe ihre privilegierte Position ausgenutzt, um die Romanow-Juwelen, mit denen ihre Schwiegertöchter und Enkelinnen und andere königliche Familienmitglieder bis auf den heutigen Tag gesehen werden, zu stark gedrückten Preisen zu erwerben, nicht gerechtfertigt. Unzutreffend ist danach auch Sir Frederick Ponsonbys Behauptung, aus dem Verkauf von Exkaiserin Maries Juwelen seien 350 000 Pfund erlöst worden. Die »fehlenden 250 000 Pfund« können jetzt also getrost ignoriert werden. Die schließlich aus dem Verkauf realisierten 136 624 Pfund liegen nahe genug an den »ungefähr 100 000 Pfund«, die Sir Edward Peacock als Treuhänder 1929 erhalten zu haben sich erinnerte. Sir Edward hatte recht: Ponsonbys Gedächtnis hatte ihn offensichtlich im Stich gelassen. Erstaunlich bleibt, daß man die Zweifel und das Mißtrauen der Familie der Großfürstin Olga so lange bestehen ließ, anstatt die königlichen Berater, die Bescheid wußten oder das Nötige leicht hätten feststellen können, alles genau aufklären zu lassen – nicht einmal dann, als Olgas Söhne an sie herantraten.

Man könnte meinen, daß mit dem allmählichen Versiegen des Emigrantenstroms aus Rußland in den frühen 1920er Jahren auch keine Romanow-Juwelen mehr in den Westen gelangt wären, aber das neue kommunistische Regime sah sich bald einem dramatischen

Rückgang seiner Goldreserven gegenüber, der teils eine Folge des wirtschaftlichen Chaos in Rußland war und teils hervorgerufen wurde durch die kostspielige bolschewistische Propaganda im Ausland. So nimmt es nicht wunder, daß die Staatsjuwelen und die in den kaiserlichen Palästen zurückgebliebenen Wertgegenstände bald als alternative Quellen zur Devisenbeschaffung und Finanzierung des Regimes gesehen wurden. Westliche Nachrichtendienste registrierten rasch die ersten Anzeichen geplanter Verkäufe von Juwelen aus Staatseigentum auf dem Weltmarkt. Bald meldeten sie heimliche Juwelenverkäufe durch sowjetische Handelsdelegationen und sogar durch bereitwillige Mittelsmänner und Zwischenhändler in London, Paris, Brüssel, Amsterdam und New York. Die Zollbeamten in den westlichen Ländern wurden zur Aufmerksamkeit angehalten. Im August 1920 fing der US-amerikanische Zoll ein Paket ab, das zwei schwedische Seeleute dem »Genossen Martens«, dem sowjetischen Handelsbeauftragten in Washington, überbringen wollten. Es enthielt 131 Diamanten im Wert von 10 000 Dollar. Dann meldete der amerikanische militärische Nachrichtendienst aus Stockholm, daß schwedischen Seeleuten für jedes in die Vereinigten Staaten gebrachte Paket 15 Dollar geboten würden und daß sie diesen Schmuggel seit Monaten betrieben. Der Direktor des militärischen Nachrichtendienstes wurde von seinem Agenten verständigt, daß die Pakete auch »eine beträchtliche Menge radikaler Schriften« enthielten.[27]

Ähnliche Vorfälle häuften sich im Laufe der nächsten Jahre. Sowjetische Repräsentanten in Stockholm wurden vom Geheimdienst dabei beobachtet, daß sie Pakete mit Schmuck und Edelsteinen im Wert von jeweils etwa 3000 Dollar an eine New Yorker Anschrift aufgaben. Kostbare Wertgegenstände wurden von Moskau nach Göteborg und von dort weiter an eine Anschrift in San Francisco geschickt. In New York entdeckten Zollbeamte ein geheimnisvolles Paket mit fünfzehn prachtvollen Smaragden, die Fürst Felix Jussupow, als man ihn konsultierte, als Eigentum der ermordeten Zarin Alexandra identifizierte. Ein weiterer bemerkenswerter Smaragd, deklariert mit 180 000 Francs, wurde von belgischen Zollbeamten entdeckt, als er von Berlin nach Amsterdam geschmuggelt werden sollte: Viereinhalb Zentimeter lang und zweieinhalb Zentimeter breit, hielt er einen Anhänger von zwanzig großen Brillanten. Er wurde als Romanow-Schmuckstück erkannt und von Fachleuten auf mehrere Millionen Francs taxiert. Ein besonders grotesker Fall war die Exhumierung des Leichnams eines amerikanischen Seemannes, die auf Anweisung des amerikanischen Kriegsministeriums und des Schatzamtes geschah, wo man den Verdacht hegte, daß Schmuggler russische Juwelen aus dem Besitz der Romanows in dem Sarg versteckt hätten, der per Schiff nach New York zurückgebracht wurde. Das Grab auf dem Nationalfriedhof Cypress Hills, New York, lieferte allerdings keinerlei Beweis dafür.[28]

Die Finanzierung der Auslandspropaganda wurde auf verschiedene Weise gehandhabt – durch den Verkauf von Edelsteinen oder Gold oder sogar durch Konzessionen von Handelsdelegationen. Ein dänisches Schiff beförderte dem Vernehmen nach 5 Millionen Rubel in Gold von Kopenhagen nach New York, um kommunistische Propaganda in den Vereinigten Staaten zu finanzieren. Geheimdienstbeamte stellten fest, daß sich um die »Wäsche« sowjetischer Sendungen von Gold und Juwelen sowohl schwedische, holländische und dänische Mittelsmänner als auch Agenten in New York kümmerten.[29] In London bildete Hatton Garden, die Drehscheibe des Diamantenhandels, einen natürlichen Anziehungspunkt und wurde Schauplatz eines der größten Juwelenskandale der frühen 20er Jahre.

Im Herbst 1920 besuchte eine sowjetische Delegation London zu dem Zweck, die über die Nichtanerkennung zaristischer Auslandsschulden durch das Sowjetregime aufgebrachten Engländer zu besänftigen, indem sie neue Kredite aufnahm und den britisch-sowjetrussischen Handel zu fördern versprach. Dem militärischen Nachrichtendienst wurde bald klar, daß die Leiter der Delegation, Kamenew und Krassin, in Wirklichkeit eine andere Order hatten. Den Sowjets war unbekannt, daß der britische militärische Nachrichtendienst Ernst Fatterlein rekrutiert hatte, den führenden Dechiffrierspezialisten des zaristischen Rußland, der jetzt die Rußland-Abteilung der Government Code and Cipher School, die Vorläuferin der gegenwärtigen GCHQ, leitete.[30]

So kannte das britische Kabinett die Kommunikation zwischen Moskau und der sowjetischen Delegation in London sowohl vor den als auch während der Gespräche. Es war eine faszinierende Lektüre. Zu Beginn der Verhandlungen gab Lenin seinem Chefunterhändler Krassin den Rat: »Dieses Schwein Lloyd George hat keine Skrupel oder Scham in der Art und Weise, wie er betrügt. Glaubt kein Wort von dem, was er sagt, und haut ihn dreimal soviel übers Ohr.« Lloyd George nahm die geheime Beleidigung philosophischer auf als einige seiner Kabinettskollegen, vor allem Churchill und Lord Curzon. Aber der Kernpunkt der sowjetischen Täuschungen sollte noch kommen. Der Direktor des militärischen Nachrichtendienstes meldete dem Premierminister, daß die sowjetische Delegation tatsächlich das Ziel verfolgte, in Hatton Garden Juwelen zu verkaufen und die linke Tageszeitung *Daily Herald* zu subventionieren.[31]

Aus einem dechiffrierten Telegramm von Krassin nach Moskau ging hervor, daß er Schmuck und Platin im Wert von 40 000 Pfund abgesetzt und diese dem *Daily Herald* übergeben hatte und daß er weitere 60 000 Pfund zu erlösen hoffe, von denen die Zeitung noch einmal 10 000 Pfund erhalten solle. Die Geheimdienstmeldung schloß: »Erkundigungen in London zeigten, daß letzte Woche für die folgenden Beträge Diamanten abgesetzt wurden: 29 000 Pfund, 19 000 Pfund und 13 000 Pfund. In Hatton Garden war allgemein bekannt, daß Mr. Lansbury der Verkäufer war.« Am nächsten Tag teilte Lord Curzon dem Kabinett mit, daß die Zahlung an den *Daily Herald* vom Zentralen Exekutivausschuß der Russischen Kommunistischen Partei verfügt worden sei.

Das Kabinett faßte rasch zwei Beschlüsse: Der eine war, die Information der britischen Presse – mit Ausnahme des *Daily Herald* – zuzuspielen; der andere war, den Russen einen »groben Vertrauensbruch« vorzuwerfen und Kamenew, der zu Konsultationen nach Moskau zurückkehrte, aufzufordern, nicht wieder nach London zu kommen. Inzwischen hatte der *Daily Herald* von den ursprünglichen Lecks Wind bekommen und trat die Flucht nach vorn an, indem er eilig die Wahrheit einräumte, sich auf einen »Beweis wahrer Solidarität der arbeitenden Klasse« berief und sich mit der fragenden Schlagzeile an seine Leser wandte: »Sollen wir 75 000 Pfund russischen Geldes nehmen?« Der *Daily Herald* war in jenem Jahr nicht der einzige britische Empfänger sowjetischer Unterstützungsgelder. Als das Archiv des ehemaligen Instituts für Marxismus-Leninismus in Moskau 1992 zugänglich gemacht wurde, stellte sich unter anderem heraus, daß die Kommunistische Partei von Großbritannien seit ihrer Gründung 1920 von der Sowjetunion finanziert worden war. In ihrem ersten Jahr erhielt sie 55 000 Pfund.[32]

Auf der Rückreise nach Moskau gab Kamenew in einem Interview in Stockholm zu, daß der Export von Edelsteinen und anderen Juwelen von Moskau offiziell autorisiert sei, daß die Kronjuwelen aber noch nicht angetastet worden seien. Dieser Schritt ließ freilich nicht lange auf sich warten.

Wann genau die offizielle Entscheidung getroffen wurde, die wichtigsten Kronjuwelen oder zumindest einige der kostbaren Gegenstände aus der staatlichen Sammlung von Gemmen, Schmuck und Staatskleinodien zu verkaufen, ist nicht bekannt. Aber unter dem neuen Regime wurde 1920 in Moskau das Staatsdepot für Kunstschätze geschaffen, später als Diamantenfonds der UdSSR bekannt, um nicht nur die Kronjuwelen und ähnliche Staatskleinodien aufzunehmen, sondern auch den Strom von Schmuckstücken und Wertgegenständen, die in jüngster Zeit der Aristokratie, dem Bürgertum, den Kirchen und den Banken abgenommen worden waren.[33] Die Russisch-Orthodoxe Kirche allein lieferte dem Sowjetregime eine Ausbeute von 500 Tonnen Silber. Einer der Männer, denen die Aufgabe übertragen wurde, diesen neu erworbenen Schatz zu katalogisieren und zu bewerten, M. J. Larsens, beschrieb anschaulich die riesigen Hallen des Depots in den frühen 20er Jahren, »zu beiden Seiten bis an die Decke vollgestopft mit allen möglichen Gepäckstücken (Schrankkoffern, Körben, Kisten, Reisetaschen, Schulranzen und so weiter)«, deren Inhalt auf seine Bewertung wartete. Es war ein langwieriger Prozeß. Ende 1923 waren erst 2887 von mehr als 20 000 Behältnissen ausgepackt und der Inhalt in Gold, Silber, Schmuck, Wertpapiere und Papiergeld sortiert, aber das hinderte die Sowjets nicht daran, bereits Verkäufe im Westen zu tätigen.[34]

Der Gedanke, daß die Kronjuwelen wertvolle Devisen einbringen könnten, wurde mit französischen und britischen Fachleuten erörtert. Ihr anfänglicher Rat war, daß die Hauptgegenstände (das Zepter, der Reichsapfel und die Krone) auf den kommerziellen Märkten des Westens nicht das erlösen würden, was ihrer historischen Bedeutung entspreche, daß aber andere Wertgegenstände, einschließlich bestimmter Kunstgegenstände der Zaren wie beispielsweise die Fabergé-Ostereier, von Interesse sein könnten.

Solche Gespräche machten natürlich Amtspersonen und Gauner in gleicher Weise hellhörig. Gegen Ende 1922 wurde der Passagierdampfer *Majestic* der White-Star-Linie bei seiner Ankunft in New York von einem halben Dutzend Spezialagenten des US-Schatzamtes begrüßt, die den Tip bekommen hatten, daß ein Mann an Bord sei, der eine Anzahl russischer Kronjuwelen zum Verkauf ins Land bringen wolle. Es wurde nichts gefunden.[35] Der Suche folgten Berichte über die Vorbereitung von Fotoalben mit Aufnahmen der wichtigsten Kronjuwelen, um internationale Verkäufe zu erleichtern oder um sie als Sicherheiten für eine Staatsanleihe zu verwenden. Der Wert der Sammlung wurde mit 400 Millionen Dollar angegeben.

Bald besuchten sowjetische Abgesandte die Niederlande und versuchten Rembrandts und andere alte Meister aus der Eremitage zu verkaufen, und zwei amerikanische Reporter wurden eingeladen, die Kronjuwelen in Moskau zu besichtigen, die man ihnen in all ihrer Pracht präsentierte: »Eine Vision aus Tausendundeiner Nacht – die kaiserlichen Kronjuwelen Rußlands«, schrieb der Reporter der *New York Times* in überschwenglicher Bewunderung. »Diamanten so groß wie Walnüsse, Rubine, Smaragde, hell, blutrot oder lebhaft grün, groß wie Taubeneier, Perlen wie Nüsse, gefaßt in vollkommen aufeinander abgestimmte Reihen, Platin, Gold und blitzende Brillanten, die wie fließendes Wasser in den Regenbogenfarben eines Springbrunnens im Sonnenschein schimmerten.«

> »Hier«, sagt Begaschew (Direktor der Kommission für Kunstschätze), und öffnet den Kasten mit Händen, die trotz seiner gespielten Gleichgültigkeit fast unmerklich zittern, »ist die Zarenkrone, 32 800 Karat Diamanten.«
> »Ist sie schwer?«
> »Nein«, sagte einer der Arbeiter, »höchstens fünf Pfund – versuchen Sie.« Und setzt sie mir ohne Umstände auf den Kopf.[36]

Die Krone soll später auf 52 Millionen Dollar taxiert worden sein. Die Präsentation des Kronschatzes vor der Presse und später vor Sachverständigen aus London und New York sowie eine private Besichtigung für Armand Hammer, Lenins amerikanischen Freund, waren Teil der offiziellen Anstrengungen, den Weg für eine Serie von Verkäufen auf den Märkten der Welt zu ebnen. Die größten Verkäufe fanden 1927, 1929, 1933 und 1934 in Berlin, Wien, London und New York statt[37] und brachten dem Sowjetregime wertvolle Devisen. Dabei kamen die Hochzeitskrone von Katharina der Großen, das brillantenbesetzte Schwert des Zaren Paul I., eine Halskette aus Brillanten und eine goldene Uhr der Zarin Alexandra, ein Fotorahmen von Nikolaus II. und Alexandra und ein oder zwei Fabergé-Ostereier aus der Sammlung des Zaren unter den Hammer.

Zu dieser Zeit (1929 und 1934) erwarb Queen Mary zwei Fabergé-Ostereier des Zaren, eines (das sogenannte Kolonnadenei), das Alexandra 1905 von Nikolaus zum ersten Geburtstag des Thronerben erhalten hatte, und das andere (das Mosaikei) von 1914. Das Kolonnadenei wurde für 500 Pfund erworben. Beide sind in jüngster Zeit mit 6 Millionen Pfund bewertet worden und kehrten vor vier Jahren zum ersten Mal nach Rußland zurück, als Königin Elisabeth II. sie leihweise für eine Ausstellung in Moskau zur Verfügung stellte.

Von sechsundfünfzig Ostereiern, die Fabergé für Alexander III. und Nikolaus II. angefertigt hatte, waren 1917 vierundfünfzig in königlichen Händen – die beiden für Ostern 1917 angefertigten wurden nicht mehr ausgeliefert. Nikolaus II. hatte sechsundvierzig bestellt, sein Vater zehn. Im Laufe der Jahre ist die Zahl der in Moskau verbliebenen Eier von vierundfünfzig auf nur zehn geschrumpft. Die größten westlichen Käufer waren in der Zwischenkriegszeit Emanuel Snowman von der Juwelierfirma Wartski in London, der elf kaufte, und Armand Hammer in New York. Aus jüngster Zeit ist der verstorbene Malcolm Forbes zu erwähnen, der zwölf Stück für die Forbes-Sammlung in New York erwarb und damit mehr besaß als das Zeughaus in Moskau.

Das Sowjetregime beschränkte seine Auslandsverkäufe von Schätzen aus der Zarenzeit nicht auf Edelsteine und Schmuck. Gegen Ende der 20er Jahre begannen bedeutende Verkäufe von Gemälden, unter anderem aus der Eremitage. Bei all diesen Verkäufen spielten Mittelsmänner ebenso wie Kunstkenner aus dem Westen eine herausragende Rolle. Armand Hammer, später Chef der Occidental Petroleum, war der erste und prominenteste und wurde sogar verdächtigt, ein sowjetischer Agent zu sein. Unter den anderen befanden sich Calouste Gulbenkian, Joseph Duveen, Joseph Davies und Andrew Mellon.

Mit der Hilfe solcher Mittelsmänner, die natürlich auch den Nutzen forcierter Verkäufe auf einem zunehmend gedrückten Markt für sich erkannten, veräußerten die sowjetischen Beauftragten in eineinhalb Jahrzehnten eine unglaubliche Menge russischer Kunstschätze. Darunter waren Gemälde von Rembrandt, Tizian, Raffael, Van Dyck, Romney, Watteau, Tiepolo, Velazquez, Hals, Botticelli und Veronese. Allein Andrew Mellon erwarb 1930/31 Gemälde für 7 Millionen Dollar aus der Eremitage, was einem Drittel der sowjetischen Kunstexporte in die Vereinigten Staaten während dieser Zeit entsprach. Zwischen 1928 und 1933 erreichten die gesamten sowjetischen Kunstverkäufe wahrscheinlich 15 Millionen Dollar.[38]

Für Kaiserin Alexandra wäre es Anlaß zu großer Traurigkeit gewesen, daß die gesamte persönliche Bibliothek der Zarenfamilie, darunter viele ihrer Weihnachtsgeschenke an die Kinder, in den frühen 30er Jahren für nicht mehr als 3131 Dollar (ungefähr 600 Pfund) verkauft wurde. Allein 757 Bände wurden an Israel Perlstein verkauft, einen aus Polen stammenden amerikanischen Buchhändler, und können heute in der Kongreßbibliothek in Washington besichtigt werden. Einige tragen persönliche Widmungen mit Bleistift und sind eine ergreifende Erinnerung an das Familienleben in Zarskoje Selo. Ein Buch, Louisa M. Alcotts *Little Men,* trägt die Widmung: »Für unseren Liebling Tatjana von Papa und Mama, 12. Januar 1909.«[39]

Das war nur ein kleiner Teil des bibliophilen russischen Erbes, das während dieser Zeitspanne von den Kommunisten verkauft wurde. Aus den vielen Palästen und Häusern, die den Romanow-Verwandten im Umkreis von St. Petersburg gehört hatten, wurden Bücher und ganze Bibliotheken systematisch gesammelt und im Winterpalais für den späteren Verkauf im Westen zusammengebracht. Einer der größten Einzelverkäufe erfolgte 1931, als die New Yorker Public Library etwa 2200 Bände erwarb, einen wesentlichen Teil der Bibliothek des Großfürsten Wladimir Alexandrowitsch, des Onkels des Zaren. Zu den anderen Käufern von Teilen der Palastbibliotheken in Gatschina, Anjitschkow und Zarskoje Selo zählten die Universität Harvard und die Hoover Institution.[40]

Erst jetzt beginnt die russische Nation zu ermessen, was sie verloren hat und wie wenig das sowjetische, besonders das stalinistische Regime dagegen gewann. Bei manchen Auktionen wurden nicht einmal die Limits erreicht, und man ließ zu, daß einzigartige Kunstgegenstände zu Schleuderpreisen weggingen. In anderen Fällen wurden ohne Rücksicht auf vorherige Bewertungen Privatverkäufe getätigt. Die russische Zeitschrift *Ogonjok* drückte es in einem ersten nüchternen Versuch, das Ergebnis einzuschätzen, ganz einfach aus: »Jedes Land hat bisweilen Schwierigkeiten, wenn zu Opfern, auch absurden Opfern aufgerufen wird. Die grausamen Kunstverluste, die wir erlitten, waren absurd, da sie *nicht* die Konsequenzen objektivierbarer Ursachen waren, sondern vielmehr die Resultate wirtschaftlichen Analphabetismus, kriminellen Abenteurertums, gleichgültiger Ignoranz und Dummheit.«[41]

12 *Gold*

Während der ganzen Menschheitsgeschichte ist nationaler, gelegentlich auch individueller Reichtum letzten Endes mit dem Maßstab Gold gemessen worden. Es ist ein Metall mit bemerkenswerten Eigenschaften: schön anzusehen, weich genug, um es zu herrlichem Schmuck zu verarbeiten, aber hart genug, um Münzen daraus zu prägen. Seine Anhäufung bringt keine Zinsen, doch hat sein Besitz stets politische Macht symbolisiert und gefördert, von Alexander dem Großen bis zu Charles de Gaulle, und von Krösus bis zu Haile Selassie. Die Romanows waren keine Ausnahme, und die Suche nach ihrem Reichtum muß auch ihren Goldvorräten gelten.

Vom Gipfelpunkt im Jahre 1914, als Rußland über den größten Goldvorrat der Welt verfügte, bis zu dem Zeitpunkt im August 1921, da die Moskauer Goldreserven praktisch erschöpft waren, füllten Gerüchte über das Gold des Zaren und seinen Verbleib die Spalten der Weltpresse. Die letzte Goldverschiffung zu Zarenzeiten ging im März 1917 insgeheim von St. Petersburg und Moskau nach Wladiwostok und von dort mit japanischen Kriegsschiffen nach Vancouver und weiter mit der kanadischen Bahn nach Ottawa. Sie wurde augenblicklich als verzweifelter Versuch des Zaren dargestellt, »seinen eigenen Schatz« in Sicherheit zu bringen. Und Winston Churchills Erkundigungen über den Verbleib eines mysteriösen zaristischen Golddepots im Wert von 1 Million Dollar in San Francisco 1919 war kaum geeignet, die Spekulation zu dämpfen, ließ sie sich doch überzeugend mit Berichten verknüpfen, der Exzar sei 1919 und 1920 in San Francicso gesehen worden.

Der Umfang der russischen Goldvorräte beim Ausbruch des Ersten Weltkrieges 1914 stand niemals zur Debatte; sie waren mit einem Wert von 1,7 Milliarden Rubel die größten der Welt, verglichen mit 1,5 Milliarden Rubel in Frankreich und 800 Millionen in Großbritannien.[42] Nikolaus II. kontrollierte nicht nur die russischen Goldreserven, als autokratischem Staatsoberhaupt gehörten ihm auch die Goldminen, von denen er sogar Dividenden erhielt.

Wie Staatspräsident de Gaulle mehr als ein halbes Jahrhundert später, war Nikolaus II. am Beginn seiner Regierungszeit beraten worden, dafür zu sorgen, daß die Golddeckung des Rubel gewährleistet sei, d.h., daß seine Goldreserven dem Nennwert der im Umlauf befindlichen Banknoten entsprachen. Auf diese Weise, so wurde ihm gesagt, würde Inflation verhindert, und das Land würde gedeihen. Rußland, und fünfzig Jahre später Frankreich, hielten länger als ein Jahrzehnt an diesem Kurs fest, und in beiden Fällen wuchsen auch ihre Goldreserven.

Nationale Goldreserven können auf zweierlei Weise aufgebaut werden: aus der Produktion nationaler Goldbergwerke und aus einem Überschuß in der Handelsbilanz mit anderen Ländern. In den Jahren vor Ausbruch des Ersten Weltkrieges profitierte Rußland von beiden Möglichkeiten. So war es in der günstigen Lage, einen bemerkenswerten Goldhort zur Bezahlung von Munition und anderem Kriegsmaterial verwenden zu können. Und es zögerte nicht, Gebrauch davon zu machen. Die Bedingungen aber, unter denen das Gold nach London transferiert wurde, sollten später ebenso zu Mißverständnissen führen wie die Frage des Eigentümers.

Im September 1914 begann der Aderlaß für diesen nationalen Notgroschen. Neun Wochen nach Kriegsausbruch gingen insgeheim zwei britische Kriegsschiffe, der Kreuzer HMS *Drake* und der Militärtransporter HMS *Mantois* (ein früherer Passagierdampfer der P&O-Linie) dreißig Meilen vor Archangelsk vor Anker. Dann brachten schwer beladene russische Leichter und Lastkähne in stockfinsterer Nacht Goldbarren im Wert von annähernd 8 Millionen Pfund (300 Millionen Pfund nach heutigem Wert) aus dem Hafen von Archangelsk und verluden sie auf die britischen Schiffe.[43]

Kurz nach Kriegsbeginn hatten die Alliierten über die zweckmäßigste Finanzierung der Munitionslieferungen an Rußland beraten. Peter Bark, der russische Finanzminister, stimmte im Interesse der Sicherung britischer Hilfslieferungen von Kriegsmaterial den Bedingungen zu, unter denen die erste Goldsendung nach London gehen würde. Sie waren vom russischen Botschafter in London (und Bruder des Hofmarschalls Paul), Graf Alexander Benckendorff, vereinbart worden.

Danach sollte das Gold gegen britische Kredite »umgetauscht« werden. Die bekannte Handelsbank Baring Brothers, welche schon seit fast einem Jahrhundert russische Anleihen finanzierte, sollte den Wert des Goldes zur Verfügung halten und mit Hilfe der Bank von England nicht nur für die Bereitstellung von 8 Millionen Pfund Kredit sorgen, sondern auch die Diskontierung von russischen Schatzwechseln im Wert von 12 Millionen Pfund übernehmen, um die im Laufe der nächsten zwölf Monate benötigten Mittel bereitzustellen. Praktisch lief es darauf hinaus, daß 8 Millionen Pfund für die Bedürfnisse von Handel und Industrie zur Lieferung von Munition gebraucht würden, und weitere 12 Millionen für die Zinszahlungen auf bestehende russische Schulden.

Diese erste einer Serie von extrem komplizierten Goldvereinbarungen zwischen Großbritannien und Rußland sollte später Anlaß zu ungezählten Mißverständnissen zwischen bolschewistischen und britischen Regierungen geben. Sie sollte sich im Laufe des nächsten Dreivierteljahrhunderts auch als der Kern der kursierenden Gerüchte über das russische Gold in London erweisen, die nicht nur von Mitgliedern der Familie Romanow, sondern auch von angeblich Erbberechtigten und ihren publizistischen Helfern gestreut wurden.

Diese erste Sendung hätte von Archangelsk bis zu ihrem Eintreffen in London, wo sie mit einer militärischen Eskorte in die Tresore der Bank von England gebracht wurde, schwerlich besser bewacht werden können. Das Versicherungsbüro gegen Kriegsrisiken in London übernahm die Versicherung und die Transportgebühren zu einer Prämie von einem Prozent, die es der russischen Regierung in Rechnung stellte. Es hatte darauf bestanden, daß die Goldbarren »in stahlbandverstärkten Kisten verpackt und in der üblichen Weise versiegelt werden sollten, jede Kiste mit einer separaten Kennzeichnung und Numerierung«. Schon Ende September hatte Peter Bark dem Gouverneur der Bank von England schriftlich Alexander Timkowskij, einen Beamten der Kreditkanzlei des Finanzministeriums in St. Petersburg, als Begleiter des Goldtransports avisiert. Zusätzlich zur Militäreskorte an Land sollte die Sendung auf See von der Royal Navy geschützt werden.[44]

Timkowskij begleitete neunhundertneunundsiebzig Kisten, die den Gegenwert von ca. 4,5 Millionen Pfund in Goldbarren und von ca. 3,5 Millionen Pfund in Goldmünzen enthielten. Bei der Ankunft in Liverpool stellte er fest, daß die Militäreskorte bereits wartete, aber nicht genügend Lastkraftwagen verfügbar waren, um das Gold zum wartenden Zug zu schaffen. Es war nicht die einzige Schwierigkeit. Trotz aller Geheimhaltung hatte Deutschland erfahren, was vorging, und Minenleger-U-Boote ins Nordmeer entsandt, die die beiden Schiffe bald ausmachten, aber nur teilweise erfolgreich waren, so daß die Schiffe schließlich mit nur geringen Schäden in Liverpool anlegten. Aber die Briten hatten die Lektion gelernt: Künftige Sendungen gingen mit britischen oder japanischen Kriegsschiffen von Wladiwostok nach Vancouver und gelangten schließlich über Land nach Ottawa, wo die Bank von England ein Notdepot eingerichtet hatte.

Der Archangelsk-Liverpool-Transfer vom Oktober 1914 war das erste Rinnsal eines rasch anschwellenden Stroms von Gold, der sich aus den Tresoren der Russischen Staatsbank in St. Petersburg und Moskau in jene der Bank von England ergoß. Zwischen 1914 und dem Ausbruch der Revolution 1917 wurde auf diese Weise Gold im Wert von 68 Millionen Pfund (das wären 1993 2–2,5 Milliarden Pfund) transferiert, um in den Vereinigten Staaten Kriegsgerät und Munition für *alle* Alliierten zu kaufen und von Großbritannien und Frankreich aus an Rußland zu liefern. Frankreich hatte größere Goldreserven als Großbritannien, aber kein ausreichendes Industriepotential. Großbritannien hatte die kleinste Goldreserve, doch wegen seiner finanziellen Unabhängigkeit und seines Status als Kreditgeber war es der gegebene internationale Finanzier und erhielt die erforderlichen Dollars, wenn nötig, durch die Verschiffung von Gold in die Vereinigten Staaten. Rußland hatte das Gold, doch es fehlten ihm die militärischen Nachschubgüter zur Kriegführung, und es sah sich einer zunehmenden Inflation gegenüber.

Als die Finanzminister der drei Staaten 1915 in Paris zusammentrafen, um die nächste Serie von Goldabkommen vorzubereiten, wußte Peter Bark auf Grund dieser Konstellation, daß er es in den bevorstehenden Verhandlungen mit seinen Verbündeten nicht leicht haben würde. Er brauchte dringend große Kredite, wollte aber seine Goldreserven nicht überstrapazieren. Lloyd George, mit dem er das erste Mal zusammentraf, wußte, daß britische Goldzahlungen an die Vereinigten Staaten zur Finanzierung von Kriegsmateriallieferungen die Goldvorräte der Bank von England bald unter ihr Sicherheitsniveau drücken würden und wünschte die Hilfe Frankreichs und Rußlands. Bark hingegen war entschlossen, kein weiteres Gold direkt nach England zu transferieren, wie sein Botschafter in London es bei Kriegsbeginn für die ersten 8 Millionen Pfund vereinbart hatte. Er wollte das russische Gold gegen Kredite verpfänden, nicht verkaufen.[45]

In den Korridoren des Hotels Crillon mit Ausblick auf die Place de la Concorde zeigte sich Lloyd George als Überredungskünstler. Und sobald der französische Finanzminister Ribot seinem Charme erlegen war und sich bereit erklärt hatte, französisches Gold nach London zu transferieren, war Bark in Schwierigkeiten. Er konnte nicht mehr tun, als in das Abkommen eine Goldrückzahlungsklausel einzubauen und darauf zu bestehen, daß russisches Gold nur nach London geschickt würde, wenn die britischen und französischen Goldreserven ihr Mindestniveau erreicht hätten.

Als früherer Bankier kannte sich Bark natürlich mit einer Bankbilanz aus, und so gelang ihm wenigstens ein typisches finanzielles Tarnmanöver, das später erhebliche Verwirrung anrichten sollte. Rußland hatte sich seit dem Regierungsantritt Nikolaus' II. auf eine Währungspolitik strikter Golddeckung festgelegt, die durch den Abfluß großer Goldmengen nach London gefährdet wurde. Darum schlug Bark vor, diesen Rückgang der russischen Goldreserven durch den entsprechenden Anstieg eines sogenannten »Goldbesitzes im Ausland« auszugleichen. Lloyd George stimmte einer Lösung zu, nach der Rußland im Notfall Gold liefern und im Austausch Schuldverschreibungen des britischen Schatzamtes erhalten sollte. Aber, und hier wurde die hübsche Kosmetik angewendet, diese Schuldverschreibungen würden in Intervallen von drei bis fünf Jahren *in Gold rückzahlbar* sein. So war Rußland in die Lage versetzt, in seine Devisenbilanz den notwendigen »Goldbesitz im Ausland« aufzunehmen, obwohl es sich um britische Schuldverschreibungen handelte, die zwar nominell in Gold rückzahlbar, aber kein wirkliches Gold waren.

Die Einzelheiten und Bestimmungsorte der späteren Goldsendungen sind leicht nachprüfbar – wenigstens bis 1917. NAch der ersten Sendung über 8 Millionen Pfund im Oktober 1914 wurde im Dezember 1915 weiteres Gold im Wert von 10 Millionen Pfund, im Juni 1916 wieder für 10 Millionen Pfund verschifft. Im Dezember 1916 ging russisches Gold im Wert von 20 Millionen Pfund ins Ausland, und im März 1917 noch einmal die gleiche Menge. Zwei (in einem Fall drei) japanische Kreuzer wurden für die Masse der Transporte eingesetzt, zuerst von Wladiwostok nach Yokohama, dann von Yokohama nach Vancouver.

Eine letzte Komplikation muß erläutert werden, bevor wir den dann folgenden Goldverschiffungen auf die Spur zu kommen suchen. Bei einem Gegenwert von insgesamt 60 Millionen Pfund wurden vom britischen Schatzamt tatsächlich nur Schuldverschreibungen über 40 Millionen Pfund ausgegeben. Ein geheimes internes Memorandum der Bank von England drückte es lakonisch so aus: »Die Britische Regierung war im November 1917, als die (bolschewistische) Revolution stattfand, im Begriff, mit fünfeinhalb Prozent zu verzinsende Schuldverschreibungen des Schatzamtes über 20 Millionen Pfund mit Datum vom 16. März 1917 an die Russische Regierung auszugeben.«[46] Die früheren Schuldverschreibungen mit einem Nominalwert von 40 Millionen Pfund, von der Bank von England zugunsten der Kaiserlich Russischen Staatsbank ausgegeben, sind niemals eingelöst worden. So ist Peter Barks einfallsreiche »Lösung« des Golddeckungsproblems zusammen mit ihren komplexen Folgen eine notwendige Voraussetzung zur Aufdeckung der Fährte, der wir nun zur Auflösung zweier täuschend einfacher Fragen folgen müssen: Wohin ist das zaristische Gold gegangen? Und wem gehört es?

In Vancouver wurden die Goldbarren in besondere Stahlwaggons der Canadian Pacific Railway verladen. Das Gold wurde von Agenten des russischen Finanzministeriums begleitet und in jedem Waggon von fünf Wachen beschützt. In einem besonderen Waggon vor den Goldtransportern waren fünfzehn zusätzliche Wachen. Lebensmittel und Wasser wurden an Bord der Sonderzüge in ausreichender Menge mitgeführt, um unnötige Aufenthalte auszuschließen, und, eine Neuerung in jenen Tagen, jeder Waggon war mit einem eigenen Telefonanschluß versehen.

Trotz all dieser Sicherheitsvorkehrungen gab es bei einer der letzten beiden Sendungen größere Pannen mit der Geheimhaltung. New Yorker Zeitungen meldeten die genaue Menge der verschifften Goldbarren, und Geschäftsleute in Vancouver kannten sowohl die Zahl als auch die Namen der japanischen Kreuzer, bevor diese eintrafen. Die Informationslücke wurde nach Honolulu zurückverfolgt, wo die Kreuzer zur Kohlenübernahme Station gemacht hatten und wo der Vertreter von American Express, der auf künftige Geschäfte mit dem Transport von Goldbarren hoffte, besonders wenn künftige Lieferungen in den Vereinigten Staaten über Land transportiert würden, die Information in die Vereinigten Staaten gekabelt hatte. Der lokale Reporter der Associated Press besorgte den Rest. Obwohl dies alles in der Bank von England einige Erschütterungen und nicht wenige zornige Fragen verursachte, wurde die in Kanada beauftragte einheimische Transportgesellschaft, die Dominion Express Company,[47] sofort aktiv und veranlaßte, daß die Goldsendung von den beiden japanischen Kreuzern *Tokiawa* und *Chitose* über Nacht vor der Vancouver-Insel, neunzig Meilen nördlich von Victoria, auf das kanadische Kriegsschiff *Rainbow* umgeladen wurde. Am nächsten Morgen lief das kanadische Schiff still und unbemerkt in den Hafen von Vancouver ein. Fünf Tage später lag das Gold sicher im Depot der Bank von England in Ottawa.

Nicht nur war die »Tauschbasis« dieser späten Goldsendungen anders als bei den ersten, sondern die Kosten wurden auch anders aufgeteilt. Die britische Regierung bezahlte der japanischen Regierung die Frachtkosten (ungefähr 36000 Pfund für jede Sendung) und kümmerte sich um die notwendige Versicherung. Japan wurde des weiteren entschädigt, indem ihm erlaubt wurde, für 8 Millionen Pfund von dem russischen Gold zu kaufen, wodurch es die normalen Frachtkosten einsparte. Auf diese Weise landete russisches Gold zwischen 1914 und 1917 an drei Orten: Ottawa (52 Millionen Pfund), London (8 Millionen Pfund) und Tokio (8 Millionen Pfund).

Diese Goldsendungen der Kriegszeit sollten später zur Grundlage aller Erinnerungen an den verschwundenen Reichtum der Romanows werden. Laut Lili Dehn, die sich an ein Gespräch in Zarskoje Selo kurz nach Nikolaus' Abdankung 1917 erinnerte, gewann die Zarin Auftrieb durch den Gedanken an das Geld, das sie in der Bank von England erwartete; sie erzählte Lili Dehn und Anna Vyrubowa, daß das ihnen verfügbare Vermögen, sollten sie schließlich ins Exil gehen, »in Gold und in Millionen« sei.

Wer weiß, wie oft Nikolaus und Alexandra ihren Reichtum unter dem Aspekt des Goldes diskutiert haben müssen, das fälschlich als das »ihre« zu betrachten sie erzogen worden waren; und diese irrige Sichtweise teilte in den folgenden Jahren so mancher. Die ersten waren Anna Anderson und ihre Berater Edward Fallows und Gleb Botkin; Anna Andersons erste Bemerkungen über Geld in einer Bank »in England« wurden von anderen eilig in »Bank von England« übersetzt. Peter Barks Flucht aus Rußland und seine Ernennung zum Berater des Gouverneurs der Bank von England bestärkte natürlich die Goldsucher ebenso wie Lili Dehns Erinnerung an Alexandras Bemerkung in Zarskoje Selo. Es blieb Edward Fallows überlassen, alle Fäden zusammenzufassen und sowohl die Justitiare der Bank von England als auch die europäischen Höfe mit seinen Überzeugungen zu konfrontieren. Und die Goldtransporte waren einer der Fäden.

Die Rekonstruktion des Goldabflusses aus Rußland zwischen Nikolaus' Abdankung und der annähernden Erschöpfung der Goldreserven im Herbst 1921 führte mich von London nach San Francisco, Hongkong, Boston, New York, Washington und Paris. Jetzt kann mitgeteilt werden, was aus dem Gold geworden ist, das in den Tresoren der Kaiserlichen Staatsbank in Moskau, Petrograd, Samara und später in Kasan zurückblieb, und wo das übrige Gold verlorenging, ausgegeben, verliehen oder gestohlen wurde.

Ausgangspunkt ist die dramatische Einnahme des Gebäudes der Kaiserlichen Bank in Moskau durch bewaffnete Rote Garden 1917. Dies war kein normaler Übergang von einem politischen Machthaber zum anderen. Die neue bolschewistische Führung geriet nach dem Austausch wichtiger Beamter und angesichts fortdauernder Streiks und der Schließung aller Privatbanken in akute Geldschwierigkeiten. Am 7. November erschien der neue Finanzkommissar in der Staatsbank, begleitet von bewaffneten Matrosen und, wie es heißt, einer Militärkapelle. Er wollte 10 Millionen Rubel. Die Staatsbank weigerte sich, nachzugeben, und er mußte ohne das Geld abziehen. Es bedurfte zweier weiterer Versuche, eines Ultimatums und schließlich des gewaltsamen nächtlichen Eindringens bewaffneter Garden, bevor die Bankbeamten schließlich die Tresore öffneten. Das geschah am 17. November.[48]

In dieser Nacht nahm der neue Kommissar 5 Millionen Rubel aus den Tresoren, womit die Auslieferung des Staatsvermögens an die Bolschewisten begann. Wichtiger als alle Banknoten, die noch im Kaiserlichen Bankgebäude lagen, waren jedoch die Goldreserven des Landes und die kaiserlichen Juwelen. Die Goldreserven, die Lwow und Kerenskij im März 1917 vom Zaren übernommen hatten, waren nach dem kriegsbedingten Abfluß natürlich kleiner als 1914, auch wenn die Goldbergwerke im Osten Rußlands weiter produziert hatten. Die Goldreserven von 1914 (1,7 Milliarden Rubel) waren damals ungefähr 823 Millionen Dollar wert. Bis zum März 1917 waren sie auf 600 Millionen Dollar zurückgegangen. In der Zeit der Provisorischen Regierung wurden die Reserven durch die Goldproduktion aufgestockt, aber ein Kreditgeschäft mit der schwedischen Regierung kurz vor dem bolschewistischen Putsch im November führte zu einer Goldlieferung im Wert von 2,5 Millionen Dollar an die Riksbank in Stockholm.

So erbte der bolschewistische Finanzkommissar Mitte November 1917 nicht nur die 5 Millionen Rubel in Banknoten, die er mit vorgehaltener Waffe verlangte, sondern eine Goldreserve im Wert von 613 Millionen Dollar. Davon lag seit 1917 nur noch ungefähr die

Hälfte, 308 Millionen Dollar, in Moskau und Petrograd, die andere Hälfte – unerreichbar für die vorrückenden Deutschen – in einer Zweigstelle der Staatsbank in Samara an der Wolga. Diese Hälfte der Goldreserven sollte jedoch bald in den Strudel des Bürgerkriegs geraten. Ein entscheidender Faktor für die Zukunft des Goldes war die Tschechische Legion.

Die tschechischen Streitkräfte in Rußland waren ursprünglich aus Freiwilligen sowie aus Gefangenen und Überläufern der österreichisch-ungarischen Armee für den Krieg gegen die Mittelmächte aufgestellt worden, aber durch den Friedensschluß der Bolschewisten mit den Mittelmächten zu einer Belastung geworden. Es schien im allgemeinen Interesse zu liegen, daß die vierzigtausend Tschechen, die hauptsächlich östlich von Moskau und entlang der Transsibirischen Eisenbahn konzentriert waren, in ihre Heimat entlassen würden. Das war ursprünglich auch die Absicht der Bolschewisten. Aber die schon bald auf die Revolutionswirren folgende antibolschewistische Erhebung in Sibirien, begleitet von der Aufstellung »weißer« Truppen, erzeugte in den weiten Räumen Sibiriens ein Durcheinander, für das der Begriff »Bürgerkrieg« unzureichend ist, weil er klare Fronten suggeriert. Diese Situation machte rasch alle Bemühungen, die Tschechen so bald wie möglich aus Rußland hinauszubekommen, zunichte.

Bis zum Sommer 1918 hatten sich mehrere gegenrevolutionäre Zentren im Osten Rußlands entwickelt – eines um Wladiwostok, einige an der mandschurischen Grenze und andere in Teilen des Urals. Trotzki sah die Gefahr, die darin lag, bewaffneten tschechischen Einheiten Bewegungsfreiheit in Territorien zu gewähren, die der noch ungefestigten Macht der örtlichen Sowjets zu entgleiten und sich den Feinden des neuen Moskauer Regimes anzuschließen drohten. In einer übereilten Entscheidung ordnete er an, daß die Tschechen ihre Waffen niederlegen und unbewaffnet nach Wladiwostok und von dort per Schiff in ihre Heimat transportiert werden sollten. Der Plan war zum Scheitern verurteilt. Sofort bewahrheiteten sich seine ursprünglichen Befürchtungen, und innerhalb von Monaten hatten die Tschechen ganze Abschnitte der Transsibirischen Eisenbahn unter ihre Kontrolle gebracht. Außerdem machten sie gemeinsame Sache mit den Streitkräften der »Weißen« um Samara.

Die von Kerenskij geerbten Goldreserven waren durch die harten Bedingungen des Friedensvertrags von Brest-Litowsk weiter verringert worden, der die Bolschewisten zwang, den Deutschen Gold im Wert von 160 Millionen Dollar als Kriegsentschädigung auszuhändigen. (Diese Bestände fanden nach der Niederlage der Mittelmächte im November 1918 schließlich den Weg in die Tresore der Bank von Frankreich.) Das Vorrücken der »Weißen« und der Tschechischen Legion auf Samara war mithin eine militärisch-politische und eine finanzielle Bedrohung, und die Bolschewisten sahen sich genötigt, den Goldvorrat in Dutzenden von Lastkähnen flußaufwärts nach Kasan zu verschiffen, wo nun insgesamt eine östliche Goldreserve im Wert von 332 Millionen Dollar lag. Aber die Weißgardisten und die Tschechen überrannten Kasan und brachten eine der größten Kriegsbeuten des Ersten Weltkrieges an sich.[49]

Was nun geschah, ist eines der großen Rätsel unserer Geschichte. Während der folgenden achtzehn Monate ging Gold im damaligen Wert von annähernd 120 Millionen Dollar verloren: ausgegeben, verliehen, gestohlen – wer weiß es? Doch darf die Bedeutung des Geschehens nicht unterschätzt werden; schließlich handelte es sich nach verbreiteter Auffassung um das Gold der Zaren, und nach heutigem Wert entsprach dieser Verlust mindestens einer Milliarde Dollar.

Die antibolschewistischen »weißen« Streitkräfte, denen die Tschechen sich entlang der Transsibirischen Eisenbahn angeschlossen hatten, kontrollierten meist begrenzte Territorien. Das Westsibirische Kommissariat in Omsk, das eine starke Gefolgschaft und eine erfolgreiche Freiwilligenarmee aufgebaut hatte, war eine konservativere Gruppierung als sein Gegenstück, die mehr sozialistisch orientierte Konstituierende Versammlung von Samara, die über weniger Truppen verfügte. Die Tschechen hatten der Samara-Gruppierung zur Aneignung der Goldreserven verholfen, die im August mit Flußdampfer und Lastkahn von Kasan wieder zurück nach Samara gebracht wurden. Aber dort blieben sie nicht lange. Mitglieder der Konstituierenden Versammlung von Samara fühlten sich verpflichtet, mit dem Gold nach Ufa zu gehen, wo man sich bald mit der Westsibirischen Gruppierung von Omsk zu Vereinigungsgesprächen zusammenfand. Einer hatte das Gold, der andere eine eindrucksvolle Freiwilligenarmee.

Der Lockruf des Goldes bestimmte bald das politische Handeln, und das Treffen endete mit einem der groteskesten jemals durchgeführten Diebstähle ungemünzten Goldes. Unter der Bedrohung marodierender roter Banden fuhren die Mitglieder der Konstituierenden Versammlung von Samara mit ihrem Zug und dem Gold weiter von Ufa nach Tscheljabinsk, während sie ihren politischen Dialog mit der Omsker Gruppe fortsetzten. Nach der Ankunft in Tscheljabinsk verließen sie den Zug, um zu beraten, wo das Gold zu verwahren sei: im geeigneten Gebäude eines Kornspeichers oder in der örtlichen Bank. Währenddessen gab jemand dem Zug Anweisung, nach Omsk weiterzufahren, und es ist nicht schwierig zu erraten, wer es war. Die Westsibirische Gruppe in Omsk hatte mit klarem Blick für die günstige Gelegenheit das Gold an sich gebracht und in den Verhandlungen die Oberhand gewonnen. Sie hatte jetzt sowohl die Truppen als auch das Gold. Rasch folgte die politische Verschmelzung, und bald darauf betrat der Mann die Bühne, mit dessen Namen das Gold fortan verbunden sein sollte: Admiral Koltschak.

Der frühere Oberkommandierende der russischen Schwarzmeerflotte, Admiral Alexander Koltschak, kam beinahe durch Zufall mit den sibirischen Streitkräften der »Weißen« in Verbindung. Kurz nach dem bolschewistischen Putsch im November 1917 erschien er in der britischen Botschaft in Tokio und stellte sich »bedingungslos und in welcher Funktion auch immer in den Dienst der Regierung Seiner Majestät«. Sein Angebot landete sofort auf dem Schreibtisch des Außenministers in London und wurde umgehend angenommen. Das Kriegsministerium entschied, daß er am besten in Mesopotamien eingesetzt würde (wo britische Truppen gegen Türken und Deutsche fochten), und vergeudete anschließend viel Zeit und Koltschaks eigenes Geld damit, daß es ihn langsam von Yokohama über Shanghai, Hongkong und so weiter in den Nahen Osten beförderte. Doch als er Mitte März in Singapur anlangte, gingen seine Mittel zur Neige, und er fühlte sich zunehmend frustriert und desillusioniert. Unter seinem wachsenden Druck und dem der Ereignisse in Rußland besannen sich Kriegsministerium und Foreign Office endlich eines Besseren und überredeten ihn, umzukehren und in der Mandschurei zu helfen. Als disziplinierter Offizier willigte er ein.

Frustrationen blieben Koltschak auch im folgenden Jahr nicht erspart, als er sich mit dem Chaos in Ostsibirien und dem politischen Druck herumschlug, der von den Japanern, Amerikanern, Franzosen und Briten ausgeübt wurde, als jede dieser Nationen mehr oder weniger zögernd zur »Intervention« im russischen Bürgerkrieg schritt. Während dieser Zeitspanne wurden Koltschaks Fähigkeiten und sein Ansehen als potentieller Führer zunehmend anerkannt. Kurz nach seiner Ankunft in Omsk im Oktober 1918 wurden ihm das Armee- und das Marineministerium im Omsker Direktorium unterstellt, wenige Wochen später war er – nach einem von anderen durchgeführten schnellen Staatsstreich – Reichsverweser und Oberster Herrscher der Weißen Regierung Sibiriens. Damit trug er auch die Verantwortung für die in Omsk lagernde Goldreserve von 332 Millionen Dollar.[50]

Er hatte viel zu tun, um seine Koalition gegen die Bolschewisten zu konsolidieren und sein militärisches Handeln mit dem Vorgehen der alliierten Regierungen zu koordinieren. Er begann, Munition und militärische Ausrüstungen mit dem Gold zu bezahlen, wobei er innerhalb von neun Monaten den Gegenwert von 122 Millionen Dollar ausgab. In den ersten vier Monaten wurden den Regierungen Japans, Frankreichs und Großbritanniens 35 Millionen Dollar in Gold für militärische Hilfslieferungen durch direkte Verkäufe auf dem Hongkonger Markt übergeben. Weitere 2 Millionen Dollar wurden in der Staatsbank in Wladiwostok gelagert. Zusätzliches Gold im Wert von 65 Millionen Dollar wurde als Sicherheit für japanische (16 Millionen Dollar) und amerikanische (2 Millionen Dollar für Gewehre und Maschinengewehre) Kredite sowie für das Darlehen eines internationalen Bankenkonsortiums unter Führung von Baring Brothers in London und Kidder/Peabody in New York (47 Millionen Dollar) nach Wladiwostok geschafft.

Einige dieser frühen Sendungen nach Wladiwostok hatten ernstlich unter Schwund zu leiden. Manches blieb unterwegs bei den Führern der Regionalregierungen hängen, durch deren Territorien das Gold transportiert wurde. Grigorij Semenow, ein Kosakenhauptmann, dem es gelungen war, die lokalen bolschewistischen Machthaber aus Mandschuli zu vertreiben, einem strategisch wichtigen Grenzort an der Zweiglinie der Transsibirischen Bahn nach

Charbin, erhielt eine Zeitlang monatliche Zuwendungen vom britischen Konsulat in Charbin, damit er die Goldsendungen sicher durch »sein« Territorium passieren lasse. Mandschuli lag an der russisch kontrollierten chinesischen Ostbahn, der kürzesten Verbindung zwischen Irkutsk und Wladiwostok, und Semenow zweigte etwas von dem Gold für sich ab, woran ihn weder höfliche Anschreiben des Finanzministeriums in Omsk noch Koltschaks Drohung mit militärischem Eingreifen hindern konnten. Das fehlende Gold, später auf annähernd 22 Millionen Dollar geschätzt, blieb unter Semenows Kontrolle in Tschita, bis es schließlich von den Bolschewisten zurückerobert wurde.

Letztlich war Koltschaks Kampf gegen die Bolschewisten vergebens, und Ende 1919, als die Roten erneut vordrangen, mußte er die Evakuierung von Omsk und die Verlegung seines politischen und militärischen Hauptquartiers weiter östlich nach Irkutsk vorbereiten, wofür in zehntägiger Arbeit die restlichen 210 Millionen Dollar in Gold in vierzig Spezialwaggons verladen wurden.

Koltschak verließ Omsk am Abend des 12. November 1919 in einem »Konvoi« von Zügen, zwei Tage vor der Einnahme der Stadt durch die Bolschewisten. Er hatte fünf der Eisenbahnzüge mit den Buchstaben A, B, C, D, E kennzeichnen lassen und gab ihnen Begleitschutz durch einen Panzerzug. Er selbst reiste in Zug B. Sein Stab, die Kanzlei und die Wachen waren in den Zügen A, B, C und E untergebracht. Zug D beförderte das Gold. Im Bahnhof Tatarskaja, 130 Kilometer östlich von Omsk, fuhr Zug B mit voller Wucht auf den langsam vorausfahrenden Goldzug auf, und der Zusammenstoß verursachte im Bahnhof ein katastrophales Großfeuer. Acht Eisenbahnwaggons waren zerstört, nicht weniger als achtzig Soldaten der Begleitmannschaft wurden getötet, dreißig verletzt, und Dutzende von Kisten, die das Gold enthielten, lagen über die Schienen verstreut. Goldbarren und Goldmünzen lagen herum und brauchten nur aufgelesen zu werden. Wieviel in dem Chaos verlorenging, ist nicht bekannt.

Der weitere Verbleib des Goldes und das Schicksal Admiral Koltschaks sind rasch erzählt. Das Vordringen der Roten Armee nach Osten, die Entschlossenheit der Tschechen, die schon vor Koltschak aus Omsk abgezogen waren, sicher nach Wladiwostok zu gelangen, und die bisweilen gewaltsamen Aktionen regionaler Kriegsherren, verbunden mit den jetzt auch zwischen den alliierten Regierungen auftretenden Meinungsverschiedenheiten, unterminierten allmählich Koltschaks Autorität. Vor allem die Tschechen, die planmäßig die Kontrolle über die Transsibirische Eisenbahn an sich gebracht hatten, um ihr eigenes Entkommen zu sichern, diktierten nun alle Bewegungen entlang dieser lebenswichtigen Verbindung und erlaubten nur noch zwei Zügen pro Tag die Durchfahrt. Sie erklärten Koltschak ohne Umschweife, sein Zug und derjenige, welcher das Gold beförderte, könnten bis Werchneudinsk weiterfahren. Dann, nach weiteren Verzögerungen, bei denen General Janin, der französische Kommandeur der alliierten Streitkräfte, eine fragwürdige Rolle spielte, wurde Koltschak schließlich gezwungen, den Goldzug als »Gegenleistung« für freie Passage nach Wladiwostok an Ort und Stelle zurückzulassen. Allerdings sollte er die Küste nie erreichen, denn die Tschechen lieferten ihn wenig später an ein neuerrichtetes revolutionär-sozialistisches Regime in Irkutsk aus, von dem er zwei Monate nach seiner Auslieferung hingerichtet wurde. Janin, der alliierte Oberkommandierende, wurde von der französischen Regierung diskret abberufen; wir werden noch von ihm hören.

Nun hatten die Tschechen das Gold, und sie trachteten noch immer danach, aus Sibirien herauszukommen. Unterdessen hatten einzelne Regierungen der Alliierten das »Koltschak-Gold« nicht aus den Augen verloren. Besonders das amerikanische Außenministerium erforschte gründlich die Implikationen seiner »Erwerbung«: Der Besitz des Goldes, selbst wenn es »treuhänderisch für das russische Volk« in Verwahrung genommen würde, käme einer Garantie gleich, daß jede zukünftige russische Regierung frühere, aus Schuldverschreibungen herrührende Verpflichtungen einhalten würde.

Letztlich fiel das Gold, trotz dieser alliierten »Überlegungen« in letzter Minute, doch wieder den Bolschewisten in die Hände. Ob tatsächlich die gesamte Menge zurückgegeben wurde, ist allerdings fraglich. Gerüchte über große Mengen Goldmünzen, die kurz danach in Charbin verkauft wurden und so bedeutend waren, daß sie den Goldpreis beträchtlich drückten, legen die Vermutung nahe, daß die Tschechen oder andere ihre kürzlich erworbene Beute absetzten. Die »Weißen« im Exil waren davon überzeugt, daß die

Tschechen bis zu 32 Millionen Dollar in Gold aus den Vorräten entnommen hatten, die ihnen von Koltschak überlassen worden waren.

Im Herbst 1924 erhielt der amerikanische Konsul in Riga eine zornige Note seines tschechischen Kollegen, die nicht nur die Anschuldigungen gegen die Tschechische Legion zurückwies, sondern auch Einzelheiten darüber nannte, wieviel Gold unter welchen Umständen verlorengegangen war. Der tschechische Konsul hatte offensichtlich seine Hausaufgaben gemacht. Er wußte, daß das Gold während seiner Reise durch Sibirien von dreihundert Mann bewacht worden war. Er kannte den genauen Anteil an Goldbarren und Münzen und ihren Wert. Er wußte, daß Koltschak allen Überredungsversuchen Janins widerstanden hatte, das Gold noch vor der endgültigen und etwas verspäteten Räumung von Omsk weiter nach Osten zu bringen. Es war ihm auch bekannt, daß Janin derjenige gewesen war, der das Gold schließlich der Tschechischen Legion anvertraut hatte. Und er beschrieb auch, was dann geschah.

Am 4. Januar 1920 übernahmen die Tschechen das Gold, das sofort in die Obhut von drei tschechischen Offizieren und drei russischen Beamten gegeben wurde. Zu diesem Zeitpunkt, betonte er, waren alle Originalsiegel der Goldkisten intakt, tschechische Siegel wurden hinzugefügt. Am 12. Januar aber entdeckten die Tschechen, daß die Siegel an einem Waggon, den die Russen im Bahnhof von Tjuret bewacht hatten, aufgebrochen worden waren. Dreizehn Kisten fehlten. Der ganze Goldtransport wurde vom 28. Februar an von der 7. Kompanie des revolutionären Irkutsker Regiments bewacht und von den Tschechen am 1. März formell den einrückenden Bolschewisten übergeben.[51]

Dies schien tatsächlich eine detaillierte Widerlegung der angeblichen Plünderung von Gold im Werte von 32 Millionen Dollar durch die Tschechen und klang glaubhaft – bis ich einige Zeit später in Hongkong mehr über die Wahrheit in Erfahrung brachte.

Der Fehler der Tschechen war, einen Teil des Goldes auf dem internationalen Markt zu verkaufen. Vielleicht verloren sie etwas davon auf dem Transportweg, wie geschildert wurde, aber die Bank, bei der sie einen Teil des Goldes deponierten, hat in ihrem Archiv noch immer Unterlagen über die Transaktionen. Die Hongkong & Shanghai Banking Corporation, die 1918 auf Ersuchen der britischen Regierung eine Zweigstelle in Wladiwostok eingerichtet hatte, wurde von den Tschechen angesprochen. Der Zweigstellenleiter, B. C. Lambert, hielt in einer Aktennotiz fest, daß die Tschechen »den Teil des Goldes, den sie bei sich hatten, insgeheim der Hongkong Bank verkauften«. Die Archive der Bank in Hongkong geben genauere Auskunft:

> Diese Goldbarren waren der Bank von England angeboten worden, die den Ankauf verweigerte. Lambert machte dann ein Angebot durch A. G. Stephen, den Direktor der Niederlassung in Schanghai. Anschließend wurden die Goldbarren mit einer Yacht unter Fregattenkapitän Baring nach Schanghai verschifft und dann nach Indien geschickt, wo große Nachfrage nach Gold bestand.[52]

Der Rest der Geschichte läßt sich aus den Annalen der Bank ergänzen, wo Lamberts Nachfolger als Direktor in Wladiwostok, M. W. Wood, eingehender beschreibt, wie er zusammen mit zwei Assistenten das Gold im Schutze der Dunkelheit zählte: »Der Boden des Büros war bedeckt von den Kisten. Wir gingen auf ihnen hin und her, in einer Hand eine Flasche, in der eine Kerze steckte, in der anderen Siegelwachs. Wir öffneten jede Kiste, überprüften den Inhalt, versiegelten sie wieder und machten sie versandfertig.«

Drei Fragen stellen sich: Wieviel zaristisches Gold erbten die Bolschewisten schließlich? Wieviel floß in andere Kanäle? Wieviel war in den frühen 20er Jahren noch übrig? Kerenskij hinterließ den neuen Machthabern im November 1917 insgesamt 613 Millionen Dollar. Die Tschechen und Koltschak eroberten in Kasan 332 Millionen Dollar davon, und später übergaben die Tschechen etwa 210 Millionen Dollar wieder den Bolschewisten. Bezieht man das Gold ein, das auf Grund des Vertrages von Brest-Litowsk dem Deutschen Reich übergeben wurde, sowie die Menge, die von den russischen Goldminen erzeugt wurde, und schließlich das erbeutete rumänische Gold, so verfügten die Bolschewisten Anfang 1920 über Gold im Wert von etwas mehr als 300 Millionen Dollar, das war die Hälfte des Vorrats von November 1917 und ein gutes Drittel der gesamten Goldreserve, mit der Nikolaus II. 1914 in den Krieg gegangen war. Ein Jahr später, im Frühjahr 1921, waren die Goldreserven des bolschewistischen Regimes auf 170 Millionen geschrumpft. Bis zum 10. August desselben Jahres waren sie dramatisch, auf 1,2 Millionen (!) Dollar, gesunken, und am 30. August waren sie Meldungen zufolge »erschöpft«.

Gold für ca. 800 Millionen Dollar war innerhalb von sieben turbulenten Jahren verschwunden: Ein Teil davon diente der Finanzierung des Krieges; ein Teil ging als Kriegsentschädigung an das Deutsche Reich; ein weiterer Teil diente der Finanzierung des bewaffneten Widerstandes der »Weißen« in Sibirien; der Rest diente der Aufrechterhaltung von Einfuhren, Propagandazwecken im Ausland oder verschwand in den Taschen von Plünderern aller Art, von regionalen Machthabern in Sibirien bis zu den Glücksrittern, die sich überall dort einfinden, wo der Lockruf des Goldes ertönt.

Eine wesentliche Rolle spielten unter dem bolschewistischen Regime schließlich zwei zusätzliche Faktoren. Der eine war das rasch wachsende Handelsbilanzdefizit, bedingt durch das Absinken der Inlandserzeugung durch Bürgerkrieg und Enteignungen sowie den Rückgang des Handels mit dem Westen aus ideologischen Gründen; der andere war die Neigung führender »Genossen«, die verfügbaren Goldreserven nicht nur zur bolschewistischen Propaganda im Ausland einzusetzen, sondern solche Mittel auch auf Privatkonten im Ausland zu lenken, wenn die Gelegenheit sich ergab. Es war ein charakteristisches Merkmal, das sich siebzig Jahre später, in den letzten Monaten des Sowjetregimes, präzise wiederholte, als die gesamten Gold- und Währungsreserven der Sowjetunion in weniger als achtzehn Monaten von 11 Milliarden Dollar auf Null sanken. Nur 7 Milliarden Dollar von diesem jüngsten Abfluß konnten durch normale Handelstransaktionen belegt werden. Der Verbleib der restlichen 4 Milliarden Dollar bleibt ein Geheimnis.[53] Die Versuchung, »Notgroschen« im Ausland anzulegen, charakterisierte so den Anfang und das Ende des Kommunismus bolschewistischer Prägung.

Eine bizarre Folgeerscheinung des Verfalls der sowjetischen Goldreserven in den frühen neunziger Jahren war übrigens das plötzliche Auftauchen alter zaristischer Goldbarren auf den Goldmärkten in Zürich und London. Die Sowjetbehörden waren in ihrer letzten finanziellen wie auch politischen Krise gezwungen, Goldbarren aus ihrer ursprünglichen Reserve zu verkaufen. Diese zaristischen Goldbarren wurden von Londoner Edelmetallhändlern sofort an ihren amtlichen Markierungen und Daten erkannt. Sie stammten aus dem

Jahr 1914, hatten mit 98 Prozent einen Feingoldgehalt etwas unter der Londoner Lieferungspezifikation und wurden auf den westlichen Märkten sofort mit früheren Goldbarren verglichen.

Die Frage, die sich stellt, lautet nicht nur, wessen Gold es war, das 1991 schließlich im Westen auftauchte, sondern wem das Gold gehörte, das während des Ersten Weltkrieges aus Rußland in die Tresore der Bank von England in London und Ottawa geschafft wurde. Nachdem wir den Weg des ursprünglich zaristischen Goldes verfolgt haben, müssen wir uns nun mit der Eigentümerschaft befassen. Sie bringt uns zurück zu Nikolaus II., zu seiner Abdankung und zu dem, was vor seiner Abdankung geschehen sein mag.

Als Zar aller Reußen kontrollierte er den Bergbau, die Verhüttung und den Verkauf des Goldes an den Staat, woraus ihm ein beträchtliches Einkommen erwuchs. Außerdem entschied er selbst, nach Beratung mit seinem Finanzminister, wo das Gold unterzubringen war – in den Tresoren der Staatsbank oder im Ausland. Da er sowohl seine eigenen kaiserlichen Finanzen als auch die des Staates kontrollierte, konnte er den Aufbau oder die Verringerung der Goldreserven direkt beeinflussen. Er unterzeichnete sogar die Staatsdokumente zur Verschiffung der kriegsbedingten Goldlieferungen an London. Daher rührt zweifellos die Annahme, das in London liegende Gold sei Romanow-Gold. Einerseits war es das, andererseits war es das nicht; und daran knüpft sich eine unserer wichtigsten Fragen: Wieviel vom sogenannten zaristischen Gold war Gold der kaiserlichen, d.h. vorbolschewistischen Regierung, und wieviel war Gold der Familie Romanow?

Bisher gibt es keine Beweise dafür, daß vor der Abdankung des Zaren Depositen in Gold zugunsten der Familie Romanow angelegt wurden. Es gibt wenig Grund zu der Annahme, daß es Goldguthaben der Romanows gegeben haben könnte, da Gold durch seine Natur kein Einkommen erzeugt, sondern nur Schutz vor Entwertung durch Inflation oder Wechselkursveränderungen bietet, die vor 1914 beide keine Bedrohung waren. Verhält es sich aber so, dann ist die Eigentümerin des Auslands-Goldes die Kaiserliche Regierung oder ihre Nachfolgerin. Ihr Streit mit der britischen Regierung zog sich durch die 20er und 30er Jahre bis in die Nachkriegszeit des Zweiten Weltkrieges hin.

»Tischuhr mit Necessaire und einem Musikmechanismus«, angefertigt 1772 in London.
Staatliche Eremitage St. Petersburg.

18

Oben: Die Ausstattung des Palastes von Katharina der Großen in Zarskoje Selo wird nach der Abreise der kaiserlichen Familie nach Sibirien im Oktober 1917 katalogisiert und verpackt.

Rechts: Das kommunistische Komitee, das die kaiserlichen Krönungsinsignien in den 1920er Jahren katalogisierte, mit einer Ausstellung der wichtigsten Gegenstände, darunter der Kaiserkrone, der Hochzeitskrone (die von allen Kaiserinnen und Großfürstinnen bei ihrer Hochzeit getragen wurde) und dreizehn von Farbergés Ostereiern.

20

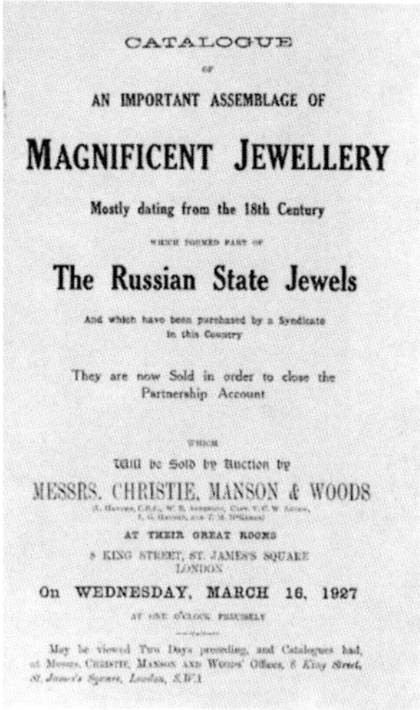

CATALOGUE

OF

AN IMPORTANT ASSEMBLAGE OF

MAGNIFICENT JEWELLERY

Mostly dating from the 18th Century

WHICH FORMED PART OF

The Russian State Jewels

And which have been purchased by a Syndicate
in this Country

They are now Sold in order to close the
Partnership Account

WHICH

Will be Sold by Auction by

MESSRS. CHRISTIE, MANSON & WOODS

AT THEIR GREAT ROOMS

8 KING STREET, ST. JAMES'S SQUARE
LONDON

On WEDNESDAY, MARCH 16, 1927

AT ONE O'CLOCK PRECISELY

May be viewed Two Days preceding, and Catalogues had, at Messrs. CHRISTIE, MANSON AND WOODS' Offices, 8 *King Street, St. James's Square, London, S.W.1*

Links: Die Auktion bei Christie's im März 1927 war eine von mehreren Versteigerungen in den späten 1920er Jahren (andere fanden in Berlin und New York statt). Bei der Auktion wurde die Russische Hochzeitskrone für 6100 Pfund verkauft.

19

Die Tiara der Großfürstin Wladimir (oben links), der Tante von Nikolaus, wurde von »Bertie« Stopford aus ihrem Palais in St. Petersburg vor dem Zugriff der Bolschewisten gerettet und 1919 in einem Londoner Bankschließfach deponiert. Nach dem Tode der Großfürstin im folgenden Jahr wurde die Tiara von Königin Mary (Mitte) gekauft, die sie oft trug. Auch Königin Elizabeth, die sie 1953 von ihr erbte, trägt die Tiara gern.

Diese zwei Ostereier von Fabergé, heute im Besitz der englischen Königin, waren ursprünglich Ostergeschenke des Zaren Nikolaus II. an seine Frau Alexandra. Sie wurden von Händlern für Königin Mary erworben, das Kolonnadenei (links) für 5000 Pfund von Emanuel Snowman vom Kunsthaus Wartski 1929 und das Mosaikei (rechts) 1934. Es ist schwierig, ihren Wert genau zu bestimmen, aber die letzte Auktion, bei der ein Fabergé-Osterei angeboten wurde (das Ei der Liebestrophäe bei Sotheby's in New York) brachte 2 900 000 Dollar. Von den sechsundfünfzig kaiserlichen Ostereiern, die Fabergé zwischen 1885 und 1917 für Alexander III. und seinen Sohn Nikolaus anfertigte, sollen sich zehn in der Kremlsammlung in Moskau befinden (Besuchern werden gewöhnlich nur fünf gezeigt). Die Sammlung Forbes in New York, vom verstorbenen Malcolm Forbes aufgebaut, hat zwölf.

Rechts: Unter den Anwärtern auf das Romanow-Erbe fielen zwei durch ihre detailliert vorgetragenen finanziellen Ansprüche besonders auf. Neben Michal Goleniewski alias Alexej war dies Anna Anderson, die vierzig Jahre lang vor den Gerichten um die Anerkennung ihres Anspruchs kämpfte, des Zaren jüngste Tochter Anastasia zu sein, die 1918 der Ermordung der Zarenfamilie in Jekaterinburg entgangen sei. Nach ihrem Tod wurden wesentliche Passagen ihrer Aussage durch neue forensische Untersuchungen der Romanow-Überreste widerlegt.

Unten: Titelseite der *Berliner Nachtausgabe* vom 31. 3. 1927, die Jahrzehnte vor dem endgültigen genetischen Beweis bereits die wahre Identität der angeblichen Anastasia enthüllte.

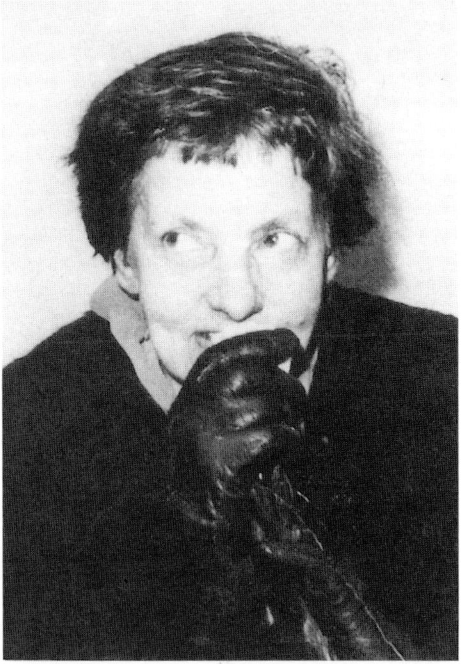

Berlin/Donnerstag — Nr. 76 • 31. März 1927

Berliner Nachtaus[...]e

Rätsel Anastasia gelöst

Die illustrierte — 15 Pf. — Abe[...]ung

Fall Anastasia geklärt.

Wer ist Frau von Tschaikowsky, die angebliche Großfürstin Anastasia von Rußland?

Sensationelle Ermittlungen der „Berliner Nachtausgabe".

Die Persönlichkeit der angeblichen Zarentochter einwandfrei festgestellt.

Die von der „Berliner Nachtausgabe" angekündigten Ermittlungen über die Frage: „Ist Frau von Tschaikowsky die Großfürstin Anastasia, die jüngste Tochter des russischen Zaren?" haben einen sensationellen Erfolg gehabt. Der Recherchenapparat der „Berliner Nachtausgabe" hat die Frage: Anastasia oder nicht Anastasia? einwandfrei und völlig lückenlos aufgeklärt.

Die am 17. Februar 1920 aus dem Landwehrkanal gerettete Frau, die sich Anastasia von Tschaikowsky nannte und behauptete, die Großfürstin Anastasia, die jüngste Tochter des Zaren zu sein, ist in Wirklichkeit die am 16. Dezember 1896 zu Borowielaß geborene unverehelichte Franziska Schanzkowski.

Mit diesem Ergebnis hat einer der größten Fälle unserer Zeit seine Aufklärung gefunden, über deren Einzelheiten wir unsere Leser noch genau unterrichten werden.

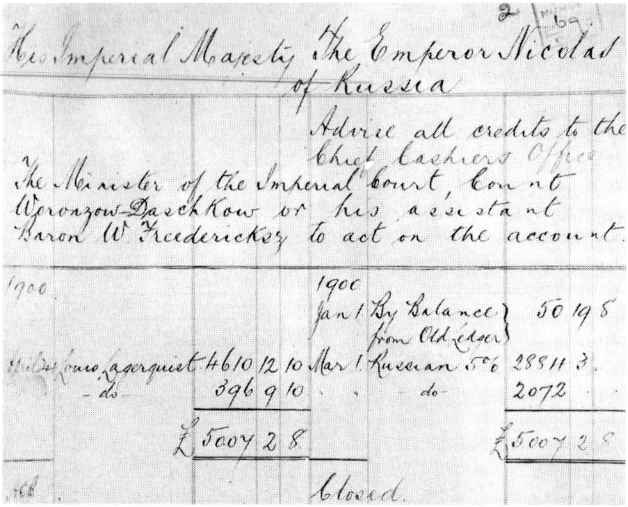

His Imperial Majesty The Emperor Nicolas of Russia

Advise all credits to the Chief Cashiers Office

The Minister of the Imperial Court, Count Woronzow-Daschkow or his assistant Baron W. Fredericksz to act on the account.

1900		1900		
		Jan 1	By Balance from Old Ledger	50 19 8
Louis Lagerquist	4610 12 10	Mar 1	Russian 5%	2884 3
- do -	396 9 10		- do -	2072
	£5007 2 8			£5007 2 8

Closed.

28

30

29

Oben: Das letzte verzeichnete Konto von Nikolaus II. bei der Bank von England. Auf seinem Höchststand unter Zar Alexander III. lagen auf diesem Konto 90 Millionen Rubel (9 Millionen Pfund).

Unten: Die russische Goldreserve in der Staatsbank St. Petersburg 1905. Nachdem die *Times* Zweifel an Rußlands finanzieller Potenz geäußert hatte, lud der russische Finanzminister den Herausgeber ein, die Tresore der Staatsbank in St. Petersburg zu besuchen und sich »selbst zu vergewissern«. Die Einladung wurde abgelehnt. Aber ein anderer Journalist besuchte zur gleichen Zeit die Tresore und sah das Gold und die über 652 591 630 Rubel lautende Abrechnung (ungefähr 65 Millionen Pfund). Der Bericht erschien im April 1905 in der *Illustrated London News.*

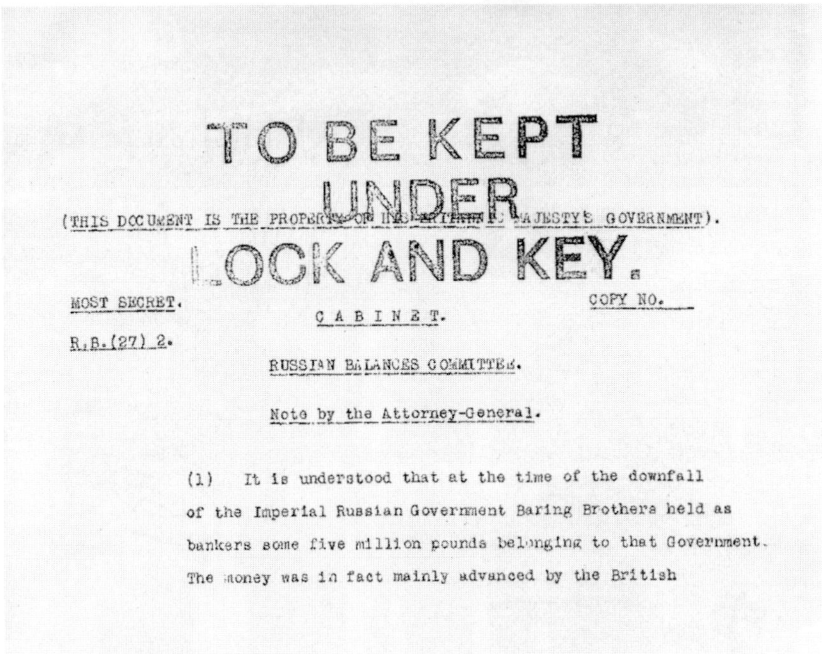

TO BE KEPT UNDER LOCK AND KEY.

(THIS DOCUMENT IS THE PROPERTY OF HIS BRITANNIC MAJESTY'S GOVERNMENT).

MOST SECRET. COPY NO.

CABINET.

R.B.(27) 2.

RUSSIAN BALANCES COMMITTEE.

Note by the Attorney-General.

(1) It is understood that at the time of the downfall of the Imperial Russian Government Baring Brothers held as bankers some five million pounds belonging to that Government. The money was in fact mainly advanced by the British

Oben: Peter Bark (links), der letzte Finanzminister des Zaren, bei der ersten einer Serie alliierter Finanzverhandlungen 1915 in Paris, mit M. Ribot, dem französischen Finanzminister (Mitte), und David Lloyd George, dem britischen Schatzkanzler. Sie gewährten Rußland Kredite im Austausch gegen Lieferungen russischen Goldes.

Unten: Kopie eines Auszuges aus einem geheimen Kabinettspapier über zaristische Gelder auf Konten der Londoner Handelsbank Baring Brothers, über die am 23. Juni 1927 von einem besonderen Kabinettsausschuß unter Vorsitz von Winston Churchill, dem damaligen Schatzkanzler, beraten wurde.

»Großfürst« Wladimirs Witwe, die frühere Prinzessin Leonida, ihr Enkel Georg und ihre Tochter, »Großfürstin« Marie, 1993 in Zarskoje Selo.

Eine Zusammenkunft von Romanows in Paris 1992 anläßlich der Präsentation der Romanow-Stiftung. Von links nach rechts die Fürsten Nikita, Dimitri, Nikolai, Andrej, Michael, Alexander und Rostislaw Romanow.

13 Geld

Die Kronleuchter des Winterpalais, der goldene Zierat, die Ostereier von Fabergé, die Brillanten der Tiara und das Collier der Kaiserin waren nicht mehr als äußerliche Prunkentfaltung. Der wahre Reichtum der Zarenfamilie lag indes in der Möglichkeit, Millionenbeträge nach Belieben zu bewegen und im Ausland zu investieren.

Je komplizierter der Geldverkehr im Laufe der Zeit geworden ist, desto schwerer zu fassen wurde auch diese Alternative zum materiellen Reichtum. Der Tauschhandel beruhte noch auf konkreten Dingen, seien es Muscheln, Metalle, Schafe oder Ziegen. Selbst die frühen Münzen hatten einen dem Nennbetrag entsprechenden Materialwert und konnten eingeschmolzen werden. Aber der Kunstgriff, die Transaktionen durch papierene Banknoten, Girokonten und neuerdings sogar computerisierte Konten abzuwickeln, was auf der Annahme beruht, daß eine Bank oder eine Regierung das Geld auf Verlangen garantiert zurückzahle, brachte ein heikles Element hinein. Geld wurde zu einem Wechsel auf die Integrität oder das Überleben von jemand anderem – mit Risiken wie Betrug, Inflation, Krieg oder Revolution.

Dies sind nicht die einzigen Probleme der Suche nach früheren Bankkonten und Investitionen der Zarenfamilie. Eine Einzahlung bei einer Bank ist eine private Angelegenheit; die Beziehung von Bankier und Kunden ähnelt der von Arzt und Patient oder von Anwalt und Klient. Informationen über vergangene oder gar gegenwärtige Bankgeschäfte erhalten nur der ursprüngliche Kunde, seine rechtmäßig anerkannten Abkömmlinge oder sonstige Erben. Die Diskretion wird mit Hinweis auf die Branchengepflogenheiten häufig übertrieben; das Bankgeheimnis dient sicherlich dem Schutz des lebenden oder verstorbenen Kunden, es kann aber auch ernsthafte Nachforschungen unnötig blockieren.

Dies war der erste Stolperstein für nahezu alle Anwärter, die den Nachlaß der Zarenfamilie als ihr Erbe beanspruchten, ob in London, Paris, Berlin oder New York. Anna Anderson erlebte zahlreiche solcher Frustrationen. Das Bankgeheimnis ist indes nicht die einzige Schwierigkeit, die es zu überwinden gilt, wenn man solchen Depositen auf die Spur kommen will. Staatsoberhäupter genießen natürlich besonderen Schutz und erhöhte Geheimhaltung, ob es ihre Bewegungen, ihr Privatleben oder ihr Geld betrifft; und die Angelegenheiten von Monarchen lösen bei den mit ihrem Schutz beauftragten Stellen stets einen gewissen Übereifer aus. All dies hat jedoch die Tatsache nicht verbergen können, daß Nikolaus und seine Familie substantielle Geldbeträge und Investitionen außerhalb Rußlands hinterließen.

Beim Bestimmen des Umfangs und des Verbleibs solcher Gelder und Investitionen fangen die eigentlichen Schwierigkeiten an. Es stellen sich zunächst folgende Fragen: Wer hat das Geld der Zarenfamilie bisher beansprucht, und was wußten die Betreffenden wirklich? Wer hat bereits unabhängige Nachforschungen vorgenommen, und was hat man dabei entdeckt? Wer kann damals die Wahrheit gewußt haben, und wurde sie stets gesagt? Wer mag die Wahrheit heute noch wissen und hat bisher geschwiegen?

Den drei unabhängigen Ermittlern, die für die wichtigsten Bewerber tätig waren – Herluf Zahle und Edward Fallows für Anna Anderson und Kyrill de Schischmarew für Oberstleutnant Goleniewski –, muß jetzt ein vierter Name hinzugefügt werden: Fanny Holtzmann. Diese amerikanische Anwältin beriet Prinzessin Irina Jussupow (die Tochter der Großfürstin Xenia) 1934 in einem berühmten Verleumdungsprozeß gegen Metro Goldwyn Mayer wegen eines von dieser Produktionsfirma hergestellten Rasputin-Films erfolgreich. Alle vier Ermittler fügten der Suche Vermutungen und Fakten hinzu.

Prinzessin Irinas Ehemann, Fürst Felix Jussupow, war einer der erklärten Mörder Rasputins, aber der Film hatte unterstellt, daß Rasputin nicht nur der Schützling des Hofes gewesen sei, sondern darüber hinaus ein intimes Verhältnis mit Irina gehabt habe, die ihm sexuell hörig gewesen sei. Um diese Unterstellung zu widerlegen und Schadenersatzforderungen zu erheben, wurde Fanny Holtzmann mit Irinas Vertretung beauftragt. Mit Hilfe einer britischen Berufskollegin erreichte sie, daß MGM 25 000 Pfund Schadenersatz zahlen mußte. Darüber hinaus mußte MGM eine nicht genannte Summe bezahlen, um ähnliche Gerichtsverfahren in den Vereinigten Staaten und anderswo zu vermeiden. Ein russischer Emigrant schätzte diese Zahlen auf 900 000 Dollar, was Fanny Holtzmann zu der Bemerkung veranlaßte: »Er scheint zu wissen, wovon er redet.«

Während ihrer Recherchen befaßte Fanny Holtzmann sich mit den finanziellen Problemen der Großfürstin Xenia im Zusammenhang mit ihrem Romanow-Erbe. Zu Beginn ihrer Ermittlungen war sie von König Georg V. und Queen Mary beim Tee in Schloß Windsor persönlich »überprüft« worden. Es war zunächst kaum eine Begegnung gleichgestimmter Seelen, zumal Fanny Holtzmann mit einem Linienbus gekommen war, um ihre republikanische Gesinnung darzutun, aber beide Seiten erwärmten sich rasch füreinander. König Georg war fasziniert von dieser tüchtigen Frau in einem hochqualifizierten Beruf (»Sie scheinen so – bitte vergeben Sie mir – so sehr jung«), und Queen Mary konnte es offensichtlich kaum erwarten, sie über ihre Hollywoodlieblinge Mary Pickford, Charlie Chaplin und – obwohl die Königin höflich versuchte, ihre Neugierde zu zügeln – den Herzensbrecher John Gilbert auszufragen. Ihre beinahe naive Beharrlichkeit war Fanny Holtzmann sympathisch, und auch sie wurde als eine Person akzeptiert, auf die Xenia sich verlassen konnte.

Der Verleumdungsprozeß machte Fanny Holtzmann natürlich mit den umfassenderen Problemen bekannt, denen sich alle Romanows seit Kaiserinwitwe Maries Tod 1928 in Kopenhagen gegenübersahen. Infolge der »Kampagne« Anna Andersons zur Anerkennung ihrer Erbberechtigung waren Xenia und Olga gezwungen gewesen, ihre eigenen Rechte zu bekräftigen, und dies hatte bereits zu Rechtsstreitigkeiten in Finnland und Deutschland geführt. Es war naheliegend, daß Xenia Fanny Holtzmann um Hilfe in diesem umfassenderen Streit ersuchte, und die Anwältin stürzte sich mit Enthusiasmus auf das verwickelte Problem der Romanow-Finanzen. Die erste Geschichte, die Hoffnungen in ihr weckte, war, daß Nikolaus II. auf Verlangen Georgs V. Goldbarren im Wert von 50 Millionen Dollar an Bord eines britischen Kriegsschiffes hatte verladen lassen, und nach Ted Berkman, ihrem Biographen, wurde ihr erzählt, daß »das Geld niemals ausgezahlt oder anderweitig nachgewiesen« worden sei. Wie in Kapitel 12 näher erläutert, wissen wir es jetzt besser: Das nach London und Ottawa verschiffte Gold war nicht für Nikolaus' Privatgebrauch bestimmt, sondern einfach eine vereinbarte Transaktion zwischen Regierungen. Fanny Holtzmann aber setzte ihre Nachforschungen unermüdlich fort und befragte Überlebende der Romanow-Familie und ihres Gefolges. Laut ihrem Biographen geriet sie dabei »in ein Labyrinth von Vermutungen und Widersprüchen« und konnte den Fall nicht aufklären.

Der Bericht über den Goldtransfer war nicht die einzige Frage, der sie nachging. Auch Bankguthaben in Großbritannien und Deutschland sowie hohe Investitionen in den Vereinigten Staaten nahm sie ins Visier. Wie wir hören, ging Fanny Holtzmann an ihre Aufgabe heran, indem sie »ein Dutzend vertrauliche Briefe an hochgestellte Freunde in der Regierung« schickte und anschließend in Paris die wichtigsten Informanten aus der Gemeinde der russischen Emigranten befragte. Sie »überprüfte methodisch jeden Hinweis«, und unter solch systematischer Durchleuchtung »löste sich jeder einzelne in Luft auf«. Ihr Biograph faßte die Ergebnisse ihrer Bemühungen mit folgenden Worten zusammen:

> Allmählich trat in Umrissen ein anderes Bild hervor: von einem Zaren und einer Zarin, deren Vermögenswerte in Rußland nach der Revolution beschlagnahmt oder verkauft wurden und deren Auslandsguthaben in England durch den Kauf von Zügen und medizinischem Nachschub und in Deutschland durch den Zusammenbruch der Mark rasch aufgezehrt wurden.[54]

Wir werden uns mit Nikolaus' Handlungen bei Ausbruch des Krieges 1914 noch eingehender beschäftigen. Doch bevor wir dies tun, müssen wir die ähnlichen, wenn auch detaillierteren und weit umfangreicheren Nachforschungen untersuchen, die Edward Fallows für Anna Anderson unternahm.

Wie wir gesehen haben, begannen diese Nachforschungen 1928, als Anna ihm alle Vollmachten übertrug, und dauerten während der ganzen 30er Jahre an. So waren Fanny Holtzmann und Edward Fallows, beide amerikanische Anwälte, zur gleichen Zeit mit gleichen oder zumindest ähnlichen Nachforschungen beschäftigt, die eine für eine etablierte Romanow, der andere für eine Romanow-Anwärterin. Fallows allerdings war besessen von seiner Aufgabe, was nach Ansicht vieler Freunde nicht nur seinem beruflichen Erfolg, sondern sogar seiner Gesundheit zum Nachteil gereichte. Gleichwohl können die Ergebnisse seiner Nachforschungen nicht ignoriert werden. Sie werden uns zum Kern des angeblichen Argwohns führen, den Anna Anderson gegen Peter Bark hegte: Er habe mit den Kenntnissen als letzter Finanzminister des Zaren dessen Guthaben bei der Bank von England für seine eigenen Zwecke oder für die der überlebenden Romanows verwendet. Dieser Verdacht ist immer wieder geäußert worden, zuletzt noch 1991 in ziemlich bestimmter Form vom inzwischen verstorbenen James Blair Lovell, Anna Andersons »erwähltem Biographen«.

1928 waren Fallows' erste Bemühungen darauf gerichtet, die Bank von England und andere Banken von Anna Andersons Ansprüchen zu unterrichten. In New York und Berlin unternahm er ähnliche Vorstöße. Danach widmete er sich zwei verschiedenen, wenn auch verwandten Aufgaben: Anna Andersons Identität als Anastasia vor den deutschen Gerichten durchzusetzen, und den Geldern und Investitionen, auf die Anna Ansprüche geltend machte, auf die Spur zu kommen.

Edward Fallows hatte bei der Suche nach zaristischen Guthaben in London einen Vorteil. Er hatte 1925 bereits die Bekanntschaft Arthur Gallops gemacht, Partner der Londoner Rechtsanwaltskanzlei Freshfields, Leese & Munns, die Rechtsberaterin der Bank von England war. Bei dieser Gelegenheit hatte Gallop ihm das Innere der Bank und sogar den Tresorraum gezeigt, wo er »Hunderte von Millionen Pfund Sterling in Gold« gesehen hatte. Erinnerungen an diesen Besuch müssen im Februar 1929 wieder lebendig geworden sein, als er im Namen Anna Andersons abermals nach London kam. Wieder suchte er Arthur Gallop auf und wurde genauso höflich empfangen wie das erste Mal.

Vor seiner Ankunft in London hatte Fallows mit einem befreundeten Anwalt, Gilbert Kennedy, Verbindung aufgenommen, der seinerseits Gallop auf die Möglichkeit zaristischer Guthaben angesprochen hatte. Gallop hatte Kennedy zwar zu verstehen gegeben, daß er nicht befugt sei, Auskünfte über die Existenz solcher Guthaben zu geben, solange nicht eine als erbberechtigt ausgewiesene Person ein entsprechendes Ersuchen vorbringe. Aber er, Kennedy, sei mit dem entschiedenen Eindruck gegangen, daß es derartige Gelder in der Bank gebe, weil Gallop es sonst dementiert hätte.[55]

Das war noch immer Fallows' Eindruck, nachdem er Arthur Gallop erneut aufgesucht hatte. Er wurde wie ein alter Freund begrüßt. Nachdem sie Erinnerungen ausgetauscht hatten und endlich zur Sache kamen, die Fallows hergeführt hatte, legte Gallop seine Karten auf den Tisch:

> Normalerweise, Mr. Fallows, würde ich in jeder Angelegenheit, die Sie zu mir führt, mehr als die Hälfte des Weges mit Ihnen gehen, aber hier müssen Sie jeden Schritt des Weges selbst tun, da die Bank von England eine staatliche Institution ist, die uns nicht gestattet, die Existenz oder die Höhe einer Einlage zu enthüllen, es sei denn einem beglaubigten Einleger.[56]

Fallows erkundigte sich nach den notwendigen Schritten. »Gehen Sie zum Kanzleigericht und besorgen Sie sich einen Beschluß, daß Ihre Klientin Anastasia ist, und kommen Sie damit zur Bank, und man wird Ihnen Einblick in die Bücher gewähren.« Gallop erläuterte dann, daß es keine gesetzlichen Beschränkungen solcher Einlagen gebe, mithin auch keine gesetzliche Frist, innerhalb deren solche Ansprüche geltend gemacht werden müßten; man könne noch in hundert Jahren kommen und die geeigneten Beglaubigungen vorlegen und über die Einlage verfügen; da es aber eine private Einlage sei, werde sie nicht verzinst.

Dies genügte, um Fallows zu überzeugen, daß er seine Zeit nicht vergeudete. Mehrere Jahre später schrieb er: »Auch ich gewann zu der Zeit einen ganz entschiedenen Eindruck, daß das Geld da sei, und zwar wegen dessen, was er nicht sagte.« Die Aktennotiz, die Gallop für seine Kanzlei im Anschluß an das Gespräch in der Bank von England schrieb, hält lediglich die Zusammenkunft fest und wiederholt die Rechtsposition. Fallows aber ignorierte den ersten Teil von Gallops Aussage, es sei nicht erlaubt, Unbeteiligten *die Existenz* oder Höhe einer Einlage mitzuteilen, und nahm dessen normale Höflichkeit für eine Bestätigung. Er war nicht der erste und nicht der letzte ausländische Besucher, dem solch ein Fehler unterlief. Londons internationale Banker können noch immer besser als jeder andere, den ich kenne, »nein« sagen oder nichts verraten, ohne zu kränken.

Fallows' nächstes Ziel war die Mendelssohn-Bank in Berlin. Wie Baring Brothers in London war die deutsche Privatbank seit mehr als einem Jahrhundert mit Rußland verbunden gewesen, hatte russische Staatsanleihen auf dem deutschen Markt untergebracht und den Rubel gestützt, wann immer es erforderlich war. Rußland hatte lange Zeit bedeutende Depositen in der Bank gehabt, um die regelmäßigen Zinsen auf seine Anleihen zu bezahlen, was der Bank zusätzliche Profite gesichert hatte. Die russische Regierung wußte immer, daß sie sich notfalls auf Mendelssohns Hilfe verlassen konnte. Ein Beobachter aus Finanzkreisen drückte die Beziehung einmal so aus: »Daß die zaristische Regierung regelmäßig imstande war (wenigstens in einem gewissen Umfang), sich von ihren vielen unglücklichen Kriegen und ihren inneren Schwierigkeiten zu erholen, war in erheblichem Maße den Mendelssohns zu verdanken.«[57]

Bei der Ankunft in Berlin fand sich wieder ein alter Freund und Anwaltskollege, der Fallows mit einem Direktor der Bank, Dr. Paul Kempner, bekannt machte. Hier erwarteten ihn klarere Aussagen. Kempner bestätigte, daß der Zar seiner Bank vor dem Krieg »mehrere Millionen Rubel« überwiesen hatte, um sie in deutschen Wertpapieren anzulegen und diese treuhänderisch für die kaiserliche Familie zu verwalten. Kempner sagte, seine Bank habe diese Instruktionen befolgt und die Wertpapiere bei der Reichsbank deponiert, wo sie sich noch befänden.[58] Ihr Wert habe natürlich sehr unter der verheerenden Inflation von 1922/23 in Deutschland gelitten.

Obwohl er in Berlin mehr unmittelbare Informationen erhielt als zuvor in London, wurde Fallows rasch klar, daß die Begründung eines legitimen Anspruchs auf diese Vermögenswerte nicht einfach sein würde. Anastasias deutsche »Verwandte« hatten in der Bank bereits Zweifel an Anna Andersons Glaubwürdigkeit gesät, indem sie mit Erfolg verbreiteten, sie sei bloß eine polnische Bäuerin, die sich als Anastasia ausgebe. Es kostete Fallows weitere sieben Jahre, einschließlich einer persönlichen Vorsprache bei Hitler, um die »Legende« von der polnischen Bäuerin zu zerstreuen, und in dieser Zeit übergab die Mendelssohn-Bank die restlichen Vermögenswerte der Zarenfamilie dem Berliner Nachlaßgericht. Der Gesamtwert der hinterlegten Gelder und Effekten belief sich auf rund eine Million Reichsmark oder, nach Fallows, etwa 100 000 Dollar (nach dem damaligen Umrechnungskurs etwa 25 000 Pfund). Wie wir in Kapitel 9 sahen, hatten die überlebenden Romanow-Erben inzwischen ihre Ansprüche auf die Vermögenswerte angemeldet.

So war Fallows bei seiner ersten Europareise zu der Überzeugung gelangt, daß in der Bank von England Geld der Zarenfamilie deponiert sei, und er hatte die Bestätigung erhalten, daß die Mendelssohn-Bank in Berlin Vermögenswerte der Romanows verwalte und daß die Wertpapiere bei der Reichsbank lägen. Nach New York zurückgekehrt, stellte er seine eigene Überzeugung hinsichtlich der Bank von England und die Bestätigung in Berlin auf eine Stufe und wendete den größten Teil seiner Energie daran, den Londoner Vermögenswerten nachzuspüren, die er als die weitaus größeren ansah. Auch bei New Yorker Banken recherchierte er.

Sein Verhältnis zu Anna Anderson war jedoch nicht immer ungetrübt. Annas Temperament blieb unbeständig, und jene, die ihr am nächsten standen, bekamen oft die volle Kraft ihres Grolls und ihrer Frustrationen zu spüren. Fallows war darin keine Ausnahme. Sie war mit seinen Methoden nicht einverstanden, fand seine mangelnden Deutschkenntnisse irritierend und hinderlich bei der Vorbereitung der deutschen Gerichtsverfahren und entzog ihm einmal sogar seine Vollmachten als Anwalt, um sie zwei Jahre später wieder zu erneuern.

Unbeirrt von diesen Wutanfällen bewahrte Fallows seine Hingabe an ihre Sache und organisierte einfallsreich die Finanzierung aller Gerichtskosten: Seine Grandanor Corporation sammelte Beiträge von Einzelpersonen und Firmen, die dafür Anteile an Anastasias erwarteten Millionen erhielten. Fallows sollte 25 Prozent erhalten, weitere 10 Prozent würden seine und andere Gerichtskosten decken und zur Rückzahlung von Krediten verwendet, für die er und seine Familie ihr Eigentum verpfändet hatten. Und weitere 10 Prozent sollten an Investoren gehen, denen eine Rückzahlung von 5 zu 1 versprochen worden war. In den Dokumenten war davon die Rede, »Anastasia« habe 10 Millionen Dollar in der Bank von England. Auf dieser Basis würde Anna Anderson 5,5 Millionen Dollar erhalten, er selbst 2,5 Millionen Dollar und die Investoren auf ihre Anteile maximal 1 Million Dollar; eine weitere Million würde zur Verfügung stehen, um alle Kosten zu begleichen.[59]

Es kann kaum überraschen, daß solche Gewinnerwartungen auch andere auf den Plan riefen. Noch bevor er zu seiner nächsten Europareise aufbrach, wurde Fallows von Aaron Simanowitsch angesprochen, Rasputins früherem Sekretär, der ihm bedeutete, er werde den Namen einer New Yorker Bank preisgeben, die 17 Millionen Dollar zaristischer Gelder halte, wenn Fallows bereit sei, ein Geschäft mit ihm abzuschließen.[60] Fallows nahm dieses Angebot ernst genug, um einen Teil seines nächsten Besuches in London dem Versuch zu widmen, Xenias Anwälte zu einem gemeinsamen Handel zu überreden, der zwischen Xenia und Anna Anderson auf der einen und Simanowitsch auf der anderen Seite abgeschlossen werden sollte. Dieser Vorschlag scheiterte freilich schon im Anfangsstadium am entschlossenen Widerstand Peter Barks, der Xenia in finanziellen Fragen beriet und aus seiner persönlichen Kenntnis darauf beharrte, daß keine derartigen Guthaben existierten, weder in London noch in New York.

Bei seinem nächsten Europabesuch erfuhr Fallows von einem prominenten »weißen« Kontaktmann in London, sein Bruder habe kürzlich im Zug einen Bekannten getroffen, der einen russischen Anwalt in Brüssel kenne, welcher wiederum wisse, wo das Geld des Zaren in England, Deutschland, der Schweiz und Amerika verwahrt werde. Er würde die Quelle auf einer Basis 50 zu 50 preisgeben. Fallows erfuhr ferner, daß der russische Anwalt, der dies gesagt hatte, bereits an die Großfürstinnen Xenia und Olga herangetreten war, denen er für die Hälfte des Geldes authentische, aus Rußland geschmuggelte Dokumente zur Verfügung stellen würde, aus denen Einzelheiten über 7 Millionen Dollar Guthaben in New York hervorgingen. Eine Schweizer Bank sollte angeblich bereit sein, allein für die Lokalisierung des New Yorker Bankguthabens 400 000 Dollar vorzuschießen.

Wieder in New York, machte er sich daran, die amerikanischen Banken auf die angeblichen Einlagen zu überprüfen, von denen so viele Leute zu wissen behaupteten. Kurz vor Weihnachten 1937 schrieb er an einunddreißig große und kleine New Yorker Banken. Er stellte sich als der »Anwalt der Großfürstin Anastasia Nikolajewna von Rußland« vor, »der jüngsten Tochter und dem einzigen überlebenden Kind des Zaren Nikolaus II. und der Zarin Alexandra von Rußland, die am 16./17. Juli 1918 in Jekaterinburg, Sibirien, gestorben sind«.[61] Er gab zu verstehen, daß er über verläßliche Informationen verfüge, nach denen »eine Summe von mehreren Millionen Dollar in bar und/oder Wertpapieren, die das persönliche Eigentum des besagten Nikolaus II. und/oder seiner Familie war, sich noch immer als Einlage in einer New Yorker Bank befindet«. Großfürstin Anastasia mache jetzt gerichtlich ihren Anspruch auf das Geld und/oder die Wertpapiere geltend, und er bitte jede Bank, ihm Auskunft zu geben, ob sie solche Vermögenswerte in ihrem Besitz oder unter ihrer Kontrolle habe.

Von den meisten angeschriebenen Banken erhielt er bald Antwort, teils kurz, teils umfassend, aber alle verneinten, das Geld oder die Wertpapiere zu haben, die er suchte. Die First National City Bank erklärte gleich nach Erhalt seines Schreibens telefonisch, sie habe keine solchen Einlagen. In Fallows' Papieren gibt es keine Unterlagen darüber, daß die Guaranty Trust geantwortet hätte. Wie wir heute wissen und noch im einzelnen nachweisen werden, hatten beide Banken formal recht, als sie verneinten, Geld auf die Namen von Nikolaus II. oder Alexandra von Rußland zu verwalten. Dies bedeutete jedoch nicht, daß sie kein zaristisches Geld hatten. Fallows hatte seine Definition etwas zu eng gefaßt.

Eine weitere Information über zaristische Gelder, die Fallows in Europa erhielt, kam erneut aus Brüssel, nämlich von einem Baron von Cuyck, der ihm bedeutete, daß auch er vom Verbleib einer großen Summe zaristischen Geldes wisse und gegen einen angemessenen »Honorarvorschuß« bereit sei, alles zu enthüllen.[62] Er hatte Großfürst Alexander, Xenias Exgatten, für wenigstens fünf Jahre jährlich 1000 Pfund versprochen, wenn er Xenias Unterschrift beschaffe. So wurde selbst der kleinste Romanow-Klatsch auf dem ziemlich unwirklichen Marktplatz, der sich in Europa auftat, als Fallows und andere ihre Nachforschungen betrieben, mit einem Preisschild versehen. Fallows mußte sich zwischen den Gerüchten, die in russischen Emigrantenkreisen in Brüssel und Paris am üppigsten ins Kraut schossen, sich aber auch nach London und New York ausbreiteten, vorsichtig vorantasten.

Ende der 1930er Jahre war er in Annas Gunst wieder fest etabliert und hatte die Kontrolle über ihre gerichtlichen Angelegenheiten. Wegen seiner Erfolglosigkeit bei den New Yorker Banken hatte sich mit den Jahren seine Überzeugung verfestigt, daß Vermögenswerte der Zarenfamilie in der Bank von England deponiert seien, und daß Peter Bark, der im Januar 1937 gestorben war, zu seinen eigenen Zwecken davon Gebrauch gemacht habe. Anna Andersons Verdächtigungen gegen Bark, die von Gleb Botkin und anderen unterstützt worden waren, schienen Bestätigung zu finden, wenn Fallows' Nachforschungen in London immer wieder von Bark blockiert wurden. Seine Überzeugung von Barks dunkler Rolle wurde so beinahe zur Besessenheit.

Als Fallows 1938 in London war, sagte er Arthur Gallop, dem Rechtsberater der Bank von England, daß nach Anna Andersons Aussage der Zar, ihr Vater, seinen vier Töchtern »den Namen des Agenten« genannt habe, »der das Geld in der Bank von England deponiert hatte«. Sie könne sich an den Namen nicht erinnern, habe aber gesagt, er sei »nicht russisch, sondern baltisch, und, wie sie glaube, aus einer Silbe«. James Blair Lovell fügte später einen weiteren Hinweis auf den Namen hinzu: Anna Anderson habe angedeutet, daß »er etwas mit einem Baum zu tun habe« (engl. bark = Rinde, A. d. Ü.). Auch ohne diesen ziemlich plumpen Hinweis war Fallows überzeugt:

> Ich nahm sofort an, daß es Sir Peter Bark sein müsse, da er vor dem Krieg Finanzminister des Zaren gewesen und während des Krieges oder kurz danach nach London gekommen war, wo er von der Bank von England mit einer sehr verantwortungsvollen Position geehrt und von Georg V. in den Ritterstand erhoben worden war.

Wie um Barks Komplizenschaft zu bekräftigen, fügte er noch hinzu, daß er auch zum Treuhänder der Großfürstin Xenia und zum Berater König Georgs V. ernannt worden sei.

Fallows hob hervor, daß Bark ständig die Existenz von Romanow-Depositen in der Bank von England geleugnet habe, und zog daraus die voreilige Schlußfolgerung, Bark habe einen Teil des Geldes mit Wissen der Bank von England für seine eigenen Zwecke verwendet. Von da war es nur noch ein kleiner Schritt zu der Annahme, daß die Gründung der Anglo-Austrian Bank und der British Trade Corporation sowie ihre spätere Verschmelzung zur Anglo-International

Bank, alle unter der Schirmherrschaft der Bank von England und mit Peter Bark als geschäftsführendem Direktor, mit Romanow-Geldern als Grundkapital erfolgt sei.

Es versteht sich von selbst (schrieb er), daß Bark nicht 2 Millionen Pfund in der Bank von England lassen würde, wo sie keine Zinserträge bringen. Als Geschäftsmann und Bankier würde er das Geld in Wertpapieren anlegen, die Dividenden erbringen. Da scheinbar alle Mitglieder der Zarenfamilie getötet worden waren, mag die Versuchung unwiderstehlich gewesen sein, sein eigenes Nest auszupolstern. Es verspricht eine interessante Nachforschung zu werden.[63]

Dementsprechend verbrachte Fallows seinen letzten Besuch in London kurz vor dem Ausbruch des Zweiten Weltkrieges 1939 mit der Suche nach Einzelheiten über die Besitzverhältnisse der Anglo-International Bank und mit Bemühungen, eine Kopie von Sir Peter Barks Testament zu erhalten.

Was er herausfand, ist schwerlich als schlüssiger Beweis zu werten. Er stellte fest, daß die Anglo-International Bank ungefähr zwei Millionen Aktien ausgegeben hatte, von denen Sir Peter Bark aber nur zweihundert gezeichnet hatte. Fallows tröstete sich mit dem Gedanken, dies seien bloß seine persönlichen Anteile gewesen, »diese großen Männer schieben immer Strohmänner als Aktionäre vor«. Auch Barks Testament war indes nicht gerade weltbewegend. Fallows fand, es sei das »kürzeste, was ihm je untergekommen« sei. Bark hatte alles seiner Frau Sophie und seiner Tochter Nina hinterlassen, sein Vermögen war mit lediglich 14 126 Pfund angegeben. Wieder tröstete sich Fallows mit dem Gedanken, daß dies »bloß nominal« sei.[64]

1940 starb Edward Fallows in New York. Er hatte mehr als ein Jahrzehnt lang für Anna Anderson gekämpft, und obwohl er aus Gewinnstreben handelte, hatte er doch viel eigenes Geld in seine vergeblichen Bemühungen investiert. Er hatte die Verhältnisse in Berlin geklärt, ohne etwas von dem dort liegenden Zarenvermögen für Anna Anderson zu gewinnen; er war in New York nicht weitergekommen; er hatte nicht beweisen können, daß es in der Bank von England Einlagen der Zarenfamilie gab, und wie wir bald sehen werden, hatte er vernachlässigt, andere Londoner Banken aufzusuchen; und er hatte einfach seinem Argwohn gegen Sir Peter Bark

Luft gemacht, ohne in der Lage zu sein, auch nur die Spur eines Beweises gegen ihn vorzulegen.

Dessenungeachtet blieb das Mißtrauen bestehen. Kein späterer Ermittler konnte an der Tatsache vorbeigehen, daß Bark als letzter Finanzminister des Zaren ein enger Vertrauter sowohl des britischen als auch des russischen Herrscherhauses gewesen war und während des Krieges eine wesentliche Rolle gespielt hatte. Er wußte alles über die russischen Goldlieferungen, war später ins Direktorium der Bank von England berufen worden, hatte Georg V. beraten und als Treuhänder der Großfürstinnen Xenia und Olga gewirkt. Obendrein hatte er den Schmuckkasten der Kaiserinwitwe Marie unmittelbar nach ihrem Tode erfolgreich aus Kopenhagen in den Buckingham-Palast schaffen lassen.

Das waren Tatsachen, nicht nur Anna Andersons persönliche Verdächtigungen. Es blieb einem ihrer besonderen Bewunderer, dem verstorbenen James Blair Lovell, in seinem 1991 veröffentlichten Buch vorbehalten, nicht nur den Verdacht gegen Bark und seine Rolle zu erhärten, sondern den alten Verdachtsmomenten neue hinzuzufügen, einschließlich einer Verbindung zum Haus Windsor. Während Fallows stets davon ausgegangen war, Bark habe allein bzw. in Komplizenschaft mit der Bank von England gehandelt und den Großfürstinnen Xenia und Olga seine Informationen über die Existenz und Verwendung der Romanowgelder bewußt vorenthalten, unterstellte Lovell, daß Xenia (allerdings nicht Olga) schließlich in Barks Geheimnis eingeweiht und durch regelmäßige Zahlungen der britischen Königsfamilie zum Stillhalten veranlaßt worden sei. »So muß außer Bark auch die britische Königsfamilie ein persönliches Interesse daran gehabt haben«, schrieb Lovell, »jedes Aufsehen um den Verbleib des Zarengeldes zu vermeiden. Infolgedessen könnten die Windsors Großfürstin Xenia für ihr Schweigen eine ›Regelung‹ angeboten haben.« Dies, so glaubte Lovell offensichtlich, würde erklären, warum Anna Andersons Ansprüche so unerbittlich bekämpft wurden.[65]

Peter Bark verdient also eine genauere Betrachtung, und sei es nur, um seine Rolle ein für allemal zu klären. Die Suche begann mit einem weiteren Besuch im Archiv der Harvard-Universität, wo Edward Fallows' Aufzeichnungen über Bark liegen. Des weiteren galt es, zwei Enkel Barks ausfindig zu machen, den einen in London, den anderen in Paris. Ein Besuch in St. Petersburg war notwendig, um Einzelheiten über seine Rolle im Krieg in Erfahrung zu bringen, ebenso eine Recherche in den Archiven der Bank von England, um sein Verhältnis zur Geschäftsführung aufzuklären. Und es mußte seine Londoner Bank gefunden werden. Die Suche endete schließlich in der Columbia-Universität in New York, wo eine unveröffentlichte englischsprachige Autobiographie Peter Barks ausgegraben wurde.

14 *Bark*

Bei der Durchsicht der von Fallows angelegten Akte über Bark in der Harvard-Universität fesselte eine seltsame Koinzidenz meine Aufmerksamkeit. Ich war zu der Zeit Generaldirektor des British Invisible Exports Council, einer von der Bank von England in den späten 1960er Jahren gegründeten Organisation. Die Anschrift meines Büros war Austin Friars 14, im Herzen der Londoner City. Ein von Edward Fallows 1936 aus New York geschriebener Brief trug die Anschrift »Sir Peter Bark, geschäftsführender Direktor, British Export Corporation, Austin Friars 14, London«. Ich war 6000 Kilometer weit gereist, um zu entdecken, daß Fallows' und Anna Andersons »Hauptverdächtiger« vor fünfzig Jahren praktisch an meinem Schreibtisch einer Arbeit nachgegangen war, die der meinigen nicht unähnlich war.

Bald entdeckte ich, daß Peter Bark keiner von den üblichen russischen Hofbeamten gewesen war, sondern zu der wachsenden Zahl tüchtiger und hingebungsvoller Fachleute aus wohlhabenden bürgerlichen Familien gehörte, die vielfach jahrelange Erfahrung aus der Wirtschaft mit in den Regierungsdienst brachten. Bark war als Absolvent der Universität von St. Petersburg zunächst direkt ins Finanzministerium gegangen, wechselte vorübergehend ins private Bankgeschäft und kehrte dann in den Regierungsdienst zurück. Seine staatlich geförderte Bankausbildung erhielt Bark zunächst in der bereits bekannten Berliner Mendelssohn-Bank, bevor er dann

Gelegenheit bekam, in der Staatsbank Erfahrungen zu sammeln. Sein Aufstieg war den Privatbankiers in St. Petersburg nicht verborgen geblieben, und bald wetteiferten sie miteinander um seine Dienste. Zunächst ging er als stellvertretender Direktor zur Kaiserlichen Bank von Rußland, bald darauf als geschäftsführender Direktor zur Wolga-Kama-Bank.

Bis 1911 war die Kunde von Barks Fähigkeiten bis zu Pjotr Stolypin gedrungen, dem Vorsitzenden des Ministerrates, und man bot ihm den Posten eines Unterstaatssekretärs im Handelsministerium an. Die Rückkehr in den Staatsdienst bedeutete, daß er sich mit 10 Prozent seines bisherigen Gehalts zufriedengab, was das Interesse des Zaren erregte. Drei Jahre später, im Januar 1914, als er Bark zum Finanzminister ernannte, fragte Nikolaus II. ihn, warum er seinerzeit den Posten trotz der damit verbundenen Einbuße angenommen habe. Bark erwiderte, daß er dem Geld niemals vorrangige Bedeutung beigemessen habe und das »weitere Feld des Staatsdienstes, das dem Wohl des Landes gewidmet ist . . ., dem privaten Interesse« vorziehe.[66]

Dominic Lieven, der eine detaillierte Untersuchung über die herrschende Klasse Rußlands unter der zaristischen Regierung geschrieben hat, ist überzeugt von der Wahrhaftigkeit dieser Antwort Barks jenseits aller Diplomatie: »Die oberen Ränge des russischen Staatsdienstes hatten tatsächlich eine Anzahl Männer von diesem Kaliber in ihren Reihen.«[67] Fallows' Anschuldigung, Bark habe sich auf Kosten der Romanows die eigenen Taschen gefüllt, mag hierzu nicht recht passen. Nach nur acht Monaten Amtsführung als Finanzminister mußte Bark sich bereits mit all den Problemen eines kriegführenden Landes herumschlagen. Er zeigte finanzielle Klugheit und die Fähigkeit zu raschen Entscheidungen. Im Gegensatz zu seinem französischen Kollegen in Paris stoppte er einen Ansturm nervöser Anleger auf die russischen Privatbanken, indem er öffentlich erklärte, das Ministerium und die Staatsbank würden sie notfalls großzügig stützen. Er handelte damit gegen den Rat der meisten seiner Ratgeber und sogar der St. Petersburger Privatbankiers, aber es funktionierte. Es war die gleiche Politik, die der Bank von England seit mehr als einem Jahrhundert zur zweiten Natur geworden war: Vertrauen ist alles. Bankkunden verlangen ihr Geld selbst in Krisenzeiten nicht zurück, wenn ihnen glaubhaft versichert wird, daß es zur Verfügung stehen wird, wenn sie es brauchen.

Als Bark begriff, daß der Krieg mit Deutschland unvermeidbar war, gab er Anweisung, die Berliner Guthaben der Regierung sofort nach Paris und St. Petersburg zu transferieren. Ferner schickte er Ministerialbeamte mit den erforderlichen Beglaubigungen nach Berlin, um die Rückkehr russischer Staatsgelder von Sparkonten bei Berliner Banken nach Rußland in die Wege zu leiten. Seine Beamten reisten sofort ab und trafen kurz vor der Kriegserklärung in der deutschen Hauptstadt ein.

Durch sein rasches und entschlossenes Handeln gelang es ihm, 100 Millionen Rubel (10 Millionen Pfund) aus Berlin zu repatriieren.[68] Angesichts seiner Loyalität dem Zaren gegenüber scheint es unvorstellbar, daß er im Interesse des Staates so rasch gehandelt haben könnte, ohne eine ähnliche Repatriierung der in Berlin angelegten Gelder des Zaren und seiner Familie vorzunehmen, wenn er von ihnen gewußt hätte. Wußte er von den privaten Geldanlagen des Zaren in London? Wer immer übrigens für die Anlage der Gelder in Berlin verantwortlich war, ob ein Vorgänger Barks im Finanzministerium oder, was wahrscheinlicher ist, ein Angehöriger des Kaiserlichen Hofes – er hatte nicht den Weitblick Barks, die Guthaben rasch zu liquidieren. So kam es, daß staatliche Vermögenswerte zwar rechtzeitig vor Kriegsausbruch zurückgebracht werden konnten, die Gelder der Zarenfamilie aber in Berlin blieben und, wie wir bereits erwähnt haben, durch die Inflation dezimiert und zuletzt zum Zankapfel vor den deutschen Gerichten wurden.

Während des Krieges lenkte Bark die finanziellen Geschicke Rußlands auf konservativer Grundlage. In den Verhandlungen mit den Verbündeten ging es ihm in erster Linie um die Bewahrung der russischen Goldreserven und zugleich um ausreichende Kredite zum Kauf des benötigten Kriegsmaterials. Im Inland bemühte er sich um die Eindämmung der kriegsbedingten Inflation, doch selbst er konnte die kriegsbedingten wirtschaftlichen Belastungen und Organisationsmängel, vor allem die extreme Belastung des unzulänglichen Transportsystems, nicht ausgleichen. Als die politischen Spannungen zunahmen, gerieten seine liberalen Instinkte in Konflikt mit seiner Loyalität zum Zaren. Er war wohl kein politisches Naturtalent, eher ein tüchtiger Verwaltungsfachmann, aber die allmähliche Auflösung des inneren Zusammenhalts im Land entging ihm nicht.

Der politische Druck, den Alexandra in Nikolaus' Abwesenheit von St. Petersburg auszuüben suchte, war schwierig abzuwehren, aber er tat sein möglichstes. Während des Krieges sah er sie nur bei drei Gelegenheiten:

> Die Kaiserin zeigte kein sonderliches Interesse an mir, und unsere Gespräche waren kurz. Wenn ich Ihrer Majestät im Großen Hauptquartier begegnete, sagte sie nie ein Wort zu mir. Es ist wahr, daß ich keinen Versuch machte, mich der kleinen Gruppe zu nähern, die ihren Freundeskreis bildete. Im Gegenteil, ich hielt mich davon fern, da ich nichts mit den ständigen Intrigen zu tun haben wollte, die dort ausgeheckt wurden.

Auf der anderen Seite war sein Verhältnis zur Kaiserinwitwe Marie zunehmend herzlich, und als er 1915 von seinen Verhandlungen über Goldlieferungen und Kredite aus Paris und London zurückkehrte, zeigte sie mehr als höfliches Interesse an dem, was er erreicht hatte. Sie stellte ihm detaillierte Fragen und brachte ihre eigene Meinung mit großer Offenheit zum Ausdruck. »In dieser Hinsicht«, erklärte er später, »war ihr Neffe, König Georg V., ihr sehr ähnlich.«[69]

Barks Verhältnis zu Nikolaus II. war zunächst geschäftsmäßig und wurde im Laufe der Zeit herzlicher. Wenn er im Ausland Verhandlungen führte, unterrichtete er den Zaren vollständig über seine Ziele und Aktionen. Einmal wurde er als einer von zwei Ministern von der kaiserlichen Familie zu einem gesellschaftlichen Anlaß nach Livadia auf die Krim eingeladen. Gleichwohl konnte er die 1916/17 stattfindenden Ministerwechsel schwerlich ignorieren, und als in diesem letzten Kriegswinter eine Krise auf die andere folgte und zu seiner Enttäuschung über die Untätigkeit an der Spitze des Staates eine langwierige Krankheit kam, beschloß er, zurückzutreten.

Mitte Januar 1917 war er bereit für seine, wie er annahm, letzte Audienz beim Zaren und hatte den Brief mit seinem Rücktrittsgesuch bei sich. Aber der Zeitpunkt war schlecht gewählt: Sir George Buchanan, der britische Botschafter, hatte denselben Tag wie Bark gewählt, um mit dem Zaren zu sprechen. »Euer Majestät«, sagte er, »haben nur einen sicheren Weg, der Euch offensteht – nämlich den, die Barriere niederzureißen, die Euer Majestät vom Volk trennt, und sein Vertrauen zurückzugewinnen.« Dies war kaum, was Nikolaus hören wollte. Er nahm Buchanans Rat kühl auf und forderte ihn während der Audienz nicht einmal auf, Platz zu nehmen, dankte ihm aber zuletzt für seine Offenheit.

Bark, der in Nikolaus' Arbeitszimmer wartete, während der Zar mit dem britischen Botschafter im Audienzzimmer weilte, sah sich kurz darauf einem besonders nervösen und erregten Zaren gegenüber. Es war nicht der rechte Augenblick für ein Rücktrittsgesuch. Nikolaus zerriß denn auch prompt den ihm übergebenen Brief, bat Bark, an der bevorstehenden alliierten Konferenz in St. Petersburg teilzunehmen und schlug einen anschließenden zweimonatigen Erholungsurlaub vor. Aber es sollte nicht sein. In den sechs Wochen, die der Monarchie noch blieben, wurde Bark Zeuge der wachsenden politischen Unruhe und der zur Entladung drängenden sozialen Spannungen, die er befürchtet hatte, und als Nikolaus sich Ende Februar anschickte, die Hauptstadt zu verlassen (zum letzten Mal als Zar, wie wir heute wissen), um nach Mogilew ins Feldhauptquartier zu fahren, ließ er Bark zu sich rufen und gab ihm einen seltsamen, aber bezeichnenden Auftrag.

Nikolaus ersuchte Bark, seinem »Geheimfonds« 200 000 Rubel (damals 20 000 Pfund, nach heutigem Wert 360 000 Pfund) zu entnehmen und ihm innerhalb von zwei Tagen zuzustellen.[70] Dieser Fonds stand Nikolaus persönlich zur Verfügung, konnte aber mit Barks und des Zaren Zustimmung auch von anderen Ministerien in Anspruch genommen werden. Als Bark 1914 Finanzminister geworden war, enthielt der Geheimfonds 6 Millionen Rubel, jetzt waren es 10 Millionen.

Während Barks Amtszeit als Finanzminister waren die meisten Anforderungen von Mitteln aus dem Geheimfonds vom Innenministerium gekommen. Obwohl die bloße Existenz des Geheimfonds eine weitere Facette autoritärer Herrschaft war, hatte Nikolaus nie zuvor in Barks dreijähriger Amtszeit davon Gebrauch gemacht. Zu Nikolaus' Überraschung brachte Bark ihm das Geld persönlich, und ohne zu zögern, quittierte der Zar den Empfang. Am Abend desselben Tages verließ er St. Petersburg. Dieses letzte monetäre Ersuchen des Zaren bleibt ein Rätsel. War es eine Vorahnung kommender Gefahren? War das Geld für ihn selbst bestimmt, oder ließ er es als zusätzliche Sicherheit für Alexandra und seine Familie in Zarskoje Selo zurück? Die Bedeutung des Vorganges liegt darin, daß Nikolaus, obwohl der revolutionäre Umsturz sich bereits abzeichnete, noch immer Staatsgelder zu seinem persönlichen Gebrauch abzweigen, also nach Belieben staatliche mit persönlichen Mitteln vermischen konnte. Bis zum Ende war das zaristische Rußland eine absolute Monarchie.

Schon am nächsten Tag brachen in St. Petersburg neue Unruhen aus, die in der Meuterei von Truppenteilen gipfelten, und innerhalb von vier Tagen etablierte sich in der Hauptstadt eine Provisorische Regierung. Neun Tage nach seiner Abreise aus St. Petersburg dankte Nikolaus II. ab. Barks Schwierigkeiten aber begannen erst. Statt eines dringend benötigten Erholungsaufenthalts im Sonnenschein der Krim sah er sich zu Hause plötzlich mit einem Dutzend bewaffneter Soldaten und Matrosen konfrontiert, von denen mehrere betrunken waren und die von einem gleichfalls betrunkenen Reservisten angeführt wurden, der einmal sein Diener gewesen war. Sie drangen in seinen Salon ein, bedrohten seine Frau, indem sie ihr einen Revolver an die Schläfe setzten, und verschleppten Bark mit einem großen Lastwagen, der mit einer roten Fahne und mehreren Maschinengewehren ausgerüstet war, zum Taurischen Palais, wo er für kurze Zeit gefangengehalten wurde[71], bis sein Nachfolger, M. Terestschenko, für seine Freilassung sorgte. Er benötigte Barks Rat bei der Führung seiner Amtsgeschäfte, und da er solchen Rat von seinem Vorgänger nicht im Gefängnis einholen wollte, bestand er darauf, daß Kerenskij ihn freilasse. Kerenskij stimmte zu, und Bark und seine Familie entschlossen sich einige Zeit später zum Verlassen der Hauptstadt. Unter Mühen gelangten sie zur Krim, wo er nach der Oktoberrevolution aufgefordert wurde, Finanzminister der neuen sozialistischen Regierung zu werden, die damals in Opposition zur bolschewistischen Zentralregierung stand. Er lehnte höflich ab. Annähernd zwei Jahre später, nachdem sich im Süden mit der Unterstützung der Alliierten die »Weiße« Regierung gebildet hatte, stellte er sich ihr zur Verfügung und wurde nach London und Paris entsandt, um finanzielle Unterstützung für sie zu organisieren. Er vertrat sie 1919 bei den Friedensverhandlungen in Versailles.

Nachdem die Weiße Armee zusammengebrochen war, rettete die britische Marine seine Familie von der Krim und brachte sie zu ihm nach Paris. Noch im gleichen Jahr ließen sie sich in London nieder.[72]

Da er London bereits vor 1914 besucht hatte und während des Krieges bei zwei Gelegenheiten als Chefunterhändler dort gewesen war, kannte Bark einflußreiche Persönlichkeiten in der Londoner City, vom Gouverneur der Bank von England bis zu den Vorstandsvorsitzenden führender Handelsbanken; und mehr als einmal hatte er König Georg V. in Windsor aufgesucht, um persönliche Botschaften seines Vetters Nikolaus II. zu überbringen. Außerdem war er dem König durch Kaiserinwitwe Marie empfohlen worden.

Daß man sich in der Londoner City schließlich seiner Talente versicherte, war nicht weiter überraschend, aber wie so viele russische Emigranten fand er nicht sofort eine feste Anstellung und benötigte finanzielle Hilfe für die Übergangszeit. Die Familie Bark hatte keinen Schmuckkasten, auf dessen wertvollen Inhalt sie hätte zurückgreifen können, und bald mußte er versuchen, Wertpapiere, die er in Petrograd zurückgelassen hatte, zu beleihen. Das war schwierig, denn sogar das Akkreditiv über 80 000 französische Francs, das er nach Paris mitgenommen hatte, war gesperrt worden, sobald die Bolschewisten Südrußland erobert hatten. Er hatte nur 17 000 Francs verbraucht, und durch Überredung gelang es ihm, der Pariser Bank weitere 20 000 Francs zu entlocken, bevor sie den Rest einfror. Selbst diese 20 000 Francs sollten ihn vier Jahre später verfolgen, als die Bank den Betrag zurückverlangte und das Geld, das sie eingefroren hatte, kurzerhand unterschlug.[73]

Wenigstens wußte Bark, wohin er sich um Hilfe wenden konnte. Er besuchte Lord Revelstoke, den früheren John Baring von der Handelsbank Baring Brothers, die seit vielen Jahren mit der russischen Staatsbank in Verbindung stand, und erhielt sofort eine Anleihe über 5000 Pfund. Man kannte sich, weil beide an den Verhandlungen über Goldlieferungen und Kredite während des Krieges teilgenommen hatten. Alles, was Bark als Sicherheit zu bieten hatte, waren Aktien seiner früheren Bank Wolga-Kama, dazu verschiedene Versicherungs- und Industrieaktien, die in Petrograd auf seinen Namen eingetragen waren. Im Januar 1917 waren sie mit 1 574 125 Rubel bewertet gewesen, also etwa 150 000 Pfund. Ob in der Überzeugung, das bolschewistische Regime werde keinen Bestand haben und die Wertpapiere würden schließlich ihren vollen Wert realisieren oder ob aus menschlicher Verbundenheit – Baring Brothers halfen ihm über die nächsten drei oder vier Jahre hinweg. Bis 1924 hatte er 16 300 Pfund von Barings und weitere 5900 Pfund von der Hambros Bank geliehen.

Auch Barks offensichtliche Geldsorgen in den frühen Tagen seiner Londoner Emigration passen schlecht zu Fallows' Annahme, er allein habe gewußt, wo in London Gelder der Zarenfamilie angelegt waren, und sie für seine eigenen Zwecke verwendet. Aber Barks Verbindungen zur Bank von England beflügelten den Argwohn. Montagu Norman, seit März 1918 stellvertretender Vorsitzender, seit März 1921 dann Gouverneur der Bank von England (eine Position, die er bis 1944 ausfüllte), kannte Barks Fähigkeiten. Hier war ein Mann, der als Ebenbürtiger mit Lloyd George verhandelt hatte, der sich in den Finanzmetropolen London, Paris und Berlin auskannte, sich in vier Sprachen ziemlich gewandt ausdrücken konnte und, was noch bedeutsamer war, die Finanzmärkte Osteuropas kannte und dort über wichtige Verbindungen verfügte. Das war ein Gebiet, das die siegreichen Alliierten bald intensiv beschäftigte, insbesondere Montagu Norman von der Bank von England und Benjamin Strong, den Vorstandsvorsitzenden der Federal Reserve Bank in New York. Ende 1921 waren sie beide mit Europas äußerst schwierigen Schuldenproblemen befaßt.

Großbritannien schuldete den Vereinigten Staaten Geld. Deutschland stand unter dem Druck unerfüllbarer Reparationsforderungen der Siegermächte. Österreich hatte sowohl Schulden als auch dringenden Kreditbedarf. Und ganz Osteuropa mußte für den Handel mit Westeuropa und den Vereinigten Staaten geöffnet werden. Die Siegermächte waren entschlossen, ihre wirtschaftlichen Möglichkeiten voll auszuschöpfen und das Vakuum auszufüllen, das nach vier Jahren Krieg entstanden war. Die beiden führenden Finanzmärkte der Welt, London und New York (letzterer hatte Paris aus seiner früheren Position als Londons Hauptrivale verdrängt), waren aufgerufen, Kredite für Finanzhilfen bereitzustellen, die im wesentlichen politische, aber auch wirtschaftliche Ziele verfolgten.

Montagu Norman als Chef der wichtigsten europäischen Zentralbank eröffnete den Dialog mit Benjamin Strong in New York. In seinem Bestreben, Londoner und New Yorker Banken für die anstehenden Finanzierungsaufgaben zu gewinnen, förderte er den Aufbau von Institutionen in den osteuropäischen Ländern, deren Aufgabe die Vergabe individueller Kredite sein sollte. Eine Muttergesellschaft in London würde die verschiedenen nationalen Gesellschaften unterstützen. Tatsächlich steckte aber mehr dahinter, wie er Strong in einem persönlichen Brief offen darlegte:

> Der ganze Gegenstand dieser Vorschläge ist, ein politisches Ziel unter einem kommerziellen Deckmantel zu erreichen. Das politische Ziel besteht darin, praktisch alle europäischen Länder und vielleicht auch die Vereinigten Staaten an einen Tisch zu bringen und zur Wiedereingliederung Osteuropas und besonders Rußlands zusammenzuarbeiten. Ich bezweifle, daß sie in kommerzieller Hinsicht große Erfolgsaussichten haben.[74]

Zur Gründung der ersten dieser nationalen Gesellschaften in Österreich wandte Norman sich an Bark. Praktischerweise gab es die Londoner Zweigniederlassung einer österreichischen Bank namens Anglo-Austrian. Ihre Kreditverbindlichkeiten in London waren bei Ausbruch des Krieges von der Bank von England übernommen worden. Diese Schulden mußten nun abgelöst werden, und die aus dem Auseinanderbrechen des Österreichisch-Ungarischen Kaiserreiches entstandenen Schwierigkeiten der Bank bedurften der Abhilfe. Die Bank von England löste beide Probleme, indem sie in London eine rekonstruierte Anglo-Austrian Bank als Tochtergesellschaft gründete. Unter Barks Leitung sollte sie britische, österreichische und tschechische Direktoren haben.

Die Verbindung Peter Barks zur Bank von England sollte bis wenige Monate vor seinem Tod im Jahre 1937 Bestand haben. Am 7. Dezember 1921 wurde Bark auf persönliche Empfehlung Montagu Normans hin für seine Verdienste um die Anglo-Austrian Bank und die Bank von England ein Honorarvorschuß von 1000 Pfund angeboten. Im Laufe der nächsten Jahre nahm Normans Vision von einem Netz miteinander verflochtener nationaler Gesellschaften oder Banken in Osteuropa allmählich Gestalt an, und 1924 war Bark Direktor der Anglo-Czechoslovakian Bank, der Banque des Pays de l'Europe Centrale, der Kroatischen Diskontobank und der British and Hungarian Bank. Er hatte auch eine entscheidende Rolle in den Verhandlungen um eine österreichische Regierungsanleihe gespielt, wofür die Österreicher ihm 7500 Pfund zahlten.[75]

Im Frühjahr 1924 regelte Norman die immer vielfältigeren Verantwortlichkeiten Barks und gab ihm einen Fünfjahresvertrag zum erhöhten Gehalt von 1500 Pfund im Jahr, um seine Dienste für die verschiedenen osteuropäischen Banken abzugelten. Bark verwendete dieses Einkommen zur Rückzahlung ausstehender Schulden an Baring Brothers und Hambros.

Zwei Jahre später, 1926, gründete die Bank von England die Anglo-International Bank und schuf damit die Muttergesellschaft, die Norman mehrere Jahre zuvor in seinem Brief an Benjamin Strong ins Auge gefaßt hatte. Die Gelegenheit wurde genutzt, um die lebensfähigen Teile der Anglo-Austrian Bank zu verkaufen, andere Teile zu liquidieren und den Rest mit der neuen Gesellschaft zu verschmelzen. Die Anglo-International Bank übernahm auch die British Trade Corporation, ein eingeführtes Unternehmen zur Förderung des Handels. Peter Bark wurde geschäftsführender Direktor der neuen Gesellschaft und mehrerer Tochtergesellschaften.

Daraus wird ersichtlich, daß die Gründung der Anglo-International Bank nicht die klare Angelegenheit war, als die Fallows und später Lovell sie hinzustellen versuchten. Weit davon entfernt, Millionenbeträge aus dem Zarenvermögen hineinzustecken, forderten die Bank von England und Peter Bark andere Bankhäuser der Londoner City zur Finanzierung auf, und die Bank von England übernahm einen kleinen Teil des noch nicht gezeichneten Kapitals. Peter Bark erwarb zweihundert Aktien als Qualifikationsanteile in seiner Eigenschaft als Direktor. Obwohl er später weitere Aktien dazukaufte, kostete es ihn weder ein Vermögen, noch brachte es ihm eins ein.

Der New Yorker Börsenkrach von 1929, die anschließende Wirtschaftskrise und vor allem die weltweite Finanzkrise von 1931, die mit dem Zusammenbruch der Kreditanstalt begann, Österreichs größter Bank, und in der Suspendierung des Goldstandards durch Großbritannien gipfelte, verheerte die mittel- und osteuropäischen Geldinstitute und unterminierte natürlich den Hauptzweck der Anglo-International Bank. Mit dem Rückgang ihrer Aktivitäten, der diese mitteleuropäische Krise widerspiegelte, sank auch Barks leistungsabhängiges Gehalt, bis die Bank von England sich in der Mitte der 30er Jahre verpflichtet fühlte, es »aufzufüllen«.

Die Einzelheiten über sein Gehalt würde man normalerweise nicht als relevant betrachten angesichts der Millionenbeträge, mit denen er früher umgegangen war, wenn Bark nicht beschuldigt worden wäre, insgeheim versteckte Geldmittel aus dem Zarenvermögen zu seinem eigenen oder anderer Vorteil unterschlagen zu haben. Von der Bank von England erhielt er zwischen 1921 und 1935 lediglich 31 750 Pfund Gehalt. Überdies verlor er in seinen beiden letzten Jahren, zwischen 1935 und 1937, seinen Posten bei der Anglo-International Bank, als der Vorstandsvorsitzende der Bank und Montagu Norman richtig folgerten, ihre Rolle sei durch die Ereignisse in Europa hinfällig geworden, und er hatte mit gesundheitlichen Problemen zu kämpfen. Die Frage, wie er eine Operation und die anschließende Pflege in einem Genesungsheim aus seinen mageren Ersparnissen bezahlen sollte, nahm in seiner letzten Korrespondenz mit der Bank von England breiten Raum ein.

Während seiner ganzen Zeit bei der Bank von England war es ihm grundsätzlich verwehrt gewesen, andere einträgliche Posten als jene anzunehmen, die aus den osteuropäischen Aktivitäten der Bank und ihrer Tochtergesellschaften entstanden. Einmal zog die Bank ihn für einen anderen Posten in Betracht, mußte aber davon absehen, als Bark sich weigerte, britischer Staatsbürger zu werden. Die einzige Aufgabe, die als vereinbar mit seinen Pflichten gegenüber der Bank von England betrachtet wurde, war die Beratung Großfürstin Xenias in Finanzfragen, nachdem König Georg V. die Bank von England nach der Betrugsaffäre, die Xenia um einen Teil ihres Schmucks gebracht hatte, gebeten hatte, an Bark heranzutreten. Als Treuhänder von Xenias Vermögen war er ein ziemlich häufiger Besucher in Schloß Windsor und im Buckingham-Palast, wo seine Besuche im Tagebuch des Königs pflichtschuldigst vermerkt wurden.

1928, nach dem Tod der Kaiserinwitwe Marie in Kopenhagen, ersuchte ihn der König, wie in Kapitel 11 geschildert, nach Dänemark zu reisen und die sichere Überführung ihres Schmuckkastens nach London zu gewährleisten.

Für diese und andere Dienste, die er der russischen Zarenfamilie und König Georg selbst geleistet hatte, wurde Bark vom König auf zweierlei Weise geehrt, das erste Mal in Schloß Windsor, das zweite Mal im Buckingham-Palast. 1929 verzeichnet das Tagebuch des Königs: »Wir empfingen M. Bark, der gekommen war, um mit uns über Xenias Angelegenheiten zu sprechen, und ich gab ihm das GCVO« (Grand Cross of the Royal Victorian Order). Sechs Jahre später machte der König eine weitere Eintragung. »Peter Bark im Buckingham-Palast. In den Ritterstand erhoben. Ist britischer Untertan geworden.« Bark, der allen früheren Bemühungen widerstanden hatte, ihn zu einem Engländer zu machen, selbst wenn er dadurch auf Positionen verzichten mußte, für welche die britische Staatsbürgerschaft Voraussetzung war, und der aus diesem Grund ein früheres Angebot zur Erhebung in den Adelsstand abgelehnt hatte, gab endlich nach. Einen Tag vor der Ehrung nahm er die britische Staatsbürgerschaft an.[76]

Es gibt keinen Hinweis darauf, daß Bark für die verschiedenen Dienste, die er Xenia erwies, irgendeine Bezahlung erhielt. Selbst wenn er eine Aufwandsentschädigung bekam, kann sie kaum von Bedeutung gewesen sein, denn als sich sein Gesundheitszustand 1936 verschlechterte, bat er die Bank von England eindringlich um zusätzliche bezahlte Arbeit. Es fehlte ihm offensichtlich an Kapital, um eine schwierige Zeit zu überbrücken. Eine interne Aktennotiz der Bank von England, mitfühlend in ihrer Gesamteinstellung, faßte seine Gemütsverfassung zusammen: »Ich versuche immer, Sir Peter Bark aus dem Weg zu gehen«, verriet ein Beamter dem Gouverneur, »denn wann immer er kommt, schlägt er zuerst irgendein Geschäft vor, das jenseits aller Vernunft ist, und dann bittet er um Arbeit und Einkommen – Einkommen, um seine Familie, seine Verwandten und vielleicht weitere Russen zu erhalten.«

Barks Sorgen waren nicht unbegründet. Im Herbst 1936 wurde ihm zu einem Krankenhausaufenthalt zur Vorbereitung einer ernsten Operation geraten. Dies verschärfte seine finanziellen Probleme, und die Bank erklärte sich bereit, die Behandlung und den Krankenhausaufenthalt zu bezahlen. Bark war, wie sich bei einer Überprüfung seines Finanzstatus herausstellte, nicht eben ein reicher Mann. Er hatte eine Lebensversicherung im Wert von 4000 Pfund, von denen er sich 1000 Pfund auszahlen ließ. Er besaß ein kleines Portefeuille von Wertpapieren, das er im Laufe seiner Jahre in England hatte aufbauen können. Aber das von ihm bewohnte Haus in Evelyn Gardens gehörte ihm nicht.

Kurz vor seiner Operation wandte sich Bark in einem bezeichnenden Appell an das Bankhaus Baring Brothers, erinnerte es an ihre früheren Beziehungen und bat um Hilfe, wozu er, wie er gegenüber dem Gouverneur der Bank von England zum Ausdruck brachte, als er dessen Intervention bei Barings erbat, ein moralisches Recht hatte. Er erinnerte daran, daß er während des Krieges, als es um die Bedingungen gegangen war, zu denen das russische Gold geliefert und die britischen Kredite bewilligt werden sollten, sowohl vom Schatzkanzler wie auch vom damaligen Gouverneur der Bank von England, Lord Cunliffe, gedrängt worden sei, die Anleihen für die russische Regierung nicht direkt an die Russische Staatsbank, wie im Falle seiner Übereinkunft mit Frankreich, sondern über Baring Brothers zu leiten. Er persönlich habe Barings als Vermittler eingeschaltet. Bark hatte auch den Vorteil errechnet, der der Bank daraus erwachsen war:

> Das Ergebnis war, daß Barings 1919 ein hoher Restbestand an russischen Staatsgeldern, mehr als 6 Millionen Pfund, zur Verfügung stand, der wahrscheinlich noch intakt, wenn nicht angewachsen ist. Wenn die jährliche Verzinsung nur 1 Prozent beträgt, sagen wir, 60 000 Pfund, meine ich, daß ein Zehntel dieses Betrages, ungefähr 6000 Pfund, ausgegeben werden könnte, um den letzten Finanzminister des Russischen Reiches zu unterstützen, der wesentlich zum Zustandekommen der getroffenen Vereinbarungen beitrug.

Damit hatte er recht. Wir werden bei unserer Suche nach Einlagen des Zaren in London noch auf die Rolle von Barings zurückkommen. Die Bedeutung von Barks Ersuchen liegt jedoch zunächst *ex negativo* darin, daß er zu keiner Zeit einen ähnlichen Versuch bei der Bank von England unternahm, was ihn endgültig von allen Verdächtigungen freisprechen dürfte. Peter Bark starb kurz nach seiner Operation 1937 in Südfrankreich.

Was wir nun über Peter Barks Leben und seine Arbeit wissen, ist schwerlich geeignet, Edward Fallows' Mutmaßungen in irgendeiner Weise zu erhärten. Selbst wenn die Bank von England Romanow-Einlagen gehalten haben sollte, läßt sich Barks Verhalten seit seiner Ankunft in London nur damit erklären, daß er entweder das Kennwort nicht kannte oder die Vollmacht der Familie nicht besaß. Auch Fallows' Verdacht, er habe mit unrechtmäßig angeeigneten Millionen weitere Millionen gemacht, läßt sich kaum mit dem Wert von Barks Aktien der Anglo-International Bank vereinbaren. Aus seinen ursprünglich zweihundert Anteilen wurden zwar im Laufe der Zeit ca. eintausend, doch betrug der Kurs 1937 nur einen Shilling und 3 Pence, so daß sein Aktienbesitz gerade 700 Pfund wert war.

Während seiner Londoner Zeit unterstützte Bark mittellose russische Emigranten, wann immer sie an ihn herantraten, obwohl er selbst Schwierigkeiten hatte, einen adäquaten Notgroschen für seine Familie zurückzulegen. Daher sein letzter, moralisch begründeter Appell an Barings, ihn zu unterstützen.

Dieser Vorgang allein sollte Beweis genug sein, daß die Bank von England niemals über vergleichbare Einlagen zaristischer Gelder verfügte, wenigstens keine, von denen Bark gewußt hätte.

Schließlich haben wir die 1991 veröffentlichte Anschuldigung James Blair Lovells, der sich wie Fallows auf angebliche Erklärungen Anna Andersons stützte, diese aber durch seine Überzeugung von einer geheimen Absprache zwischen Bark und der Bank von England ergänzt, einer Absprache, an der auch Großfürstin Xenia und König Georg V. beteiligt gewesen sein sollen. Unsere Übersicht über Barks Handlungen und die finanziellen Schwierigkeiten, die sein Leben im Londoner Exil begleiteten, widerlegen auch Lovells Unterstellungen. Seinen einzigen neuen Beweis, abgesehen von umfangreichen Mutmaßungen, leitet er aus einer Bestimmung in Xenias Testament ab: Sie hinterließ ihr Geld und Eigentum, abgesehen von ein paar persönlichen Legaten im Wert von nicht mehr als jeweils 1000 Pfund, einem Treuhandfonds, dessen Nutznießer ihre Kinder zu gleichen Teilen sein sollten. Der Vertrag über die treuhänderische Nachlaßverwaltung wurde 1929, offensichtlich nach dem Tode ihrer Mutter Marie in Kopenhagen, zwischen ihr und den drei Treuhändern geschlossen.

Lovell rückt die Namen der Treuhänder ins Rampenlicht. Es waren Sir Frederick Ponsonby, der Privatsekretär Georgs V., Sir Edward Peacock, Direktor in der Bank von England, und Sir Peter Bark. So haben wir in Lovells Augen sozusagen auf einen Streich die Hauptverschwörer mit Xenia in Verbindung gebracht: Bark mit seiner

Kenntnis vom Zarengeld; Ponsonby mit seiner Verbindung zum König; und Peacock von der Bank von England. Seine Schlußfolgerung war schnell gezogen:

> Daß nach der Rückkehr Olgas nach Dänemark im Jahre 1929 und nach dem Verkauf des Schmuckes ihrer Mutter eine besondere Übereinkunft mit Großfürstin Xenia getroffen wurde, ist unleugbar. Daß die Übereinkunft das vom Zaren in der Bank von England deponierte Geld betraf, ist nicht unwahrscheinlich.

Lovell zögerte nicht, auf diesem ziemlich wackligen Fundament eine Anzahl von Hypothesen zu errichten:

> Die Großfürstin Xenia mag zu ihren Freunden, dem König und der Königin, gegangen sein, oder vielleicht sogar direkt zu Peter Bark, als sie von Anastasias Geschichte vom Geld in der Bank von England erfuhr. Wenn es sich so verhält, würde sie bald entdeckt haben, daß ihre Nichte recht hatte. Wenn Fallows die Dinge richtig sah, war Bark bestrebt, vor den überlebenden Romanows die Tatsache zu verbergen, daß er die Aussteuergelder verwendet hatte, um die Anglo-International Bank zu kapitalisieren. Aber der britischen Königsfamilie konnte er dies nicht verbergen. Daß ein ehemaliger russischer Minister plötzlich in der Lage sein sollte, das Kapital für ein so großes Finanzinstitut in England aufzubringen, wäre der Aufmerksamkeit König Georgs V. und seiner engsten Berater kaum entgangen.
> Daher wird nicht nur Bark, sondern die britische Königsfamilie selbst ein persönliches Interesse daran gehabt haben, jede Kontroverse zu vermeiden, die auf eine geheime Absprache bei der Aneignung des Geldes der Zarenfamilie hingedeutet hätte. Folglich mag sie Großfürstin Xenia für ihr Stillschweigen eine »Regelung« angeboten haben. Ihre Verschwiegenheit war vermutlich vollkommen.

Lovell, der augenscheinlich Edward Fallows' Überzeugungen und Annahmen über Bark und die Bank von England teilte, wurde durch einen zusätzlichen »Beweis« zu weiteren Verschwörungstheorien verlockt. Die Tatsachen über Barks Leben, die Fallows' Hauptverdacht widerlegen, unterminieren auch die Grundlagen von Lovells späteren Anschuldigungen. Bark verhielt sich nicht so, als hätte er entweder Kenntnis von oder sogar Zugang zu Millionen in der Bank von England. Auch die Bank selbst tat es nicht. Auch die Auswahl der Treuhänder in Xenias Testament ist leicht zu erklären: Bark hatte als Xenias Finanzberater fungiert. Ponsonby war unmittelbar mit ihren Angelegenheiten betraut, da er das von König Georg V. gewährte regelmäßige Einkommen nach der Kostenabrechnung auszahlte. Und Edward Peacock war zwar Direktor in der Bank von England, vertrat tatsächlich aber das Bankhaus Baring Brothers, das Xenias Testamentsvollstrecker war. Und Lovells Darstellung, Bark habe die Kapitalausstattung der Anglo-International Bank (»ein so großes Finanzinstitut«) übernommen und dafür die Millionen des Zaren benötigt, ignoriert einfach alle bekannten und auf beiden Seiten des Atlantik zugänglichen Tatsachen über die Finanzierung der verschiedenen ost- und mitteleuropäischen Bankinstitute in den frühen 1920er Jahren. Lovell war offenbar nicht bewußt, daß die Anglo-International Bank bei ihrer Gründung 1926 zum Teil aus einer Verschmelzung hervorgegangen und zum Teil eine neue Kapitalgesellschaft war, die kaum die zusätzlichen Millionen benötigte, die nach seiner Annahme erforderlich waren.

Was bleibt also?

Obwohl Peter Barks Unschuld erwiesen ist, können wir noch nicht sicher annehmen, daß der Bank von England kein Geld anvertraut wurde, obwohl die Wahrscheinlichkeit dagegen spricht. Forschen müssen wir außerdem nach dem Verbleib des Goldes, das 1919 in Banken außerhalb Wladiwostoks deponiert wurde, nach zaristischen Einlagen bei der National City Bank in New York (vor und sogar noch nach der Revolution) und in Paris; und nach der wahren Natur der zaristischen Gelder im Bankhaus Baring Brothers in London.

Daher müssen die Banken der Welt unser nächstes Ziel sein.

VIERTER TEIL

SUCHE

15 *Europa*

Die verlockende Vorstellung zaristischer Millionen, versteckt in westlichen Banken, beschäftigt seit einem Dreivierteljahrhundert Erbberechtigte und Ermittler. Es ist an der Zeit, daß wir die Fährte aufnehmen, die zu europäischen und nordamerikanischen Finanzzentren führt. Die Suche wurde inspiriert von den Hinweisen anderer und geschieht auf der Basis umfangreicher eigener Nachforschungen. Doch muß zunächst die entscheidende Frage beantwortet werden, inwieweit es dem Zaren in den ersten Kriegstagen 1914 oder kurz danach gelang, Vermögenswerte und Investitionen aus dem Ausland zu repatriieren?

Wir haben bereits festgestellt, daß Peter Bark durch rasches Handeln am Vorabend des Krieges staatliche Vermögenswerte aus Berlin abziehen konnte, während Nikolaus' private Geldanlagen dort blieben, bis sie schließlich, durch die Inflation arg zusammengeschmolzen, in den 1930er Jahren den Erben ausgezahlt wurden. Dies war entweder das Resultat glatter Untätigkeit oder auf die Schwierigkeiten zurückzuführen, die es bereitete, fest angelegte Vermögenswerte rasch flüssigzumachen und nach Kriegsbeginn aus einem Feindstaat abzuziehen. Die Frage ist, was aus den Geldanlagen in alliierten oder neutralen Ländern geworden ist. In erster Linie kommen hier die Finanzplätze Genf, Paris, London und New York in Frage. Wurden auch die dort angelegten Gelder in voller Höhe repatriiert? Und wer war oder ist darüber informiert? Wenn Nikolaus II. seine eigenen Konten genauso verwaltete wie das Land, hatten wahrscheinlich nur sehr wenig Leute vollen Einblick in seine Geldangelegenheiten. Mit seinen Beratern sprach er selten über Dinge, die außerhalb ihres Verantwortungsbereiches lagen. »Teile und herrsche« war seine Parole. Er bestand sogar darauf, vertrauliche Briefe selbst zu kuvertieren. Und er beschäftigte mit voller Absicht keinen Privatsekretär; das hätte einer Einzelperson zuviel Wissen und Macht verschafft.

Demzufolge werden Kenntnisse über seine privaten Bankkonten

im In- und Ausland bis zu seiner Abdankung auf zwei oder drei Personen am Hof von Zarskoje Selo, auf eine oder zwei Personen in der Staatsbank, wo die Familie persönliche Konten hatte, und auf den jeweiligen Finanzminister beschränkt gewesen sein. Darüber hinaus müssen wir natürlich die Zuständigen in den ausländischen Banken berücksichtigen.

Wir können annehmen, daß die meisten Genannten nur partielle Kenntnisse hatten. Dies sollte sich nach der Abdankung des Zaren bis zu einem gewissen Grade ändern, denn wir wissen heute, daß drei oder vier Mitglieder der Provisorischen Regierung wahrscheinlich vollständigen Einblick in seine verbliebenen persönlichen Vermögenswerte gewannen, ebenso wie die zwei Angehörigen seines Hofes, die an seiner Stelle verhandelten, während die Familie in Tobolsk interniert war.

Wenn wir sie alle wieder versammeln könnten, hätten wir sachverständige Zeugen. Leider können wir es nicht. Die meisten sind inzwischen verstorben: die übrigen würden wohl aus Diskretion schweigen. Immerhin: Mehrere Zeugen haben eine einigermaßen übereinstimmende Geschichte von Nikolaus' Handlungen im Jahre 1914 erzählt. Viele davon lebten in Brüssel. Die Anziehungskraft dieser Stadt auf russische Emigranten geht auf eine bemerkenswerte Geste König Alberts zurück, der nach der Niederlage der Weißen Armee auf der Krim angeboten hatte, Unterhalt und Ausbildung der Kinder von Angehörigen der Weißen Streitkräfte in Südrußland, die von General Wrangel befehligt worden waren, zu finanzieren. Kardinal Mercier öffnete russischen Studenten die Tore der Universität Löwen, und belgische Schiffe retteten russische Waisen aus Odessa. Es war eine Fortsetzung der belgisch-russischen Zusammenarbeit während des Krieges, als sogar eine belgische Einheit auf russischer Seite in Galizien gekämpft hatte.

Unter den zahlreichen russischen Emigranten, die es nach Brüssel zog, befanden sich auch Graf Pjotr Apraksin, einer der Sekretäre der Kaiserin, und Kotliarewskij, General Wrangels Adjutant. Beide wurden in Brüssel heimisch, und der Sohn des einen heiratete die Tochter des anderen. Graf Apraksin starb 1962. Obwohl er keine Papiere über seine Arbeit am Hof hinterließ, bestätigten Verwandte, die ich durch Vermittlung der russisch-orthodoxen Kirche in Brüssel kennenlernte, er habe ihnen gesagt, daß nach 1914 keine privaten Zarenguthaben im Ausland existierten. In diesem Punkt sei er immer klar und entschieden gewesen.

Großfürst Alexander, der seiner Gattin entfremdete Gemahl der Großfürstin Xenia, äußerte sich ähnlich klar über die Frage von Vermögenswerten des Zaren im Ausland, als er Anfang der 30er Jahre seine Memoiren schrieb. »Beginnend mit dem Sommer 1915«, stellte er kategorisch fest, »war weder in der Bank von England noch in irgendeiner anderen Bank außerhalb Rußlands ein roter Heller auf den Namen des Zaren übriggeblieben.«[1]

Eine weitere Person, die Xenia nahestand, war Graf Wladimir Kleinmichel, der 1919 aus Rußland entkommen war, vergeblich Aufnahme in die britische Armee suchte und schließlich eine Anstellung in einer Londoner Handelsbank fand, indem er einfach von der Straße hereinkam und sich bewarb.[2] Später wurde er Direktor von Kleinwort Benson (der durch Verschmelzung entstandenen größeren Nachfolgerin seiner ursprünglichen Bank) und übernahm nach Sir Peter Barks Tod dessen Funktion als Berater und Treuhänder der Großfürstin Xenia. Fürst David Chavchavadse, der frühere CIA-Agent, der noch in den Vereinigten Staaten lebt und ein Nachkomme sowohl Nikolaus' I. von Rußland als auch des letzten Königs von Georgien ist, kannte Kleinmichel gut und bestätigt, »daß er absolut sicher war, daß es kein Geld gab«.[3] Es ist nicht der einzige Zeugenbeweis, den David Chavchavadse liefert. Er erinnert sich auch eines Gesprächs, das sein Vater, Fürst Paul Chavchavadse, mit Kleinmichels Vorgänger Peter Bark führte:

> Bark erzählte meinem Vater das folgende: Es hatte in England ein Konto unter dem Kodenamen OTMA (Olga, Tatjana, Maria, Anastasia) gegeben. Während des Krieges gab Nikolaus II. Bark Anweisung, dieses Konto aufzulösen und, als ein patriotisches Beispiel, das Geld nach Rußland zurückzubringen. Bark versuchte dem Kaiser dies auszureden, sagte aber später, dies sei das einzige Mal gewesen, daß er Nikolaus II. die Beherrschung verlieren sah. Der Rücktransfer wurde durchgeführt, und die meisten, aber nicht alle Mitglieder der Hofgesellschaft folgten dem Beispiel.[4]

Bark selbst bewahrte in der Öffentlichkeit Stillschweigen über alles, was sich auf persönliche Konten des Zaren bezog, obwohl er eine Menge gewußt haben muß. Seine unveröffentliche Autobiographie schweigt sich gleichfalls darüber aus. Aber wenigstens in seiner Familie sind Erinnerungen daran lebendig geblieben, was er seinen Angehörigen über diesen Zeitabschnitt erzählte. Seine Tochter, Madame Semenow-Tian-Chansky, in deren Haus in Südfrankreich Bark starb, hatte einem französischen Journalisten in den 50er Jahren dies zu sagen:

> Ich weiß von meinem Vater…, daß der Kaiser sich 1916 geweigert hatte, auch nur den geringsten Teil seines Kapitals aus Rußland ins Ausland zu transferieren … Als Großfürstin Xenia sich in Geldschwierigkeiten befand, bat König Georg V. meinen Vater, sich um ihre finanziellen Angelegenheiten zu kümmern. Daraufhin versuchte mein Vater irgend etwas zu finden, was der kaiserlichen Familie gehört hatte und den Großfürstinnen Xenia und Olga eine Hilfe sein könnte. Alles, was er fand, waren ein paar minimale Beträge in der Deutschen Bank – russische Schuldverschreibungen aus der Zeit vor dem Ersten Weltkrieg, furchtbar entwertet. Hätte es irgendwelche Guthaben in der Bank von England gegeben, so hätte mein Vater bestimmt davon gewußt und es uns gesagt.[5]

Als ich schließlich die beiden Enkel Peter Barks ausfindig machte, den einen im Norden Londons, den anderen in den Vororten von Paris, wurde diese Erklärung nicht nur als Teil der Familienüberlieferung bestätigt, sondern Barks französischer Enkel wußte die frühere Darstellung seiner Mutter von Barks Gespräch mit dem Zaren im Jahre 1916 zu ergänzen:

> Eines Tages während der tragischen Periode des Krieges 1914–18 fragte Peter Bark, mein Großvater, den Zaren: »Würden Sie in Anbetracht der tragischen Ereignisse, die geschehen können, Geld im Ausland anlegen, falls Sie und Ihre Familie genötigt sein sollten, ins Exil zu gehen?« Er erwiderte: »Und Sie, Petr L'wowitsch Bark, würden Sie das selbst tun?« Bark antwortete: »Ich würde es nicht tun, und selbst wenn ich es wünschte, käme es nicht in Frage, denn können Sie sich vorstellen, was die ganze Welt von solch einer Handlungsweise halten würde, während unser Land in den größten Schwierigkeiten ist?« Der Kaiser erwiderte: »Nun, dann werde ich, der ich für das russische Volk verantwortlich bin, es auch nicht tun.«[6]

Daraus läßt sich die vorläufige Folgerung ziehen, daß Nikolaus in diesem Stadium des Krieges keine privaten Gelder mehr im Ausland hatte, abgesehen von den eingefrorenen Guthaben in Deutschland. Der verstorbene Baron Konstantin (»Steino«) von Stackelberg, Sohn des Barons von Stackelberg, der Assistent von Alexander Mossolow, dem Chef der Hofkanzlei, gewesen war, erinnerte sich, sein Vater habe ihm erzählt, daß der Zar bei Ausbruch des Krieges alle Großfürsten und Grafen aufgefordert habe, ihre im Ausland liegenden Gelder zu repatriieren, um zu den Kriegsanstrengungen beizutragen. Die meisten von ihnen hätten die Aufforderung befolgt.[7] Wer es nicht tat und nach 1917 fliehen konnte, profitierte zweifellos von seiner unpatriotischen Unterlassung. Bevor er in den Vereinigten Staaten starb, erzählte »Steino« Stackelberg David Chavchavadse weitere Einzelheiten:

> Sein Vater, 1914 Zeremonienmeister, habe ihm erzählt, daß der Kaiser ein paar Tage vor Beginn des Krieges 1914 den kaiserlichen Kammerjunker Nikolai Jefremow angewiesen habe, Bark anzurufen und ihm zu sagen, er solle alle kaiserliche Konten im Ausland auflösen und die Guthaben nach Rußland transferieren. Dieser Vorfall, sagte Steino, sei ihm von Peter Bark in London 1925 bestätigt worden.

Die gleiche Geschichte wurde in etwas allgemeinerer Form von Xenias Sohn, Prinz Dimitri von Rußland, Ende der 50er Jahre wiederholt: »Das Geld, das vom Zaren in England angelegt worden war«, erzählte er Dominique Auclères, einer französischen Journalistin, »wurde am Beginn des Krieges auf russische Konten transferiert. Dort wurde es natürlich später von den Bolschewiken beschlagnahmt.« Ein weiterer Zeuge ist Gleb Botkin, der Sohn des kaiserlichen Leibarztes Dr. Botkin:

> Ich weiß mit Bestimmtheit, daß der verstorbene Kaiser beträchtliche Geldsummen in der Bank von England hatte, vieles davon aber entweder abzog oder dem russischen Staat schenkte, indem er damit während des Krieges militärische Nachschubgüter bezahlte, die im Ausland beschafft worden waren. Während unseres sibirischen Exils (Gleb Botkin war als junger Mann mit der kaiserlichen Familie in Sibirien) erzählte der Kaiser meinem Vater, dem verstorbenen Eugene Botkin, daß er in keiner der ausländischen Banken mehr eigenes Geld habe.[8]

Eine ganz ähnliche Auskunft erhielt Fanny Holtzmann, die amerikanische Anwältin. Ihr Biograph faßte die Ergebnisse ihrer Nachforschungen so zusammen:

> Ein privater Brief, den ein Beamter des Kriegsministeriums, der im engen Kontakt mit der Bank von England gestanden hatte, an Fanny schrieb, bereicherte die Geschichte um eine Fußnote ritterlicher Großherzigkeit: »Von

einer Person, die es kraft ihrer Position wissen muß, erfahre ich, daß die *sehr hochgestellte* Persönlichkeit, die Sie erwähnten, weit davon entfernt, 1914 Gelder im Ausland anzulegen, tatsächlich ihre gesamten Auslandsguthaben, Aktien etc. aus Patriotismus verkaufte und repatriierte. Dies wurde mir auch von anderer Seite bestätigt.«[9]

All diese Geschichten behaupten, daß der Zar kurz vor Kriegsausbruch 1914 sein möglichstes tat, die im Ausland angelegten Vermögenswerte seiner Familie zu repatriieren, und seine Romanow-Verwandten und den Hofadel aufforderte, das gleiche zu tun. Erinnerungen an Banken und Kapitalien weichen natürlich voneinander ab; bisweilen widerspricht eine Version der anderen. Aber daß vom Zaren ein patriotischer Antrieb zur Repatriierung von Auslandsguthaben ausging, kann nach alledem nicht bezweifelt werden.

Andere Hinweise deuten in dieselbe Richtung; Zwei Beispiele werden genügen. Fürst Felix Jussupows Familie gehörte vor 1914 zu den reichsten Rußlands und stand dem Zaren kaum nach. Das Vermögen der Familie umfaßte Ölfelder, Kohlen- und Erzbergwerke, Fabriken und riesige Besitzungen. Ihr Vorkriegswert wird oft mit einer Summe von 500 Millionen Dollar angegeben. Wieviel davon im Ausland angelegt war, ist schwierig zu ermessen, aber der Zar machte deutlich, daß er die Repatriierung des Auslandsvermögens unabhängig von dessen Höhe erwartete. Fürst Felix schilderte die Auswirkungen auf seine Familie zusammenfassend mit folgenden Worten:

> Bei Kriegsausbruch ließen meine Eltern alles Geld, das sie im Ausland hatten, nach Rußland rücktransferieren. Außer dem Haus am Genfer See waren der Schmuck, Wertsachen und die zwei Rembrandts alles, was wir hatten, als wir die Krim verließen.[10]

Gegenüber Dr. Idris Traylor jr. erläuterte Jussupow,[11] daß der Zar persönlich alle Guthaben, die ihm zugänglich waren, von europäischen Banken abgezogen und alle Russen aufgefordert habe, das gleiche zu tun. Seine Eltern, sagte er, seien der Aufforderung gefolgt, und wie Dr. Traylor später im Zentralen Staatsarchiv in Moskau feststellte, hatten die Jussupows 1914 Finanzagenten in London, Paris, Frankfurt und Luzern und Vermögenswerte in Europa, Südamerika und den Vereinigten Staaten. Am Ende blieb den Jussupows eine Wohnung in London und eine Villa am Genfer See, die sie während des Krieges nicht hatten verkaufen können.

Gräfin Mordwinow, die im Juni 1993 in Paris verstarb, erinnerte sich, daß ihre Eltern ihr erzählten, wie sie 1915 versucht hatten, ihre restlichen Vermögenswerte von Rußland nach Paris zu transferieren, nachdem sie beschlossen hatten, sich auf Dauer in der französischen Hauptstadt niederzulassen.[12] Ihre Eltern reisten 1915 über die skandinavischen Länder nach St. Petersburg, um ihre Immobilien und restlichen Eigentumswerte in Rußland zu verkaufen. Dazu bedurfte es umständlicher Verhandlungen mit verschiedenen Regierungsstellen in St. Petersburg (die Gräfin hatte noch immer die Dokumente mit den kaiserlichen Siegeln in ihrem Besitz, als sie starb), aber schließlich weigerte sich der Zar, seine Erlaubnis zum Transfer des erlösten Bargeldes nach Paris zu geben.

Daß die Repatriierung von Vermögenswerten im Ausland und das Verbot ihrer Ausfuhr auf Nikolaus II. persönlich zurückging, kann nicht länger in Zweifel gezogen werden. Inwieweit sie voll durchgesetzt wurde und Erfolg hatte, ist eine andere Frage. Beweise, daß die kaiserliche Familie selbst Vermögenswerte aus London abzog, können jetzt immerhin vorgelegt werden. Insbesondere ein Zitat aus einem der Briefe, die Alexandra an Nikolaus schrieb, als sie in Zarskoje Selo und er im Feldhauptquartier war, scheint hier bedeutsam.

Der Brief stammt aus dem Teil ihrer Korrespondenz, der zuerst in den Vereinigten Staaten und Anfang der 20er Jahre auch in Europa veröffentlicht wurde, was Nikolaus' Mutter und seine Schwestern sehr schockierte. Die Briefe sind eine Mischung aus Familienklatsch und Alexandras Ansichten und Mitteilungen über Staatsangelegenheiten. Der Brief vom 26. August 1915 enthält am Schluß eine bedeutsame finanzielle Information:

> Mein allerliebster Schatz,
> ich schreibe im Eckzimmer oben, Mr. Gilliard liest Alexej vor. Olga und Tatjana sind heute nachmittag in der Stadt. Oh, Liebster, es war schön, heute morgen die Nachricht in den Zeitungen zu lesen (Nikolaus hatte sich zwei Tage zuvor selbst zum Oberkommandierenden der Streitkräfte ernannt), und mein Herz frohlockte mehr, als ich sagen kann. Marie und ich gingen zur Messe in die obere Kirche. Anastasia kam zum Te Deum… Samarin fährt fort, gegen mich zu sprechen – hoffe, Dir eine Liste mit Namen zu beschaffen, und vertraue, daß Du einen geeigneten Nachfolger finden wirst, bevor er

> mehr Schaden anrichten kann. (Samarin war Moskauer Adelsmarschall und Prokurator der Synode. Er wurde später entlassen.) Wie geht es den Ausländern? Ich sehe morgen Buchanan, da er mir wieder mehr als 100 000 Pfund aus England bringt.[13]

Die Tatsache, daß der britische Botschafter ihr Pauschalsummen aus England brachte, stimmt mit den Berichten überein, daß Nikolaus ihre persönlichen Guthaben in London auflöste, um sie für den Kauf von medizinischen Ausrüstungen und Nachschubgütern zu verwenden. Das Wort »wieder« legt überdies nahe, daß es ein kontinuierlicher Prozeß war, und die Tatsache, daß Buchanan das Geld Alexandra brachte, legt nahe, daß es für ihre Aktivitäten bestimmt war, denn Alexandra und ihre zwei ältesten Töchter, Olga und Tatjana, arbeiteten während des ganzen Krieges in Lazaretten, waren bei Operationen anwesend und verrichteten Pflegedienst.

Finanzielle Zuschüsse für Lazarette in und um Zarskoje Selo hatte sie auch von dem dort ansässigen Millionär Carol Jaruschinskij erhalten, der später versuchen sollte, ihnen Gelder zukommen zu lassen, als sie in Tobolsk gefangengehalten wurden. In einem Brief an Nikolaus aus dem Jahre 1916 berichtete sie über ihre Einnahmen allein für Lazaretteinrichtungen und medizinische Geräte. Sie schrieb, ihre Kanzlei habe zwischen Juni 1914 und Januar 1916 6 675 136 Rubel erhalten, von denen nur 812 000 übriggeblieben seien. Ein Großteil sei an Arzneimittelhersteller und Lieferanten für Krankenhausbedarf in Moskau, Charkow, Winniza und Tiflis gegangen, ferner an »ihre« sechs Versorgungszüge sowie andere Lazarettzüge etc.[14] So ist die Bestimmung der Gelder, die Buchanan aus London brachte, durchaus klar.

Wieviel Geld in der Folge des patriotischen Appells des Zaren nach Rußland zurückfloß, wird niemals festzustellen sein. Unser Bemühen gilt denn auch eher der seit den 20er Jahren gestellten Frage, wie viele Romanow-Guthaben im Ausland übrigblieben und in welcher Form. Viele Erinnerungen wurden damals mobilisiert, wie wir gesehen haben, aber wenige nannten Details. Von den Berliner Guthaben wissen wir jetzt. Anderswo zeigten die einen auf London und die Bank von England, andere auf Paris, wo ebenfalls bestimmte Banken ins Gespräch gerieten. Die Schweiz wurde ins Spiel gebracht, und wieder andere richteten ihr Augenmerk auf

New York und San Francisco. In der Frühzeit ging es bei dieser Jagd ebensosehr um die Frage, wer wissen könnte, wo das Geld steckte, wie um seine Auffindung selbst. Ein Beispiel sind die folgenden Auszüge aus einem Brief von Baronesse Buxhoeveden aus dem Jahre 1938. Die ehemalige Hofdame der Zarin schrieb:

> Tschernitschew war ein unbedeutender Angestellter des Hofministeriums, der mit Finanzen zu tun hatte. Er war niemals Privatsekretär der Kaiserinwitwe, wurde aber nach Kopenhagen geschickt, um sich Einblick in ihre Konten und Aktiva zu verschaffen. Er weiß auch Bescheid über das Geld der Großfürstinnen bei der Mendelssohn-Bank. Ich schrieb deshalb in diesem Frühjahr an Graf Hardenberg. Tschernitschew muß jetzt in den Sechzigern sein und wahrscheinlich arm. Er hat sich aus eigener Kraft hochgearbeitet und ist kein Edelmann von Geburt, aber mein Vater hielt ihn immer für einen anständigen Mann, obwohl ich weiß, daß die Damen der Kaiserin sich nichts aus ihm machten. Es ist unschön, daß er eine Belohnung dafür möchte, daß er die Wahrheit berichtet, wobei er offensichtlich auf den Umstand zählt, daß die einzige andere Person, die die Zahlen kennt, Graf Rostowzew, tot ist ... Ich erwähnte dem Grafen Hardenberg gegenüber, daß Baron Rudolf Stackelberg vom Hofministerium (Mossolows Assistent), dessen Anschrift ich ihm schickte und mit dem er sich offenbar in Verbindung setzte, auch über diese Angelegenheit Bescheid wissen müsse, aber vielleicht nicht in allen Einzelheiten, da er nicht wie Tschernitschew in der Finanzabteilung war. Was Vermögenswerte in der Schweiz betrifft, so hörte ich Rostowzew *niemals* etwas davon erwähnen, und sie waren *nicht* auf der Liste der Vermögenswerte der kaiserlichen Kinder, die ich im November 1916 sah. Wenn sie existieren, mögen sie eine Reserve für die Pension des armen alten Thormayer sein, an den die Zahlungen mit der Revolution eingestellt wurden, und vielleicht sind sie Teil des kaiserlichen Privatvermögens und gehen dann an die Großfürstinnen Olga und Xenia ...[15]

Der Brief belegt erstens, daß unter den früheren Höflingen noch 1938 intensive Querverbindungen gepflogen wurden, um festzustellen, wer wissen könnte, wo das Geld war; zweitens, daß die finanziellen Details auch in den späten 30er Jahren selbst für diejenigen schwer durchschaubar waren, die den Abkömmlingen der früheren Zarenfamilie nahestanden; und drittens, daß zaristische Gelder möglicherweise in der Schweiz liegen könnten, wenn auch nicht viele.

Trotzdem (und trotz der mageren Hinweise) soll unsere eigene Suche nach dem Geld in der Schweiz beginnen. Vor dem Ersten Weltkrieg war Zürich nicht das Finanzzentrum, das es seither geworden ist. Ihren späteren Aufstieg verdankt die Stadt zum großen Teil der wachsenden Dominanz der drei großen Schweizer Handelsbanken in Zürich und Bern und den Auswirkungen der Schweizer Neutralität im und nach dem Zweiten Weltkrieg. Genf und Lausanne mit den wichtigsten Schweizer Privatbanken sind inzwischen auf den zweiten Platz hinter Zürich zurückgefallen, bleiben aber die wahrscheinlichsten Bankplätze für Vermögensanlagen der Romanows.

Der Genfer See war für russische Großfürsten und ihre zahlreichen Verwandten zusammen mit der Französischen Riviera beinahe eine zweite Heimat geworden. Die Hotels, die in Genf und Lausanne noch immer das Seeufer säumen, waren den reicheren russischen Besuchern so wohlbekannt wie die Krim. Daher boten sich die Privatbanken in beiden Städten als eine natürliche Heimstatt für ihr Bargeld und Anlagekapital an.

Die Motive, vor und kurz nach dem Ersten Weltkrieg Geld in der Schweiz anzulegen, waren nicht dieselben wie heute. Nummernkonten und Bankgeheimnis existierten nicht in ihrer gegenwärtigen Form, weil es noch kein Schweizer Bankgesetz gab, so daß die Bestimmungen jeder Bank verschieden waren. Schweizer Banken wurden aus Günden der Bequemlichkeit, Diskretion und Sicherheit gewählt. Die heutigen Gesetze behindern Recherchen auch über alte Einlagen noch mehr als in anderen Ländern.

Die Zahl früherer gekrönter Häupter, Staatschefs, Präsidenten und Diktatoren, deren (nicht selten der Staatskasse entnommene) Privatvermögen angeblich vor den neugierigen Augen ihrer Untertanen und der Weltöffentlichkeit in Schweizer Bankkonten versteckt sind, ist Legion; der letzte Schah des Iran und der philippinische Staatspräsident Marcos sind nur zwei der bekanntesten Namen. Kriminelle aller Art stehen ihnen nicht viel nach. Unter dem Druck der Strafverfolgungsbehörden anderer Länder sah sich die Schweizer Regierung zu einer Ergänzung der Bankgesetze genötigt. Zwar gibt es weiterhin Nummernkonten, aber volle Anonymität ist nicht länger möglich, da zur Einrichtung des Kontos die vollen Personaldaten eines Kunden einschließlich der Vorlage eines Passes erforderlich sind. Und wenn den Schweizer Behörden nachgewiesen werden kann, daß der Inhaber einer Bankeinlage ein Verbrechen begangen hat, werden bereitwillig Einzelheiten preisgegeben. Die Schwierigkeit besteht in der Definition von »Verbrechen«: Betrug wird auch von der Schweiz als solches betrachter, Steuerhinterziehung hingegen nicht.

Die Suche nach Romanow-Konten in der Schweiz hatte also stets mit Hindernissen zu kämpfen, und diese sind mit den Jahren höher geworden. Mehrere frühe Versuche, an Romanow-Gelder – oder an große russische Emigrantenvermögen generell – heranzukommen, scheiterten aus diesen Gründen. Einer der frühesten betraf einen Mann namens Worowskij, der auf Schweizer Gebiet ermordet wurde. Bald kam ans Licht, daß er Eigentümer eines Schweizer Bankkontos über ca. 13 Millionen Schweizer Franken war. Das Sowjetregime behauptete rasch, das Geld gehöre ihr, und ging – vergeblich – vor Gericht. Später präsentierten die Sowjets eine Reihe »gesetzlicher Erben«, die Anspruch auf das Geld hätten. Ähnlich, und noch aggressiver, verfuhren auch die Nationalsozialisten in den 30er Jahren.

Am wirksamsten werden Nachforschungen durch das Schweizerische Bankgesetz von 1934 behindert: Jeder Bankdirektor oder Angestellte, der »die Diskretion verletzt, die zu beachten er durch das Gesetz über Berufsgeheimnisse verpflichtet ist«, gewärtigt eine Gefängnisstrafe. Dies bedeutet nicht, daß keine Fragen gestellt werden können, macht die Antworten, die man erhält, aber ziemlich verschwommen.

So läßt sich allenfalls sagen, daß einige Genfer Privatbanken auf die Frage nach zaristischen Vermögenswerten in ihren Depots den Eindruck erweckten, sie hätten zumindest Konten russischer Emigranten (gehabt), auch wenn praktisch alle die Existenz zaristischer Staatsgelder oder privater Einlagen des Herrscherhauses leugneten.

Ein Direktor allerding leugnete nicht, erteilte jedoch nach Prüfung der Rechtslage keine weiteren Auskünfte, so daß nicht zu klären ist, ob es sich um Pensionsgelder für Beschäftigte des Hofes handelt, wie Baronesse Buxhoeveden mutmaßte, oder um private Guthaben; möglicherweise habe ich auch einfach falsche Schlüsse aus der schweizerischen Genauigkeit und Höflichkeit gezogen.

Wenn in der betreffenden Bank wirklich noch immer Romanow-Gelder liegen, könnten nach wie vor Ansprüche geltend gemacht werden. Die Schweizer Banken übergeben nicht beanspruchte Einlagen nach einer Periode von 10 bis 25 Jahren zwar dem Roten Kreuz, Namenskonten einschließlich der Zinsen bleiben jedoch bestehen.

Vor 1914 war Paris, zusammen mit Berlin, ernsthaftester Rivale Londons um den Rang des weltweit führenden Finanzplatzes. Das war schon während des ganzen 19. Jahrhunderts so gewesen, nachdem Napoleon Amsterdams Ambitionen praktisch über Nacht zunichte gemacht hatte. New York begann auf dem internationalen Markt gerade erst auszugreifen. Was den russischen Markt anging, war Paris allen anderen voraus, was es bald bedauern sollte. Vor dem Ersten Weltkrieg hatte es die meisten russischen Eisenbahnanleihen, 80 Prozent der flexiblen russischen Staatsanleihen (London: 14 Prozent) und 32 Prozent der international gehandelten russischen Aktien (London: 25 Prozent).[16]

So nimmt es nicht wunder, daß mehrere französische Banken vor 1914 in enger Verbindung mit der Kaiserlich Russischen Regierung standen. Auch die größeren Handelsbanken, insbesondere der Crédit Lyonnais mit seiner Zweigstelle in St. Petersburg, erhielten staatliche russische Einlagen. Die Russische Staatsbank hatte zudem Korrespondenzbanken in den ausländischen Hauptstädten. In London beispielsweise waren dies die Außenhandelsbanken Rothschild, Baring und Schroeder, die Geschäftsbanken Lloyds und London City & Midland und die Zweigstellen ausländischer Banken: Schweizerischer Bankverein, Russische Außenhandelsbank, Russisch-Asiatische Bank, Comptoir National d'Escompte und Société Générale de Paris. Es kann angenommen werden, daß die französischen Banken auch in Paris Girokonten der Russischen Staatsbank führten.

Die bedeutsame Rolle, die der Pariser Finanzmarkt spielte, zeigt sich auch daran, daß Peter Bark kurz vor Kriegsausbruch 1914 nur einen Teil der aus Berlin abgezogenen Staatsgelder nach St. Petersburg repatriierte, einen anderen aber, wie wir seinem autobiographischen Bericht entnehmen konnten, nach Paris leitete. Schwieriger zu klären ist die Frage, welche Banken beteiligt waren und wieviel 1917 noch bei ihnen lag. Der französische Zweig der Familie Rothschild hatte, wie seine Verwandten in Wien und London, seit langem persönliche Kontakte mit den gekrönten Häuptern Europas und ihren politischen Führern. Baron Alphonse de Rothschild fiel nach Frankreichs katastrophaler Niederlage im Krieg von 1870/71 und Bismarcks Forderung nach einer Kriegsentschädigung in Höhe von 5 Milliarden Francs, bis zu deren voller Bezahlung preußische Truppen auf französischem Boden stationiert bleiben würden, die schwierige Aufgabe zu, diese schwindelerregende Summe auf den internationalen Finanzmärkten zusammenzubringen. Dies gelang ihm in weniger als zwei Jahren, angeblich zur tiefen Enttäuschung des Reichskanzlers.[17]

Die gleiche Finanzmacht wurde von Zeit zu Zeit in den Dienst der Zaren gestellt, allerdings beeinträchtigt durch die gewalttätigen Ausbrüche von Antisemitismus in Rußland. Hin und her gerissen zwischen der Hoffnung, daß seine finanzielle Hilfe Nikolaus veranlassen würde, die antijüdischen Ausschreitungen zu unterdrücken, und der heftigen Kritik wegen der Kollaboration mit dem Zaren, entschied sich Rothschild für einen mittleren Weg: Bereitstellung von Mitteln, wenn er darum ersucht wurde, und Ausübung von Druck auf den Zaren, wo es möglich war.

1906 gehörte Rothschild einem Konsortium an, das eine sehr erfolgreiche russische Anleihe auf den Markt brachte, die von Barings in London aufgelegt worden war und von der allein die französische Öffentlichkeit Anteile für annähernd 2 Milliarden Pfund zeichnete. Zwei Jahre später baten die Rothschilds König Edward VII., bei seinem bevorstehenden Staatsbesuch in St. Petersburg wieder die jüdische Frage zur Sprache zu bringen. Darauf ließ Edward VII. sich nicht ein, aber ein paar vertrauliche Worte auf der Rennbahn von Epsom wurden bald Nikolaus II. im Winterpalais zugetragen.[18]

Als Peter Bark 1915 zu den ersten Verhandlungen mit Lloyd George über Goldverkäufe im Pariser Hotel Crillon abstieg, war einer der wichtigsten französischen Gesprächspartner Baron Edouard de Rothschild, der Sohn des erfolgreichen Gegenspielers von Bismarck und einer der Direktoren der Bank von Frankreich ebenso wie Chef seines eigenen Bankhauses. Rasch erkannte er, worauf es Lloyd George und Peter Bark ankam, und versprach seine Unterstützung, sobald die Bank von Frankreich gefragt sei. Und wie seine Verwandten es in der Vergangenheit so oft getan hatten, suchte er ein zwangloses privates Gespräch mit Bark, in dessen Verlauf er die

Frage vorbrachte, die ihn beschäftigte: ob etwas getan werden könne, um »das Los der Juden in der Militärzone Polen zu verbessern«.[19]

Die Idee, daß auch Vermögenswerte, ob persönliche oder staatliche, bei Rothschild Frères placiert worden waren und sich 1917 womöglich noch dort befanden, lag nahe und kam bald auch dem neuen bolschewistischen Regime in Petrograd. Im Februar 1918, drei Monate nach dem entscheidenden Putsch, erhielten Rothschild Frères in der Rue Laffitte in Paris die folgende Anfrage vom Finanzministerium in Moskau:

> Ich ersuche Sie höflich, uns – wenn Sie es nicht bereits getan haben – so bald wie möglich den Status aller Summen und aller Wertsachen, Aktien, Schuldverschreibungen etc. bekanntzugeben, die sich in Ihrer Bank/Ihren Büchern befinden und in irgendeiner Beziehung zu der Regierung von Rußland, der Russischen Staatsbank, einem russischen Ministerium, einer russischen Agentur oder Mission stehen.[20]

Es war der erste Versuch des neuen Regimes, die Hand auf das zu legen, was es als staatliches Eigentum betrachtete. Wie anderswo, blieb die Anfrage unbeantwortet, was verständlich war, nachdem die neue Regierung sich geweigert hatte, die von ihrer Vorgängerin aufgenommenen Kriegsschulden anzuerkennen. Obwohl in den nächsten Jahren über ein Schuldenabkommen verhandelt wurde, weil die Bolschewisten mit einer zusammenbrechenden Wirtschaft und, wie wir gesehen haben, einer rapide dahinschmelzenden Goldreserve zu kämpfen hatten und neue Kredite aus dem Westen erwogen, blieb ihre grundsätzliche Haltung unverändert. Endlich aber verdrängte die Herstellung neuer Beziehungen zu Paris und London einschließlich der formalen Anerkennung der neuen Sowjetregierung als Vorbedingung für neue Anleihen die alte Jagd nach Bankguthaben aus zaristischer Zeit. Und bald wurden die Rothschilds mit neuen Depositen gelockt. Im November 1924 traf ein Telegramm aus Moskau ein: »Angesichts Erneuerung (der Beziehungen) zwischen unseren beiden Ländern interessiert an Einlage bis zu einer Million Dollar auf Giro- oder kurzfristig kündbares Depositenkonto STOP Maximum drei Monate STOP Bitte lassen Sie mich Bedingungen wissen Telegrammadresse Impravbank, Staatsbank UdSSR.«

Rothschild Frères waren noch nicht bereit, dem neuen Regime

ihre Türen zu öffnen, und lehnten die Anfrage ab: »Ihr Telegramm erhalten. Bedauern Ihren Vorschlag unter gegenwärtigen finanziellen Umständen nicht erwägen zu können.«[21]

Die Annäherungsversuche bestätigten, daß die Bolschewisten die Rothschilds ziemlich weit oben auf ihrer Liste hatten. Aber es war nicht die einzige Anstrengung, die unternommen wurde, um Größe und Verbleib zaristischer Einlagen in Frankreich festzustellen und für die neue Regierung zu beanspruchen. Ein ehemaliger Militärattaché, General Graf Ignatjew, berichtete, daß er auf seinem früheren Posten als Militärattaché in Paris ein Konto des zaristischen Schatzamtes, das auf seinen Namen lautete, bei der Bank von Frankreich verwaltet habe.

Ich habe die Einzelheiten über die zaristischen Konten bei der Bank von Frankreich in Erfahrung gebracht. Im Jahre 1924 klagte Graf Ignatjew, dessen Konto die Nummer 6954 hatte, vor französischen Gerichten gegen M. Poincaré und verlangte die Rückgabe von 37 Millionen französischen Francs, die während des Krieges eingezahlt worden seien. Die Unterlagen zeigen, daß das Konto 1915 im Namen des Kaiserlich Russischen Schatzamtes unter Peter Barks Federführung eröffnet worden war. Es war nach allen Berichten ein aktives Konto, das offensichtlich den Zweck hatte, Ankäufe von Kriegsmaterial in Frankreich zu finanzieren, und glich insofern ähnlichen russischen Konten bei Baring Brothers in London. Das Gerichtsverfahren blieb erfolglos, ebenso wie mehrere andere vor französischen Gerichten, die Ansprüche auf Guthaben aus der Zarenzeit geltend machten, staatliche wie private. Alle scheiterten an der ungeklärten Schuldenfrage zwischen den Regierungen Frankreichs und Sowjetrußlands.

Eine endgültige Regelung, die sowohl Vermögenswerte wie auch Verbindlichkeiten aus der zaristischen Zeit in Frankreich klärt, steht immer noch aus. Bis dies geschieht, werden zaristische Einlagen unberührt und selbstverständlich geheim bleiben. Wie ich entdeckte, ist es mit ein wenig Geduld und einheimischer Hilfe allerdings möglich, den Deckel ein wenig zu lüften. Graf Ignatjews Konto war nicht das einzige, das von der Kaiserlichen Regierung bei der Bank von Frankreich eingerichtet wurde. Die vollständige Liste sieht so aus:

Konto Nr. 8404	Russische Botschaft. Eröffnet 1916, geschlossen 1921. Hauptbewegungen an Kaiserlich Russisches Schatzamt und Russisch-Asiatische Bank.
Konto Nr. 5397	Die Kanzlei für Petrograder Kreditoperationen des Russischen Finanzministeriums. Operationszeitraum 1914–17 Sehr wenig Bewegung. Keine Verbindung mit dem Kaiserlich-russischen Schatzamt.
Konto Nr. 1122	Zaharoff. Eröffnet 1911. Keine Verbindung mit dem Kaiserlich-russischen Schatzamt.
Konto Nr. 478	Auf den Namen Antonow Constantin. Konto von 1911–19 sehr aktiv. Jede Bewegung überwacht vom Leiter der Abteilung Kapitalsparkonten bis 11.11.1918.
Konto Nr. 6954	General Graf A. Ignatjew, Militärattaché der Russischen Botschaft. Bedeutende Summen. Konto seit 1915 täglich sehr aktiv, Bewegungen immer im Namen des Kaiserlich-russischen Schatzamtes.

Konto des Obersten vom 2. Regiment der Russischen Brigade. Mehrere Konten, überwiegend klein, auf Namen von Beamten der Militärverwaltung.

Diese Einzelheiten erklären, warum M. de Schischmarew, als er sich im Anschluß an seine New Yorker Gespräche mit Oberstleutnant Goleniewski 1965 an einen Beamten des französischen Finanzministeriums wandte, die Auskunft erhielt, daß in Paris zaristische Guthaben bestünden. Aber entgegen Schischmarews Annahme findet sich hier keine Spur von irgendwelchen persönlichen Konten des Zaren oder eines Mitglieds seiner Familie. Es ist natürlich möglich, daß es solche Konten bei einzelnen Privatbanken gab oder gibt. Rothschild Frères haben wir bereits in Verbindung mit Bankeinlagen der Kaiserlichen Regierung erwähnt, aber es muß in Erinnerung gerufen werden, daß die Rothschild-Bank in der Rue Laffitte 1982 im Anschluß an Präsident Mitterrands Verstaatlichung der französischen Privatbank einen neuen Namen bekam, Européenne de Banque.

Von Interesse ist der Crédit Lyonnais nicht nur wegen seiner früheren Zweigstelle in Petrograd, sondern wegen seiner Verbindungen mit anderen Verwandten des Zaren. Das gleiche gilt selbstverständlich für das Comptoir National d'Escompte de Paris, wenn auch nur, weil Großfürst Michael durch diese Bank im Namen der Mutter seines Sekretärs Gelder transferiert hatte, um während des Krieges die Miete für seinen Landsitz in England zu bezahlen, wie im Kapitel 3 bereits erläutert.

Nun sind Nikolaus' Verwandte allerdings nicht ganz dasselbe wie Nikolaus' eigene Familie, und der Unterschied darf bei keinem Versuch, wirklichen Vermögenswerten der Zarenfamilie in Paris auf die Spur zu kommen, vergessen werden. Eine Unterscheidung, die in Paris noch wichtiger ist, betrifft mögliche Konten der Zarenfamilie und naher Verwandter und solche der Kaiserlichen Regierung. Hier geht es um gewaltige Summen; einen Hinweis auf ihre Höhe gab es in den frühen 20er Jahren in einer französischen Parlamentsdebatte, als der Finanzminister gefragt wurde, was mit den noch in französischen Banken liegenden Guthaben von gesetzlichen Vertretern vorrevolutionärer russischer Staatsinstitutionen geschehe, und mit dem russischen Gold, das das besiegte Deutsche Reich 1918 ausgeliefert hatte und das noch in den Tresoren der Bank von Frankreich lag. Der Zweck der Debatte war, sicherzustellen, daß die französische Regierung solche noch in Frankreich befindlichen russischen Vermögenswerte zum Ausgleich der noch höheren Summen verwenden werde, die Frankreich der Kaiserlich Russischen Regierung während des Krieges geliehen hatte, insbesondere in Anbetracht der Weigerung der Bolschewisten, solche Staatsschulden anzuerkennen. Heute wissen wir, daß das Gold später zwischen London und Paris aufgeteilt wurde. Von größerem Interesse aber ist die Summe staatlicher russischer Guthaben in französischen Banken: sie betrug 1924 648 Millionen Francs (ungefähr 26 Millionen Pfund damals, oder 390 Millionen Pfund jetzt). Da Frankreich im Gegensatz zu Großbritannien noch immer kein Schuldenabkommen über die seit 1917 offenstehenden Verbindlichkeiten mit einer der späteren russischen Regierungen ausgehandelt hat, können solche Guthaben noch immer zum Gegenstand von Ansprüchen gemacht werden. Nach meiner Überzeugung handelt es sich bei den 648 Millionen Francs zum allergrößten Teil um staatliche Gelder und nicht um Nikolaus' privates Vermögen.

16 *Amerika*

Die amerikanische Fährte beginnt mit Winston Churchill. 1929 ging er in seinem Buch *The World Crisis* in knappen Worten, wenn auch etwas geheimnisvoll, auf den Verbleib des zaristischen Goldes ein:

> Das Schicksal des (Koltschak-) Goldes liegt teilweise im dunkeln. Der größte Teil fiel unzweifelhaft in die Hände der Sowjetregierung. Aber es ist durchaus nicht klar, daß sie alles bekam. Sechs Monate später begann der Finanzminister der Regierung General Wrangels, unbequeme Fragen nach einer Million Dollar in Gold zu stellen, die dem Vernehmen nach in einer Bank in San Francisco lagen, aber die Zeit war zu kurz, um diese Nachforschungen sehr weit voranzutreiben.[22]

Drei Jahre später fügte Großfürst Alexander seine Version der Geschichte hinzu:

> Bis zum heutigen Tage versuchen die Beteiligten, die Bolschewisten ebenso wie ihre Gegenspieler, herauszufinden, wer sich einen Teil von Koltschaks 600 Millionen Goldrubeln unter den Nagel gerissen hat. Die Sowjetherrscher behaupten, sie seien um 90 Millionen betrogen worden. Winston Churchill glaubt, daß im Sommer 1920 einige Personen, die englisch mit einem starken ausländischen Akzent sprachen, bei einer Bank in San Francisco eine mysteriöse Einzahlung vornahmen.[23]

Das kalifornische Rätsel, einschließlich der »Personen, die englisch mit einem starken ausländischen Akzent« sprachen, harrt noch der Aufklärung. Aber um die Geschichte zu entwirren, müssen wir in Wladiwostok beginnen, bevor wir den Pazifischen Ozean nach San Francisco überqueren.

Amerikanische, britische und japanische Banken spielten eine bedeutende Rolle bei der Finanzierung von Koltschaks Anstrengungen in Sibirien während der Zeit der Intervention. Auf ihrem Höhepunkt waren »weiße« Streitkräfte an vier Fronten aktiv: am Finnischen Meerbusen sowie im Baltikum, der Ukraine und Sibirien. Diese letztere verfügte, wie wir gesehen haben, über einen Teil der zaristischen Goldreserven zur Unterstützung ihres bewaffneten Widerstands. Drehscheibe der sibirischen Goldverkäufe und des Nachschubs war Wladiwostok. Für achtzehn Monate, während Koltschaks Kriegsanstrengungen ihren Höhepunkt erreichten, hatte Wladiwostok eine kosmopolitische Atmosphäre, die Shanghai den Rang streitig zu machen begann. Russische, amerikanische, britische, japanische, französische, tschechische, chinesische und sogar indische Soldaten trafen sich in den Cabarets, wo bis in den frühen Morgen Betrieb war, mit wohlhabenden Russen. Den Briefen, die amerikanische Soldaten nach Haus schickten, ist allerdings zu entnehmen, daß Hunger und Armut unübersehbar waren.[24]

Als Soldaten und Gold in Wladiwostok zusammenströmten, ließen die Bankiers nicht lange auf sich warten. Einige kamen aus eigenem Antrieb, andere wurden von den Regierungen ihrer Länder aufgefordert, Zweigstellen zu eröffnen. Das Kolonialministerium in London schaltete schnell, und sobald Klarheit bestand, daß britische Truppeneinheiten in großer Zahl durch den russischen Hafen geschleust würden und regelmäßige Soldzahlungen benötigten, erging ein »Ersuchen« an die Hongkong and Shanghai Banking Corporation, eine Zweigstelle in Wladiwostok zu eröffnen. Soldzahlungen bis zu einer Million Rubel im Monat wurden ins Auge gefaßt.[25] Die Zweigstelle wurde im Oktober 1918 eingeweiht.

Im Februar des folgenden Jahres hatte die Zweigstelle noch wichtigere Aufgaben zu übernehmen. Koltschak beschloß einen Teil des Goldes aus den in Kasan zurückgewonnenen Reserven zu verkaufen und ließ es durch die Hongkong and Shanghai Bank in Wladiwostok zum Verkauf nach Hongkong verschiffen. Die Bank verkaufte das Gold mit der Erlaubnis der britischen Regierung in der Kronkolonie und händigte Koltschak den Gegenwert in Banknoten aus. Ähnliche Transaktionen folgten. Bald gab es achtzehn Zweigstellen ausländischer Banken in Wladiwostok, und drei verschiedene Arten von Rubeln waren nebeneinander im Umlauf: der zaristische Rubel, der Kerenskij-Rubel und der Omsker Rubel. Einige der ersten Omsker Rubelnoten, obschon durch Golddeckung demonstrativ inflationssicher, wurden notgedrungen auf Zeitungspapier gedruckt.

Das direkt verkaufte Gold wurde nach Hongkong und Shanghai verschifft, ein Teil davon ging weiter nach Manila und Bombay. Anderes Gold, das als Sicherheit für westliche Kredite diente, wurde hauptsächlich in Hongkong und San Francisco verwahrt oder, im Falle der japanischen Kredite, in Yokohama. Im Austausch erhielt

Koltschak Kriegsmaterial und Nachschubgüter: Gewehre, Maschinengewehre und Munition, aber auch frisch gedruckte russische Banknoten und Devisen.

Wenn Wladiwostok die Drehscheibe für Goldverkäufe und Nachschublieferungen war, so wurde San Francisco rasch zum Hauptausfuhrhafen für alle alliierten Hilfslieferungen. Koltschaks Gold wurde ausgeladen und für Londoner und New Yorker Banken in Tresoren eingelagert. Die Remington Arms Company verschiffte Infanteriewaffen aller Art nach Wladiwostok. Und vor allem strömten russische Emigranten in die Stadt, viele auf der Flucht vor den Bolschewisten, manche auf der Suche nach einem neuen Leben, andere mit dem Auftrag, Geldspenden und Handelskredite für Koltschak zu organisieren. Natürlich fehlte es auch nicht an Glücksrittern, die auf schnellen Reichtum hofften. Alle machten früher oder später die Bekanntschaft des neu etablierten russischen Generalkonsuls in San Francisco, George Sergius Romanowskij.

Es war ein großer, stattlicher Russe mit, wie fälschlich behauptet wurde (und er trat solchen Gerüchten nicht entgegen), verwandtschaftlichen Beziehungen zu den Romanows. Er traf 1917, aus Chicago kommend, als Repräsentant der Provisorischen Regierung in San Francisco ein und hatte gerade ein schönes jugoslawisches Mädchen von neunzehn Jahren geheiratet, dem die Lokalpresse »adlige Abstammung« zuschrieb. Sie fanden schnell Anschluß an die höhere Gesellschaft und nahmen einen Lebensstil an, der seiner neuen Position angemessen war. Obwohl er im Oktober dieses Jahres nach dem bolschewistischen Putsch als Generalkonsul bestätigt wurde, erkärte er zusammen mit seinem neuen Botschafter in Washington, Boris Bachmetjew, sogleich seine Unabhängigkeit und erklärte: »In keiner Weise vertrete ich die Bolschewiken.« Und bald waren die Romanowskijs in die Unterstützung der alliierten Intervention und besonders in die Finanzhilfe für Koltschak eingespannt.

Für viele der Emigranten, die aus den russischen Fernostprovinzen über China oder Japan nach Amerika gekommen waren, symbolisierte San Francisco die Hoffnung auf Sicherheit und vielleicht neuen Wohlstand. Sobald die amerikanische Außenpolitik die Intervention als aussichtsreiche Option betrachtete, wurde San Francisco zum Umschlagplatz für Gelder von der Ostküste, die nach Wladiwostok weitergeleitet wurden. Kalifornische Banken dienten als zeitweilige Depots für das Gold, das von den internationalen Syndikaten in New York und London als Sicherheit benötigt wurde, und eine Zeitlang konnte »George« Romanowskij den Mann von Gewicht und Ansehen spielen, der seinem Temperament am besten entsprach.[26]

Die Geschäfte mit Koltschak – Waffen und Banknoten gegen Gold, und Gold für Kredite – waren leichter zu vereinbaren als durchzuführen. Regierungsstellen und Privatunternehmer waren ungleiche Partner, sowohl in der Behandlung der Papierarbeit als auch in der eigentlichen Verschiffung des Goldes; Sicherheit war in einem von Gewalt und Umsturz geprägten internationalen Klima etwas Seltenes und Kostbares. Wie in Sibirien hatte das Gold auch hier die Angewohnheit, an den Fingern von Mittelsmännern kleben zu bleiben und zahllose zwielichtige Gestalten anzulocken, ob in Wladiwostok oder San Francisco. Viel später, als Koltschak sich schließlich entlang der Transsibirischen Eisenbahn zurückzog, staute sich der Nachschub an Munition und Banknoten, der Monate zuvor bestellt worden war, und ging in einigen Fällen zurück an die Absender.

Wie stark George Romanowskij persönlich von seiner Beteiligung an den großen Geldgeschäften profitierte, die mit solchen Lieferungen verbunden waren, und von der unerwarteten Großzügigkeit, mit der einige der Rücklieferungen dieser Nachschubgüter vonstatten gingen, bleibt eine müßige Frage. Seine Nachbarn in San Franciso registrierten jedenfalls eine deutliche Verbesserung des Lebensstandards der Familie.[27]

1919 traf in San Francisco auf der Durchreise nach Chicago ein Oberst Nikolai F. Romanow ein und wurde in der Lokalpresse als ein Abgesandter bezeichnet, der Gelder für Koltschak auftreiben sollte.[28] Es hieß auch, daß er dem rebellischen Hauptmann Semenow nahestehe, der, wie wir in Kapitel 12 sahen, einiges von Koltschaks Gold auf dem Weg durch sein Territorium abzweigte. Der Name »Romanow«, obschon in Rußland ziemlich verbreitet, ließ damals eine Anzahl von Leuten aufmerken und führte zu der später dementierten Annahme, daß ein Verwandter des Exzaren in der

Stadt sei. Noch über vierzig Jahre später glaubte ein New Yorker Verleger, der Mann sei Nikolaus II. selbst gewesen, und verleitete den Autor Guy Richards, Nikolaus' unerkannte Ankunft an der Westküste mit Goleniewskis Behauptungen zu verknüpfen.[29]

Es überrascht kaum, daß Lieferungen von Gold, russischen Banknoten und sogar Waffen an Orten eintrafen, die mit ihrer ursprünglichen Bestimmung nichts zu tun hatten; und daß das Geheimnis, welches viele dieser Lieferungen umgibt, bis heute nicht gelüftet wurde. Die offiziellen Akten der Zeit sind voll solcher Rätsel. Schon im Dezember 1918 kabelte der amerikanische Generalkonsul Ernest Edward Harris, als er an Bord des amerikanischen Truppentransporters *Sheridan* nach Wladiwostok zurückkehrte, nach Washington und bat um Anweisung, was mit ungefähr sechshundert Paketen russischer Wertpapiere an Bord des Schiffes geschehen solle, deren Wert mit 1 Milliarde Rubel (ungefähr 70 Millionen Pfund) beziffert wurde. In tiefer Beunruhigung über offizielle Anordnungen, auf die er plötzlich aufmerksam geworden war und die er nicht nur nicht verstand, sondern offensichtlich beargwöhnte, suchte er sofort Hilfe. »Durch unbekannte Einwirkung«, meldete er, »wird der Versuch gemacht, die Sendung nach Yokohama statt nach Omsk zu leiten. Kennen wir Ursache solcher Aktion, und gibt es eine Möglichkeit, sie zu verhindern?«[30]

Es war nicht die einzige von der *Sheridan* beförderte Sendung, die in die Irre gehen sollte. Im April 1919 lieferte der Truppentransporter 325 Kisten mit russischen Banknoten im Nennwert von 25 Millionen Rubel nach Wladiwostok. Fünf Jahre später erhielt das Außenministerium eine Anfrage vom Kriegsministerium, aus der hervorging, daß gerade eine Kiste mit 100 000 russischen Banknoten aufgefunden worden sei, die »der Rest einer Lieferung nach Wladiwostok« war, »die zur Zeit des Rückzuges der US-Einheiten aus Sibirien entladen wurde«. Die Armee hatte offensichtlich eine von mehreren Kisten gefunden, die verlorengegangen waren. Die Sendung wurde später einem Konto auf den Namen S. Ughet bei der National City Bank gutgeschrieben.[31]

Im April 1920, als die letzten amerikanischen Einheiten Wladiwostok verließen, mußten 225 Kisten mit 100 000 Schatzanweisungen, gedruckt von der American Bank Note Company in New York, sowie vierundneunzig Kisten mit Wasserzeichenpapier, das für den Druck von Schatzanweisungen in Rußland bestimmt gewesen war, auf dem Weg nach Omsk angehalten und in die USA zurückgeleitet werden. Die Schatzanweisungen sollten nach New York zurückgehen, das Wasserzeichenpapier an »George« Romanowskij in San Francisco. Drei Monate später wurde eine ähnliche Sendung von 104 Kisten mit Banknoten (hundert Kisten mit 50-Kopeken-Noten und vier Kisten mit 5000-Rubel-Noten) angehalten. Wieder wurden die Lieferungen an Romanowskij in San Francisco zurückgeleitet.[32]

Man gewinnt den Eindruck, daß Banknoten, Wertpapiere und sogar Waffen praktisch unkontrolliert über den Pazifischen Raum verstreut wurden. Auch zaristisches Gold unterlag dem Risiko von Koltschaks wechselndem Kriegsglück und der damit einhergehenden interalliierten Rivalität. Eine der wichtigsten »Gewehre-für-Gold«-Transaktionen gab vermutlich den Anlaß zu Winston Churchills eingangs zitierter Bemerkung.

Die Idee, Koltschaks Goldhort für Waffenlieferungen zu verwenden, stammte ursprünglich von Professor Poliakow, der an der Russischen Botschaft in Washington für die Weiße Regierung in Omsk tätig war. Sein Vorschlag war gewesen, daß die Regierung in Omsk ungefähr 2,5 Millionen Dollar in Gold zugunsten der Remington Arms Union Metallic Cartridge Company in einer Zweigstelle der Russischen Staatsbank oder der Russisch-Asiatischen Bank in Wladiwostok oder in der Zweigstelle einer anderen für beide Seiten annehmbaren Bank einlagern lassen solle. Zur gleichen Zeit würde der Firma ein Auftrag über 95 000 Gewehre erteilt. Er schlug weiter vor, daß die National City Bank in New York einen Kredit über 2 Millionen Dollar bereitstellen solle, der durch die Goldeinlagerung in Wladiwostok garantiert würde.[33]

Für die Goldeinlagerung wurde die Niederlassung der Hongkong and Shanghai Banking Corporation in Wladiwostok ausgewählt, vermutlich wegen ihrer Erfahrung im Umgang mit Gold, und weil sie über ein Netz von Zweigstellen in ganz Ostasien verfügte. Am 29. Juli 1919 traf das Gold dort ein. Die Gewehre sollten innerhalb von drei Monaten geliefert werden, und innerhalb der gleichen Frist hatte die Bezahlung zu erfolgen: bis zum 25. September 1919. Von den 2,5 Millionen Dollar in Gold sollten 2 Millionen Dollar zum Ankauf von Gewehren verbraucht werden, der Rest von 500 000 Dollar sollte als Pfand gegen weitere Munitionslieferungen von Remington in der Bank bleiben. Wenn der Remington Arms Company die 2 Millionen Dollar nicht bezahlt würden, sollte die entsprechende Menge Gold in der Zweigstelle der Bank in Wladiwostok Eigentum der Lieferfirma werden. Und genauso geschah es.[34]

Obwohl die Gewehre von Remington geliefert wurden, bezahlte die National City Bank (aus unbekannten Gründen) die Summe nicht zum vereinbarten Datum auf Remingtons Konto ein. So wurde Remington zeitweilig Eigentümer des Goldes, das noch in der Zweigstelle der Hongkong and Shanghai Bank in Wladiwostok lag; die Bank verfügte weiter über den Rest von 500 000 Dollar für die Regierung in Omsk. Das war kompliziert genug. Aber die Remington Company fand wenig Gefallen an der Idee, einen Goldvorrat in einer besonders unruhigen Weltgegend zu besitzen. So überredete sie die russische Botschaft in Washington, ihr die Dollars in New York auszuzahlen und sie damit von der Eigentümerschaft an dem Gold in Wladiwostok zu befreien.

Selbst damit war die Sache noch nicht ausgestanden. Kurz danach fand in Wladiwostok eine Meuterei unter den dort stationierten Truppen statt, und die daraus entstandenen Unruhen überzeugten die Hongkong and Shanghai Bank, daß es besser sei, das Gold (500 000 Dollar) nach Shanghai zu verlegen. Aber das war leichter gesagt als getan. Sicherheitserwägungen bewogen die Bank, die US Navy um den Transport des Goldes zu bitten, das schließlich an eine amerikanische Gesellschaft verpfändet war. Aber der Kapitän eines amerikanischen Kreuzers in Wladiwostok weigerte sich, das Gold an Bord zu nehmen (wahrscheinlich wegen der Frage, wer die Transportkosten bezahlen würde). Am Ende erklärte sich die britische Marine bereit, das Gold an Bord der HMS *Cairo* zu nehmen und nach Hongkong zu bringen, wo es für den Weitertransport nach Shanghai auf die SS *Sinkiang* umgeladen wurde.[35]

Die Kosten dieses Goldtransports betrugen 2900 Dollar, aber dabei blieb es nicht. Neun Monate später wurde zwischen der russischen Regierung in Omsk, der russischen Botschaft, dem Waffenlieferanten und dem US-Schatzamt noch immer wegen einer Rechnung über

6250 Dollar korrespondiert, die von der Hongkong and Shanghai Bank für die sichere Verwahrung des Goldes in ihren zwei Zweigstellen ausgestellt worden war. Aber wer sollte bezahlen? Sicherlich der Eigentümer des Goldes: das Problem war, daß alle Beteiligten, jeder für seinen Zeitabschnitt, als Eigentümer in Frage kamen. Wie wir zuvor schon gesehen haben, ist die Feststellung der wirklichen Eigentümerschaft an zaristischem Gold nicht einfach.

Später im gleichen Jahr traf in San Francisco der amerikanische Truppentransporter *Great Northern* mit sechzehn Kisten Goldmünzen aus Wladiwostok im Wert von 1 Million Dollar ein. Dies war Teil des Restes von den 2 Millionen Dollar, die in Wladiwostok geblieben waren, nachdem die Hongkong Bank die 500 000 Dollar nach Shanghai verlagert hatte. Wieder folgten komplizierte Diskussionen über die Eigentümerschaft und ausstehende Schulden. Am Ende erhielt das US-Kriegsministerium 584 000 Dollar, während der Rest in Höhe von 416 000 Dollar auf ein Konto der russischen Botschaft ging[36] – und zwar das bei der National City Bank auf den Namen S. Ughet lautende Konto.

Die größeren Goldtransaktionen, wie die Verwendung von Koltschak-Gold im Wert von 45 bis 50 Millionen Dollar als Sicherheit für eine Anleihe, welche von einem internationalen Bankenkonsortium aufgebracht wurde, sind einfacher zu beschreiben. In diesem Fall wurden zwei große Goldsendungen nach San Francisco auf den Weg gebracht und auf dem Landweg zu New Yorker Banken weitergeleitet. Soweit Großbritannien betroffen war, war der internationale Bankkredit am 14. Mai 1919 in einer Sitzung des Kriegskabinetts genehmig worden. Der Schatzkanzler erläuterte dem Kabinett, daß Beauftragte der Handelsbank Baring Brothers bereit seien, sich an einer internationalen Anleihe bis zu 9 Millionen Pfund (ungefähr 45 bis 50 Millionen Dollar) an die Omsker Regierung zu beteiligen. Der Schatzkanzler habe keine Einwände, vorausgesetzt, daß kein Teil des britischen Geldes außerhalb Europas ausgegeben werde. Die »Weißen« seien durch Peter Bark vertreten.[37]

Das von Koltschak für den internationalen Kredit verpfändete Gold wurde nach Wladiwostok geschickt und schließlich für das Konsortium amerikanischer und britischer Banken in Hongkong verwahrt. Die Banken waren Kidder, Peabody & Co, die Guaranty

Trust Company und National City Bank, alle in New York, die den größeren Teil der Anleihe aufbrachten, und Baring Brothers in London. Die Vereinbarung wurde im Sommer und Herbst 1919 getroffen, und mit dem in Hongkong deponierten Gold wurden schließlich ein Jahr später die Ansprüche der beteiligten Banken befriedigt.

Koltschak hatte einen Teil des den Bolschewisten abgenommenen Goldes zu Munition für seinen Feldzug gegen die Roten gemacht – teils durch direkte Verkäufe auf dem fernöstlichen Markt, teils durch ein kompliziertes Geschäft, bei dem Gewehre und Maschinengewehre mit Gold bezahlt wurden, und schließlich durch die Verpfändung von Gold gegen eine internationale Anleihe, die er wiederum für Munition ausgab. In jedem Fall gingen das Gold und das Eigentum daran aus russischen Händen in die seiner Lieferanten über. Wir brauchen diese Fährte nicht weiter zu verfolgen. Wie aber fand das Gold, das bei Koltschaks komplexen Goldgeschäften übrigblieb, seinen Weg auf die Konten der russischen Botschaft zu Washington?

Das führt uns zurück zu »George« Romanowskij in San Francisco und Boris Bachmetjew in Washington. Wie es bei allen diplomatischen Vertretern der Fall ist, haben Amtsinhaber auf Auslandsposten nach einem politischen Umsturz und Regierungswechsel in der Heimat stets ihre neuen Herren und ihr eigenes Gewissen zu befragen. Boris Bachmetjew hatte seinen Posten von Georgij Bachmetjew (sie waren nicht verwandt) nach Nikolaus' II. Abdankung als russischer Botschafter in Washington übernommen und war im Juli 1917 von der US-Regierung als Vertreter der Provisorischen Regierung anerkannt worden. Schon nach vier Monaten sah er sich erneut vor dem Dilemma: sollte er zurücktreten oder mit Billigung der Bolschewisten ihr neues Regime vertreten? Er beschloß, auf seinem Posten zu bleiben und sich ruhig zu verhalten, aber schon bald unterstützte er aktiv die Sache der »Weißen« und insbesondere Koltschak. Die amerikanischen Regierungsbehörden, die sich geweigert hatten, das neue Regime in Rußland anzuerkennen (die Anerkennung erfolgte erst 1933), betrachteten Bachmetjew weiterhin als legitimen russischen Botschafter.

Dies hatte eine bedeutsame finanzielle Konsequenz. Die Konten der russischen Botschaft, auf denen die Bankguthaben der Kaiserlichen Regierung und der Provisorischen Regierung lagen, gewannen Bedeutung für alle späteren Ansprüche auf »zaristische« Vermögenswerte, und diese Konten blieben auch noch einige Zeit aktiv. Überdies konnten das prunkvolle dreieinhalbstöckige Botschaftsgebäude in der 16. Straße ebenso wie sämtliche Akten und Aufzeichnungen der Botschaft als »nichtbolschewistisch« betrachtet werden.[38]

So blieb Boris Bachmetjews Botschaft mit ihren angeschlossenen Konsulaten in Philadelphia, Seattle, Chicago, Montreal und San Francisco nach dem bolschewistischen Putsch im November 1917 intakt. Auch das Personal blieb größtenteils im Dienst. Finanzattaché war zu der Zeit Sergej Ughet, der schon während der kurzen Herrschaft der Provisorischen Regierung in enger Verbindung mit amerikanischen Regierungsbehörden gestanden und enge Beziehungen zur National City Bank geknüpft hatte. Anfang Dezember schrieb er an die Direktion der Bank in der Wall Street und bat sie, sieben bestehende Konten der Botschaft aufzulösen:

A Russischer Finanzattaché (Ughet)
B Russischer Finanzattaché, Sonderkonto
C 205 Petrograd 3/13/14 Russische Abteilung, Etrangère du Ministère des Finances de Russie (Compte Cheques)
D 211 Petrograd 3/13/14 Russische Abteilung, Etrangère du Ministère des Finances de Russie (Compte Tresor)
E 380 Petrograd Russische Abteilung, Etrangère du Ministère des Finances de Russie (Compte Special)
F Compte Special de la Mission Extraordinaire
G Compte Ordinaire de la Mission Extraordinaire

Er beantragte die Eröffnung entsprechender neuer Konten auf den Namen des Provisorischen russischen Botschafters Bachmetjew[39]. Wir wissen heute aus Unterlagen des US-Außenministeriums sowie des Finanzministeriums, daß die neuen Konten im wesentlichen »Liquidationskonten« waren, die für ganz bestimmte Zwecke gebraucht wurden, wie etwa für ausstehende Verpflichtungen aus amerikanischen Lieferungen von Kriegsmaterial, Zinszahlungen auf frühere amerikanische Anleihen, Versicherungen und Inspektionen im Zusammenhang mit Kriegslieferungen und den Unterhalt russischer Institutionen. Mit anderen Worten, die amerikanischen Behörden hatten sich rasch bereit erklärt, die »alte« Botschaft im Tausch gegen die Ablösung amerikanischer Kriegsrechnungen aus den Bankguthaben der Botschaft anzuerkennen. Schecks auf die neuen Konten der Botschaft mußten von Bachmetjew oder Ughet unterzeichnet sein, benötigten aber außerdem die Genehmigung des US-Finanzministeriums.

Zu dieser Zeit betrugen die Guthaben der Botschaft auf den verschiedenen Konten bei der National City Bank 56 Millionen Dollar. Wie in London und Paris, bestand dieses Geld aus Krediten, die der russischen Regierung, sowohl der Kaiserlichen als auch der Provisorischen, für den Kauf von Kriegsmaterial eingeräumt worden waren.[40] Also hatte das amerikanische Finanzministerium rasch gehandelt, um zu schützen, was es als amerikanisches Geld auf russischen Konten betrachtete. Selbst wenn man dies zugesteht, waren schätzungsweise mindestens 20 Millionen Dollar davon Gelder, auf die das US-Finanzministerium keinen Anspruch erheben konnte. Diese Beträge zu identifizieren, war jedoch alles andere als einfach, weil einige Einlagen den beiden früheren russischen Regierungen gehörten, andere zum laufenden Unterhalt der Botschaft und zur Deckung ihrer Personalkosten bestimmt waren, wieder andere für Tilgung und Zinszahlungen früherer russischer Staatsanleihen bereitgestellt worden waren, und einige aus den Ersparnissen russischer Einwanderer in Amerika stammten, die der Botschaft zur Überweisung an Verwandte in Rußland übergeben worden und nun durch die Revolution blockiert waren. Nichts davon gehörte nach den vorliegenden Beweisen dem Zaren oder seiner Familie persönlich.

Aus den Unterlagen der russischen Botschaft und denen der US-Ministerien für Finanzen und Äußeres geht klar hervor, daß innerhalb von Wochen nach dem bolschewistischen Putsch eine Reihe von Vereinbarungen getroffen wurde. Die Schließung der ursprünglich Kaiserlich russischen Konten bei der National City Bank und die Neueröffnung von Konten auf den Namen Boris Bachmetjew war nur der erste Schritt in diesem Prozeß. Von Dezember 1917 an informierten Bachmetjew und Ughet die US-Ministerien für Finanzen und Äußeres regelmäßig über Einzelheiten bezüglich der russischen Konten bei der National City Bank; 1919 sogar die amerikanische Delegation bei den Verhandlungen über die Pariser Vorortverträge.

So gingen die Guthaben der russischen Botschaft bei der National City Bank von ihrem Ende 1917 erreichten Gipfelpunkt von 56 Millionen Dollar allmählich zurück, als amerikanische Lieferanten bezahlt und US-Kredite bedient und getilgt wurden.

Als der Widerstand der Weißen Streitkräfte im Laufe der nächsten zwölf Monate wuchs und die Alliierten sich allmählich auf ihre aktive Interventionspolitik zubewegten, besonders in Sibirien, wurden die Konten der russischen Botschaft bei der National City Bank unter Sergej Ughet noch komplizierter. Er und sein Botschafter Bachmetjew wurden in die von Koltschak benötigten Finanzierungsregelungen und die komplexen Geschäfte, die sein Goldvorrat bald hervorbrachte, einbezogen. Gleiches galt für die National City Bank. Sie führte nicht nur die Konten der russischen Botschaft, sondern war auch ein Hauptakteur des internationalen Bankenkonsortiums, das Koltschak finanzierte, und der auserwählte Vermittler des über Wladiwostok laufenden Geschäfts Gold gegen Waffen. Und in dem Maße, wie zahlreiche Einzelgeschäfte dieser Art sich auffaserten, erst recht, als Koltschaks Kriegsanstrengungen ihre Schwungkraft verloren, wurde die National City Bank auch zur Empfängerin der ungenutzten Anleihen.

Sergej Ughet sollte die Konten bei der National City Bank bis 1933 verantwortlich weiterführen. 1922 trat sein Botschafter, Boris Bachmetjew, in den Ruhestand, und er wurde der in Washington bevollmächtigte Vertreter des oppositionellen Rußland, der nun aus kleineren Büros weiterführte, was von den reduzierten Operationen geblieben war. In San Francisco fand Romanowskij das Leben mittlerweile deprimierend, da der Widerstand der Weißen Streitkräfte zusammengebrochen und der ihn begleitende Geldsegen versiegt war. Und nicht lange nach Bachmetjews Rücktritt gelangte Ughet, wenn auch widerwillig, zu der logischen Schlußfolgerung, das Konsulat in San Francisco sei überflüssig geworden. Im Juli 1923 erhielt Romanowskij seine letzte Gehaltszahlung.

Die National City Bank konnte kaum umhin, in russische Angelegenheiten verwickelt zu werden, noch lange nachdem ihre Zweigstellen in Petrograd und Moskau enteignet und verstaatlicht worden waren. Sie hatte nicht nur die Konten der russischen Botschaft, sondern stand auch in den beiden folgenden Jahrzehnten im Mittelpunkt einer Anzahl separater Streitigkeiten, die aus der dominierenden Rolle der Bank im Rußlandgeschäft erwuchsen, welche ihre Leitung seit den frühen Tagen des Krieges gewählt und mit Erfolg angestrebt hatte. All diese Streitigkeiten brachten in dieser oder jener Weise die »zaristischen« Verbindungen der Bank ans Tageslicht.

Besonders eine davon zog sich bis weit in die 20er Jahre hinein. Sie war das Ergebnis einer dramatischen Explosion im New Yorker Hafen Mitte des Krieges, die Ughet keine Ruhe lassen und einen guten Teil seiner Zeit in Anspruch nehmen sollte.[41] Die sogenannte Black-Tom-Island-Explosion 1916 galt einem für Rußland bestimmten Munitionstransport, der auf einer Pier und mehreren im Hafen liegenden Lastkähnen lagerte. Sie wurde durch einen Brandsatz verursacht und für das Werk eines deutschen Spions gehalten. Das Feuer und die resultierende Explosion auf dem Gelände der Lehigh Valley Railroad Company vernichteten außer der Munition auch anderes auf der Pier zur Beladung bereitgestelltes Kriegsmaterial. Der erste Schadenersatzanspruch wurde 1917 von der Provisorischen Regierung unter Kerenskij erhoben und belief sich auf 1 675 000 Dollar.

Das Gerichtsverfahren begann erst 1925, als Kerenskijs Provisorische Regierung längst das Schicksal der zaristischen Regierung geteilt hatte. Aber die russische Botschaft, die den Fall in Vertretung der Provisorischen Regierung vor Gericht gebracht hatte, war entschlossen, damit fortzufahren. Das Gericht hatte über zwei Punkte zu entscheiden. War die Lehigh Valley Railroad unabhängig vom Anlaß der Explosion verantwortlich, und wenn ja, sollte der Schadenersatzanspruch der gegenwärtigen russischen Botschaft anerkannt werden?[42]

Ende Juni 1925 entschied das Gericht, daß die Eisenbahngesellschaft nur für den Verlust der auf ihrem Gelände gelagerten Munition im Wert von 3000 Dollar verantwortlich sei. Aber damit war die Angelegenheit noch nicht erledigt. Auch das übrige für Rußland bestimmte und durch die Explosion zerstörte Kriegsmaterial mußte in Rechnung gestellt werden, und hier wurden der Botschaft, oder vielmehr »dem Staat Rußland« (dem ursprünglichen Kläger) 853 000 Dollar zugesprochen.

Damit begannen die heftigen Streitigkeiten. Sergej Ughet war von der amerikanischen Regierung anerkannt. Aber die Beklagte argumentierte natürlich, daß der Schaden dem »Staat Rußland« entstanden sei und daß Ughet keine Regierung vertreten könne, die gestürzt worden war, geschweige denn ihre Nachfolgerin, die von der amerikanischen Regierung nicht anerkannt wurde. Das Gericht entschied schließlich, daß die Regierung durch ihre ausdrückliche Anerkennung Sergej Ughets gebunden sei und das Geld an ihn bezahlt werden müsse. Dabei wurde von juristischen Kreisen stillschweigend angenommen, daß Ughet das Geld seinerseits der Verringerung offenstehender zaristischer und späterer russischer Schulden beim US-Finanzministerium widmen würde. Revision wurde zugelassen.

Zweieinhalb Jahre später, kurz vor Weihnachten 1927, wurde im Anschluß an ein spätes Berufungsverfahren endlich ein Scheck über 984 104 Dollar ausgefertigt, zahlbar an Sergej Ughet »als den Vertreter Rußlands in diesem Land«. Elf Jahre waren vergangen, seit der angebliche deutsche Spion im Hafen von New York seine Verwüstungen unter dem für Rußland bestimmten amerikanischen Kriegsmaterial angerichtet hatte.[43] Aber damit hatte die lang hingezogene Angelegenheit noch immer nicht ihren Abschluß gefunden. Die letzte Wortmeldung blieb dem Außenminister der Sowjetunion, Tschitscherin, überlassen, der zwei Monate später ein Telegramm an das State Department sandte und gegen die Zahlung von Geldern, die dem »früheren russischen Finanzministerium« zustünden, an eine »Privatperson« protestierte.[44] Der Protest blieb unbeantwortet, und Ughet zahlte, nachdem er die Anwaltsgebühren daraus beglichen hatte, den Rest des Betrages an das US-Finanzministerium, um einen Teil der offenstehenden offiziellen russischen Kriegsschulden an die Vereinigten Staaten, die noch immer mehr als 190 Millionen Dollar betrugen, zu verringern. Wieder ging also Geld über Ughets Konto bei der National City Bank.

Diese spielte auch in anderen Streifragen jener Zeit eine Hauptrolle. Sie war Adressat von Ansprüchen und erhob selbst welche. Einige wurden von russischen und anderen Gläubigern auf Einlagen in New York erhoben. Verwandte der Kaiserinwitwe Marie und Vertreter Anna Andersons taten sich dabei besonders hervor. Andere Ansprüche erwuchsen aus den Einlagen, die in ihren Petrograder und Moskauer Zweigstellen gelegen hatten, als das neue bolschewistische Regime alle Banken verstaatlicht hatte. 1927 berechnete die National City Bank einmal, daß sich ihre aus der Russischen Revolution entstandenen Verluste auf rund 387 Millionen Rubel beliefen (zwischen 150 und 200 Millionen Dollar), und verlangte Entschädigung von der Sowjetregierung. Die Sowjets boten 10 Millionen Dollar an (etwa 2 Millionen Pfund); die National City Bank verlangte mindestens 24 Millionen Dollar. Die Gespräche wurden abgebrochen.

Das andere New Yorker Objekt ähnlich umstrittener Ansprüche war die Guaranty Trust Company. Die Bank war eng mit den Kriegsanleihen der zaristischen und später der Provisorischen Regierung verbunden gewesen, und als der bolschewistische Putsch stattfand, verfügte sie im Namen des russischen Finanzministeriums noch über Beträge in Höhe von 4 976 722 Dollar. Dies war im wesentlichen der Rest einer amerikanischen Anleihe von 1916. Sobald das US-Finanzministerium 1917 mit Ughet vereinbart hatte, die Einlagen bei der National City Bank zur Ablösung russischer Schulden zu benutzen, kam auch das Guthaben bei der Guaranty Trust von Zeit zu Zeit ins Gespräch, besonders 1920, als die Konten bei der National City Bank ihrer Erschöpfung entgegengingen und Zinszahlungen auf frühere russische Anleihen fällig wurden.

Wie die National City Bank geriet auch die Guaranty Trust während der 20er Jahre ins Visier aller echten und vermeintlichen Anspruchsberechtigten auf die Millionen des Zaren. Bald kam es zu einer neuen Entwicklung. Die Sowjetunion erklärte zwar einerseits, daß auch alle Auslandsvermögen, von den Vermögenswerten des Zaren bis zu jenen des einfachsten Bürgers, der Auslieferungspflicht unterlägen, nachdem bis dahin nur die Privatvermögen innerhalb der sowjetischen Grenzen verstaatlicht worden waren, erkannte aber andererseits, daß an die dringend benötigten westlichen Kredite bis zum Verzicht auf die Auslandsguthaben und bis zu einer Altschuldenregelung nicht zu denken war.

1933 wurde das Problem schließlich angepackt. Maxim Litwinow (eigentlich Wallach), der sowjetische Außenminister und ein alter Vertrauter Lenins, erklärte sich bereit, mit den Vereinigten Staaten über die Frage der russischen Altschulden zu verhandeln, wenn die amerikanische Regierung sich ihrerseits bereit finden würde, die Sowjetunion formal anzuerkennen. Nach dem noch im selben Jahr abgeschlossenen Roosevelt-Litwinow-Abkommen verzichtete die Sowjetunion auf alle in den Vereinigten Staaten liegenden russischen Vermögenswerte zugunsten der amerikanischen Regierung unter der Voraussetzung, daß die Vereinigten Staaten die sowjetische Regierung über alle auf diese Weise eingenommenen Vermögenswerte unterrichte. Damit war für die Amerikaner der Weg frei zur Identifizierung und Vereinnahmung aller vor 1917 im Land befindlichen russischen Vermögenswerte. Mit den Einnahmen daraus hoffte man zumindest einen beträchtlichen Teil der noch offenstehenden russischen Schulden zu begleichen. Es war ein Verfahren, das zu erreichen Großbritannien, wie wir in Kapitel 17 sehen werden, weitere dreiundfünfzig Jahre benötigte.

Der erste wesentliche Schritt war die Auflistung aller in Frage kommenden Vermögenswerte. Am 25. August 1933 übergab Sergej Ughet als letzter Sachwalter der früheren Kaiserlichen und Provisorischen Regierungen in den Vereinigten Staaten den amerikanischen Behörden die bis dahin in seinem Besitz befindlichen Vermögenswerte einschließlich der zur Botschaft gehörenden Immobilien.[45] Zwei Monate später stellte er eine kurze Liste des damals noch von ihm verwalteten russischen Vermögens zusammen:

Russische Botschaft, 16. Straße, Washington	
Bankeinlagen	in Dollar
Guaranty Trust (per 12. Dez. 1917)	4 976 722
New York Trust Co. (per 11. Aug. 1926)	46 584
New York Trust Co. (per 11. Nov. 1927)	11 680
National City Bank (per 30. Sept. 1933)	151 784
Forderungen gegen Curtiss Aeroplane Co., Canadian Pacific Railway, National City Bank, US Shipping Board, Guaranty Trust Co.	
Gesamt	8 188 420

Wieder findet sich kein Hinweis, daß persönliche Einlagen des Zaren Teil der restlichen Vermögenswerte waren. Wir wissen, daß die Gelder der Guaranty Trust im wesentlichen der Restsaldo von der Anleihe des Jahres 1916 waren. Der relativ kleine Geldbetrag, der bei der National City Bank verblieb, bezeugt, daß dieses Konto vom US-Finanzministerium zur Begleichung amerikanischer Schulden verwendet wurde. Nicht völlig klar ist, ob Ughet jeden Einzelposten aufgeführt hatte. Seine frühere Korrespondenz mit dem Außenministerium hatte eine Gesamtsumme von rund 15 Millionen Dollar angedeutet, jetzt führte er nur noch 8 Millionen auf. Eine 1930 von Ughet für das Finanzministerium angefertigte Liste war nicht auffindbar. Also schickte das Finanzministerium, gewissenhaft wie immer, ein Rundschreiben an alle amerikanischen Banken, in dem es um Information über frühere russische Konten ersuchte. Darauf gaben J.P. Morgan Co., die durch frühere Anleihen an die zaristische und die Provisorische Regierung hervorgetreten und auch an der durch Gold gedeckten Anleihe an Koltschak beteiligt gewesen war, 1935 zu, mehrere solche Konten zu unterhalten. Keines von ihnen war besonders groß, aber Ughet hatte keine Kenntnis von ihnen gehabt. Sie erbrachten schließlich 167 857 Dollar für das Finanzministerium.

Daß Ughet von diesen Konten nicht gewußt hatte, war mir Anlaß, die vom Finanzministerium schließlich kassierten Summen zu überprüfen, um festzustellen, ob auch andere zaristische Konten übersehen worden waren. Das Finanzministerium benötigte annähernd zwanzig Jahre, um seine Arbeit an diesem Komplex abzuschließen; bis 1953 war es ihm gelungen, 9 114 444 Dollar zusammenzubringen, die auf dem Depot-Sonderkonto 3 des US-Finanzministeriums gesammelt worden waren. Die Quellen wurden etwas später aufgelistet. Es waren keine aufregenden neuen Bankkonten aufgetaucht. Die wichtigsten, wie wir bereits wissen, waren bei der National City Bank, der Guaranty Trust und J.P. Morgan. Die Bank of New York in der Fifth Avenue war der einzige Neuzugang mit Einlagen in Höhe von 298 700 Dollar. Der Rest des Geldes war von Versicherungsgesellschaften, Industrieunternehmen, zwei Börsenhändlern und der Post gekommen.

So endet die amerikanische Spur, die vor der Revolution in Petrograd und 1919 in Omsk ihren Anfang genommen hatte, Mitte der 50er Jahre in Washington. Sie war aus den Bemühungen der National City Bank hervorgegangen, sich in der zaristischen Periode ihren Anteil am expandierenden russischen Markt zu sichern, und im Anschluß daran durch die amerikanischen Anleihen zugunsten der zaristischen und dann der Provisorischen Regierung, sowie durch den Gebrauch, den Admiral Koltschak von einem Teil des in Sibirien glückhaft erworbenen Goldes gemacht hatte, weiter ausgetreten worden. Alles war schließlich durch die Anstrengungen der russischen Botschaft in Washington (und ihres Konsulats in San Francisco) auf den verschiedenen Konten zusammengekommen. In den Vereinigten Staaten gab es bei Kriegsende also »zaristische« Einlagen in Höhe von bis zu 70 Millionen Dollar, nicht jedoch persönliche Vermögenswerte des Zaren. Überdies hat sich in New York von angeblichen früheren Geldanlagen oder Eisenbahnaktien des Zaren keine Spur gefunden. Noch bedeutsamer ist vielleicht, daß die sowjetische Regierung in keinem ihrer detaillierten, vor den Gerichten geltend gemachten Ansprüchen die Frage persönlicher Vermögenswerte des Zaren in den Vereinigten Staaten zur Sprache gebracht hat.

17 London

Russische Finanzverbindungen mit der Londoner City gab es seit Jahrhunderten, vom Handel mit Holz und Pelzen über die Ostseehäfen bis zum Goldbergbau bei Jekaterinburg, und von Staatsanleihen zaristischer Regierungen bis zur Finanzierung von Tausenden von Eisenbahnkilometern durch Sibirien. Londons Investitions- und Außenhandelsbanken wie Rothschild, Baring, Hambros und Brandt spielten eine herausragende Rolle bei der wirtschaftlichen Entwicklung Rußlands. Auch die Romanows hatten ihre Verbindungen in die Londoner City. Nikolaus' Vater, Zar Alexander III., hatte ein persönliches Konto bei der Bank von England und vererbte es auf seinen Sohn.

Vor 1914 war das Pfund Sterling mit seinem Goldstandard die

weltweit anerkannte Leitwährung, und die Bank von England sein Wächter. Die Bankiersfamilien der City, von denen viele aus Kontinentaleuropa zugewandert waren, waren aktive Spieler auf der Weltbühne. Noch heute behauptet London im internationalen Geschäft einen größeren Umsatz als jeder seiner beiden Hauptrivalen New York und Tokio.

Es ist auch leicht zu verstehen, warum die meisten Anwärter auf und Forscher nach Auslandsvermögen der Zarenfamilie ihr Hauptaugenmerk auf die Bank von England richteten. Als die britische Staatsbank (obwohl sie damals in Privatbesitz war) hatte sie bei der Finanzierung der russischen Kriegsanstrengungen eine bedeutende Rolle gespielt. Nicht zuletzt mag die Redensart »so sicher wie die Bank von England« absichtlich geprägt worden sein, um so exklusive Investoren wie die russischen Zaren anzulocken. Anna Andersons Anhänger waren ganz in solchen Gedankengängen gefangen, wenn sie unbewußt (oder absichtlich) ihren »Hinweis« auf »*eine* Bank *in* England« zu einem auf »*die* Bank *von* England« machten.

Der ursprüngliche »Notgroschen« war von Alexander II. auf Alexander III. gekommen, der auf diese Weise ca. 90 Millionen Goldrubel (9 Millionen Pfund) erbte. Nikolaus' Vater machte sich sogleich daran, seine persönliche Finanzlage durch eine Serie von Maßnahmen zu verbessern, die zum Schrecken aller Höflinge von St. Petersburg bis Livadia darauf abzielten, die Unterhaltskosten seiner zahlreichen Paläste zu senken und Verschwendung abzustellen.

> Die Bücher seiner Verwalter, zur Inspektion nach Gatschina eingesandt, wurden voll von knappen Randbemerkungen in roter Tinte zurückgegeben. Tischwäsche war nicht jeden Tag zu wechseln, Seife und Kerzen waren nicht fortzuwerfen, sondern aufzubrauchen, in leeren Räumen waren die Lichter zu löschen. Der Hauptverwalter eines der Paläste mußte lesen, daß es, wenn sich zwanzig Leute zur Mahlzeit an einen Tisch setzten, nicht nötig sei, hundert Eier für ein Omelett zu verwenden.[41]

Diesen eher belanglosen Nörgeleien an Details folgten Einschnitte in seine eigene Zuteilung aus der Zivilliste, die sein Jahreseinkommen um 18 Millionen Rubel verringerten. Um das Einkommen aus den kaiserlichen Ländereien zu schützen, die zu einem großen Teil von Katharina der Großen aus der Privatschatulle erworben worden waren, verringerte er die Zahl künftiger Nutznießer unter seinen Verwandten, indem er den Titel eines Großfürsten oder einer Großfürstin auf die Kinder und Enkel des Souveräns beschränkte.

Was die Investition der geerbten 90 Millionen Rubel betraf, so beschloß Alexander, sie in London anzulegen. Der Transfer wurde von N.D. Ignatjew und W.A. Scheremetjew unternommen. Dies war vermutlich am Beginn der Regierungszeit Alexanders III. in den frühen 1880er Jahren. Fürst Dimitri Obolenskij erfuhr die Einzelheiten der Transaktion unmittelbar von der einzigen Person, die volle Kenntnis davon gehabt haben mußte: Graf Alexander Adlerberg, Minister am Kaiserlichen Hof und direkt mit der Verwaltung der privaten Vermögenswerte des Zaren beauftragt.[47]

Als Nikolaus bei seiner Thronbesteigung 1894 die Londoner Investitionen erbte, überlegte er natürlich, was er mit dem Geld anfangen solle. Obwohl es ihm an detaillierten Kenntnissen des Finanzwesens fehlte, wollte er angesichts des wachsenden Kapitalbedarfs seines eigenen Landes und der Tatsache, daß Rußland auf den Finanzmärkten der Welt bereits riesige Anleihen gezeichnet hatte und wahrscheinlich weitere benötigen würde, nicht so große persönliche Summen im Ausland unterhalten. So entschied er sich für die Rückführung der Gelder nach Rußland.

Das war nicht ganz einfach. Die Bank von England bedauerte natürlich, daß eine so hohe Einlage aus London abgezogen werden sollte, und war zweifellos in einiger Sorge um die möglichen Auswirkungen auf die Wechselkurse. In jenen Tagen gab es keine wirklichen Devisenmärkte, wie wir sie heute kennen, und daher keine Gefahr, daß das Pfund Sterling unter Druck geraten könne; bis 1914 wurden die Wechselkurse (im wesentlichen die Rate, zu der »Wechsel auf London« in andere Währungen umgetauscht werden konnten) nur zweimal wöchentlich an der Londoner Börse von den zylinderbewehrten Repräsentanten der wichtigsten Maklerfirmen festgesetzt. Aber die Bank kann kaum Freude daran gehabt haben, einen so angesehenen Kunden zu verlieren. Nach Fürst Obolenskij war »der Transfer von großen Schwierigkeiten begleitet. Die Bank von England legte ihm alle möglichen Hindernisse in den Weg.«

Infolgedessen fand die Russische Staatsbank es erforderlich, einen Beauftragten nach London zu entsenden, um die Einzelheiten des Transfers zu überwachen. Der Auserwählte war E. D. Pleske, ein Direktor der Staatsbank. Fürst Obolenskij nannte kein Datum für den Abzug des Zarenguthabens aus London, beharrte aber darauf, daß danach keine Gelder der kaiserlichen Familie dort oder anderswo eingelegt wurden, was schwierig zu glauben ist. Aber es ist heute möglich, den endgültigen Abzug der Gelder zu datieren.

Während meiner eigenen, mehr als zwei Jahrzehnte währenden Romanow-Nachforschung hatte ich zahlreiche Kontakte mit der Bank von England, und bisweilen ergaben sich unverhoffte Gelegenheiten zur Verifizierung. Von 1895 bis 1900 unterhielt Nikolaus ein persönliches Konto auf seinen eigenen Namen bei der Bank, im Hauptbuch unter dem handschriftlichen Titel »Zar Nikolaus II.« verzeichnet. Die letzte Summe, die darin erschien und 1900 repatriiert wurde, war ein Restbetrag von 5008 Pfund.

Seit damals hat es zu keiner Zeit Hinweise gegeben, die darauf hindeuteten, daß Nikolaus bei der Bank von England ein Konto für sich oder ein Familienmitglied eröffnet hätte.

Seit 1918 hat die Bank von England sowohl in persönlichen Gesprächen als auch in öffentlichen Verlautbarungen darauf hingewiesen, daß sie über keine Vermögenswerte verfügte, die Nikolaus II. oder seinen unmittelbaren Angehörigen gehörten. Die verschiedenen Entscheidungen deutscher Gerichte über Anna Andersons Ansprüche führten regelmäßig zu Anfragen von seiten der Presse, die ebenso regelmäßig negativ beantwortet wurden: »Die Bank von England verwahrt keine Vermögenswerte, die dem letzten Zaren oder seiner Familie gehören. Noch verwahrt die Bank Vermögenswerte seiner Kinder oder anderer Mitglieder der Kaiserlichen Familie.«[48] Als ich einmal die Notwendigkeit sah, mich zu vergewissern, daß dies nicht nur Routinedementis von Beamten waren, die sich an politische Weisungen hielten, nahm ich die nächste Gelegenheit wahr, um die Angelegenheit beim Mittagessen mit einem früheren Gouverneur der Bank von England zur Sprache zu bringen, der mit einem solchen Dementi befaßt gewesen war und den ich persönlich als vertrauenswürdig kannte. Hatte er in der Angelegenheit interne Nachforschungen angestellt, und hatte er die Gewißheit, daß seine Beamten ihm kein Material vorenthielten? Er bestätigte beides.

Wenn vor dem Ersten Weltkrieg Vermögenswerte des Zaren oder seiner Kinder in London investiert wurden und 1918 noch dort waren, dann muß das Netz offensichtlich viel weiter ausgeworfen werden, um sie zu finden. Die nächstliegende Möglichkeit außer Baring Brothers ist Coutts, das Bankhaus der britischen Königsfamilie. Beide Banken haben sich längst an entsprechende Fragen gewöhnt, die regelmäßig lautwerden, wenn in der Öffentlichkeit wieder einmal Spekulationen über den Verbleib der fehlenden Romanow-Millionen angestellt werden.

Ungeachtet der frustrierenden Erfahrungen Edward Fallows' in der Zwischenkriegszeit setzten Anna Andersons spätere Rechtsberater und Helfer die Bemühungen fort, während ihr Fall in den späten 50er Jahren seinen langsamen Weg durch die deutschen Gerichtsinstanzen nahm. 1958 ging ein Bundestagsabgeordneter aus Bonn derselben Fährte nach und ersuchte offen um Informationen über das Zarenvermögen, zuerst bei Baring Brothers, wo er mit Sir Edward Peacock sprach, dann bei Coutts und schließlich bei der Bank von England. Sir Edward Peacock wimmelte ihn offenbar mit der Erklärung ab, er sei erst seit 1924 Direktor von Baring Brothers und habe keine Kenntnis über frühere Vorgänge. Coutts schickte ihn zur Bank von England, wo ein Beamter sich im allgemeinen zu Auslandsguthaben in London und im besonderen bei der Bank von England äußerte und im übrigen das Standarddementi wiederholte.[49]

Im Gefolge der DNS-Untersuchung der Gebeine der kaiserlichen Familie in Aldermaston im Winter 1992/93 gingen bei Coutts wiederum eine Anzahl Anfragen ein, und der Archivar der Bank wurde ein weiteres Mal aktiv. Wie in der Vergangenheit, fanden sich auch diesmal keine Spuren von Einlagen der Zarenfamilie, doch entdeckte der Archivar einen alten Blechkasten, der mit dem Namen »Romanow« gekennzeichnet war. Waren dies die letztwilligen Verfügungen über die Romanow-Reichtümer, die alle Welt gesucht hatte? Die angegebene Jahreszahl 1922 wurde notiert, der Blechkasten abgestaubt und geöffnet. Er enthielt die Reste von Material, das seit dem Tod von Lord Northcliffe, dem früheren Eigentümer der Tageszeitung *The Times* und *Daily Mail,* vor siebzig Jahren ungeöffnet geblieben war. Er war Bankkunde bei Coutts gewesen.

Die Unterlagen gaben keinen Hinweis auf Reichtümer der Zarenfamilie, enthielten aber das maschinengeschriebene Manuskript eines Tagebuches, das Lord Northcliffe 1920 zur Veröffentlichung zugesandt worden war und dem Vernehmen nach von Prinzessin Nadine Mikhailowna stammte, die darin beschrieb, wie sie die Kaiserliche Familie von Zarskoje Selo nach Jekaterinburg begleitet hatte, dem Massaker entkommen und später nach Japan geflohen war. Ob Northcliffe das Manuskript gelesen und abgelehnt, oder es einfach ungelesen beiseite gelegt hatte, bleibt unklar. Nach seinem Tode hatte Northcliffes Sekretär offensichtlich versucht, es der Absenderin zurückzuschicken, die eine bekannte New Yorker Bank als ihre Anschrift angegeben hatte, war aber erfolglos geblieben. Das Tagebuch war seit damals ungeöffnet und ungelesen geblieben. Für unsere Nachforschungen ist es unerheblich, seine weitere Bedeutung wird in Anhang B untersucht.

Wenn Coutts sich auch in der Frage der Zarengelder als unergiebig erwies, so würde, das wußte ich, Barings fruchtbarer sein. Dessen eingedenk, was der Vorstandsvorsitzende Sir Edward Reid mir 1956 erzählt hatte, war mir klar, daß zaristische Gelder verschiedener Art durch die Hände der Bank gegangen waren, und zwar über lange Zeiträume hinweg. Die Bank, 1762 gegründet, war seit 1805 in Bishopsgate ansässig und hatte seit mindestens 1817 mit russischen Anleihen gehandelt, als Pakete solcher Papiere aus Amsterdam eingetroffen waren. Ein Jahr später sagte der Duc de Richelieu, es gebe in Europa sechs Großmächte: England, Frankreich, Rußland, Österreich-Ungarn, Preußen und Barings.[50]

Obwohl die Bank eine Zeitlang von ihrer Konkurrentin Rothschild überstrahlt wurde, entwickelte sie ihre Verbindungen weiter und baute sie aus, zum Teil durch ihre Korrespondenzbank Hopes in Amsterdam, zum Teil direkt, was 1850 zu ihrer Beteiligung an der Finanzierung der neuen Eisenbahnlinie Moskau–St. Petersburg und später zu einem Kredit für den Kaiserlichen Hof führte. Barings war zum offiziellen Agenten der russischen Regierung geworden. Bald übernahm die Bank mehr und mehr Kommissionen für die Kaiserlich-russische Regierung, die nach der Jahrhundertmitte in der Aufgabe gipfelte, am Vorabend des Krimkrieges russisches Gold im Wert von 1 Million Pfund aus der Bank von England zu »evakuieren«. Kein Wunder, daß der damalige Premierminister Palmerston Thomas Baring als »den bekannten und erklärten ... Privatagenten der russischen Regierung« etikettierte.

Als offizielle Agenten der Kaiserlich Russischen Staatsbank plazierten Barings von da an in regelmäßigen Abständen Staatsanleihen auf den europäischen Finanzmärkten, um zum Ausgleich des russischen Staatshaushalts beizutragen. Zusammen mit Rothschild übernahm die Bank an führender Stelle den Verkauf russischer Kommunalobligationen und Eisenbahnanleihen bis zum Ausbruch des Ersten Weltkriegs. Obwohl Paris während dieses Zeitabschnitts viel stärker als London in russischen Finanzierungsprojekten engagiert war, insbesonders in Anleihen der Russischen Staatsbahn für den Ausbau des Streckennetzes, spielten Barings eine führende Rolle bei der Plazierung der großen russischen Staatsanleihen von 1906 und 1909, für die Schuldverschreibungen über 89 Millionen und 55 Millionen Pfund ausgegeben wurden. Nach Kriegsausbruch wurde die Bank auf Grund dieser Verbindungen selbstverständlich in die alliierte Finanzierung der russischen Kriegsanstrengungen einbezogen, wie die Vereinbarungen, die Peter Bark 1915 in Paris mit Lloyd George traf, bestätigen. Barings erhielt eine Schlüsselrolle als Agent der britischen Finanzhilfe für Rußland, eine Rolle, die noch wenige Wochen vor der Revolution 1917 bekräftigt wurde, als der Vorstandsvorsitzende von Barings, Lord Revelstoke, als Großbritanniens offizieller Unterhändler bei der letzten alliierten Konferenz in Petrograd zum bevollmächtigten Minister ernannt wurde.

An das, was Barings dabei für sich selbst herausholte, erinnerte Peter Bark, der 1936 von jährlich 60000 Pfund sprach. Das mag sogar untertrieben gewesen sein: In einem bestimmten Zwölfmonatszeitraum während des Krieges leiteten Barings staatliche Kredite im Wert von 300 Millionen Pfund an Rußland weiter und erhielten dafür, bei einem Provisionssatz von 1/16 Prozent, 187 500 Pfund Provision. Bei kleineren Krediten lag die Provision zwischen einem viertel und einem Prozent. Selbst ein viertel Prozent von 25 Millionen Pfund waren schon 62500 Pfund und damit die von Bark vermutete Summe. Die eher bescheidenen Provisionsraten wurden durch den enormen Kreditbedarf Rußlands während des Krieges mehr als aufgewogen.

Aus einem Gespräch mit Edward Reid, und nachdem ich mit dem Finanzministerium sowie mit den sowjetischen Delegierten gesprochen hatte, die damals zur Vorbereitung des Besuchs von Bulganin und Chruschtschow nach London gekommen waren, folgerte ich, daß die Gesamtsumme zaristischer Einlagen bei Barings unter 10 Millionen Pfund liegen müsse, obwohl andere von 40 Millionen oder gar 60 Millionen Pfund sprachen. Am 23. April 1956 erläuterte ich die Einlagen in der *Times*:

> Ein Teil der Einlagen besteht aus relativ kleinen Girokonten auf die Namen russischer Banken und Gesellschaften, der Kaiserlich Russischen Botschaft und ihrer Beamten zur Zeit der Revolution von 1917, aber der Hauptanteil besteht aus Geldern, die der Kaiserlich Russischen Regierung von der britischen Regierung vorgestreckt worden waren, um damit Rohmaterial und Kriegslieferungen zu bezahlen. Die britische Regierung finanzierte dies durch die Diskontierung russischer Schatzanweisungen, mit dem Ergebnis, daß der Kontostand in einigen Fällen unausgeglichen war, als die zaristische Regierung stürzte.

Viele Jahre später wurden Barings neuerlich zum Gegenstand meiner Nachforschungen. Sir John Baring (jetzt Lord Ashburton), der inzwischen Vorstandsvorsitzender geworden war und den ich gut kannte, war außerstande – bzw. aus Gründen der Geheimhaltung nicht bereit –, mehr Hintergrundinformationen zu liefern, als sein Vorgänger es getan hatte. Schuldenverhandlungen mit den Sowjets und Gerichtsverfahren wegen alter Forderungen von Einzelpersonen und Firmen aus der Kriegszeit komplizierten Barings Situation. Die Antworten mußten also anderswo herkommen.

Eine mögliche Quelle war die frühere russische Botschaft in London, die nach dem Tode des Botschafters Graf Alexander Benckendorff im Januar 1917 von E. Sabline, dem früheren Finanzattaché und späteren Botschaftsrat, nach der Revolution weitergeführt worden war. Hinzu kamen die Akten und Archive des Außenministeriums, des Finanzministeriums, der Bank von England und, wie ich später entdeckte, des Kabinettsbüros. Die Benckendorff-Papiere landeten 1988 in der Columbia University in New York, nachdem seine Enkelin, Mrs. Nathalie Brooke, sie Mitte der 80er Jahre, ebenso wie die seines Bruders Paul, des letzten Hofmarschalls des Zaren, auf dem Dachboden eines englischen Landhauses gefunden hatte.

Die offiziellen britischen Akten über russische Bankeinlagen bei Barings und anderen britischen Kreditinstituten sowie diejenigen über das russische Herrscherhaus sind der Öffentlichkeit nur zum Teil zugänglich. Es kostete mich fünfzehn Monate Korrespondenz, um das Foreign Office zu überreden, weitere Akten freizugeben. Danach wurden die entsprechenden Akten im Finanzministerium und der Bank von England gleichfalls zugänglich gemacht. Die folgende Darstellung beruht auf dem, was in London und New York schließlich zum Vorschein kam.

Erste Anzeichen, daß das neue bolschewistische Regime ein Auge auf mögliche zaristische Depositen in London geworfen hatte, kamen im April 1918, als das britische Außenministerium Anfragen seines vorläufigen Vertreters in Moskau über Botschafts- und Konsulatsgelder in Petrograd und Moskau erhielt. Angeblich ging es um 20 Millionen Rubel (zwischen einer und 1,5 Millionen Pfund). Das meiste davon liege in der Staatsbank und in der Russian and English Bank. Angesichts der undurchsichtigen Lage in Petrograd erbat das Foreign Office Trotzkis Genehmigung zum Transfer aller Gelder nach Moskau, die auch bereitwillig erteilt wurde. Doch als die noch in Petrograd verbliebenen britischen Beamten um Erlaubnis nachsuchten, ihre privaten Gelder nach Moskau zu überweisen, um dann frei darüber zu verfügen und sie gegebenenfalls ins Ausland zu transferieren, gab es neue Hindernisse. Das Wichtigste wurde in einem Telegramm aus Petrograd nach London nüchtern angesprochen: »Russische Regierung gestattet uns (freie Verfügung über) alle Einlagen, sobald wir im Prinzip ihr Anrecht auf russische Regierungsgelder in England anerkennen.«[51]

Der nächste Schachzug der Bolschewisten ließ nicht lange auf sich warten. Maxim Litwinow, der als möglicher Botschafter nach London entsandt, aber offiziell nicht anerkannt worden war und einfach als Sowjetrußlands »politischer Vertreter« dort blieb, trat wegen der Verwendung von Schecks auf russische Guthaben bei der Bank an Barings heran. Diesem Vorstoß ließ er einen Brief von einer Londoner Anwaltskanzlei folgen, die seine Beglaubigungen seitens der Sowjetregierung vorlegte und erklärte, sie gäben ihm die »volle und alleinige Autorität« über die russische Botschaft in London (und die Militärmission).

Gleichzeitig warnte er die Bank, daß »keine Person von nun an berechtigt« sei, »Schecks auf die Konten der Botschaft oder der russischen Militärmission oder irgendein anderes Konto einzulösen, auf dem Gelder der Russischen Regierung deponiert« seien. Von nun an dürften von den russischen Konten bei der Bank keine Beträge abgehoben oder überwiesen werden.

Litwinow, der später sowjetischer Außenminister werden sollte, war entschlossen, zu verhindern, daß die bei Barings liegenden Gelder vom alten russischen Botschaftspersonal (Sabline und seinem Kollegen Ermatow) verwendet wurden, die loyal zur früheren zaristischen und danach zur Provisorischen Regierung gehalten hatten. Baring bat das Außenministerium um Rat. »Wir haben solche Guthaben. Autorisiert Litwinows Ernennung ihn, andere daran zu hindern, ihre Rechte im Hinblick auf solche Gelder wahrzunehmen? Da die Konten täglich in Bewegung sind, ist dringend zu klären, welcher Kurs verfolgt werden soll.« Dann führte die Bank genau an, welche Gelder sie in Verwahrung hatte und wie die Konten geführt worden waren. Die Akte ist eine nützliche Erinnerung an das, was Peter Bark und Lloyd George 1915 in Paris eingeleitet und später praktiziert hatten.

Die britische Regierung hatte sich damals bereit erklärt, der russischen Regierung im Austausch gegen Goldlieferungen Kredite in Höhe von durchschnittlich 25 Millionen Pfund im Monat einzuräumen. Ein russischer Regierungsausschuß wurde in London als Vertretung der russischen Regierung etabliert, um die Schecks an Firmen zu zahlen, die Munition und Kriegsmaterial lieferten. Die Kontrakte selbst wurden separat vereinbart und genehmigt. Die dem Wert der Lieferungen entsprechenden russischen Schatzwechsel sollten der Bank von England (die das Gold hatte) präsentiert werden, und die Bank ihrerseits diskontierte die Schatzwechsel, das heißt, sie tauschte sie in Bargeld um und gab dieses an Barings weiter. Das Konto bei Barings war ein »Sonderkonto« auf den Namen der Chancellerie de Credit in Petrograd, eine Abteilung des Finanzministeriums. Neben der Chancellerie de Credit hatten bestimmte Beamte der russischen Botschaft in London Zugang zu dem Konto. Die autorisierten Unterschriften in London hatten sich nicht geändert, als die Provisorische Regierung die Kaiserliche ablöste. Litwinow warnte nun den Vorsitzenden des russischen Regierungsausschusses, er (Litwinow) habe Vollmacht, über die Baring-Konten zu verfügen. Die Antwort war ein Brief, in dem ihm mitgeteilt wurde, daß der Ausschuß ihn nicht anerkennen könne.

In seinem an das Außenministerium gerichteten Appell wies Barings darauf hin, daß es seit der Revolution keine anerkannte Regierung gebe, an die man sich wenden könne, und wollte wissen, was von Maxim Litwinows Beglaubigungen zu halten sei. Der ursprüngliche Russische Regierungsausschuß hatte sich inzwischen in den Russischen Liquidationsausschuß verwandelt und schlug sich mit rund 150 britischen Firmen herum, denen Rußland für bereits geliefertes Kriegsmaterial Geld schuldete.

Das Außenministerium konsultierte das Finanzministerium, und als Ergebnis der Beratungen wurden Barings und andere Banken mit ähnlichen, wenn auch kleineren russischen Einlagen angewiesen, daß niemand autorisiert sei, über die Konten und ihre Einlagen zu verfügen. Sie sollten »außer Kraft gesetzt« werden, natürlich ohne das Recht des Finanzministeriums zu präjudizieren, die dort liegenden Mittel künftig zur Schuldenverrechnung zu verwenden. Auch Litwinow wurde darüber informiert. Aber das Finanzministerium ließ es nicht dabei bewenden. Unter Beachtung der Empfindlichkeiten der Banken, was das Verhältnis zwischen ihnen und ihren Kunden anging, verlangte es die Auszahlung der russischen Einlagen an das Schatzamt mit der Begründung, daß die Gelder praktisch alle vom Finanzministerium der russischen Regierung vorgestreckt worden seien. Das traf nur zum Teil zu und war geeignet, die Banken in Schwierigkeiten zu bringen. Doch folgte das Finanzministerium damit dem Kurs, den das US-Finanzministerium im Falle der National City Bank in New York eingeschlagen hatte.

Das Ergebnis war, daß die London Joint Stock Bank (die Vorläuferin der Midland Bank) 166000 Pfund und Barclays Bank 35000 Pfund ablieferten. Andere Banken beanspruchten einen Ausgleich angesichts anderer offenstehender russischer Verbindlichkeiten. Barings, die zu diesem Zeitpunkt mehr als 4 Millionen Pfund russischer Gelder auf ihren Konten hatten, stimmten der Aufforderung zur Ablieferung des Geldes gegen eine Absicherung zunächst zu, besannen sich dann aber eines anderen und erklärten dem Finanzministerium, daß es keinen gesetzlichen Anspruch auf das Geld habe.[52]

Die Beamten des Finanzministeriums überdachten nach der Ablehnung ihrer Forderung durch Barings die Situation. Sie erkannten, daß Barings zwei verschiedene Arten von Einlagen verwalteten: diejenigen des Russischen Regierungsausschusses, die eingerichtet worden waren, um Kriegsgerät und Munition zu bezahlen, die auf der Grundlage britischer Anleihen bestellt worden waren; und diejenigen der Kaiserlich (später Provisorischen) Russischen Regierung. Sie waren der Meinung, daß es zwischen den beiden keinen rechtlichen Unterschied gebe. Die Einlagen der ersten Kategorie machten insgesamt anscheinend 1,3 Millionen Pfund aus und reichten aus, um die noch ausstehenden Forderungen britischer Lieferfirmen zu befriedigen. Die zweite Kategorie, die Einlagen der Kaiserlich Russischen Botschaft, belief sich auf annähernd 3 Millionen Pfund.

Am Ende faßte eine handschriftliche Notiz in der Akte des Finanzministeriums dessen Unbehagen über den Erhalt der russischen Depositen von der London Joint Stock Bank und Barclays zusammen: »Es ist unwahrscheinlich, daß wir zur Rückzahlung aufgefordert werden, aber wir hatten kein Recht, das Geld zu nehmen, und jeder anerkannte Nachfolger der Kaiserlichen Regierung würde berechtigt sein, Anspruch darauf zu erheben.« Das war ein Gedanke, den Nikolaus II., hätte er überlebt und wäre er auf den Thron zurückgekehrt, sicherlich lobend anerkannt haben würde. Aber der tatsächliche Nachfolger, der einstweilen noch auf seine Anerkennung zu beiden Seiten des Atlantik wartete, war ein sowjetischer, und indem das Finanzministerium sich dies vergegenwärtigte, versuchte es sich mit einer zusätzlichen Überlegung zu trösten: »Unsere Antwort könnte sein, daß Sie, wenn Sie berechtigten Anspruch auf die Vermögenswerte erheben, auch die Verbindlichkeiten übernehmen müssen, und dann schulden Sie uns X Pfund.«

Das Baring-Depot überstand diesen ersten Übernahmeversuch sowohl seitens des Finanzministeriums als auch der Sowjetregierung. Andere sollten folgen, als die Sowjets an sich zu bringen suchten, was sie als ihr legitimes Eigentum betrachteten; und als das Finanzministerium eine Lösung zu finden suchte, offenstehende

Ansprüche britischer Firmen mit den Geldern zu verknüpfen. Was das Finanzministerium wußte, die Sowjets hingegen nicht, war die genaue Höhe der Einlagen auf jedem der Baring-Konten. Die Akte des Finanzministeriums, 1993 endlich freigegeben, enthält die genauen Einzelheiten nach dem Stand vom Mai 1918 und war ursprünglich bis zum Jahre 2001 als geheim gesperrt:[53]

BARING BROTHERS & CO.
(Mai 1918)

Chancellerie de Credit	Pfund	*(Erläuterungen)*
Compte Special	854 391	(Benötigt Erlaubnis Fin. Min.)
Ordinaire	573 505	(Verschiedene Zahlungen)
Deux	362 545	(Freier Kredit 2000 monatlich)
Intervention	523 976	(Wechselkursregulierung)
Produit	10 002	(Angleichung in bezug auf Schatzwechsel)
Gesamt	2 324 420	
Ministère des Finances		
Tresor Russe		
Compte Ordinaire	276 422	
Russische Botschaft		
Flüchtlingshilfe	8 396	
Gewöhnliches Exportkonto	3 724	
Repatriierung politischer Flüchtlinge	952	
Compte Inotrans Nr. 1	41 105	(unbekannt)
Compte Inotrans Nr. 2	50 000	(Flüchtlinge?)
Gesamt	104 178	
Konten russischer Offiziere		
S. P. Ermolajew	456	
Admiral Kedrow	657	
N. Kemmer	2 338	

E. Lemann	1 896
Gen. Lt. Jermolow und	
Gen. Maj. Diakonow	47 172
Konteradmiral Wolkow	89 139

(*Anmerkung:* Diese Gelder gehören nicht den genannten Offizieren. Die den zwei Generälen zugeordneten Beträge sind Ausgaben der Militärorganisation. Die des Admirals sind Ausgaben des Marineattachés.)

Gesamt	141 661

Russischer Regierungsausschuß	
Allgemeines Konto	1 166 886
Transportkonto	17 089
Wollkonto	80
Gebühr für »Compte	
Ordinaire«	1 640
Konto New York	
(134 830 $)	28 316
Gesamt	1 213 713

Die Aufstellung zeigt das Erwartete, nämlich die normalen Tätigkeiten der Botschaft, abgebildet durch verschiedene Konten, von denen einige mit Auslandsangelegenheiten zusammenhingen, andere mit den vielfältigen Aufgaben, die der Botschaft eines kriegführenden Landes zufallen, bis hin zur Finanzierung von Verbindungsoffizieren des Heeres und der Marine. Hinter einem oder zwei Konten verstecken sich auch Sonderoperationen, die Baring zugunsten der russischen Regierung unternahm. Eins ist das offensichtlich der Finanzierung von Munitionslieferungen dienende Konto des Russischen Regierungsausschusses, eines von Litwinows ursprünglichen Zielen. Zwei andere sind weniger offensichtlich, waren während des Krieges aber höchst einflußreich und besonders aktiv. Dies waren die Konten »Compte Deux« und »Intervention« der Chancellerie de Credit, die als Hauptvehikel zur Stützung des Rubels auf den Devisenmärkten gedient hatten.

Es war von entscheidender Bedeutung, daß der Rubel während

der Kriegsjahre so stabil wie möglich blieb, weil in dieser Zeit in Paris, London und in geringerem Umfang auch in New York große Finanzierungsgeschäfte mit Rußland ausgehandelt wurden. Das britische Finanzministerium entschloß sich bald, an der Operation nicht mehr teilzunehmen, und schlug vor, daß die normalen Mechanismen der Londoner City eingesetzt werden sollten. Das bedeutete nichts anderes als die Bank von England und Barings. Die Folge davon war, daß Millionen von Pfund Sterling zur Stützung des Rubels von der Bank von England auf die Sonderkonten von Barings flossen.

In dem Maße, wie der Kriegsdruck seine Spuren im russischen Staatshaushalt hinterließ, wuchs die Notwendigkeit zu Interventionen auf den Devisenmärkten, um den Rubel zu stützen. Nicht weniger als 26,8 Millionen Pfund wurden zwischen dem 2. April 1916 und Februar 1917 zu diesem Zweck ausgegeben und über Barings geleitet. Allein in einem Zeitraum von neun Tagen Mitte Mai 1917, während der Amtszeit der Provisorischen Regierung, kauften Barings praktisch alle Rubel auf, die auf die Märkte geworfen wurden, eine Operation, die das Äquivalent von 27 Millionen Rubel in Pfund kostete.[54] Aber wenigstens wurden sie von der russischen Regierung und der Bank von England entschädigt. Und als die Kosten dieser Operationen feststanden, wurden sie vom Finanzministerium übernommen.[55]

Dies ist ein weiteres Beispiel dafür, wie eng Barings während des Krieges und unmittelbar danach in russische Finanzangelegenheiten verstrickt waren. Sie hatten mit der Umleitung der russischen Kriegslieferungskredite über die Bank eine hübsche Summe verdient, wie Peter Bark sie erinnerte, als er 1936 der Hilfe bedurfte. Ihre eigene Anerkennung dessen, was sie den russischen Finanzministern verdankten, wurde beim Tod Lord Revelstokes, des Vorstandsvorsitzenden von Barings während der Kriegszeit, durch eine späte Enthüllung des Grafen Kokowzew, Peter Barks unmittelbaren Vorgängers als Finanzminister, dramatisch veranschaulicht.

Wie Peter Bark war auch Kokowzew aus Rußland entkommen und hielt sich Ende 1918 auf dem Weg nach Paris kurze Zeit in London auf. Natürlich meldete er sich bei Barings, die er als früherer zaristischer Finanzminister gut gekannt hatte, und wollte bei der Gelegenheit seine Bekanntschaft mit Lord Revelstoke erneuern. Offenbar kam er unangemeldet, denn Revelstoke war sichtlich schockiert, ihn vor sich zu sehen, nachdem er kurz zuvor in Zeitungsmeldungen von Kokowzews Tod gelesen hatte. Er erholte sich rasch von seinem Schreck, und bevor Kokowzew sein Büro wieder verließ, bat Revelstoke ihn um »eine kleine persönliche Gefälligkeit«. Ohne zu wissen, von welcher Art sie sein mochte, erklärte sich der Russe sofort bereit, alles zu tun, was er wünsche.

Elf Jahre später, nach Revelstokes Tod im Jahre 1929, fühlte Kokowzew sich endlich frei von der Verpflichtung, über die Episode Stillschweigen zu wahren. In einer russischen Emigrantenzeitschrift berichtete er, was in Revelstokes Chefbüro in Bishopsgate geschehen war:

> (Revelstoke) verließ den Raum und kehrte gleich darauf mit einem versiegelten Umschlag zurück, den er mir in Gegenwart meiner Frau und eines mir unbekannten Herrn übergab. Er bat mich, ihn zu Haus zu öffnen und nicht zu vergessen, daß er von einem aufrichtigen Freund gekommen sei, dessen dankbare Erinnerung an seine frühere Zusammenarbeit mit mir nicht verblaßt sei, und fügte zum Abschied hinzu: »Sie werden mich sicherlich nicht mit einer Ablehnung kränken, zumal dies die erste Gefälligkeit ist, um die ich Sie je gebeten habe.«
>
> Im Umschlag fand ich ein Scheckbuch mit zweiundfünfzig Blankoschecks. Das Schicksal bewahrte mich davor, auch nur einen einzigen Scheck verwenden zu müssen, und nach zahlreichen Versuchen, ihm das Scheckbuch zurückzugeben, gelang es mir einige Jahre später, es Lord Revelstoke wieder auszuhändigen. Er nahm es schließlich an, und ich gab ihm mein Wort, den Vorfall niemals vor anderen zu erwähnen.[56]

Ihre Bekanntschaft war damals annähernd zwei Jahrzehnte alt, Jahre, in denen Baring sich mit den wichtigsten französischen Banken zusammengetan hatte, um praktisch alle großen russischen Eisenbahnanleihen ebenso wie die russischen Staatsanleihen von 1906 und 1909 auf dem Markt zu plazieren. Lord Revelstoke, damals noch John Baring, hatte 1895 sogar für die Miete des russischen Botschaftsgebäudes in London, Chesham House, gebürgt. Seine spätere Geste gegenüber einem früheren berühmten Kunden, der eine schwere Zeit durchzumachen hatte, sollte sich kurz darauf wiederholen, als er Peter Bark großzügige Kredite gewährte. Beide Fälle belegen das besondere Verhältnis, das Baring mit der Kaiserlichen Regierung verband.

Der erfolglose Versuch des Finanzministeriums, Barings zur Auslieferung ihrer russischen Einlagen zu veranlassen, hinderte Gläubiger aus der Industrie nicht daran, die Bank auf offenstehende russische Schulden zu verklagen. Noch hinderte er die Sowjetregierung daran, das Thema zur Sprache zu bringen, wann immer über ein Schuldenabkommen als Voraussetzung zu intensivierten Handelsbeziehungen mit England und anderen westlichen Staaten gesprochen wurde. Solche sowjetischen Bemühungen wiederholten sich 1922 bei internationalen Verhandlungen in Genua und Den Haag und bei späteren britisch-sowjetischen Gesprächen 1924, 1931, 1939, 1946 und 1956. Und in den späten 20er Jahren unternahm das Finanzministerium einen letzten Versuch, Barings zur endgültigen Bereinigung der Angelegenheit zu drängen.

Diesmal hatte es sich rechtzeitig der Unterstützung von oben versichert. Das Kabinett, angeführt von Winston Churchill als Schatzkanzler, stimmte der Bildung eines Kabinettsausschusses zur Untersuchung der »Baring-Bilanzen« zu. Unter dem Vorsitz des Schatzkanzlers bestand der Ausschuß aus dem Lordkanzler, dem Handelsminister, dem Generalstaatsanwalt und dem Staatssekretär für Indien. Zweck der Untersuchung war es, das Kabinett zu beraten, ob die *de jure* als Regierung von Rußland anerkannte Sowjetregierung berechtigt sei, britische Untertanen vor britischen Gerichten zu verklagen, solange britische Untertanen keine Möglichkeit hatten, in Rußland auf Schadenersatz zu klagen, und, wenn es sich so verhielt, was zu tun sei. Das Finanzministerium wurde zur Teilnahme eingeladen, und der Generalstaatsanwalt bestätigte, daß die Sowjetregierung zu Klageerhebungen berechtigt sei, und schlug eine Lösung des Dilemmas vor.[57]

Es wurde anerkannt, daß Barings Verhältnis zur Kaiserlichen Regierung das zwischen Bankier und Kunde war und daß die Sowjetregierung, sowohl de facto als auch de jure Nachfolgerin der Kaiserlichen Regierung, auch die neue Besitzerin von deren Vermögenswerten und daher berechtigt sei, von Barings die Auszahlung der Guthaben zu verlangen (das Kabinettspapier bezifferte sie 1927 auf 5 Millionen Pfund). Man war sich aber gleichzeitig darüber einig, daß es »höchst unerwünscht und ungerecht« sei, wenn die sowjetische Regierung tatsächlich in den Besitz des Geldes gelange, weil der größte Teil davon vom britischen Finanzministerium vorgestreckt worden war.

Der Ausschuß spielte mit dem Gedanken an ein Sondergesetz, das Barings zwingen würde, das Geld der Regierung zu übergeben, fürchtete aber, daß man solch einen Schritt als »Beschlagnahme der Vermögenswerte einer ausländischen Macht in diesem Land« betrachten könnte, und ließ davon ab. Darauf schlug der Generalstaatsanwalt vor, Barings sollten von der Regierung russische Schatzwechsel in Höhe der Einlagen kaufen. Wenn die Sowjetregierung vor einem britischen Gericht einen Rechtstitel auf die Einlagen gewänne, könne die Bank einfach die Einlagen gegen die Obligationen verrechnen, die den russischen Schatzwechseln zugrundelägen, und sich so von jeglicher Verpflichtung befreien. Man würde erfolgreich verhindern, daß den Russen irgendwelche Summen ausgehändigt würden, und Barings »würden nur das gewöhnliche Recht jedes Schuldners ausüben, der einen Gegenanspruch an seinen Gläubiger hat«, und könnten vom Finanzministerium gegen jeden künftigen Anspruch abgesichert werden. Vor allem aber würde das Finanzministerium den Gegenwert der Einlagen erhalten.

Das war eine geniale Lösung, und das Kabinett beauftragte den Finanzminister, sie mit der Bank von England und Edward Peacock von Barings zu diskutieren. Aber Barings erhielten den Rat, sie nicht zu akzeptieren, und sie taten es auch nicht. Dafür versprach Edward Peacock (nach weiteren britisch-sowjetischen Schuldenverhandlungen 1930) mündlich, ohne dies allerdings schriftlich zu bestätigen, daß Barings sich von den Einlagen nicht trennen würden, ohne der britischen Regierung die Gelegenheit zur Intervention zu geben, wenn nötig durch ein Sondergesetz.[58] Danach kam der Hauptdruck von der sowjetischen Seite, und als die Jahre vergingen, stieg der Wert der Einlagen: von 5 Millionen Pfund 1927 auf 6 Millionen Pfund 1939, und von 7,5 Millionen Pfund 1949 auf 9 Millionen Pfund 1956.

Erst 1986, nach dreißig Jahren, in denen der Zinssatz oft zweistellige Werte erreicht hatte, wurde eine weitere offizielle Zahl genannt. Nach einer neuerlichen Serie britisch-sowjetischer Schuldenverhandlungen, als man endlich übereingekommen war, die Pattsituation aufzulösen, wurden die Einlagen mit 46 Millionen

Pfund bewertet. Beide Regierungen einigten sich, auf Ansprüche gegeneinander zu verzichten und die verbleibenden Einlagen zur Entschädigung britischer kommerzieller und privater Eigentümer von zaristischen Schuldverschreibungen und von Vermögenswerten im zaristischen Rußland zu verwenden.

Der Londoner Wirtschaftsprüfungsgesellschaft Price Waterhouse wurde die Aufgabe übertragen, Ansprüche entgegenzunehmen, zu prüfen und das Geld auszuzahlen. Eine Flut von Anträgen ergoß sich über die Firma, von 144 Stahlkassetten mit alten russischen Schuldverschreibungen von einer Londoner Firma bis zur privaten Schadenersatzforderung für den Verlust von Reisegepäck in einem Zug, der Rußland nach der Revolution verließ. Das Gepäck hatte vier Sardinenbüchsen, drei ungenutzte Karten für eine Serie von Konzerten der Russischen Musikgesellschaft und eine Saisonkarte für zehn Aufführungen am Petrograder Opernhaus enthalten, die wegen der Revolution abgesagt worden waren. Ein Lehrer beanspruchte 180 Pfund für den »Verlust des guten Rufes an meiner Schule am 18. November 1917« und weitere 60 Pfund für einen weiteren Verlust des guten Rufes »zwischen dem 18. November 1917 und dem 19. Januar 1918«. Die kleinste Forderung betraf den Verlust eines Bankguthabens von 127 Rubel in Petrograd, dessen Wert mit 3.63 Pfund angesetzt wurde; und der größte ausgestellte Scheck ging mit 900 000 Pfund an die Firma mit den zahllosen Schuldverschreibungen.

So endete schließlich Barings Verwaltung der russischen Bankeinlagen, deren Wert zuletzt mit 46 Millionen Pfund beziffert wurde. Die Frage ist nun, welchen Anteil daran die Einlagen von Nikolaus II. und seiner Familie hatten, und welcher Anteil auf zaristische Regierungskonten entfiel. Die Bank hatte stets geleugnet, irgendwelche privaten Gelder des Zaren und seiner Familie zu haben. Philip Ziegler schrieb in seiner neuen Geschichte der Bank, die er auf Anregung von Nicholas Baring verfaßt hatte: »Der kaiserliche Schatz, von dem so oft behauptet wurde, er modere in den Kellern von Bishopsgate, existierte nur in der volkstümlichen Einbildung: Die russische Zarenfamilie hatte kein Konto bei Barings und verfügte dort über keine angelegten Vermögenswerte.«[59]

Im gleichen Sinne hat sich etwas später Dr. John Orbell geäußert, der Archivar von Baring Brothers. Als nach dem Schuldenabkommen von 1986 die Welle der Ansprüche und Forderungen anschwoll, wurde er beauftragt, für das Foreign Office die Archive zu durchsuchen. Er bestätigte später, daß er keinen Hinweis auf irgendwelche Einlagen oder Konten der Familie Romanow gefunden habe. »Es gab nicht die Spur eines Beweises«.[60]

Was uns bleibt, sind die ursprünglichen Fakten: Bei Barings lag eine Summe von mehr als 4 Millionen Pfund (aus der im Laufe der Jahrzehnte 46 Millionen Pfund wurden), die ursprünglich Eigentum der Kaiserlich Russischen Regierung und nach ihr der Provisorischen Regierung gewesen war. Diese wiederum hatte offenstehende Schulden, deren Begleichung geklärt und ausgehandelt werden mußte. Barings, und keine andere Londoner Bank oder Banken, hatten das Geld.

18 Moskau

Bei der Suche nach dem Reichtum der Romanows blieb mir eine Quelle die meiste Zeit verschlossen. Das bolschewistische Regime, welches das Massaker an der russischen Zarenfamilie anstiftete, sorgte dafür, daß für mehr als siebzig Jahre kaum jemand Zugang zu den offiziellen Archiven erhielt. Es war bekannt, daß sich Papiere, die sich auf die letzten Monate des Zarenhofes im Anschluß an Nikolaus' Abdankung bezogen, irgendwo im Zentralen Staatsarchiv der Oktoberrevolution der UdSSR in Moskau befanden. Aber das war alles. Selbst in der Zeit von *Glasnost* wurde die Erlaubnis zur Akteneinsicht sparsam erteilt.

Meine ursprünglichen Nachforschungen über die persönlichen Besitztümer der kaiserlichen Familie, Juwelen, Gold, Bankkonten und Investitionen, waren daher hauptsächlich auf das beschränkt, was außerhalb Rußlands zu finden war. Erst als die Arbeit an diesem Buch sich ihrem Ende näherte, war es möglich, Zugang zum Kern der Geschichte zu erhalten; und erst jetzt kann das in anderen Ländern zusammengetragene Beweismaterial dem gegenübergestellt werden, was ich schließlich unter den amtlichen Papieren des

Zarenhofes im neuen Zentralen Staatsarchiv der Russischen Föderation in Moskau fand.

Trotz der dramatischen Veränderungen im neuen Rußland ist kaum etwas problemlos zu erreichen. Das Bonmot, nach dem in Rußland alles verboten bleibt, das meiste jetzt aber möglich ist, trifft für Archivstudien ebenso wie für alles andere zu. Visa, offizielle Einladungen, wissenschaftliche Empfehlungen – alles begleitet von bürokratischen Hemmnissen – scheinen den Zweck zu haben, ausländische Forscher zu behindern. Gleichzeitig erleichtern jetzt Freundlichkeit und Verständnis das Vorankommen. So erwies sich das Staatsarchiv mit seinem kleinen Lesesaal im ersten Stock eines ziemlich bescheidenen Gebäudes im Moskauer Zentrum, unweit vom Gorki-Park, als die letzte Hürde in einer mittlerweile jahrzehntelangen Nachforschung.

Die Akten sind unübersichtlich geordnet, und die verschiedenen Hinweise auf Vermögenswerte der Zarenfamilie mußten im Laufe von Tagen in verschiedenen Abteilungen ausfindig gemacht werden. Notwendig war vor allem ein grundlegendes Rahmenwerk von Personen, Entscheidungen und Daten zur Überprüfung, und außerdem viel Geduld. Es erforderte unweigerlich mindestens zwei Tage, eine Akte zu beschaffen.

Von den grausigen Funden bei Jekaterinburg bis zu den wissenschaftlichen DNS-Untersuchungen, die 1993 vom britischen Innenministerium veranlaßt wurden, und von den wichtigsten Anwärtern wie Anna Anderson und Michal Goleniewski bis zum Verbleib des restlichen Romanow-Reichtums hatten meine Erhebungen außerhalb Rußlands bereits ausreichende Hinweise erbracht, um ein zutreffendes Bild davon zu gewinnen, was aus der russischen Zarenfamilie und ihrem Eigentum geworden war. Von den Dutzenden von »kaiserlichen« Anwärtern verbanden nur zwei – Anna Anderson und Michal Goleniewski – ihre Ansprüche mit detaillierten Angaben über das Geld, das sie beanspruchten. Und während Goleniewski sich nach genauerer Überprüfung bald als ein besonders zweifelhafter Kandidat erwies, dauerte es bei Anna Anderson bis 1994, um ihre wahre Identität festzustellen.

Die Ansprüche der beiden auf das Romanow-Erbe mußten mit äußerster Vorsicht behandelt werden, und unsere Nachforschungen verließen sich mehr auf andere zeitgenössische Zeugen und darauf, was in den Finanzzentren des Westens noch zu finden war. Ich fand, daß Nikolaus II. bei Ausbruch des Krieges 1914 alles in seiner Macht Stehende getan hatte, um seine Verwandten und andere zu bewegen, alle Auslandsguthaben und Investitionen zu repatriieren. Er selbst war mit gutem Beispiel vorangegangen. In Deutschland liegende Regierungsgelder waren noch rechtzeitig aus Berlin abgezogen worden, doch bestanden einige Zweifel, ob private Vermögenswerte der Zarenfamilie in der deutschen Hauptstadt rechtzeitig liquidiert worden waren. Meine Untersuchungen ergaben keinen Hinweis darauf, daß privates Romanow-Vermögen in London, Paris oder New York verblieben war, obgleich in allen drei Städten ansehnliche zaristische Bankguthaben festgestellt wurden.

Wie wir gesehen haben, wurde im Frühjahr, Sommer und Frühherbst des Jahres 1917 entschieden, welche Teile des Vermögens in den Händen der kaiserlichen Familie blieben, die sich unter Arrest in Zarskoje Selo und anschließend im Gouverneurshaus in Tobolsk befand. Zu dieser Zeit verhandelte Graf Benckendorff eingehend darüber, welchen persönlichen Besitz sie in Petrograd zurücklassen mußten, welche Vermögenswerte sie weiterhin als ihr Eigentum betrachten und welche finanziellen Bedingungen ihnen eingeräumt werden konnten. In denselben Zeitabschnitt fielen die Ermittlungen, die Fürst Lwow und Kerenskij über Nikolaus' Privatvermögen führten. Benckendorff sicherte sorgfältig alle Empfangsbestätigungen für die im Alexanderpalais zurückgelassenen Wert- und Kunstgegenstände, und nach der Abreise der kaiserlichen Familie sorgte er dafür, daß Türen versiegelt und Listen der persönlichen Habseligkeiten zusammengestellt und von der Provisorischen Regierung anerkannt wurden.

Dies alles mußte ich mir in den russischen Archiven vor Augen halten. Als besonders wichtige Quellen erwiesen sich Papiere des Grafen Benckendorff und der Provisorischen Regierung. Die Korrespondenz, die Benckendorff 1917 mit Fedor Golowin geführt hatte, dem von der Provisorischen Regierung mit Fragen des Hofes und Vermögens der kaiserlichen Familie beauftragten Beamten, und mit Graf Rostowzew, dem früheren Sekretär der Kaiserin, der für die Finanzen des Hofes und der Familie verantwortlich gewesen war, konnte endlich eingesehen werden. Sie enthielt eine Fülle von Einzelheiten über die finanzielle Situation der kaiserlichen Familie.

Die Archive bewahren das Triviale wie das Bedeutungsvolle. Wochen vor seiner Abdankung schrieb Nikolaus an Benckendorff und erläuterte, daß die Verzögerung in der Beantwortung eines Briefes durch die Notwendigkeit verursacht worden sei, eine neue Uniform für eine Fotografie zu bestellen, die ihn im Schmuck seiner militärischen Medaillen zeigen sollte. Weniger als einen Monat später, so zeigten die Archive, war Benckendorff mit Vorbereitungen für eine mögliche Abreise der kaiserlichen Familie ins Exil beschäftigt und fertigte eigenhändig detaillierte Notizen an, was zu diesem Zweck in die Wege geleitet werden mußte. Doch als der Gedanke an ein Exil im Ausland in den Hintergrund trat, konzentrierte er sich auf die Absichten der neuen Provisorischen Regierung, auf das Zarenvermögen im allgemeinen und die Kunstschätze im Alexanderpalais im besonderen, sowie auf die Frage, mit welchen Geldmitteln Nikolaus in Zukunft rechnen konnte.

Bei Durchsicht der Korrespondenz galt es vor allem, die Frage zu beantworten, inwieweit die in Moskau gewonnene neue Information das bisher gewonnene Bild vom Vermögen der Zarenfamilie bestätigte oder veränderte. Das persönliche Eigentum des Zaren war vom Augenblick seiner Abdankung an gefährdet. Wir wissen nun, was die kaiserliche Familie in Zarskoje Selo und im Winterpalais zurückließ.

Als sie nach Tobolsk abreisten, legte Benckendorff eine genaue Liste der Juwelen und persönlichen Habseligkeiten an, die Nikolaus, Alexandra und die Kinder zurückgelassen hatten. Sie beginnt mit der Aufzählung von Alexandras eigenem Schmuck (»in Kasten Nr. 2«) – Tiaras, Kolliers, Armbänder, Broschen mit Brillanten, Saphire, Rubine – und fährt fort mit ihren edelsteinbesetzten Fächern und Schmuckstücken, die ihr und Mitgliedern ihrer Familie von anderen Monarchen anläßlich ihrer Staatsbesuche zum Geschenk gemacht worden waren. Darauf folgt eine Liste von Juwelen, die ihren Töchtern gehörten, und schließlich, wie wir in Kapitel 11 erwähnten, ein »Kasten mit Brillantschmuck und anderen Dingen aus dem Besitz der Prinzessin Victoria von Battenberg«. Benckendorffs Sorgfalt und Aufmerksamkeit fürs Detail hat damit den Beweis geliefert, den die Nachkommen der Prinzessin Victoria, die Familie Mountbatten, benötigte, um Ansprüche auf Rückgabe des Familienschmucks geltend zu machen.[61]

Benckendorffs Liste erstreckte sich auf alle Kunstwerke und Wertgegenstände, die in den verschiedenen Räumen des Alexanderpalais zurückgeblieben waren, und sogar auf den Inhalt von Schränken und Truhen. Ein Kleiderschrank enthielt »Ihrer Majestät Unterwäsche«, ein anderer die Wäscheaussteuer ihrer ältesten Tochter, Großfürstin Olga. Ein weiterer Schrank enthielt Brautkleider, und so ging die Liste weiter, über Seidenschals, Orientteppiche, Regimentsbänder bis zu 40 Kleidern »für Festtage und Bälle« und »10 russische Kleider mit Schleppen«.

Aber Benckendorff rettete noch mehr für die Nachwelt. Die Archive enthalten auch Alexandras persönliches Schmuckjournal – auf den letzten Stand vom Juli 1917 gebracht –, mit Einzelheiten über alle Schmuckstücke, die sie erworben hatte, als sie noch Prinzessin Alix von Hessen gewesen war. Die Eintragungen, handschriftlich und in englischer Sprache, fassen zusammen, welche Schmuckstücke die Zarin als ihre eigenen betrachtete und wie sie zu ihnen gekommen war. Aufgeführt sind 308 Einzelstücke, beginnend mit einem großen Goldmedaillon mit Korallen und Perlen, das sie zu ihrer Geburt am 6. Juni 1872 von einer ihrer vier Patentanten, Prinzessin Beatrice, Tochter Queen Victorias, erhalten hatte. Mehrere andere sind Geburtstags-, Oster- und Weihnachtsgeschenke von engen Verwandten. Spätere Ergänzungen mit Bleistift lassen persönliche Vorlieben erkennen (»das ich *immer* trage«), oder wo sie sie schließlich zurückließ (»auf meinem Schreibtisch« oder »in meiner Vitrine im Winterpalais«). Einige der letzten bleistiftgeschriebenen Bemerkungen im Juni und Juli 1917 bezeichnen bestimmte Armbänder, Medaillons und Broschen, die sie ihren Töchtern gegeben hatte. Die letzte derartige Eintragung hält fest, daß sie ein goldenes Armband mit grünem Stein, herzförmig, mit Brillanten besetzt, »an Marie, 22. Juli 1917« verschenkt hatte, etwas mehr als eine Woche, bevor sie Zarskoje Selo zum letzten Mal verließen.[62]

Danach wurde der persönliche Schmuck der kaiserlichen Familie entweder unterwegs von ihren bolschewistischen Bewachern gestohlen oder an ihren Leichen in Jekaterinburg gefunden. Sogar die

Liste des Goldschmucks, der ihnen von ihren Bewachern abgenommen und anschließend nach Moskau gebracht worden war, befindet sich im Staatsarchiv.

Zu einem früheren Zeitpunkt, als die Familie sich in Zarskoje Selo von Masern und Lungenentzündung und dem Schock von Abdankung und Hausarrest erholte, rangen Beamte weiterhin mit den verwaltungstechnischen Problemen des Hofes. Briefe, die in den Archiven erhalten blieben, berichten nicht nur von den Maßnahmen der Provisorischen Regierung, um Vermögenswerte der Romanows unter ihre Kontrolle zu bringen, sondern auch von Versuchen der Hofbeamten, zu klären, wie es mit den laufenden Zahlungen weitergehen solle, die von den Gehältern und Pensionen der kaiserlichen Hauslehrer bis zu den kleinen Summen reichten, die Großfürstin Tatjana monatlich einer alten Frau überwiesen hatte, die an Tuberkulose erkrankt war. Sogar Großfürstin Olgas Einkommensteuererklärung für 1916 wurde zum Gegenstand eingehender Diskussion. Von ihrem Gesamteinkommen von 277 892 Rubel (damals rund 28 000 Pfund), bestehend aus der ihr jährlich ausgesetzten Summe und ihren Einnahmen aus Geldanlagen, hatte sie unter der alten Ordnung bereits 30 240 Rubel Einkommensteuer zu zahlen gehabt. Nun, unter der Provisorischen Regierung, sollte sie 75 600 Rubel zahlen, dazu weitere 75 600 Rubel Ergänzungsabgabe, was insgesamt 151 200 Rubel ausmachte. Sie waren in drei Raten zu bezahlen, von der die erste im Dezember 1917 fällig wurde. Die Korrespondenz regte an, daß Olga davon unterrichtet werden sollte.

Die Archive zeigen, wie das Eigentum des Zarenhauses Schritt für Schritt enteignet wurde. Die meisten der Paläste gingen sofort in Staatseigentum über, der Anjitschkow-Palast, früher von der Kaiserinwitwe Marie bewohnt, wurde vom Ernährungsministerium übernommen. Einrichtungen in Zarskoje Selo, wie die Krankenhäuser, wurden der Kommunalverwaltung unterstellt. Die Paläste selbst sollten von einem neuen Beauftragten für den Hof verwaltet werden, und die zugehörigen Ländereien wurden dem Landwirtschaftsministerium übergeben. Mit Vermögenswerten ausländischer Monarchen verfuhr die Provisorische Regierung um einiges vorsichtiger: Das Aussteuerkapital der Königin von Griechenland, einer früheren russischen Prinzessin, in Höhe von einer Million Rubel, wurde Griechenland am 3. April 1917 übergeben.

Weniger als zwei Wochen später wurde ein Dekret verabschiedet, welches das Hofkapital dem Finanzministerium übertrug. Ein separates Konto im Archiv beziffert die gesamten finanziellen Mittel des Hofes im März 1917 mit 93 453 224 Rubel (ungefähr 6 Millionen Pfund). Dies waren die staatlichen Gelder, die Nikolaus erhielt, um die Unterhaltskosten der Paläste, Ställe, Theater, Orchester, Museen etc. zu bestreiten. Der größte Teil des Geldes war in festverzinslichen Wertpapieren bei der Staatsbank, der Moskauer Handelsbank und der Petrograder Hypothekengesellschaft angelegt. Ein kleiner Teil (ungefähr 1,8 Millionen Rubel), lag noch in Berlin bei der Mendelssohn-Bank in deutschen Wertpapieren.

Die gleichen Akten geben Auskunft über die persönlichen Ausgaben einzelner Mitglieder der kaiserlichen Familie in den vorausgegangenen zwei Jahrzehnten, bezahlt aus Mitteln des Hofes. Greift man aufs Geratewohl einzelne Posten heraus, so kann man zum Beispiel noch immer sehen, was Nikolaus als junger Offizier vor seiner Thronbesteigung für Mahlzeiten und Wohnungen ausgab, wieviel er 1896, ein Jahr nach seiner Krönung, für Zigaretten aufwendete, und was Alexandra und ihre Kinder 1915 für Seife, Fotografien, Kleider und sogar für Schuhputzmittel ausgaben.

Benckendorff und Rostowzew mußten klären, worauf die einzelnen Familienmitglieder künftig zählen konnten. Darum wurden ihre Mittel in der Korrespondenz mit Golowin genau untersucht. Die Archive geben Auskunft darüber, welche Summen jedes Familienmitglied jährlich erhalten hatte, wann die letzte Zahlung erfolgte und wieviel jedes als persönliches Vermögen hatte.

Die Stellung der früheren Kaiserin Marie wurde am 20. März 1917 in einem Brief ihres Sekretärs an Golowin behandelt. Darin wurde hervorgehoben, daß sie außer ihren persönlichen eine Vielzahl weiterer Ausgaben zu tragen habe, die ihrem Wesen nach öffentliche Ausgaben seien, wie zum Beispiel die Unterhaltskosten für Paläste, Gehälter, Pensionen, Unterstützung von wohltätigen Einrichtungen und die Fürsorge für Obdachlose, Kranke und Kriegsversehrte. Sie bestritt solche Kosten aus dem ihr vom Staat zugestandenen Jahrgeld von 200 000 Rubel, das in drei Raten bezahlt wurde. Wenn die Ausgaben höher waren als dieses Einkommen, was oft geschah, so mußte sie die Differenz aus einem besonderen Kapitalfonds, aus den Einnahmen aus einer ihrer Besitzungen oder sogar aus ihrem persönlichen Kapital bezahlen. Das letztere war mit 500 300 Rubel (33 000 Pfund) angegeben. Was sollte sie unter den neuen und so nachteilig veränderten Umständen tun?

Die Provisorische Regierung gab anfangs keine Anleitung. Marie hatte zuletzt im Januar 69 666 Rubel vom Staat erhalten, der jetzt Lohngelder für ihre Arbeiter zur Verfügung stellte, ihr die reguläre Rate von 69 666 Rubeln, die im Mai fällig wurde, jedoch nicht auszahlte. Immerhin bekam sie die Kosten ihrer verschiedenen Reisen nach Kiew und ihrer letzten Reise zum Romanow-Besitz in Ai Todor auf der Krim erstattet. Sobald Golowin seine Aufmerksamkeit Maries finanziellen Problemen zuwandte, entschied er allerdings rasch, daß ihre Position sich durch Nikolaus' Abdankung nicht verändert habe. Er stellte fest, daß Marie nach einem Gesetz aus dem Jahre 1906 200 000 Rubel jährlich versprochen worden waren, um die Ausgaben ihrer Hofhaltung als Witwe eines früheren Kaisers abzudecken, und daß sie diese Summe bis zu ihrem Tode oder bis sie Rußland verlassen würde, weiterhin beziehen sollte. Selbst wenn sie Rußland verließe, würde sie die Hälfte der festgesetzten Summe erhalten, also 100 000 Rubel. Er empfahl, daß ihr die überfällige Rate ausbezahlt werde, und daß solche Zahlungen in Zukunft regelmäßig erfolgen sollten.

Die finanzielle Position des Zaren selbst und seiner Familie bedurfte nach den eingetretenen Veränderungen einer grundsätzlichen Neuregelung. Das Dilemma hatte sich bereits abgezeichnet, als die Lebenshaltungskosten in Zarskoje Selo steil anzusteigen begannen und Geld für die Mahlzeiten der kaiserlichen Familie von ihren Privatkonten bei der Staatsbank abgezogen wurde. Aber es war nicht die Ernährungsfrage, die eine Entscheidung in der Sache herbeiführte, sondern eine patriotische Geste des Exzaren. Er hatte angefragt, ob er Anteilscheine der neuen »Freiheitsanleihe« zeichnen könne, die von der Provisorischen Regierung ausgegeben wurden, um Geld für die Kriegsanstrengungen zu beschaffen. Bei der Erörterung eines solchen Schrittes kamen Benckendorff und Rostowzew zu dem Schluß, daß jeder größere Erwerb von Schuldverschreibungen durch den Exzaren zusätzlich zu den Lebenshaltungskosten in Zarskoje Selo seine persönlichen finanziellen Reserven bedrohlich verringern könnte, es sei denn, die kaiserliche Familie würde weiterhin die ihnen normalerweise ausgesetzten Summen erhalten. Sie baten Golowin um die Wiederaufnahme der Zahlungen und die Erlaubnis, daß der Zar Anteile an der Freiheitsanleihe zeichnen dürfe.

Benckendorff fühlte sich auch verpflichtet, Golowin genau darzulegen, wieviel jedes Mitglied der kaiserlichen Familie am 1. Mai 1917 auf dem persönlichen Kapitalkonto hatte.[63] Ihr gesamtes Geldvermögen, erläuterte er, belief sich auf 12 111 030 Rubel (damals 809 000 Pfund, dem heutigen Wert entsprechend 15 Millionen Pfund), zu dem noch Dividenden aus ihren Investitionen kamen.

KAPITALVERMÖGEN DER ZARENFAMILIE PER 1. MAI 1917

Zar	908 000	Rubel
Zarin	1 006 400	,,
Zarewitsch	1 425 700	,,
Großfürstin Olga	3 185 500	,,
Großfürstin Tatjana	2 118 500	,,
Großfürstin Marie	1 854 430	,,
Großfürstin Anastasia	1 612 500	,,
Gesamt	12 111 030	,,

In ihrer Erläuterung der einzelnen Summen bemerkten Benckendorff und Rostowzew, daß Nikolaus' Kapitalvermögen aus dem bestehe, was er als Zarewitsch geerbt und in den folgenden Jahren von seinen jährlichen Geldzuweisungen für die Unkosten des Hofes erübrigt habe. Das Kapitalvermögen Alexandras und der Kinder stamme aus Ersparnissen, die sie von den Summen zurückgelegt hätten, die ihnen jährlich vom Finanzministerium zugewiesen wurden, ferner von Mitteln des Hofes und dem Fonds der kaiserlichen Besitzungen. Die jährlichen Bewilligungen für persönliche Ausgaben, deren letzte Rate im Januar 1917 ausbezahlt wurde, zeigten folgendes Bild:

Zar	250 000	Rubel	jährlich
Zarin	200 000	,,	,,
Zarewitsch	100 000	,,	,,
Töchter (wenn unter 20)	33 000	,,	(persönlich)
	45 525	,,	(Bedienstete)
Töchter (wenn über 20)	75 000	,,	(persönlich)
	45 525	,,	(Bedienstete)

Es ist bezeichnend, daß bei der Aufstellung des persönlichen Kapitalvermögens der kaiserlichen Familie kein Hinweis auf im Ausland angelegte Vermögenswerte erfolgte. Dies bedeutet freilich nicht, daß keine existierten, denn in einer gesonderten Akte der neuen, unter der Provisorischen Regierung eingerichteten Hofverwaltung findet sich ein detaillierter Bericht unter der Überschrift: »Zustand des Kapitals der Kinder des abgedankten Kaisers im Ausland.« Mit Tinte sind am Kopf des Berichts die Worte »per 1. Juli 1914« eingetragen. Der Bericht befaßt sich ausführlich mit den individuellen Auslandsguthaben der Kinder des Zaren, die im einzelnen der folgenden Tabelle zu entnehmen sind, ebenso wie die in Pfund Sterling und Mark umgerechneten Beträge.

KAPITAL DER KINDER DES KAISERS IM AUSLAND
(»Per 1. Juli 1914«)

Investition	Fremdwährung	Rubel/ Kopeken
Alexej		
4% Staatl. Rentenpapiere		2 500 000
4 1/2% Rjasansko-Uralskaja-Eisenbahn		1 963 300
4% Rjasansko-Uralskaja	1 195 000 Mark	548 700
3 1/2% Preußische Konsolidierte Anleihe	47 500 Mark	21 850
		5 033 850

Olga		
5% Auslandsanleihe 1822	115 736 Pfund	1 094 862,56
4% Moskau-Smolensk-Eisenbahn	730 500 Mark	336 030
3 1/2% Preußische Konsolidierte Anleihe	1 548 700 Mark	712 402
		2 143 294,56
Tatjana		
5% Auslandsanleihe 1822	115 736 Pfund	1 094 862,56
4% Moskau-Smolensk-Eisenbahn	560 100 Mark	257 646
3 1/2% Preußische Konsolidierte Anleihe	1 475 400 Mark	678 648
		2 031 192,56
Maria		
5% Auslandsanleihe 1822	115 736 Pfund	1 094 862,56
4% Moskau-Smolensk-Eisenbahn	354 300 Mark	162 978
3 1/2% Preußische Konsolidierte Anleihe	1 390 000 Mark	639 400
		1 897 240,56
Anastasia		
5% Auslandsanleihe 1822	115 736 Pfund	1 094 862,56
4% Moskau-Smolensk-Eisenbahn	242 200 Mark	65 412
3 1/2% Preußische Konsolidierte Anleihe	1 298 100 Mark	597 126
		1 757 400,56
Gesamt		12 862 978,24

Das gesamte Auslandsvermögen belief sich auf 12 862 978 Rubel (oder nach dem Wechselkurs von 1914 etwa 1,3 Millionen Pfund). Davon entfielen mehr als 5 Millionen Rubel auf Alexejs Vermögen, während die der Großfürstinnen zwischen 2 143 000 Rubeln (Olga) und 1 757 000 (Anastasia) lagen. Das ausländische Element bestand aus Sterling-Investitionen im Gegenwert von 4 379 448 Rubeln und

Reichsmarkinvestitionen im Gegenwert von 4 021 228 Rubeln. Die Sterling-Investitionen waren auf die vier Großfürstinnen beschränkt: Jede hatte 115 736 Pfund in einer fünfprozentigen Auslandsanleihe von 1822. Die Mark-Investitionen waren auf alle fünf Kinder verteilt und betrafen vierprozentige Anleihen der Moskau-Smolensk-Eisenbahn, eine dreieinhalbprozentige Preußische Konsolidierte Anleihe und eine vierprozentige Anleihe der Rjasansko-Uralskaja-Eisenbahn.

Dies sind die Fakten, die Benckendorff und Rostowzew der Provisorischen Regierung im Sommer 1917 übergaben. In unserem Versuch, aufzuklären, wieviel die kaiserliche Familie in der Heimat und im Ausland angelegt hatte, und wieviel noch immer irgendwo in der Welt unangetastet liegen mag, müssen die hier für Juli 1914 für die Kinder angegebenen Zahlen und die späteren Zahlen für die ganze Familie vom Mai 1917 mit den Hinweisen verglichen werden, die wir zuvor aufgedeckt haben.

Was war damals bereits bekannt? Paul von Benckendorff hatte in seinen im Westen veröffentlichten Memoiren schon darauf hingewiesen, daß das Geldvermögen der kaiserlichen Familie aus Nikolaus' Kapital von »weniger als einer Million Rubel«, Alexandras von »eineinhalb Millionen« und dem der fünf Kinder bestand (»dem, das im Ausland lag, und dem, das in der Staatsbank war«), welches, wie er sagte, »zwischen jeweils zwei und drei Millionen« variierte. Dies scheint den Schluß zuzulassen, daß nur die Kinder Geld im Ausland hatten, und daß das gesamte Vermögen der Familie an Bargeld und Wertpapieren zwischen 12 und 17 Millionen Rubel ausmachte. Überdies gaben Lwow und Kerenskij, die aufeinanderfolgenden Ministerpräsidenten der Provisorischen Regierung, die ihre eigenen Nachforschungen angestellt hatten, die finanziellen Reserven der kaiserlichen Familie mit insgesamt etwa 14 Millionen Rubel an, einschließlich der im Ausland angelegten Gelder. Wir haben auch die private Schätzung des individuellen Vermögens der Familienangehörigen des Zaren, die 1918 in dem Buch *The Fall of the Romanows* anonym in Petrograd erschien und deren Angaben, wie die Archive jetzt zeigen, genau mit den Zahlen übereinstimmen, die Benckendorff für Golowin zusammenstellte. Der anonyme Autor war gut informiert.

Zu alledem erbrachten alle Nachforschungen an den wichtigsten Finanzplätzen London, Paris und New York keine Hinweise auf dort verbliebene Romanow-Gelder. Dies, verbunden mit Nikolaus' gut dokumentierter Aufforderung an seine Landsleute bei Kriegsausbruch, ihr Kapital zu repatriieren, und der damit einhergehenden Annahme, daß er das gleiche tat, macht es sehr wahrscheinlich, daß die Kinder nach 1914 nur deshalb noch Auslandsvermögen hatten, weil es, bedingt durch den Kriegsausbruch, nicht mehr liquidiert werden konnte. Es gibt noch andere Gründe zu der Annahme, daß die in den Archiven befindliche Liste die letzte von der Mendelssohn-Bank in Berlin gelieferte Wertstellung der Konten ist.

Schon das Datum 1. Juli 1914, einen Monat vor Beginn der Feindseligkeiten, ist ein Indiz dafür. Zweitens ist es die Art von Vermögensaufstellung, wie sie eine internationale Bank wie Mendelssohn anfertigen würde, indem sie die Investitionen in deutschen, russischen und britischen festverzinslichen Papieren säuberlich mit den umgerechneten Beträgen anführt. Danach kann schließlich angenommen werden, daß dies das »Mendelssohn-Geld« der Zarenkinder ist, dessen Existenz von der Erinnerung ihrer Tante, Großfürstin Olga, vierzig Jahre später bestätigt wird. Ihr Biograph Ian Vorres drückte es so aus:

> Die Großfürstin erzählte mir von einem weiteren Fall erschreckend schlechter Beratung und Verwaltung. Kurz vor 1914 erreichten die jährlichen Bewilligungen für Nikolaus' fünf Kinder insgesamt die Summe von 100 Millionen Rubel. Gegen den Wunsch des Kaisers investierte der Finanzminister – zusammen mit einem oder zwei führenden Bankiers – alles auf Heller und Pfennig in deutschen Wertpapieren. Nikolaus argumentierte dagegen, aber sie versicherten ihm beharrlich, die Investition sei vollkommen sicher und sehr gewinnbringend. Dieses Vermögen verflüchtigte sich natürlich nach dem Ersten Weltkrieg.

Die betreffenden Summen scheinen in Olgas Erinnerung eine etwas übertriebene Höhe angenommen zu haben, aber die deutschen Investitionen blieben wegen des Kriegsgeschehens offenbar unberührt und waren 1917 noch vorhanden. Bis 1933 wurden sie von Großfürstin Xenia und ihren Verwandten nicht beansprucht. Zu diesem Zeitpunkt waren sie durch die galoppierende Inflation 1923 auf einen Bruchteil ihres früheren Wertes geschrumpft.

Die Archive in Moskau liefern uns jetzt die gleiche Information, die Benckendorff, Kerenskij und Lwow 1917 besaßen. Und die Abweichungen in ihren individuellen Schätzungen des Kapitalvermögens der Zarenfamilie werden auch viel verständlicher. Sie wußten, daß das in Rußland liegende Kapitalvermögen ungefähr 12 Millionen Rubel betrug. Sie wußten auch, daß die Kinder allein bei Kriegsausbruch mehr als 12 Millionen Rubel im Ausland hatten. Allerdings fiel es ihnen so schwer wie uns, die beiden zusammenzuzählen. Das im Ausland liegende Kapitalvermögen der Kinder mußte bewertet werden, und die Schwierigkeit, die sie dabei und bei der Bestellung eines Finanzfachmanns hatten, der es für sie tun konnte, lag in dem Umstand, daß das Kapitalvermögen nicht nur eingefroren in einem feindlichen Land lag, sondern anscheinend auch in verschiedenen Währungen – in Rubeln, Reichsmark und Pfund Sterling. Sie taten ihr möglichstes, wie wir es tun müssen.

Allgemein gesprochen, können wir jetzt die finanzielle Lage der kaiserlichen Familie im Sommer 1917 wie folgt zusammenfassen. Jedes Familienmitglied hatte ein persönliches Portefeuille im Inland, das Investitionen, ein Girokonto und Bargeld umfaßte. Insgesamt beliefen sich diese Vermögenswerte auf 12 Millionen Rubel. Die fünf Kinder hatten ihre individuellen Portefeuilles mit Geldanlagen im Ausland, in der Mendelssohn-Bank in Berlin, von der sie 1914 mit 12 Millionen Rubel bewertet wurden. Außerdem erhielt jedes Familienmitglied noch immer staatliche Bewilligungen für die täglichen Ausgaben. Diese Mittel wurden ständig reduziert und neu ausgehandelt. Die zur Finanzierung des Hofes selbst dienenden Staatsgelder waren unter die Verfügungsgewalt des Finanzministeriums gekommen. Exkaiserin Alexandra hatte noch Geldanlagen in Darmstadt – das jetzt in Feindesland lag. Diese Geldanlagen waren verhältnismäßig klein. Die letzten Kontoauszüge für 1913, noch in den Archiven, zeigen ein Einkommen von 12 237 Mark, das aus Geldanlagen in festverzinslichen Papieren erwirtschaftet wurde, woraus sich auf ein Portefeuille von rund 305 000 Mark (ungefähr 150 000 Rubel oder 15 000 Pfund) schließen läßt. Sie gab das Einkommen hauptsächlich für Schmuck, Kleider, Porzellan, Fotografien und andere persönliche Gegenstände aus.[64] Es deutet nichts darauf hin, daß Nikolaus selbst irgendwelche Gelder im Ausland hatte. Daher bestand das Auslandsvermögen aus den Geldanlagen der Kinder und Alexandras in Deutschland, gewissen Geldanlagen des Hofes in Deutschland und den großen Guthaben der zaristischen Staatsregierung, die wir in London, Paris und New York aufgedeckt haben.

Die russischen Geldreserven der Familie waren auf ihre persönlichen Geldanlagen und Bankkonten beschränkt. Die Archive liefern jetzt detaillierte Beweise, wie diese persönlichen Konten allmählich von der Provisorischen und der bolschewistischen Regierung aufgesogen wurden. Am 20. März 1917 wurde das Eigentum und Kapital des kaiserlichen Hofes durch Dekret der Provisorischen Regierung Staatseigentum. Am 14. April 1917 transferierte ein weiteres Dekret alle der Familie des früheren Herrschers gehörenden Geldsummen zum Finanzministerium, wo für jedes Familienmitglied ein separates Konto eingerichtet werden sollte.

Schließlich verkündete das bolschewistische Regime nach einer Serie von Verstaatlichungsdekreten zur Übernahme der Banken und der Vermögen der »Reichen« am 13. Juli 1918 ein Sonderdekret zur Verstaatlichung des »Vermögens des Zaren« und gab zu erkennen, daß zum Eigentum der Zaren Nikolaus und seines Vorgängers, Alexander III. »alle Investitionen in Rußland und im Ausland« zählten, die »jetzt der Russischen Sozialistischen Sowjetrepublik gehören«. Das Dekret erklärte, daß Personen, die etwas über solches Eigentum wüßten, innerhalb von zwei Wochen ausführlich Meldung davon zu machen hätten. Im Unterlassungsfalle würden sie zur Verantwortung gezogen. Kommissionen sollten den Verbleib von Auslandseigentum klären. Alles Eigentum mit Ausnahme von Bargeld sei einem Kommissar zu übergeben. Bargeld sei der Volksbank auszuhändigen.

Das Dekret war von Lenin unterzeichnet. Sein endgültiger Racheakt in Jekaterinburg war nur noch drei Tage entfernt.[65]

19 Ansprüche

Vom Tag seiner Abdankung an legte Nikolaus nach und nach Schicht um Schicht seiner kaiserlichen Zeichen und Insignien ab, wie eine russische Matrjoschka-Puppe. Die Macht, über sein eigenes Geschick zu entscheiden, ging als erstes verloren, unerbittlich gefolgt von den äußeren Insignien von Macht und Reichtum, den kaiserlichen Palästen, Hofzügen, der Staatsyacht und den Staatsjuwelen, den persönlichen Besitztümern. Schließlich ließen er und seine Familie auch ihr Leben. Alles, was blieb, waren Romanow-Vermögenswerte im Ausland, sei es in Form von Schmuck, Gold, Immobilienbesitz, Geld oder Wertpapieren. Den Juwelen und dem Gold sind wir bereits nachgegangen. Wir haben die meisten zaristischen Konten in London, Paris und New York ausfindig gemacht. Und wir haben Klarheit über Romanow-Gelder in Berlin geschaffen durch die Erforschung sowohl westlicher Quellen als auch der Unterlagen des Russischen Staatsarchivs. Es ist Zeit, die Frage zu erwägen, die hinter unserer gesamten Untersuchung steht: Wem gehört der von uns entdeckte Reichtum?

Die unklare Antwort auf diese Frage war eines der Haupthindernisse bei der Abwägung aller Gerüchte und Klatschgeschichten über den kaiserlichen Hof. »Zaristisches Gold« wurde allzu eilfertig gleichgesetzt mit dem »Schatz des Zaren«. Aus »zaristischen Geldmitteln in London« wurden »persönliche Konten der Familie«. »Gold in San Francisco« wurde »Nikolaus' persönlicher Notgroschen«.

Diese Annahmen wurden allzu bereitwillig akzeptiert und weitergegeben. Solange Nikolaus an der Macht war, hatte er allerdings die Verfügungsgewalt über zaristisches Gold, wo immer es war, und er konnte es transferieren und ausgeben. Seine eigenen jährlichen Zuweisungen aus dem russischen Staatshaushalt waren »von der Legislative nicht zu diskutieren« und »nicht Gegenstand der Reduktion«. Eine seiner letzten finanziellen Transaktionen vor der Abdankung (sicherlich seine letzte mit Peter Bark) liefert ein gutes Beispiel dieser Machtvollkommenheit: Er leitete Geld aus einem Geheimen Staatsfonds durch eine einfache Anweisung an seinen Finanzminister in die eigene Tasche. Eine Transaktion, die, wenn auch selten für ihn, vollkommen legal war.

Wenn Geheimhaltung sich, wie im Falle Nikolaus' II., mit der Macht eines Autokraten verbindet, Gelder nach Belieben von seinen eigenen Konten auf die des Staates zu transferieren und umgekehrt, dann kann das Labyrinth der finanziellen Angelegenheiten tatsächlich verwirrend werden. Diese Vermischung von persönlichen Geldern und solchen »des Staatsoberhauptes« sowie die offensichtliche Notwendigkeit, sie vor neugierigen Blicken zu schützen, war ein zusätzliches Hindernis für alle späteren Nachforschungen.

Es trifft zu, daß Nikolaus und seine Vorgänger Staatsgelder mit Bedacht vom Familienvermögen trennten und stets im Auge behielten, welche Paläste von Verwandten geerbt oder mit eigenen Mitteln erworben worden waren und welche dem Staat gehörten. Aber in der historischen Perspektive verblaßt diese Unterscheidung ebenso wie die Erinnerung daran, daß die »Udely«-Besitzungen (aus deren Erträgen die Großfürsten und andere ihr jährliches Einkommen bezogen) von Katharina der Großen mit Geldern aus den Bewilligungen für ihre Privatschatulle aufgebaut worden waren.

Das Phänomen ist weder unbekannt noch neu. Sogar ein Teil des gegenwärtigen persönlichen Reichtums von Königin Elisabeth II. läßt sich auf Überschüsse aus früheren Bewilligungen für die Zivilliste seit Beginn der Regierungszeit Königin Victorias zurückführen. In einer der detailreichsten neueren Analysen der Finanzen des britischen Königshauses schreibt Philip Hall:

> Seit Einführung der neuen Form der Zivilliste im Jahre 1830, die zur Folge hatte, daß die Monarchen nicht mehr alle Verwaltungskosten trugen, zogen sie Gewinn daraus. Sie konnten Geld aus den Summen zurücklegen, die für Löhne und Gehälter und andere Ausgaben bewilligt wurden, und sie mit Erlaubnis des Finanzministeriums in ihre »Privatschatulle« überführen.

Die Privatschatulle dient den persönlichen Ausgaben des Monarchen. Philip Hall berechnete, daß die Überschüsse seit Königin Victorias Regierungsantritt mehr als 1,5 Millionen Pfund betrugen, nach dem Wert von 1991 ungefähr 67 Millionen Pfund.[66]

Das Spannungsverhältnis zwischen den Rollen eines Monarchen als Privatperson und als Staatsoberhaupt wird unterschiedlich interpretiert, je nach der verfassungsrechtlichen Struktur der Monarchie selbst. In Großbritannien fand die große Veränderung 1830 statt, als die Bewilligungen aus Wilhelms IV. Zivilliste nicht mehr irgendwelche Regierungsausgaben decken mußten und auf die Finanzierung der »Würde und des Status der Krone und der persönlichen Bequemlichkeit Ihrer Majestäten« beschränkt wurde. In Rußland fanden nach den revolutionären Unruhen von 1905 ein Jahr später gewisse Veränderungen statt, aber bis 1917 hatte Nikolaus, obwohl er persönlich den Unterschied zwischen Familien- und Staatsvermögen anerkannte und auch beachtete, die Macht, finanzielle Mittel nach Gutdünken von einem auf das andere zu übertragen.

Das Verhältnis der beiden Vermögen war Gegenstand zweier Gerichtsverfahren 1929 in Finnland und in den Vereinigten Staaten. Eines betraf das Eigentum an früherem Zarenbesitz in Finnland, das von Nikolaus' Schwester, der Großfürstin Xenia, beansprucht wurde. Das andere betraf Ansprüche von Nikolaus' Verwandten und der Sowjetregierung auf Guthaben in zwei New Yorker Banken.

In Finnland ging es um die Besitzung Halila und andere Immobilien, die, wie Xenia behauptete, von ihrem Vater, Zar Alexander III., 1892 für 100 000 Rubel erworben worden waren. Die auf Herausgabe beklagte finnische Regierung betrachtete den Grund- und Immobilienbesitz als früheres russisches Staatseigentum, das als solches von Finnland im Vertrag von Dorpat rechtmäßig erworben wurde. Xenia behauptete einfach, daß das Eigentum ihrem Vater persönlich gehört habe.

Die finnischen Anwälte mußten sich daher eingehend mit den zaristischen Eigentumsgesetzen beschäftigen, und inwieweit sie sich auf den Zaren anwenden ließen.[67] Nach den Gesetzen des Russischen Reiches, so wurde dem finnischen Gericht erklärt, konnte der Zar drei Arten von Privateigentum besitzen, nämlich Eigentum, das er von seinen Vorgängern geerbt hatte, und auf das andere Mitglieder seiner Familie keine Erbansprüche hatten; das gemeinsame Eigentum der kaiserlichen Familie, das nicht aufgeteilt werden konnte; und Privateigentum, auf das seine Erben Ansprüche hatten. »Es war oft schwierig, zwischen diesen Formen des Eigentums zu unterscheiden«, erfuhr das Gericht, »was unter anderem mit den autokratischen Machtbefugnissen des Zaren zusammenhing.«

Die Anwälte Finnlands machten geltend, daß es sich bei der Besitzung Halila im wesentlichen um Staatseigentum gehandelt habe, da er von der Russischen Kanzlei und nicht wirklich von Alexander III. persönlich gekauft worden war; daher könne er nicht an seine Verwandten vererbt werden.

Als ein ähnlicher Fall in New York verhandelt wurde[68], trugen die Anwälte beider Parteien gegensätzliche Ansichten vor. Der Anwalt, der Nikolaus' Mutter, Kaiserinwitwe Marie, und zweiunddreißig weitere Mitglieder der Familie vertrat, behauptete einfach, daß

> alle staatlichen Vermögenswerte der zaristischen Regierung, die sich jetzt in Amerika befinden, das persönliche Eigentum des ermordeten Zaren Nikolaus II. bleiben. Zu der Zeit, als diese Vermögenswerte nach Amerika transferiert wurden, war der Zar der allgemein anerkannte persönliche Eigentümer aller staatlichen Mittel, und dieses internationale Verständnis muß berücksichtigt werden.

Der Anwalt der Sowjetregierung beurteilte den Sachverhalt ganz anders. Steuergelder, betonte er, »blieben immer das Eigentum des Staates, gleichgültig wie absolut ein Herrscher Kontrolle über sie ausüben mochte, solange er an der Macht war; und je absoluter seine Kontrolle, desto mittelloser war er, wenn er aufhörte, der Herrscher und die Regierung zu sein«.

Einstweilen muß man also davon ausgehen, daß zwar Nikolaus und jeder legitime Nachfolger Ansprüche auf Auslandsvermögen des zaristischen Staates geltend machen könnten, nicht aber irgendwelche Verwandten.

Es gibt keine Hinweise darauf, daß Nikolaus sein persönliches Barvermögen jemals in Gold investierte. Depositen in der Bank von England während der Periode des Goldstandards oder irgendeiner anderen Periode, als das Pfund »konvertierbar« war (das heißt, als es keine Hindernisse gab, Pfund Sterling in jede beliebige andere Währung umzutauschen), waren dem Gold gleichwertig. Da Gold aber keine Zinsen trägt, gab es keinen Anreiz, einen persönlichen Goldvorrat von irgendeiner Art zu unterhalten.

Daher bleibt uns die Aufgabe, das Eigentum an dem Gold zu interpretieren, das außerhalb Rußlands verstreut blieb. Der Vorrat, der von den Bolschewisten in Petrograd mit vorgehaltener Waffe übernommen wurde, und der Rest der Goldreserven, die ihnen in die Hände fielen, als General Janin 1920 den glücklosen Admiral Koltschak und das ihm verbliebene Gold auslieferte, wurden Staatseigentum unter dem neuen Regime. Das in Wladiwostok und Hongkong von Koltschak gegen Waffen und Munition verkaufte Gold wurde legitimes Eigentum der Empfänger. Ebenso verhielt es sich mit dem Gold, das ursprünglich an westliche Banken in Hongkong und San Francisco als Sicherheit für Kredite verpfändet worden war. Teile davon wurden legitimen neuen Eigentümern übergeben, als fällige Zahlungen für Munitionslieferungen nicht eingingen, andere Teile gelangten in die Tresore New Yorker und Londoner Banken als Rückzahlung der von Koltschak aufgenommenen Kredite.

Es bleibt das Gold, das während des Krieges heimlich nach London verschifft wurde. Wessen Gold ist es? In dem irrigen Glauben, Nikolaus II. habe seine persönlichen Vermögenswerte transferiert, nahmen mehrere Höflinge an, es habe der Familie »gehört« und sei ein rechtzeitig vorbereiteter Notgroschen, auf den sie sich im Exil stützen könnten. In Wahrheit handelte es sich jedoch um Goldreserven des Russischen Staates, die nach einem von Peter Bark mit den westlichen Alliierten in Paris und London frei ausgehandelten und gebilligten Abkommen legitim nach London transferiert worden waren.

Was eine Zeitlang strittig blieb, war die Frage, ob die russische Regierung das nach London verschiffte Geld zwar verpfändet, ihr Eigentum daran aber nicht aufgegeben habe. Wie wir gesehen haben, trug Peter Barks einfallsreiche finanzielle Kosmetik zur Entstehung dieser durchaus gewollten Illusion bei, die das Ausdünnen der Golddeckung des Rubels verschleiern sollte. Er erklärte sich im Austausch bereit, durch Gold gedeckte Schuldverschreibungen zu akzeptieren (sie lagen noch in der Bank von England, als er später in seiner Funktion als Berater dort arbeitete), die zu einem späteren Zeitpunkt zur Rückzahlung fällig werden sollten. Die Wirklichkeit hingegen war, daß diese Schuldverschreibungen (und die vereinbarte Rückzahlung in Gold) höchstwahrscheinlich durch die enormen russischen Kriegsschulden, die sich noch nach der Revolution anhäuften, getilgt und ungültig gemacht worden wären. Das sogenannte russische Gold wäre in jedem Fall »britisch« geworden und in den Tresoren der Bank von England geblieben.

Der Schritt vom Gold zu Juwelen und Geldanlagen in Wertpapieren führt uns zum Kern des Dilemmas über die Eigentümerschaft, ein Dilemma, welches das Haus Windsor und jede seit langem bestehende Monarchie genauso betrifft wie die Romanows. Was gehört dem Staat und was ist privat, und wie viele Kategorien von Eigentum gibt es in Wirklichkeit? Die Kronjuwelen zum Beispiel, ob britisch oder russisch, sind leicht zu bestimmen: Sie gehören dem Staat. Aber sowohl die Windsors als auch die Romanows scheinen auch andere Juwelen so ähnlich betrachtet zu haben, nämlich solche, die von einem Souverän zum anderen vererbt wurden und niemals als persönliches Eigentum oder auch nur Teil des umfassenderen Familienvermögens betrachtet wurden. Der verstorbene Lord Cobbold beschrieb sie 1971 in seiner Eigenschaft als Haushofmeister so:

> Es gibt andere Posten von Juwelen etc., die ... von Ihrer Majestät als Erbstücke betrachtet werden, die vom Erbe nicht abtrennbar sind. In keinem praktischen Sinne sieht die Königin irgendwelche von diesen Stücken als frei verfügbar an.[69]

Beispiele sind Geschenke an Königin Victoria oder Königin Alexandra. Der juristische Begriff für sie lautet »rechtlich unveräußerliches Eigentum«. Im gleichen Sinne besaßen die Romanows außer den Kronjuwelen noch Staatsjuwelen, die von einem Souverän auf den anderen gekommen waren. Als Graf Benckendorff auflistete, was die Familie des abgedankten Kaisers in Zarskoje Selo zurückgelassen hatte, unterschied er folgerichtig zwischen »persönlichen Edelsteinen Ihrer Majestät« und »Edelsteinen der Krone«.[70]

Wie die Mitglieder des britischen Königshauses hatten auch die Romanows ihren persönlichen Schmuck. Wir haben die Geschicke der Juwelen aus dem persönlichen Eigentum der Kaiserinwitwe Marie und, bis zu einem gewissen Punkt, der Kaiserin Alexandra verfolgt. Die Frage ist, ob sowohl staatliche als auch persönliche Schmuckgegenstände im Anschluß an die bolschewistische Machtübernahme Staatseigentum wurden. Das neue Sowjetregime verstaatlichte nicht nur das Privateigentum innerhalb Rußlands, sondern es sorgte auch dafür, daß alle Vermögenswerte der Familie Romanow drei Tage vor ihrer Ermordung in Jekaterinburg in

Staatseigentum überführt wurden. Lenins Dekret nannte namentlich das Eigentum des letzten Zaren Nikolaus und seines Vaters, Alexanders III., und führte außerdem alle Großfürsten und nahen Verwandten auf, einschließlich sogar eines Stammbaumes, um sicherzugehen, daß das Netz weit genug gespannt war.

In diesem Sinne wurden sowohl die Kronjuwelen als auch die in Petrograd und anderswo von der kaiserlichen Familie zurückgelassenen persönlichen Juwelen »legal« vom Staat übernommen. Sogar der persönliche Schmuck, der von Kaiserinwitwe Marie und ihren beiden Töchtern außer Landes gebracht worden war, würde in dieselbe Kategorie fallen, zumindest nach dem Willen der sowjetischen Behörden. Gleiches würde für Schmuck und Wertgegenstände gelten, die aus den Palästen der Romanows gerettet und privat in den Westen geschmuggelt wurden. Aber sobald die sowjetischen Behörden in den 1920er und 1930er Jahren begannen, ihrerseits das Familiensilber an westliche Auktionshäuser und anderswohin zu verkaufen, wurde es schwierig, solch eine Unterscheidung aufrechtzuerhalten oder überhaupt zu beweisen. Ob die Familie Mountbatten heute Ansprüche auf die Herbeischaffung und Rückgabe von Prinzessin Victorias Schmuckkasten geltend machen kann, den sie 1914 im damaligen St. Petersburg zurückließ, ist ein weiteres rechtliches Problem, das sich aus der Romanow-Tragödie ergibt.

Ähnliche Fragen umgeben das Eigentum an zaristischem und persönlichem Romanow-Geld. Inzwischen steht fest, daß die Zarenfamilie – Nikolaus, Alexandra und ihre fünf Kinder – Mitte 1917 etwa 12 Millionen Rubel in Form persönlicher Investitionen, Geld auf Girokonten und Bargeld in Rußland hatten. Außerdem wissen wir, daß die Kinder, deren Geld aus dem »Udely«-Besitz der Familie und aus individuellen Bewilligungen des Staates kam, 1914 im Ausland angelegte Vermögenswerte von ungefähr 12 Millionen Rubel hatten, wovon ungefähr ein Drittel auf deutsche und ein weiteres Drittel auf britische festverzinsliche Wertpapiere entfielen. Wir können davon ausgehen, daß die Investitionen in Berlin bis Kriegsende eingefroren waren.

Darüber hinaus haben wir keine Hinweise gefunden, daß nennenswerte private Romanow-Vermögenswerte in London, Paris und New York verblieben sind. Aber wir haben festgestellt, daß am Ende des Ersten Weltkrieges beträchtliche zaristische Mittel in britischen, französischen und amerikanischen Banken lagen, und hegen den Verdacht, daß auch eine Schweizer Bank ähnliche, wenn auch kleinere zaristische Depositen hatte. Insgesamt kann man von ungefähr 100 Millionen Pfund ausgehen, die auf derartigen zaristischen Konten in London, Paris, New York und vielleicht Genf blieben.

Wieder sehen wir uns der Frage gegenüber, wem diese Gelder und Geldanlagen gehörten und wer beanspruchen könnte, was davon geblieben ist. Die ursprünglich dem kaiserlichen Hof bewilligten Gelder für den Unterhalt der kaiserlichen Paläste und dergleichen – ungefähr 93 Millionen Rubel im Jahr 1917, von denen noch ein kleiner Teil in der Mendelssohn-Bank in Berlin lag –, wurde im März 1917 rechtmäßig von der Provisorischen Regierung übernommen. Das private Bar- und Wertpapiervermögen der kaiserlichen Familie – ungefähr 12 Millionen Rubel im Mai 1917 – war ursprünglich von der Provisorischen Regierung auf separate Konten beim Finanzministerium überwiesen worden, obwohl sie zunächst unter Nikolaus' Kontrolle blieben. Danach wurde von diesen Konten der Lebensunterhalt der kaiserlichen Familie in Sibirien bezahlt, um danach durch die ersten Finanzdekrete des bolschewistischen Regimes enteignet zu werden. Wenn Gelder übrigblieben, müssen sie durch Lenins endgültiges Dekret vom 13. Juli 1918 absorbiert worden sein.

Es bleiben zaristische Gelder und Wertpapiere außerhalb Rußlands. Die einzigen persönlichen Vermögenswerte der Zarenfamilie, die wir im Ausland entdeckt haben, sind diejenigen der Kinder in Berlin, die 1933 der Großfürstin Xenia und ihren Romanow-Verwandten als Erbe zugesprochen wurden. Dies bedeutet nicht, daß nicht eines Tages doch noch verstreute persönliche Konten der Zarenfamilie in London, Paris, Genf oder gar New York auftauchen können, aber es ist unwahrscheinlich. Wenn solche Konten, Privateigentum von Mitgliedern der früheren russischen Zarenfamilie, ans Licht kämen, könnten überlebende Verwandte sicherlich Anspruch darauf erheben, wie sie es im Falle der Berliner Vermögenswerte taten.

Es bleiben die 100 Millionen Pfund, die 1918 auf zaristischen Konten in Paris, London und New York lagen. Die Masse dieses

Geldes ist von den alliierten Regierungen längst an andere Gläubiger der früheren zaristischen Regierung verteilt worden. Ansprüche auf solche zaristischen Gelder sind freilich eine andere Sache. Hätte Nikolaus Jekaterinburg überlebt und wäre er auf den Thron zurückgekehrt, oder wäre Alexej unter einer Regentschaft als Thronerbe eingesetzt worden, wie es viele ins Exil gegangene Monarchisten wünschten, hätten diese 100 Millionen Pfund von einer wiederhergestellten Zarenregierung und dem wieder in sein Amt eingesetzten Zaren beansprucht werden können, nicht aber von seinen Verwandten.

ANHANG

Die Nachfolge des Zaren

Die Bestätigung des Todes von Zar Nikolaus II. in Jekaterinburg durch die DNS-Untersuchungen in Aldermaston, verbunden mit dem Ende der Sowjetherrschaft, hat naturgemäß zu einer Wiederbelebung von Spekulationen über eine mögliche Romanow-Erbfolge zu irgendeinem zukünftigen Zeitpunkt geführt. Die Romanows selbst sind uneinig: Einige unterstützen die Ansprüche des verstorbenen selbsternannten Großfürsten Wladimir Kyrillowitsch (und nun seines Enkels Georg), andere schließen sich der Führung Fürst Nikolai Romanows und seiner verschiedenen Vettern in ihrer gedämpfteren und demokratischeren Reaktion auf die neuen Aussichten an.

Nachdem Nikolaus II. 1917 abdankte, entkam Großfürst Kyrill, Sohn eines jüngeren Bruders von Nikolaus' Vater Alexander III., nach Finnland, wo im August desselben Jahres sein Sohn Wladimir geboren wurde. Sieben Jahre später veröffentlichte er ein Manifest, in dem er sich zum Oberhaupt des Hauses Romanow und damit zum legitimen Prätendenten auf den Thron als »Zar aller Reußen« erklärte. Der Anspruch wurde von der früheren Kaiserin Marie, die damals in Kopenhagen lebte, nicht anerkannt. Nach Kyrills Tod im Jahre 1938 erklärte sich sein Sohn Wladimir, dem von seinem Vater bereits der Titel eines Großfürsten verliehen worden war, in ähnlicher Weise zum Thronfolger. Diese Rolle spielte er bis zu seinem Tode im April 1992. Seine Tochter Maria, die 1976 Prinz Franz-Wilhelm von Preußen heiratete, soll dann Familienoberhaupt geworden sein und ihren Sohn zum »Großfürsten Georg« gemacht haben.

Genealogische Puristen sind sich hingegen über die Erbfolge völlig im klaren. Sie behaupten, daß die Erbfolge in der männlichen Linie vom Zaren Paul im April 1796 festgelegt (und von Alexander III. 1886 ergänzt) worden und eine Abweichung davon nicht zulässig sei, außer durch einen Thronverzicht. Folglich konnte Nikolaus II. seinen Bruder Michael nicht zum Nachfolger ernennen. Der nächste in der Erbfolge war der Zarewitsch Alexej, der noch nicht volljährig war und nicht auf seinen Titel verzichtete. Nach ihm war der nächste in der Erbfolge Großfürst Kyrill Wladimirowitsch.

Kyrills Anspruch war freilich prekär. Erstens war er aus einer Ehe hervorgegangen, die von den Romanows nicht anerkannt wurde, weil seine Mutter erst nach seiner Geburt den russisch-orthodoxen Glauben angenommen hatte. Zweitens war seine eigene Ehe aus dem gleichen Grund ebenso unannehmbar, denn seine Frau trat ebenfalls erst nachträglich zum russisch-orthodoxen Glauben über. Und es konnte seiner Sache kaum dienlich sein, daß er 1917 als Kommandant der Palastwache in Zarskoje Selo zusammen mit seinen Männern die Provisorische Regierung anerkannte und die Truppe, wie es heißt, mit einer roten Fahne durch die Straßen Petrograds führte. Was Wladimir betraf, so unterließ er es, eine ausländische Prinzessin aus einem regierenden königlichen Hause zu heiraten, wie man es von einem Thronprätendenten erwartete, sondern heiratete statt dessen die Prinzessin Leonida Bagration-Mouhransky, eine geschiedene Frau mit einer heranwachsenden Tochter.

Die meisten lebenden Romanows teilen die Ansicht, die Fürst Rostislaw Romanow in der *Times* vom 7. Mai 1992 zum Ausdruck brachte, als er auf die früheren Ansprüche des »Großfürsten« Wladimir antwortete:

> Die Familie Romanow hat heute neunundzwanzig Mitglieder. Wir respektieren, mit Ausnahme Wladimir Kyrillowitschs, seiner Erben und seines Vaters vor ihm, einhellig die Wünsche meiner Urgroßmutter, der Kaiserinwitwe Marie Feodorowna, daß die Frage eines Prätendenten oder Nachfolgers auf den Thron von Rußland durch die Familie Romanow im Exil sich nicht stellt. Sie kann und soll nur vom russischen Volk in Rußland zu einer ihm geeignet erscheinenden Zeit entschieden werden.

Fürst Rostislaw, der in Chicago geboren wurde und heute in London lebt, ist der Enkel von Großfürstin Xenia, der Schwester des Zaren. Seine Ansicht über die Erbfolge wird geteilt von seinem Vetter, dem Senior der Familie, Fürst Nikolai Romanow. Er ist der Ururenkel des Zaren Nikolaus I. Sein Urgroßvater war Großfürst Nikolai Nikolajewitsch, der jüngere Bruder Alexanders II. Fürst Nikolai, der in Rom lebt, wies erst kürzlich die Ansprüche Wladimirs und seiner Tochter Maria zurück und stellte fest: »Ich bin jetzt das Oberhaupt der Familie Romanow. Aber ich bin kein Prätendent. Ich halte dafür, daß die beste Regierungsform für Rußland eine Präsidialrepublik ist.« Sein jüngerer Bruder, Fürst Dimitri, ist Vorsitzender der Romanow-Familienvereinigung, die ihrerseits einen Romanow-Fonds für Rußland ins Leben gerufen hat. Eines seiner ersten Projekte ist die Bereitstellung von Geräten und Lehrmitteln für das Institut für taubstumme Kinder in Kostroma.

Northcliffes Romanow-Memorandum

Die vor zwei Jahren im Tresor des Bankhauses Coutts in London entdeckte Blechkassette enthielt ein Memorandum und Korrespondenz in bezug auf die letzten achtzehn Monate des Zaren Nikolaus II. und seiner Familie. Das Material stammte aus dem Nachlaß von Lord Northcliffe, dem Eigentümer der Tageszeitungen *The Times* und *Daily Mail*, der ein Kunde der Bank war und am 14. August 1922 starb.

Die Korrespondenz zeigt, daß nach Northcliffes Tod sein Sekretär erfolglose Versuche unternommen hatte, das Manuskript und verschiedene Briefe an eine Miss Jane Anderson in New York zurückzuschicken, von der Northcliffe das Material zwei Jahre zuvor erhalten hatte. Ihre Anschrift war als c/o Messrs. Brown Brothers angegeben, eine wohlbekannte Investitionsbank in der Wall Street.

Dem Memorandum war ein Briefwechsel zwischen einer Prinzessin Nadine Mikhailowna in Japan und Baronesse Leonie de Souiny in New York beigefügt. Der erste Brief war undatiert, die übrigen wurden zwischen dem 29. März 1920 und dem 16. Mai 1920 geschrieben. Aus ihnen geht hervor, daß Prinzessin Nadine, die mit der kaiserlichen Familie in St. Petersburg, Tobolsk und Jekaterinburg gewesen und schließlich ostwärts nach Japan entkommen war, der Baronesse eine auf Russisch verfaßte Serie von Memoiren geschickt hatte, die dann ins Englische übersetzt wurden. Sie ergaben ein aus drei Abschnitten bestehendes, maschinengeschriebenes Memorandum von 124 Seiten Umfang.

Nach dem Inhalt der Briefe hatte die Prinzessin die kaiserliche Familie ins Exil nach Sibirien begleitet, zuerst als Krankenschwester, später als Nonne. »Von Ihrer Prinzessin«, schreibt sie, »ist nichts geblieben als eine kleine weiße Schwester, Sestra Effrossina«; und sie erklärt, warum sie mit der Zarenfamilie gegangen war: »Ich konnte mich nicht von meinen lieben Kindern trennen, die ich in diese Welt kommen sah.« Dann nimmt sie auf ihre frühere Bekanntschaft mit der Baronesse Bezug. »Erinnern Sie sich unserer Gespräche in meinem kleinen Salon im Winterpalais? Wie Sie bedauerten, daß Alexandra Ihnen kein Interview gewähren wollte?«

Der erste Teil des Memorandums behandelt den Zeitraum vom Ausbruch der Revolution bis zur Abreise der Familie nach Tobolsk; der zweite Teil behandelt Tobolsk; und der dritte Teil Jekaterinburg. Die Schilderung der ersten Monate in Zarskoje Selo enthält Hinweise auf die Beschlagnahme des Stadtpalais ihrer Familie in Petrograd. »Ich hatte nur noch Zeit, meine Dokumente, meinen Schmuck und ein paar Bilder zu retten.« Bald war sie gezwungen, ihr kleines Zimmer in Zarskoje Selo »neben den Wohnungen meiner geliebten Schützlinge« zu verlassen, und sie zog ins Krankenhaus. Sie schildert, wie Olga und Tatjana »alles für England bereit machten«, und Alexandra bekannte, daß sie keine Dokumente oder gar Geheimkorrespondenz versteckt hatte, wie Kerenskij zu argwöhnen schien, sondern nur ein paar Schmuckstücke für den Fall, daß sie sie nicht behalten könne.

Der nächste Abschnitt beschreibt die Reise nach Tobolsk, das Leben in einem separaten Haus in der Stadt und das strenge Regiment, dem die kaiserliche Familie bald unterworfen war. »Dem Exzaren war es nicht länger gestattet, über sein eigenes Vermögen zu verfügen. Nur die absoluten Notwendigkeiten waren ihm erlaubt; und da er keine Möglichkeit hatte, Geld zu bekommen, war unser Leben äußerst sparsam.« Einmal kam Olga mit einigen ihrer Schmuckstücke zu ihr. »Sie wollte einen Smaragdring verkaufen, um mit dem Geld einen Rollstuhl für ihre Mutter zu erwerben.« Der Schreiberin gelang es, aus dem örtlichen Kloster Milch für Alexej zu bekommen.

Der letzte Abschnitt beschreibt die Ankunft in Jekaterinburg, den Aufenthalt der als Nonne verkleideten Verfasserin in Ipatjews Haus und enthält schließlich eine dramatische Schilderung vom Tod der kaiserlichen Familie, dem die Verfasserin nur entging, weil sie ohnmächtig wurde, bevor die Erschießung begann.

Das Memorandum ist eine seltsame Mischung aus offensichtlich authentischen Hintergrundinformationen mit den richtigen Namen von Höflingen und anderweitig belegten wichtigen und unwichtigen Begebenheiten, besonders in Zarskoje Selo, aber auch abenteuerlich ungenauen Schilderungen der Reise von Tobolsk nach Jekaterinburg und der dortigen Ereignisse. Es entsteht der Eindruck, daß die echten Memoiren einer Dame, wahrscheinlich einer Prinzessin, die Ehrenjungfrau am kaiserlichen Hof war, später für einen journalistischen Versuch, einen weiteren »Romanow-Exklusivbericht« in die Presse zu lancieren, ausgeschlachtet wurde.

Abbildungsnachweis

(Die Abbildungen befinden sich zwischen den Seiten 144/145 und 272/273)

Sammlung Mansell: Abb. 1
Sammlung Wernher, Luton Hoo: Abb. 3
Staatliche Eremitage, St. Petersburg: Abb. 9
Sammlung Gibbes, Luton Hoo: Abb. 13, 15, 16
Staatsarchiv der Russischen Föderation, Moskau: Abb. 18
Christie's Images, London: Abb. 19
Sotheby's, London: Abb. 20
Hulton-Deutsch: Abb. 22,26
Camera Press: Abb. 23
The Royal Collection © 1994 Her Majesty The Queen: Abb. 24, 25
Bank of England: Abb. 28
Illustrated London News: Abb. 29, 30
Public Records Office: Abb. 31
Frank Spooner: Abb. 32
Leppi Publication, London: Abb. 11, 14
Tauris Parke Books, London: Abb. 5, 6, 7, 8, 9, 10

Nicht genannte Abbildungen sind entweder Eigentum des Autors, oder ihr Eigentümer ist unbekannt. Der Verlag hat sich bemüht, alle Inhaber von Urheberrechten ausfindig zu machen und ist gern bereit, etwaige Irrtümer in einer späteren Ausgabe zu berichtigen und das Quellenverzeichnis zu ergänzen.

Anmerkungen

ERSTER TEIL: VERLUST

1 St. Petersburg

1 A.A. Mossolow, At the Court of the Last Tsar (1935); Prinzessin Barbara Dolgurukij, Gone for Ever; Paul und Beatrice Grabbe, The Private World of the Last Tsar (1985); Miriam Kochan, The Last Days of Imperial Russia (1976).
2 Meriel Buchanan, Ambassador's Daughter (1958); vgl. auch The Dissolution of an Empire (1932).
3 Pierre Gilliard, Thirteen Years at the Russian Court (1921).
4 Großfürst Alexander von Rußland, Once a Grand Duke (1932).
5 A.A. Mossolow (wie Anm. 1).
6 Paul E. Desautels, The Gem Kingdom (1971).
7 *Illustrated London News,* 30. Mai und 6. Juni 1896.
8 Miriam Kochan (wie Anm. 1).
9 Großfürst Alexander (wie Anm. 4).

2 Revolution

10 Nicholas Mansergh, The Coming of the First World War (1949).
11 Richard Pipes, The Russian Revolution 1899–1919 (1992).
12 Lady (Georgina) Buchanan, »Letters from Lady Buchanan«, The Historian, in: The Historical Association Nr. 3 (Sommer 1984).
13 Brief von Kenneth Metcalf vom 3. (16.) März 1917 an seinen Bruder Leslie in Leeds. Brotherton Library Collection, University of Leeds.
14 Dimitri Schakhowskoj, zit. n. Dimitri von Mohrenschildt (Hrsg.), The Russian Revolution of 1917 (1971).
15 General Danilow, zit. n. Alexander Kerenskij, The Murder of the Romanows (1935).
16 Auszüge aus dem Tagebuch des Großfürsten Michael, früher im Besitz von Mrs. Pauline Holdrup, heute in dem eines New Yorker Privatsammlers; Übersetzung von G. Gosling.
17 Alexander Kerenskij (wie Anm. 15).
18 Graf Paul Benckendorff, Last Days at Tsarskoe Selo (1927).

3 *Abdankung*

19 *New York Times,* 19. März 1917; 20. März 1917; 12. Mai 1917.
20 Meriel Buchanan (wie Anm. 2).
21 Kenneth Rose, King George V. (1983).
22 Sir George Buchanan an Lord Hardinge, 21. Mai 1917, Hardinge Papers, Cambridge University Library.
23 Sir George Buchanan, Petrograd, an Foreign Office, 25. März 1917 (Foreign Office files, Public Records Office).
24 Nikolai Sokolow, Enquête judiciaire sur l'assassinat de la Famille Impériale Russe (1924).
25 Sir George Buchanan an Lord Balfour, Außenminister, 3. September 1917 (Foreign Office file FO 371/3015/XC/A5814/Item 333, Public Records Office).
26 Pauline Gray, Michaels Stiefenkelin, die in der Nähe von Southampton lebt, hat noch einige von ihnen in ihrem Besitz.
27 Paddockhurst Estate Office, Crawley, West Sussex.
28 Lord Stamfordham an Graf Benckendorff, 8. August 1914. Dieser und andere Briefe, auf die ich mich in diesem und späteren Kapiteln gestützt habe, stammen aus den kürzlich entdeckten Benckendorff-Papieren, die jetzt im Bachmetjew-Archiv der Columbia University, New York, liegen. Sie wurden Mitte der 1980er Jahre von einem Mitglied der Familie Benckendorff auf dem Dachboden eines englischen Landhauses entdeckt. Diese Briefe enthalten ebenso wie der ursprünglich in Französisch geschriebene Entwurf von Paul Benckendorffs Buch Last Days at Tsarskoe Selo Einzelheiten zu Finanzfragen, die bisher nicht verfügbar waren.
29 Sir Arthur Davidson, Marlborough House, 18. April 1917 (Foreign Office file FO 800/205/9887, Public Records Office).

4 *Gefangenschaft*

30 Fürst Basil Dolgorukow am 14. August 1917 aus Tobolsk an Graf Benckendorff. Benckendorff-Papiere (wie Anm. 28).
31 Entnommen aus »The Devastated Palace«, einem anonymen, maschinengeschriebenen Bericht über die Versuche der Provisorischen Regierung, die Kunstwerke in den wichtigsten kaiserlichen Palästen zu bewerten. Ebd.
32 Ebd.
33 Bericht des Finanzministeriums an den Kaiser über den Staatshaushalt 1913, St. Petersburg, Druckerei der Kaiserlichen Akademie für Wissenschaft. (Kopie in der British Library.).
34 A. A. Mossolow (wie Anm. 1).
35 Berichte des Finanzministeriums an den Kaiser über die Staatshaushalte 1898–1913 (British Library); Kyril Fitzlyon und Tatjana Browning, Before the Revolution (1977); Großfürst Alexander (wie Anm. 4).
36 Brief des Fürsten Dolgorukow (wie Anm. 30).

37 J.C. Trewin, Tutor to the Tsarevitch (1975).
38 Briefe des Füsten Dolgorukow an Graf Benckendorff vom 13. und 26. November 1917, Benckendorff-Papiere (wie Anm. 28).
39 Brief aus Petrograd an Vanderlip (New York), 10./23. Februar 1917 (Citibank Archives, Butler Library, Columbia University, New York).
40 Telegramm aus Petrograd an das Foreign Office, 29. Dezember 1917 (Public Records Office, FO 368/1969).
41 Harold van B. Cleveland und Thomas F. Huertas, Citibank 1812–1970 (1985).
42 Memorandum vom 19. Juli 1919 von Picton Bage, Abteilung für Überseehandel, London (Public Records Office, FO 371/4022).
43 Zitiert nach der ursprünglichen (französischen) Fassung von Benckendorffs Buch Last Days at Tsarskoe Selo; die Passage taucht in den späteren Ausgaben nicht mehr auf (Benckendorff-Papiere (wie Anm. 28).

5 *Massaker*

44 Zur Schilderung der Ereignisse in diesem Zeitabschnitt habe ich mich besonders von Prof. Richard Pipes und seinem sorgfältig recherchierten Buch The Russian Revolution 1899–1919 anleiten lassen. Andere Einzelheiten bei: Paul Bulygin, The Murder of the Romanows (1935); Robert K. Massie, Nicholas and Alexandra (1968); Greg King, Empress Alexandra (1990).
45 »The Devastated Palace« (wie Anm. 31).
46 Paul Bulygin (wie Anm. 44) P. M. Bykow, The Last Days of Tsardom (1934).
47 Gleb Botkin, The Real Romanows (1931).
48 Edward Radzinsky, The Last Tsar: The Life and Death of Nicholas II. (1992); Richard Pipes (wie Anm. 11).
49 Pierre Gilliard (wie Anm. 3). Baronesse Sophie Buxhoeveden, Left Behind (1929).
50 Auszüge aus Nikolaus' Tagebuch sind Radzinskys The Last Tsar (wie Anm. 48) entnommen, der es im Zentralen Staatsarchiv der Oktoberrevolution in Moskau eingesehen hat.
51 Beschreibung von V. Worobiew, einem der Wächter und Herausgeber des *Ural Worker*, zitiert bei Radzinsky (wie Anm. 48).
52 Tim Heald, The Duke (1991).
53 Nikolai Sokolow, zitiert aus der französischen Ausgabe seines Berichts in John F. O'Conor, The Sokolov Investigation (1970).
54 Boris Jelzin, Aufzeichnungen eines Unbequemen (1991); Edward Radzinsky (wie Anm. 48).
55 Die Annahme, Nikolaus habe um seine bevorstehende Exekution gewußt, ist nicht zu weit hergeholt, wenn man die Berichte von Carl Ackerman an die *New York Times* in Betracht zieht. Ackerman berichtete im Dezember 1918 aus Jekaterinburg, daß er einen früheren Bediensteten im kaiserlichen Haushalt interviewt habe, der ihm sagte, der Zar sei vor das Gericht des Be-

zirkssowjet gerufen worden, um von der Entscheidung über seine Exekution unterrichtet zu werden. Vollständige Einzelheiten, einschließlich Ackermans maschinengeschriebenen Manuskripts, sind noch immer zusammen mit anderem Material aus seiner journalistischen Karriere in einer Mappe in der Library of Congress in Washington.

56 John F. O'Conor (wie Anm. 53).

57 Zeugenaussagen von Medwedew, Strekotin, Jurowskij und Kabanow, zit. n. Radzinsky (wie Anm. 48).

ZWEITER TEIL: ERBEN

6 Plünderung

1 Einer der Sokolow-Berichte, mit Fotografien, ist jetzt in der Houghton Library der Harvard University.

2 Bernard Pares, The Fall of the Russian Monarchy (1939), zit. n. Sokolow (wie Anm. 24, Teil I), S. 487.

3 John F. O'Conor (wie Anm. 53, Teil I).

4 Buxhoeveden (wie Anm. 49, Teil I).

5 Richard Pipes (wie Anm. 11, Teil I).

6 Baronesse Buxhoeveden, The Life and Tragedy of Alexandra Feodorovna, Empress of Russia (1928).

7 *The Sunday Times,* 1. Dezember 1991.

8 Edward Radzinsky (wie Anm. 48, Teil I).

9 Ich bin Reverend L.L. Tann von Edgbaston, Birmingham, Presse- und Informationsbeauftragter der British Society of Russian Philately, zu Dank verpflichtet, nicht nur für seine unschätzbare Beratung, sondern auch für die Erlaubnis, seine private Untersuchung »The Tsar's Collection« zu benutzen.

10 Richard Pipes (wie Anm. 11, Teil I).

11 »The Devastated Palace« (wie Anm. 31, Teil I).

12 R.H. Davis jr. / E. Kasinec, »Witness to the Crime«, zit. n. Maurice Laserson.

7 Tote

13 Jonas Lide, Return to Happiness (1943); Anthony Summers/Tom Mangold, The File on the Tsar (1987).

14 Tagebücher des Obersten R.M. Meinertzhagen, Rhodes House Library, Oxford.

15 Michael Occleshaw, Armour Against Fate (1989); ders., The Romanow Conspiracies (1993).

16 Mark Cocker, Richard Meinertzhagen: Soldier, Scientist and Spy (1990).

17 The Foreign Office papers (Serien 371 und 800), Public Records Office, Kew; Geheime Archive des Vatikans, Vatikanstadt; Mountbatten Papers,

Broadlands Archives, Broadlands. Die ersten neueren Hinweise auf das Engagement König Alfons' und des Vatikans finden sich in der zweiten Auflage von Summers / Mangold, The File on the Tsar (1987). Aber sie blieben kritisch gegenüber Georg V. und wußten offensichtlich nichts von Königin Marys Initiative. Dr. Michael Occleshaw schildert in seinem neuesten Buch, The Romanow Conspiracies, ziemlich ausführlich das Engagement des Vatikans, kritisiert aber seltsamerweise die bezüglich der britischen Aufzeichnungen »noch immer vorherrschende Geheimhaltung« und stellt fest, daß »niemals etwas freigegeben worden ist, was Licht auf ihre (Queen Marys) Initiative geworfen hat«. Offensichtlich kennt er die hier verwendeten Akten des Foreign Office in Kew und Lord Mountbattens Papiere in Broadlands also nicht.

18 Edward Radzinsky (wie Anm. 48, Teil I).

19 R.H. Bruce Lockhart, Memoirs of a British Agent (1932).

20 Brief vom 26. Oktober 1918 von Kardinal Gaspari, Staatssekretär des Vatikans, an Kardinal Bourne, Erzbischof von Westminster in London. Quelle: Geheime Archive des Vatikan.

21 Brief vom britischen Konsulat in Genf, Foreign Office file FO 371/3328, Public Records Office, Kew.

22 The Orthodox Word, Juli/August 1990, St. Hernan of Alaska Brotherhood, Platina, Kalifornien (Auszüge aus einem Fernsehinterview, Moskau TV, 1989).

23 Peter Kurth, »The mystery of the Romanow bones«, in: Vanity Fair v. Januar 1993.

24 »Identification of the remains of the Romanow family by DNA analysis«, Peter Gill, Pawel Iwanow und andere in: Nature Genetics, Washington, DC. Bd. 6, Februar 1994.

25 Veröffentlichung des Innenministeriums, London, vom 9. Juli 1993.

26 *Daily Mail*, 29. Juli 1992

8 Überlebende

27 Richard Pipes (wie Anm. 11, Teil I; s. a. Anm. 65, Teil IV).

28 The Fall of the Romanoffs (Einführung zur englischen Ausgabe von Alan Wood, 1992).

29 Die Geschichten vieler dieser Emigranten sind von Norman Stone und Michael Glenny in The Other Russia (1990) gewissenhaft zusammengetragen worden.

30 Dieser Bericht beruht, wie vieles andere über den Aufenthalt der Kaiserinwitwe Marie auf der Krim, auf den Memoiren des Fürsten Roman Romanow, Det var et rigt hus, et Rykkeligt hus, veröffentlicht 1991. Das Buch basiert auf dem Tagebuch des Verfassers und wurde dank seinen zwei Söhnen, Fürst Dimitri Romanow in Kopenhagen und Fürst Nikolai Romanow in Rom, veröffentlicht.

31 Akten des Foreign Office (FO 371), der Admiralität und des Kriegskabinetts im Public Records Office, Kew.
32 Francis Pridham, Close of a Dynasty (1956); Christopher Dobson, Prince Felix Yusupov (1989); E.E.P. Tisdall, The Dowager Empress (1957).
33 David Chavchavadze, The Grand Dukes (1990).
34 Ian Vorres, The Last Grand Duchess (1964).
35 Soren Morch, Det Store Bankkrak (1986); Ole Lange, Den Hvide Elefant, H.N. Andersen eventyr og OK 1852–1914 (1986); und Jorden er ikke storre, H.N. Andersen OK og Storpolitikken 1914–37 (1988). Ich muß auch den Zeitaufwand und das historische Wissen anerkennen, das mir der Historiker Henrick Bertelsen in Kopenhagen bereitwillig zur Verfügung stellte.
36 Sir Frederic Ponsonby, Recollections of Three Reigns (1951).
37 Hoover Institution, Palo Alto, Kalifornien.
38 *The Times,* 18. April 1923 (S. 5).
39 Pauline Gray, The Grand Duke's Woman (1976).
40 Korrespondenz des Foreign Office vom 28. April, 5. Mai, 11. Mai und 4. September 1924. Foreign Office files, Public Records Office. Vgl. auch Graf Konstantin Benckendorff, Half a Life (1954).

9 Anastasia

41 Gleb Botkin (wie Anm. 47, Teil I).
42 Prinzessin Galizyn, Spirit to Survive (1976).
43 *Sunday Times,* 15. Februar 1981; und *The St. George Journal* of the Knightly Association of St. George the Martyr.
44 Bernard Pares (wie Anm. 2, Teil II).
45 Edward Radzinsky (wie Anm. 48, Teil I).
46 Peter Kurth, Anastasia (1985).
47 Ebd.
48 Ian Vorres (wie Anm. 34, Teil II).
49 Nachlaß von Edward Fallows, Houghton Library, Harvard University, Boston.
50 Ebd.
51 Alastair Forbes im *Spectator*, London, 18. Juli 1992.
52 Nachlaß Fallows (wie Anm. 49, Teil II).
53 Ebd.
54 Roland Krug von Nida (Hrsg.), I, Anastasia, übers. von Oliver Coburn (1958).
55 *New YorkTimes*, 30. Juli und 11. August 1929.
56 Revue Mondiale, Paris, 1. März 1930 (»La lutte pour les millions du Tsar«).
57 Fürstlich Wiedisches Archiv, Neuwied, Schloß.
58 James Blair Lovell, Anastasia: The Lost Princess (1991).
59 *Washington Times,* 19. August 1993.

60 Wer über die Verwendung von Anna Andersons Gewebeprobe entscheiden durfte, war in den USA zunächst Gegenstand juristischer Auseinandersetzungen. Zu den streitenden Parteien zählten unter anderem das Krankenhaus in Charlottesville selbst, das die Probe nur auf der Grundlage eines Gerichtsbeschlusses zur Untersuchung an ein Labor weitergeben wollte; die Russische Adelsgesellschaft; der deutsche Testamentsvollstrecker Anna Andersons; der Schwiegersohn Gleb Botkins, Richard Schweitzer; und die Tochter Anna Andersons, die kurioserweise ebenfalls behauptete, Anastasia zu sein.
Der oberste Gerichtshof Virginias erklärte sich schließlich für nicht zuständig, so daß Schweitzer sich an den gerichtsmedizinischen Dienst des britischen Innenministeriums in Aldermaston wenden konnte. Die Untersuchungsergebnisse gab Peter Gill in einer Pressekonferenz am 6. Oktober 1994 in London bekannt.

10 Alexej

61 *Cincinnati Examiner,* 10., 11. und 13. September 1964; *New York Journal-American,* 2. März und 12. September 1964; 9. Januar 1965.
62 *Long Island Press,* 11. Januar 1965.
63 Guy Richards, The Hunt for the Tsar (1971), S. 61.
64 Quelle hierfür sind Korrespondenzen und Gespräche mit der Central Intelligence Agency (CIA) und einem früheren Beamten des britischen Geheimdienstes.
65 Ich bin Malgorzata Stapinska, Lehrbeauftragte an der Jagiellonischen Universität in Krakau, Polen, für die umfangreichen Nachforschungen in Polen zu Dank verpflichtet.
66 Abbildung 19 in The Hunt for the Tsar (wie Anm. 63, Teil II) zeigt Alexej, seine Schwester Maria und seinen Vater Zar Nikolaus II.
67 Summers/Mangold, The File on the Tsar (wie Anm. 17, Teil II, S. 190f.) (ergänzte Auflage 1987).
68 Pierre de Villemarest, Complement d'Information (1988); Le Mystérieux Survivant d'Octobre (1984).
69 Guy Richards, The Hunt for the Tsar (wie Anm. 63, Teil II) S. 154.
70 *Gazeta Wyborcza,* 10. August 1993.

DRITTER TEIL: VERMÖGEN

11 Juwelen

1 Margit Fjellman, Louise Mountbatten: Queen of Sweden (1968).
2 Foreign Office files (FO/371/4047, Januar – Februar 1920), Public Records Office, London.
3 *New York Times*, 18., 19., 20. Dezember 1930.

4 Sir Thomas Preston, früherer britischer Konsul in Jekaterinburg, im *Spectator*, London, 11. März 1972.
5 Mountbatten Archive, Broadlands.
6 Von den ursprünglich fünf Kopien von Sokolows Dossier befindet sich eine, die Robert Wilton, dem Korrespondenten der *Times*, gehört, in der Houghton Library, Harvard University.
7 Raymond de Ponfilly, Guide des Russes en France (1990).
8 The Fall of the Romanoffs (wie Anm. 28, Teil II).
9 Natalie Majolier, Stepdaughter of Russia.
10 Prinzessin Galizyn (wie Anm. 42, Teil II).
11 Benckendorff-Papiere (wie Anm. 28, Teil I).
12 Dr. Ronald C. Moe, Notes from Old Russia: Rediscovering the Yusupov Family Legacy (S. 28 ff.), Privatdruck, Washington, 1992.
13 Anonym, The Russian Diary of an Englishman: Petrograd 1915–17, Heinemann (1919).
14 Sergej Obolenskij, One Man in His Time (1960).
15 Christopher Dobson (wie Anm. 32, Teil II) und Leslie Field, The Queen's Jewels (1988).
16 Sir Frederic Ponsonby (wie Anm. 36, Teil II) und Papiere in der Hoover Institution, Stanford, Kalifornien.
17 Foreign Office papers: Korrespondenz vom 2. und 22. November 1928; 7. Dezember 1928; 25. Juni 1929; 2. und 11. Juli 1929; 13. und 26. November 1929. Public Records Office, London.
18 William Haste, Strandvejen-dens Huse og Menneskern, H. Hagerups Forlag, Kopenhagen 1930.
19 Royal archives, Windsor.
20 Leslie Field (wie Anm. 15, Teil III).
21 Ian Vorres (wie Anm. 34, Teil II).
22 Quelle: Der verstorbene Tichon Kulikowsky, Toronto.
23 Suzy Menkes, The Royal Jewels (1985).
24 Quelle: Der verstorbene Tichon Kulikowsky, Toronto.
25 Ders.
26 Ich bin Mrs. Christine Freedman, der geschäftsführenden Direktorin von Hennell & Sons, New Bond Street, London, zu Dank verpflichtet, daß sie mir nicht nur Erlaubnis gab, Unterlagen und Korrespondenz von Hennells in bezug auf den Verkauf der Juwelen zu gebrauchen, sondern daß sie darüber hinaus meinen historischen Enthusiasmus teilte.
27 *Evening Standard*, London, 14. August 1920; und US Militärischer Nachrichtendienst (Archivstück 165, Fach 2616), National Archives, Washington.
28 *The Times*, 28. Dezember 1922; 3. Februar 1923; *New York Times*, 14. August 1922; US-Militärischer Nachrichtendienst.
29 Ders.
30 Christopher Andrew / Oleg Gordievsky, KGB: The Inside Story (1990).

31 Foreign Office files (FO/371/4037), Public Records Office, London, und Lloyd George papers im House of Lords Records Office.
32 *Observer,* London, 11. Oktober 1992.
33 Treasures of the USSR Diamond Fund, Moskau 1975.
34 M.J. Larsons, An Expert in the Service of the Soviet (1929).
35 *New York Times,* 24. August 1922.
36 Dies., 26. August 1992. Die Gewichtsangaben sind allerdings rätselhaft: 32 800 Karat wären allein schon ca. 6,5 Kilogramm nur an Diamanten (ein Karat = 0,2 g); die Krone müßte dann deutlich schwerer als fünf Pfund gewesen sein, welches Äquivalent für »Pfund« man auch immer annimmt. Ob der russische Arbeiter sich einfach nur grob verschätzt hat oder ob er vielleicht »fünf Pud« gesagt hat (das wären ca. 82 Kilogramm, was seiner verneinenden Antwort auf die Frage, ob die Krone schwer sei, eine gewisse Verwegenheit verleihen würde!), ist nicht zu klären. (Anm. d. Lektorats)
37 Dies., 13. Januar 1927 und 12. März 1927. Robert C. Williams, Russian Art and American Money 1900–1940 (1980).
38 Ders.
39 Germanie Pawlowa, »The fate of the Russian Imperial libraries«, *Bulletin of Research in the Humanities,* Nr. 4 (1986–7), Bd. 87 (USA Russian Institute); Anna Sypula in *Washington Post Book World,* 4. Februar 1990.
40 Edward Kasinec und Robert H. Davis jr., »Grand Duke Vladimir Alexandrovitsch (1847–1909) and his Library«, *Journal of the History of Collections,* Nr. 2 (1990), Oxford University Press.
41 *The Times Saturday review,* 16. Februar 1991.

12 *Gold*

42 Boris Bakhmetieff, »War and finance in Russia«, 2. und 3. November 1917; Konferenz in Philadelphia, veröffentlicht in *Annals of the American Academy of Political and Social Sciences,* Bd. LXXX, Januar 1918.
43 Bank of England Archives, C 5/187.
44 Ebd., C 5/184.
45 Peter Bark Memoirs, Bark Papers, Butler Library, Columbia University, New York.
46 Bank of England Archives, C 5/188.
47 Ebd., 16. März 1916, C 5/189.
48 Richard Pipes (wie Anm. 11, Teil I).
49 Einzelheiten über die russische Goldreserve in der Zeit zwischen 1917 und 1921 sind verschiedenen Quellen in London, Paris, New York und Washington entnommen. Der Hauptinformant war V.J. Novitsky, früherer Vizeminister für Finanzen in der Omsker Regierung und ein früherer Beamter der Staatsbank in Petrograd, der nach Paris entkam: V.J. Novitsky, »Russian gold reserve«, Bark Papers, Butler Library, Columbia University, New York; ders., »The Russian gold reserve before and during the World and Civil

Wars (1883–1921), Paris, 1922; ders., »Russian Gold«, Amtorg Trading Corporation Information Department, London, 1928; und vor allem »Origin and disposition of Russian Imperial Gold Reserve«, zusammengestellt von Charles D. Westcott, Handelsattaché an der US-Botschaft in Paris, beraten von E. Sablineund V.J. Novitsky, der damals in Paris stationiert war. Dieser Bericht, der statistisch ausführlichste, wurde dem US-Außenministerium in Washington vertraulich zugeleitet. Er ist jetzt Teil der State Department Papers (Rollen 118–120) im Nationalarchiv in Washington.

50 Peter Fleming, The Fate of Admiral Kolchak (1963).

51 Riga, September 1924, US State Department Papers (Rolle 122), Nationalarchiv, Washington.

52 Maurice Collis, Wayfoong (1965).

53 Prof. Georgy Skorov und Robert Pringel, »The Soviet gold drain«; und William M. Clarke, »Tsarist gold: Plus Ça Change«, *Central Banking*, Herbst 1991 (London).

13 Geld

54 Ted Berkman, The Lady and the Law (1976).

55 Notiz von Edward Fallows vom Montag, dem 11. April 1938, mit Übersicht über seine Besuche in London. Fallows Papers (wie Anm. 49, Teil II).

56 Ebd.

57 Paul H. Emden, Money Powers of Europe (1938).

58 Vgl. Anm. 55, Teil III.

59 »Vorläufige Liste von Obligationen der Grandanor Corporation and E.H. Fallows«, Fallows Papers (wie Anm. 49, Teil II).

60 Ebd., Notiz von Fallows über ein Gespräch mit Sir Harold Brooks, 15. Oktober 1935.

61 Ebd.

62 Ebd., Brief der Firma Edward Huntington Fallows an New Yorker Banken, 22. Dezember 1937.

64 Ebd., Notiz von Fallows v. 24. Mai 1939.

65 James Blair Lovell (wie Anm. 58, Teil II).

14 Bark

66 Bark Papers (wie Anm. 45, Teil III).

67 Dominic Lieven, Russia's Rulers under the Old Regime (1989).

68 Bark Papers (wie Anm. 45, Teil III).

69 Ebd.

70 Ebd.

71 Ebd.

72 Prof. Sauvaire-Jourdan in *Revue Politique et Parlementaire*, 10. September 1937.

73 Archiv der Bank von England.

74 Brief vom 8. März 1922.
75 Archiv der Bank von England.
76 Royal Archives, Windsor.

VIERTER TEIL: SUCHE

15 Europa

1 Großfürst Alexander (wie Anm. 4, Teil I).
2 Einzelheiten in der Hauszeitschrift von Kleinwort Benson, der Londoner Handelsbank.
3 David Chavchavadze, Crowns and Trenchcoats (1990).
4 Ders.
5 Dominique Aucleres, Anastasia, Qui Êtes Vous? (1962).
6 Brief Dr. Pierre Semenow-Tian-Chanskys, Paris, an den Autor.
7 David Chavchavadze (wie Anm. 3, Teil IV).
8 Gleb Botkin am 5. Juni 1928. Fallows Papers (wie Anm. 49, Teil II).
9 Ted Berkman (wie Anm. 54, Teil III).
10 Felix Jussupow, En Exil, Paris.
11 Dr. Idris Traylor jr., geschäftsführender Direktor, Office of International Affairs, Texas Tech University, Lubbock, Texas.
12 Ebd.
13 Letters of the Tsaritsa to the Tsar 1914–17 (1923); Zusammenfassung von R. Massie.
14 Ebd.
15 Mountbatten Papers, Broadlands Archives.
16 Leo Pasvolsky und Harold G. Moulton, Russian Debts and Russian Reconstruction (1924).
17 Derek Wilson, Rothschild: A Story of Wealth and Power (1988).
18 3. Juni 1908, Rothschild Archiv, London (RAL xi/130a/2).
19 Bark Papers (wie Anm. 45, Teil III).
20 Rothschild Archiv, Französisches Nationalarchiv (Akte 132AQ), Paris.
21 Ebd.

16 Amerika

22 Winston Churchill, The World Crisis (1929).
23 Großfürst Alexander, Once a Grand Duke (wie Anm. 4, Teil I).
24 Artikelserie im *San Francisco Examiner*, Oktober 1919.
25 Maurice Collis (wie Anm. 52, Teil III).
26 Ich bin Gretchen Haskin in San Fransicco für praktisch all meine Informationen über George Romanovskij zu Dank verpflichtet, teils durch ihr belletristisches Buch An Imperial Affair, das auf diesem Stoff beruht, hauptsächlich aber durch ihre unveröffentlichte Teilbiographie »Rescuing the Czar«, in die sie mir freundlicherweise Einsicht gewährte.

27 Briefe im Besitz von Gretchen Haskin.
28 *San Francisco Examiner,* 16. Oktober 1919.
29 Guy Richards (wie Anm. 63, Teil II).
30 Harris Papers, Hoover Institution, Palo Alto, Kalifornien.
31 State Department files (Spule 122). Nationalarchiv, Washington.
32 27. April und 16. Juli 1920. State Department files (Spule 120). Nationalarchiv, Washington.
33 Juni 1919. Akten der Russischen Botschaft, Hoover Institution, Palo Alto, Kalifornien.
34 Ebd., Juli 1920. Brief an Remington Arms Company.
35 Ebd., 4. Februar 1920.
36 20. November 1920. State Department files (Spule 120). Nationalarchiv, Washington.
37 Memorandum des Kriegskabinetts, 15. Januar 1918 (Akte G-T 3339), Public Records Office, London.
38 Siehe John H. Brown, »The disappearing Russian Embassy archives 1922–49« in *Prologue* (Journal of the National Archives), Frühjahr 1982.
39 1. Dezember 1917, State Department files (Spule 116), Nationalarchiv, Washington.
40 Brief der Russischen Botschaft an das State Department, 6. März 1920. State Department files (Spule 120), Nationalarchiv Washington.
41 Ich danke Prof. Wladimir Treml, Duke University, für seine Informationen.
42 *New York Times,* 26. Juni 1925; 23. Juli 1926.
43 Ebd., 23. Dezember 1927.
44 Ebd., 12. Februar 1928.
45 Donald G. Bishop, The Roosevelt-Litvinov Agreements, Syracuse University Press.

17 London

46 E.M. Almedingen, Die Romanows (1991).
47 Fürst Dimitri Obolenskij, Imperator Nikolai II. I ego Tzarstvovani (russische Ausgabe, 1928); und L'Imperatore Nicola II. e Il Suo Regno (italienische Ausgabe, 1930). (Ich habe für meine Auszüge die italienische Ausgabe benutzt.) Siehe auch E.M. Almedingen, The Empress Alexandra 1872–1918 (1971), der die russische Ausgabe benutzt (S. 56).
48 Bank von England, 2. März 1967.
49 3. und 11. März 1958, Archiv der Bank von England.
50 Philip Ziegler, The Sixth Great Power: Barings 1762–1929 (1988); und John Orbell, Baring Brothers & Co. Limited: A History to 1939 (1985).
51 Petrograd an das Foreign Office am 27. Mai 1918. Foreign Office files, Public Records Office, London.
52 Internes Memorandum des Finanzministeriums, 7. Januar 1920, Public Records Office, London. Zu den in diesem Kapitel konsultierten Akten des Fi-

nanzministeriums gehören die Nummern T1/12509/12306 und T1/12616/24818.

53 Akte T160/385/10070/102 des Finanzministeriums, Public Records Office, London (Akte ursprünglich »gesperrt bis 2001«).

54 Alexander Michelson, Paul Apostol und Michael Bernatzky, Russian Public Finance During the War (1928).

55 Memorandum des Schatzkanzlers für das Kriegskabinett (Dokument G-T3339). Memorandum des Kriegskabinetts, 15. Januar 1918, Public Records Office, London.

56 Artikel im russischen Emigrantenjournal *Vozrojdenie (Renaissance),* zitiert in *Daily Mail*, 23. April 1929 und in einem Brief an Barings vom selben Tag (Leeds University Archives).

57 Kabinettsprotokoll, 15. und 23. Juni 1927. Memorandum des Generalstaatsanwalts, 21. Juni 1927. Kabinettspapiere Cab 27/359, Public Records Office, London.

58 Akte des Finanzministeriums T160/10070/03/1, 1930. (Akte ursprünglich »gesperrt bis 2006«). Public Records Office, London.

59 Philip Ziegler (wie Anm. 50, Teil IV).

60 Dr. John Orbell an den Autor.

18 Moskau

61 Graf Benckendorff, Fond 553, Liste 1, Akte Nr. 6, Staatsarchiv der Russischen Föderation, Moskau.

62 Mikrofilme 1627–1631. Staatsarchiv, Moskau.

63 Ebd.

64 Die letzten Kontoauszüge von Kaiserin Alexandras Geldanlagen in Darmstadt wurden am 30. März 1914 ausgegeben, am 12. April geprüft und am 17. Mai 1914 in Livadia auf der Krim von ihr gutgeheißen. Das Geld war bei der Deutschen Bank in Darmstadt angelegt. Quelle: Staatsarchiv, Moskau.

65 »Provisorische Regierung und kaiserliches Vermögen.« Staatsarchiv, Moskau.

19 Ansprüche

66 Philip Hall, Royal Fortune (1992).

67 Der Fall wurde dem US-Außenministerium ausführlich von amerikanischen Botschaften in Skandinavien, besonders der in Kopenhagen, berichtet. State Department Papers, Nationalarchiv Washington.

68 *New York Times*, 30. Juli 1929.

69 Bericht der Sonderkommission über die Zivilliste, 1971/72.

70 Graf Benckendorff, Fond 553, Liste 1, Akte Nr. 6, Staatsarchiv der Russischen Föderation, Moskau.

Bibliographie

Abraham, Richard, Alexander Kerensky: First Love of the Revolution. Sidgwick & Jackson, London, 1987.

Alexander, Großfürst, Once a Grand Duke. Cassell, London, 1932; Farrar & Rinehart, New York, 1932.

Alexandrov, Victor, The End of the Romanovs. Hutchinson, London, 1966.

Almedingen, E. M. The Empress Alexandra 1872–1918. Hutchinson, London, 1961.

Die Romanows. Die Geschichte einer Dynastie. Universitas, 1991.

I Remember St. Petersburg. Longmans, London, 1961.

Andrew, Christopher, und Oleg Gordievsky, KGB: The Inside Story. Hodder & Stoughton, London, 1990.

Anonymus, The Russian Diary of an Englishman: Petrograd 1915–17. Heinemann, London, 1919.

Anonymus (»Ein Russe«), The Fall of the Romanoffs and Russian Court Memoirs, 1914–1916 (Einführung zur englischen Ausgabe 1992 von Alan Wood.) Ian Faulkner Publishing, Cambridge, England. (Erstveröffentlichung Petrograd und London, 1917 und 1918).

Aucleres, Dominique, Anastasia, Qui Êtes Vous? Hachette, Paris, 1962.

Benckendorff, Graf Konstantin, Half A Life. Richards Press, London, 1954.

Benckendorff, Graf Paul, Last Days at Tsarskoe Selo. Heinemann, London, 1927.

Berkman, Ted, The Lady and the Law. Little Brown, Boston, 1976.

Botkin, Gleb, The Real Romanovs. Putnam, London, 1931, Fleming H. Revell, New York, 1931.

Bruce Lockhart, R. H., Memoirs of a British Agent. Macmillan, London, 1932.

Retreat from Glory. Putnam, London, 1934.

Buchanan, Sir George, My Mission to Russia. Cassell, London, 1923.

Buchanan, Meriel, Ambassador's Daughter. Cassell, London, 1958.

The Dissolution of an Empire. Murray, London, 1932.

Bulygin, Hauptmann Paul, und Alexander Kerensky, The Murder of the Romanovs. Hutchinson, London, 1935.

Buxhoeveden, Baroness, Left Behind. Longmans, Green, London, 1929.

The Life and Tragedy of Alexandra Feodorovna, Empress of Russia. Longmans, Green, London, 1928.

Bykov, P. M., The Last Days of Tsardom. Martin Lawrence, London, 1934.

Chavchavadze, David, Crowns and Trenchcoats. Atlantic International Publications, New York, 1990.

The Grand Dukes. Atlantic International Publications, New York, 1990.

Churchill, Winston S., The World Crisis. Thornton Butterworth, London, 1929.
Cleveland, Harold van B., und Thomas F. Huertas, Citibank 1812–1970. Harvard University Press, 1985.
Cocker, Mark, Richard Meinertzhagen: Soldier, Scientist and Spy. Secker & Warburg, London, 1990.
Collis, Maurice, Wayfoong. Faber, London, 1965.
Dehn, Lili, The Real Tsaritsa. Thornton Butterworth, London, 1922.
de Ponfilly, Raymond, Guide des Russes en France. Editions Horay, Paris, 1990.
Desautels, Paul E., The Gem Kingdom. Macdonald, London, 1971.
de Villemarest, Pierre, Le Mystérieux Survivant d'October. Editions Famot, Genf, 1984.
Compliment d'Information, 1988.
Dobson, Christopher, Prince Felix Yusupov. Harrap, London, 1989.
Dolgorouky, Princess Barbara, Gone for Ever.
Emden, Paul H., Money Powers of Europe. Sampson Low, London, 1938.
Faith, Nicholas, Safety in Numbers. Hamish Hamilton, London, 1982.
Ferro, Mark, Nikolaus II. der letzte Zar. Benziger, 1991.
Field, Leslie, The Queen's Jewels. Weidenfeld & Nicolson, London, 1987.
Fitzlyon, Kyril, und Tatjana Browning, Before the Revolution. Allen Lane, London, 1977.
Fjellman, Margit, Louise Mountbatten: Queen of Sweden. Allen & Unwin, London, 1968.
Fleming, Peter, The Fate of Admiral Kolchak. Rupert Hart-Davis, London, 1963.
Galizyn, Princess Nikolai, Spirit to Survive. Kimber, London, 1976.
Gatrell, Peter, The Tsarist Economic 1850–1917. Batsford, London, 1986.
Gilbert, Martin, Churchill: A Life. Heinemann, London, 1991.
Gilliard, Pierre, Thirteen Years at the Russian Court. Hutchinson, London, 1921.
Grabbe, Paul und Beatrice, The Private World of the Last Tsar. Collins, London, 1985.
Gray, Pauline, The Grand Duke's Woman. Macdonald & Jane's, London, 1976.
Hall, Philip, Royal Fortune. Bloomsbury, London, 1992.
Haskin, Gretchen, An Imperial Affair. Gollancz, London, 1980.
Heald, Tim, The Duke. Hodder & Stoughton, London, 1991.
Jelzin, Boris: Aufzeichnungen eines Unbequemen. Droemer-Knaur, München, 1991.
Jussupow, Felix, En Exil. Paris.
Karsawina, Tamara, Theatre Street. Heinemann, London, 1930.
Kerensky, Alexander, The Murder of the Romanovs: Siehe Bulygin.
Kochan, Miriam, The Last Days of Imperial Russia. Weidenfeld & Nicolson, London, 1976.
King, Greg, Empress Alexandra. Atlantic International Publications, New York, 1990.

Krug von Nida, Roland (Hrsg.), I, Anastasia (übers. v. Oliver Coburn). Chivers, Bath, 1958.
Kurth, Peter, Anastasia. Die letzte Zarentochter. Lübbe, 1989.
Lambton, Antony, Elizabeth and Alexandra. Quartet, London, 1985.
Lange, Ole, Den Hvide Elefant, H.N. Andersen eventyr og OK 1852–1914. Gyldendal, Kopenhagen, 1986.
Jorden er ikke storre, H.N. Andersen, OK og Storepolitikken 1914–37. Gyldendal, Kopenhagen, 1988.
Larsons, M.J., An Expert in the Service of the Soviet. Benn, London, 1929.
Letters of the Tsaritsa to the Tsar 1914–17. Bodley Head, London, 1923.
Lied, Jonas, Return to Happiness. Macmillan, London, 1943.
Lieven, Dominic, Russia's Rulers under the Old Regime. Yale University Press, New Haven und London, 1989.
Littlepage, John D. und Demaree Bess, In Search of Soviet Gold. Harrap, London, 1939.
Lovell, James Blair, Anastasia: The Lost Princess. Regnery Gateway, Washington, 1991.
Majolier, Natalie, Stepdaughter of Russia. Stanley Paul, London.
Mansergh, Nicholas, The Coming of the First World War. Longman, New York, 1949.
Markow, Sergej, How we tried to save the Tsarita. London, 1929.
Massie, Robert K., Nicholas and Alexandra. Gollancz, London, 1968.
Menkes, Suzy, The Royal Jewels. Grafton, London, 1985.
Michelson, Alexander, Paul Apostol und Michael Bernatzky, Russian Public Finance During the War. Yale University Press, 1928.
von Mohrenschildt, Dimitri, Hrsg., The Russian Revolution of 1917. Oxford University Press, London, 1971.
Morch, Soren, Det Store Bankkrak. Gyldendal, Kopenhagen, 1986.
Mossolow, A.A., At the Court of the Last Tsar. Methuen, London, 1935.
Obolenskij, Fürst Dimitri, Imperator Nikolai II. I ego Tzarstvovani. Russische Ausgabe, Nizza, 1928; und L'Imperatore Nicola II. e Il Suo Regno. Italienische Ausgabe, 1930.
Obolenskij, Sergej, One Man in His Time. Hutchinson, London, 1960.
Occleshaw, Michael, Armour Against Fate. Columbus, London, 1989.
The Romanov Conspiracies. Chapmans, London, 1993.
O'Conor, John F., The Sokolov Investigation. Souvenir Press, London, 1971.
Orbell, John, Baring Brothers & Co. Limited: A History to 1939. Baring Brothers, London, 1985.
Pares, Bernard, The Fall of the Russian Monarchy. Cape, London, 1939.
Paswolsky, Leo, und Harold G. Moulton, Russian Debts and Russian Reconstruction. McGraw-Hill, New York, 1924.
Pipes, Richard, The Russian Revolution 1899–1919. Harper Collins, London, 1992.
Ponsonby, Sir Frederick, Recollections of Three Reigns. Eyre & Spottiswoode, London, 1951.

Pridham, Vizeadmiral Sir Francis, Close of a Dynasty. Allan Wingate, London, 1956.
Radzinsky, Edward. The Last Tsar: The Life and Death of Nicholas II. Hodder & Stoughton, London, 1992.
Richards, Guy, The Hunt for the Tsar. Sphere, London, 1971.
Roman Romanoff, Fürst, Prin Det var et rigt hus, et Rykkeligt hus. Gyldendal, Kopenhagen, 1991.
Rose, Kenneth, King George V. Weidenfeld & Nicolson, London, 1983.
Sokolow, Nikolai, Enquête judiciaire sur l'assassinat de la Famille Impériale Russe. Fayot, Paris, 1924.
Stone, Norman, und Michael Glenny, The Other Russia. Faber, London, 1990.
Summers, Anthony, und Tom Mangold, The File on the Tsar. Gollancz, London, 1976, 1987.
Sutton, Antony C., Wall Street and the Bolshevik Revolution. Arlington House, New York, 1974. Gold. Little, Brown, Boston, 1975.
Tisdall, E. E. P., The Dowager Empress. Stanley Paul, London, 1957.
Trewin, J. C., Tutor to the Tsarevitch. Macmillan, London, 1975.
Vorres, Ian, The Last Grand Duchess. Hutchinson, London, 1964.
Vyrubova, Anna, Memories of the Russian Court. Macmillan, New York, 1923.
Williams, Robert C., Russian Art and American Money 1900–1940. Harvard University Press, 1980.
Wilson, Derek, Die Rothschild-Dynastie. Eine Geschichte von Ruhm und Macht. Zsolnay, Wien, 1989.
Wilton, Robert, The Last Days of the Romanoffs. Thornton Butterworth, London, 1920.
Wolkow, Fjodor, Secrets from Whitehall and Downing Street. Progress Publishers, Moskau, 1980 und 1986.
Ziegler, Philip, The Sixth Great Power: Barings 1762–1929. Collins, London, 1988.

Personenregister

Die halbfett gesetzten Namen sind auch in den Stammbäumen auf den Seiten 22/23 enthalten.